此書獻給世界一流的臺大心臟外科權威

許榮彬教授

2018 月 7 月在臺大醫院新大樓五樓單人病房，作者（圖右）與臺大第一心臟外科權威許榮彬教授（圖左）合影。

江燦騰 著

當代臺灣心靈的透視

The
Perspective of Modern
從雙源匯流到逆中心互動傳播
Taiwanese Mentality

張序

張崑將

臺灣師範大學東亞學系教授兼國際與社會科學學院副院長

　　本書名為《當代臺灣心靈的透視——從雙源匯流到逆中心互動傳播》，一開始對書中所使用的「心靈」一詞並不是很理解。

　　原以為作者是臺灣佛教史的權威研究者，佛教內涵本來就攸關「心靈」的修行與淨化，而對於頂著佛教招牌，進行類似心靈卻違反宗教本質的個人或團體，如各種宗教弊端、宗教醜聞、宗教商品化等事件，本書作者常不遺餘力地給予譴責與批判。

　　但詳閱本書，第一篇即討論前總統李登輝的武士道課題。作者追溯李登輝在 1996 年提出的「心靈改革」，以及 2007 年提到「脫古改新」的「心靈改革」，帶有濃濃味道的日本精神或武士道論，企圖將原有濃濃的中華精神，悄悄地歸向到日本精神。

　　我想這本書以這個「心靈改革」為開頭，實蘊含相當豐富的意義，不揣淺陋，耙梳如下。

　　作者能敏銳地觀察到李登輝前總統，在其主政期間所喊出的「心靈改革」，與李登輝對日本武士道精神的詮釋與實際繼承的日本歷史文化本質息息相關。這就涉及到我的專業。我想這是作者請我寫序的主要原因。

　　作者在第一篇論文中追溯李登輝的武士道精神淵源，並回顧及分析臺灣自解嚴以來的武士道研究。透過作者如數家珍，娓娓道來，理出一個很清晰的脈絡，原來臺灣有一批受日式教育並且堅定聲稱具

有日本武士道精神者，如李登輝、蔡焜燦、金美齡、許文龍、黃昭堂等人。

　　但作者透過考察司馬遼太郎《街道漫步──臺灣紀行》對武士道或大和魂的描述，批判從李登輝以降所謂的「被誤認的武士道」，也就是臺灣這批武士道的崇拜者將「昭和時期至戰前的武士道」或是新渡戶稻造的「基督教武士道」，錯認為是日本的真正武士道。這可說是「場所的錯置」，也就是被錯置時空的武士道或日本精神。

　　如果李登輝前總統這種帶有基督教胸懷的武士道精神與真正的「日本精神」或武士道精神是「錯置的」，那所謂「心靈改革」──「被改革的心靈」與「要回到的心靈」到底是什麼呢？──這是一個根本性問題。如果連「心靈的根源」都出現問題，那這個「改革」會成功嗎？還是到最後白忙一場？

　　另外，李登輝企圖將原有濃濃的中華精神，悄悄地歸向到日本精神。這樣的心靈改革運動，所出現的難題也出現在「中華精神」與「日本精神」本都有深厚的「心靈」層面，卻有截然不同的心靈內涵，甚至互相矛盾（如儒家倫理與武士道倫理就有很大的不同），更不用說有殖民統治與日本侵略中國的歷史不良印記。因此，可以預測當這兩股心靈文化產生碰撞的時候，當然會激起風起雲湧的沙塵暴。

　　而作者書中所用的「在地化轉型」詮釋概念，正是這兩股精神文化碰撞的「黏著劑」。或者可以這麼說，作者的「在地化轉型」詮釋概念，正是李登輝心靈改革下所催生出來的副產品。

　　回顧二十多年來，臺灣各個領域透過正當性的「在地化轉型」，悄悄地不是從「中華精神」，逐漸過渡到「日本精神」；不然就是稀釋了「中華精神」，與世界人權、自由、平等精神接軌，並美其名叫「在地的全球化」。

　　因而，如果我們將這種「心靈改革」，放到本書各章節去看的話，如：書中涉及「人間佛教」在臺灣的發展，還有「去印順化」後正在

發展的「慈濟宗」與「法鼓宗」，以及新臺灣佛教藝術及其創作、陳若曦的新女性主義的現代臺灣佛教小說等等，均可放在「在地化轉型」這個詮釋概念下，來論其創新與發展。

　　坦白說，不論現在的年輕人不記得李登輝也好，或是解嚴後的世代開始遺忘李登輝也罷，均不得不承認李登輝扮演臺灣民主化的關鍵地位。

　　只是，臺灣民主化以後，正式面對巨大且興起的中國也漸漸白熱化，國民黨或民進黨均搶攻「本土派」的話語權。用作者書中的話，就是「在地化轉型」。

　　「在地化轉型」這個詮釋概念，不只可用來書中作者描繪的從解嚴前的「中華漢傳佛教」，到解嚴後「新中華漢傳佛教」的多元化發展，當然也可以來分析政黨的「在地化轉型」。

　　無論如何，「在地化轉型」的發展與創新中，都帶有強化「主體臺灣，稀釋中國」的傾向。結果卻反而助長了稀釋「一個中國」的趨勢，甚至最後搞得連「中華民國」本身也岌岌可危──造成這樣趨勢的原點，還真要追溯到李登輝；──而作者能從「心靈改革」這個觀念史的核心概念，透視與總評李登輝之成功或失敗，在此不得不讚嘆作者敏銳且獨到的學術先覺。

　　再者，為何說「心靈改革」這個觀念史的核心概念，在明年（2020）的總統大選可以透視與總評李登輝這個改革到底是成功或失敗呢？

　　因為李登輝時代提出的「心靈改革」，在臺灣政權板塊快速移動的過程中，迄今已經超過二十年，其間還歷經了兩次的政黨輪替。只是如今他本人年事已高，所以也是我們歷史學界該對其最後階段進行總結的時候了。

　　但我們也可說，這是檢視李登輝致力於臺灣本土化、日漸去中華化的「心靈改革」成功與否的決戰關鍵點；也可視為臺灣四百年來對「中華認同」的向心力與離心力拉拔戰過程中呈現的總結果。

　　用李登輝的「脫古改新」的話來說,「古」是中華民國,「新」是臺灣獨立的共和國,造成這樣的激化現像,始作俑者當然是李登輝。因此明年的總統大選,到底是「中華民國」拔籌?或是「臺灣獨立」勝出?到底能否「脫古改新」?或是「返本開新」?其實也是檢視李登輝的「心靈改革」理念,是否成功或挫敗的競試場。

　　根據上述對當前臺灣政治主流趨向的簡明歸納與描述,我們便可以清楚地看出:這正是作者提煉出「心靈改革」的前後背景,獨到地觀察到臺灣群眾文化心靈轉變的連續性與脈絡性。而若我們也能用這樣的視角,來看本書所謂的「心靈改革」,很顯然地將會大大有助於讀者們更快速地掌握作者本書的用心。

　　據我所知,作者人生中,曾經歷過各種精彩的自學奮鬥事蹟,他是當代很罕見地,能從一個工人到博士,從癌症折磨到抗癌成功。並且退休迄今,讀書的質與量,也令人驚嘆。

　　事實上,我常接到本書作者江學長的電話,他常常將他最近所讀的書樂於與我分享,而且都會拉到與我相關的學術研究,一針見血地指出很關鍵的學術見解,我的《電光影裡斬春風:武士道分流與滲透的新詮釋》一書,實是由學長催生出來的。能如此真摯地討論學問,並不吝分享,真是學界少有。

　　我在臺大歷史研究所就讀期間,有幸就結識這位批判性十足的學長,多年來我們亦師亦友。學長目前整天依然讀書不倦,筆耕不輟,學術論文及專書也不斷出版,對其生命力的堅韌與學術上的堅持,常是我效學的對象。

　　承蒙他的厚愛,讓我為他這本珍貴的新書寫序,有點愧不敢當,但因書中涉及我的武士道研究專業,只好勉為其難,恭敬不如從命。是為之序。

自序

　　本書堪稱我的畢生所學的精華最新彙整，也稱得上我自己生平著作以來的晚年定論。但是，為何會有這本書的問世呢？還請本書讀者耐著性子往下讀完全序文，就可知道之所以出書的來龍去脈了。

　　起初是肇因不久之前，我曾動心起念，並回顧過去二十五年來，每當臺灣社會出現各種有關宗教事件、宗教弊端、宗教醜聞、宗教商品化等等問題，我在當天往往會立刻接到很多報社（特別是《蘋果日報》）記者的詢問電話，要我為彼等解析新聞中種種疑惑之處及我對此新聞的相關評論意見等；有時甚至好幾家電視臺的新聞節目記者與隨行攝影人員，也會蜂擁到我任教的學校、或到我在北投中和街的住家客廳，直接訪問我——本書讀者若有興趣，也想知道此類的報導與我的發言內容，如今在 google 的網路上，用關鍵詞搜尋，大致立刻就能找到——只是，有時新聞記者訪問的時候，雖會要我回答彼等很多方面的疑難問題，可是之後見報時卻往往只報導很簡短的有關我的談話內容，或根本沒有報導。

　　而我對如此的處理方式，都無所謂。因我長期以來一直認為，這就是我對臺灣社會大眾的一種所學知識專長的良性回饋，所以不會多所計較。

　　不過，其中最讓我感觸良深的事，其實是，儘管我曾不斷地長期幫忙新聞記者解惑，也屢次刊載於隔天新聞的相關版面上，可是似乎並沒有對臺灣社會多數民眾的信仰認知，有多大的影響。因為我幾乎，每一年都會被新聞記者問到類似的問題，可是仍然還是有部分民眾上當受騙，令人為之扼腕長嘆不已！以下，我先舉一篇新聞記者對我的訪問報

導為例，讓讀者看看我的評論模式，然後另舉一篇我在自己「臉書」
上的最近貼文為例，好讓讀者可以事先了解我的基本認知態度：

之一

江燦騰：宗教商品化太氾濫

　　　　　　（中國時報 2008。02。03　林上祚／臺北報導）

　　從 Hello Kitty 到神明公仔，長期研究臺灣佛教的江燦騰教
授直言，臺灣社會讓宗教信仰與戀物？拜物情結，神秘地糾結
在一起，「神明公仔」雨後春筍般冒出，更加助長宗教商品化
風潮。

　　帶動好神公仔旋風的全家便利商店分析，「臺灣生活壓力
大，蒐集公仔可以從壓力中獲得解脫」，公仔收集本身儼然成
為現實社會的救贖。

　　「公仔」一辭，源自於香港對人偶和人形玩具的通稱。臺
灣公仔收集熱從麥當勞開始，到統一超商九十四年的 Hello
Kitty 冰箱吸鐵，到去年七月全家便利商店的「好神公仔」，公
仔收集成為全民運動。

　　不過，江燦騰對於神明公仔化現象，卻深不以為然。

　　江燦騰說，臺灣近三十年來，宗教活動已經愈來愈商業
化，過去不講形式的聖嚴法鼓道場，現在也請藝術大學參與，
使用動畫特效；有些大型道場活動，還上電視臺打廣告，背後
都有很強的商業機制運作。

　　「以前香油錢是自願的，現在變成是信用卡聯名卡在推
銷。」江燦騰說，有些廟宇推出點光明燈，安太歲，給神做乾
兒子，居然還分價碼，臺灣苦難這麼多，居然沒有提供免費濟

渡，「顯然這是神都是有階級意識，根本沒有慈悲心」。

　　江燦騰說，公仔現象背後問題的關鍵是，神明公仔到底被當成「神像」，還是當「藝術品？收藏品」？

　　佛像雕刻藝術，買回供養的信徒畢竟是少數，但如果買回當收藏品，就完全沒有供養的心理壓力，公仔有市場、會增值，被一般人當成是吉祥物，不再是純粹宗教藝術品，剛好符合臺灣民眾信仰宗教「利己」心態──「信了神就可以得好處」。

　　江燦騰說，從 Q 版神明公仔，到陰廟求明牌可以看出，臺灣宗教信仰一直都無法脫離「信了可以得到什麼好處」的現實主義，即使有些知識份子接觸秘教，也非出於深層情操，而是多少希望藉此攀附神力喇嘛。

　　缺乏人文素養的結果，使得宗教創作也不是從美學角度出發，是從「靈不靈驗」的市場角度出發。

　　江燦騰認為，隨著時代變遷，宗教文化也會演繹，即使是最保守的日本佛教，和尚也以饒舌歌方式唸經文，不再用傳統佛經念法，「變，並不可怕」，但需要有精緻文化內容，宗教創作必須是發自內心的尊重，才會有精製的文化內涵，否則很容易流於膚淺。

＊

之二

當代臺灣的各種神明，本質上都只是宗教企業或宗教攤販之流的賺錢工具，賣的只是想像的各類神力靈驗，收到的卻大筆現金滾滾而來，所以花樣百出，想像無限。

2019-02-15，江燦臉書

＊

　　上述所舉的兩例，讀者未必都能同意。我也都能欣然接受任何持異議者。因為當代臺灣是一個信仰多元與非常自由的社會，所以我對任何人所持任何信仰態度我都表尊重。不過，我在社會的公領域上，還是依然維持著自己的一貫認知態度。

　　至於本書，為何我會取名為《當代臺灣心靈的透視──從雙源匯流到逆中心互動傳播》？這是有其歷史背景的。

　　此因，雖然在本書開頭即有一章，是直接與李登輝前總統在任時期，所提出的「心靈改革理念」有關。但全書並非都在討論他的議題，而是涉及層面極廣、遠遠超出他所提「心靈改革理念」的這一議題的深度探討。

　　所以，我們必須綜合全書的內容與詮釋體系來看，才能將其中三個關鍵詞，串成本書封面書名：當代、臺灣心靈、透視。

　　可是，由李登輝前總統是解嚴以來，前後任期長達 12 年的首位臺灣籍出身的現任總統，並且就是在他的任內確曾對臺灣本土文化的發展與變革，具有最關鍵的教育與文化政策影響。但，他本人所提出的「心靈改革理念」卻是具有極大的複雜爭議性。

　　因此，有關本書的批評背景與批評開端，就直接從他所提出他的「心靈改革理念」這一已成歷史的複雜主題切入，來進行擴及全書內容的解說。

　　而本書的各篇內容，都是我近二十幾年來，不斷觀察、不斷思索、不斷體驗的追索與反思，因而才有這些論述出現。

　　之所以會出版此書，主要是我過去已曾出過十五種以上相關的著作，各類題材都有，且在近兩三年又有一些新看法與新論述發表，再加上剛好看到幾天前，曾從臺灣師範大學臺灣文化及語言文學研究所教授兼所長退休的莊萬壽先生，在他八十歲時，有眾多學界曾受其影

響或有師友關係的同道，替他彙集出版了一本很夠份量的有關臺灣本土文化追索的巨著《臺灣文化之進路文集—莊萬壽及其文化學術》（臺北：吳三連臺灣史料基金會，2019）。

因此，頓時讓我也，擬從我個人治學與思考的相關角度，來試圖建構起，從另一角度透視的當代臺灣心靈內涵。此因我深信，當代臺灣文化詮釋並不存在著任何霸權，而應該是多音交響與色彩豐饒繽紛的多元新貌呈現——此本新書的問世，就是考驗是否能真正多元綻放的最佳試金石。

至於，我在此新書中，所要呈現給當代眾多讀者的，有關當代臺灣文化思考與相關的詮釋進路，理所當然，主要是來自我的個人生平學術專長，而非單憑一己的主觀想像，就能像變魔術那樣地神奇變化出來，好讓觀眾驚嘆喝采，並贏得熱烈掌聲。所以，我考慮的是，關於現代性的本土宗教文化轉型，與當代文化的批判性反思，這兩者有效結合的新詮釋建構。這是由於，自解嚴以來，有關臺灣文化主體性的臺灣意識強調並非只有堅持與中國意識強烈分離或相互貶抑的異質對抗下，才能有所詮釋或建構的。

而我對於 1949 年的巨大現代大陸文化衝擊及其長期性的文化支配性的強力塑造，並不只是持絕對批判態度，或沒有任何反思性，就一概接納，而是提出一種第四類的詮釋模式，來對應實際存在「雙源匯流」下的新臺灣宗教文化與新藝術創作的，**另類臺灣本土文化的新思維建構**。

＊

我是用「1949 年以來臺灣本土佛教史學與思想變革詮釋問題」，來對應楊儒賓教授的「1949 漢潮東流與第四類新詮釋學的提出」。

因為楊儒賓教授過去曾從中國歷史上幾次王朝「南遷」，展開新

開展說法。當中，他雖使用了：a.東亞視座下的臺灣。b.1949 大分裂與再編成。c.新漢華人文知識。這樣的三位一體的雙源頭──雙繼承──在地轉化的新詮釋結構。

可是，就大陸與臺灣的地理位置來說，早在明鄭時代，就定位為「東渡臺灣」而非「南遷臺灣」。而就臺灣華人與 1949 大舉東渡來臺各省逃難潮的新華人及其文化來說，我改用「1949 漢潮東流」一詞，也堪稱是更為精確的詮釋概念指涉。

其次，何謂「第四類新詮釋學的提出」？我的回答如下：

對於臺灣史的詮釋史觀，歷來有著名的三類說法。第一類是「內地化」相對於「土著化」的清代臺灣開發史定位。第二類是以地緣特殊性為主的海洋「臺灣島史」定位。第三類是「殖民反抗史」與「殖民認同史」互相對抗下的「統獨意識形態」的分裂與糾葛歷史定位。所以，有關「1949 大分裂與漢潮東流」的臺灣史定位，就是大陸中國正統性的道統與法統，在臺長期的存續，發展，與變革。可是，一直並無取代性的第四類出現。

因此，在 2010 年由大陸福建人民出版社出版的劉小新著《闡釋的焦慮：當代臺灣理論思潮解讀（1987-2007）》一書，便列出臺灣本土自解嚴以來，到陳水扁總統執政末期的六組詮釋理論的論述主張與相互爭鳴。這六組詮釋理論的分類如下：

1.後現代論爭與後殖民轉向。

2.臺灣後殖民理論思潮。

3.殖民現代性的幽靈。

4.本土論思潮的形成與演變。

5.傳統左翼的聲音。

6.後現代與與新左翼思潮。

然而，這六類都不出我以上所歸納的三類範圍與相關內容。所以原作者在該書的第七章，便接著討論「寬容論述如何可能」？

　　他並不清楚，就在他出書的這一年中，臺灣在地的楊儒賓，從 2010 年起，即率先提出的，「a.東亞視座下的臺灣。b.1949 大分裂與再編成。c.新漢華人文知識。這樣的三位一體的雙源頭——雙繼承——在地轉化的新詮釋結構」。並在 2015 年出版《1949 禮讚》一書。

　　雖然，連美國哈佛大學東亞語言與文明系講座教授、中央研究院院士王德威教授在內，都不能免於在高度肯定楊儒賓教授於其聯經版的《1949 禮讚》一書中，確有新詮釋體系提出的同時，也為楊氏此本封面為《1949 禮讚》的居然膽敢反潮流書名而擔憂。

　　直到 2016 年 1 月 16 日，國民黨遭遇空前未有的大選慘敗，淪為光景黯淡無光的在野黨。並且，在 2016 年 5 月 20 日，由蔡英文總統正式就職及其新政府全面執政後，臺灣社會頓時又冒出不少有論述能力的知識分子，由於彼等既已再度面對戰後國民黨長期統治嚴重頓挫的巨大變局，而臺灣當代社會各階層也開始出現大量異議者的批評論述並具新意識形態性質的洶湧浪潮。於是，筆者等人開始覺得，我們此時確有必要藉此機遇，來重新檢視先前楊儒賓教授從 2010 年起，即已率先提出的新文化源流詮釋結構，是「雙源流與雙繼承」的相關論述內涵。

　　而我在此時，也確曾藉此新變革局面的猛然來臨，更清楚地發現：過去一向習以為常的，在臺灣社會中普遍存在的舊文化價值思維，一旦將其置於 2016 年大選後——現實社會環境急遽變動下——的新立足點來觀察時，便因此使我萌生出——對其與此當代時代變革有關的臺灣本土文化源頭，其實是來自上述所謂「雙源匯流」之後，再持續長期發展及其不斷出現各種新型態——的深刻反思；也因而才更看清：楊氏先前所提出的，此一新詮釋學的先驅性，及其本身所具有的合時性及合理性之潛在本質。

　　只是基於考量有關上述詮釋概念，以及其中必然會涉及我個人治學歷程的相關回顧等，我都會在書中的相關章節有所解析。所以，我

在這篇短序的有限篇幅中，便不再多做說明，以免過於重複或冗長。

＊

　　但，必須交代的是，本書的內容，主要是從我先前出版的著作中，彙集具有相關性質、但各篇詮釋的篇幅卻長短不一的、串聯成一系列精選的不同主題論述，再重新改寫、增刪或重新組合與命名的。但，基於如上所述的，由於回顧自從 2016 年大選後所出現的新變局──並因而才導致現實教育文化環境及其相關文化價值觀的大變異，這一演進歷程──不只促使我重新思考，究竟要如何來建構臺灣新宗教文化主題性？還藉著與少數學界同道（如楊儒賓教授、張崑將教授）互相對話其新著各種觀點的多次機會，也促使我提出好幾篇新論述的深度作品，而其中幾篇被納入本書內容者，約占全書全部內容近四分之一。所以如今本書內容，不全是由舊作改寫的。不過，也因此導致本書直到現在才剛要出版，亦即距離前述 2016 年大選之後又已過了三年多，也就是已到 2019 年春季末了，才有機會問世。

　　在此同時，很顯然的，最新一波的政局大變動，也將隨著 2020 年元月，下一屆正副總統及新立法委員的改選結果分曉，而會再度產生新的本土文化轉型思維。

　　所以，後續的新發展狀況，也必續繼續追蹤觀察，才得以知曉。但，這將是寫下一本書時，才能提出對新狀況的新考察心得了──

　　書寫至此，我很希望本書的讀者，將會因而喜歡像本書現在這樣的主題系列安排，同時也願接納像本書這樣具有鮮明當代臺灣社會精緻文化格調及其豐富多元主題內容，所清楚呈現的另類時代新風貌。

　　最後，本書的順利出版，要感謝的人實在太多。但，此處我只能提及幾個最重要的：

　　一、首先要感謝臺大醫院心臟外科首席權威的主治醫師許榮彬教

授，他在 2018 年 7 月中旬，以神乎其技、世界一流的熟練心臟外科開刀手術，及時為我作了最成功的心臟冠狀動脈繞道手術；因當時，我的心臟冠狀動脈已呈嚴重阻塞的緊急狀態，隨時都有猝死的高危險性。

但，他在幾小時內，就整個解除了我這一次可能會致命的心臟冠狀動脈危機，且術後，幾無明顯的副作用或其他併發症出現；而我身為患者當事人，在此次手術開大刀的全部過程中，卻只需支出——除健保部分補助之外——區區二萬五千多元的開刀手術費用而已，就能順利地救回我的一條寶貴生命。

由此不難想見，由於我國良好的健保制度，再配合堪稱世界一流的心臟外科手術，此兩者的有效結合，又是如何地能夠及時地造福了：我們這些患有重大心血管疾病的社會大眾。

況且，他在術後還來病房，親自對我說：若無其他疾病或意外，我的心臟冠狀動脈，還能持續維持 10 年的正常運作沒問題。更不可思議的是，我住院第四天，就能起床再住院病房內，正常的使用筆電對外聯絡和寫作新書。所以我首先把本書獻給他，以示我由衷地深深感謝。

二、本書的第 8、9、10 共 3 章，是我與臺灣史大學教科書名家，也是長期論學知交陳正茂教授合寫的。我再次徵得陳正茂教授本人的同意後，將其納入本書的體系中，使全書關於當代臺灣的新臺灣人意識、新客家意識認同，以及文學論述上的統獨大戰狀況，都能有最清楚、最簡明的真相呈現。特在此感謝陳正茂教授的全力協助與長期論學交流。

三、在我書稿才剛完成不久，就有幸承名作家蔡登山先生，以其慧眼獨具的超高鑑識本領，馬上為我力薦給秀威資訊出版社，並經由該社優秀的編輯部鄭伊庭經理多方連絡與大力幫忙，才能使全書妥善編排及精美印刷並順利出版。我在此深致感謝之意。

　　四、為本書寫序的名教授兼名學者：臺灣師大副院長張崑將教授，是我長期的論學知己，我在此特別感謝他為本書所寫的精彩序文，讓我深深受益。

2019 年 3 月 1 日

江燦騰

於新竹縣竹北市自宅的不悔齋書房

目　次

第一篇

當代臺灣武士道
文化的批判與反思

第一章　有關李登輝總統時代的臺灣武士道

文化詮釋與批判

一、批評的背景與開端說明

首先，在本書敘述的開端，假若我們能將有關事情發生的時序，回溯到 1996 年 10 月 21 日，則當時的李登輝，其實尚在總統任內。而我們可以很快查出：他在當天主持「國統會」第 11 次委員會議時，曾首次提出很罕見的，所謂「心靈改革理念」的震撼性議題。

可是，此論一出，立刻引爆來自各界的嚴厲批評，甚至到隔年，即在 1997 年 2 月 22 日，仍有董峰政在《自立早報》上，對他展開犀利至極地質疑。[1]但，李登輝總統當時，對此類的批評，幾乎都沒有任

---

[1]　董峰政說：近年來執政黨面臨國內外的政治形勢，也做了大幅度的改革，舉凡廢除戒嚴法、終止動員勘亂時期、解除報禁黨禁、國會全面改選、憲政改革、總統直接民選，改革的過程雖驚濤駭浪，卻終能逐一克服困難，不必付出社會動亂的代價，而得到圓滿解決，奠定國家長治久安的基石，舉世稱之「寧靜革命」。正當臺灣躋身開發國家之林，邁入現代化國家之際，不容諱言：臺灣的社會也同時出現了一些重大的弊病。例如在經濟發展之過程中，一切以經濟掛帥，造成臺灣社會功利主義盛行，人民一味追求金錢，有所謂「笑貧不笑娼」，一切向錢看齊的偏差心態。臺灣因而有所謂「貪婪之島」、「賭博共和國」（Republic Of Casino）的惡名。目前最被人所詬病的黑道之國，全國地方議會代表，有黑社會背景者高達三分之一以上，比例之高令人咋舌，無怪乎社會上「槍聲」四起，臺灣「恐怖之島」之名，亦不脛而走。更有不法商人，為獲得利益不擇手段，濫墾山坡，濫伐樹林，水土保持破壞殆盡。國人普遍缺乏公德心，垃圾遍地都是，垃圾之戰時有耳聞，放眼望之，令人怵目驚心，「垃圾之島」亦變成臺灣另一個名稱。凡此種種都值得國人警惕，若不思以改善，將會腐蝕人心，動搖國本，國人多年辛勤

何針對性的回應。

並且，在他卸任之後，根據 2007 年 12 月 24 日中央社記者黃旭昇報導，他仍於淡水的「群策會」中提到：

> 前總統李登輝今天在淡水群策會演講時提到，臺灣要建立成為具有主體性的國家，文化建設很重要，所以，臺灣民主改革的完成、新文化的建立，以及釐清與中國的關係，就是由「託古改制」轉移到「脫古改新」的「**心靈改革**。」他是以「**新時代臺灣人──我的脫古改新**」為主題，為臺灣基督長老教會的牧師演講，闡述新時代的臺灣人的意義。

但，事實上，上述這些，都不是李登輝前總統真正的本意，或者這只是他表面上所表述的漂亮託辭而已。他其實真正在意的，是他在任內與退任後迄今，一直都講在講個不停的有關他對日本武士道精神的詮釋與實際繼承的日本歷史文化本質。

所以如今我若再次作歷史性回溯，則我們大多數人應該都還記得，他當時曾公開表白：他在二十二歲以前，不但是日本人，一度擔任日本軍（未上戰場）的少尉，還上過日本一流的國立京都帝國大學，所以自認是日本武士道精神的嫡傳者。

而其相關言論，最直接的證據就是，在 2011 年 7 月 2 日「李登輝

耕耘的成果恐將付之一炬，臺灣將陷入萬劫不復之境地。李登輝總統目前雖然大力提倡「心靈改革」，但恐怕就像小和尚唸經「有口無心」。曾國藩曾說「風俗之厚薄，繫自一二人心之所嚮矣」，論語上也說：「子帥以正，孰敢不正」，正因為當政者，為鞏固其政權，無所不用其極，做了太多的壞榜樣──公然說謊、黑金掛勾、賄選買票…。是故當今臺灣風氣的敗壞、人性的墮落，領導人物是難辭其咎的。國民黨在臺灣執政幾十年來，一向本著「胸懷大陸，踐踏臺灣」的心態，導致人性扭曲、道德淪喪的結果。所以我們很難期待同是共犯結構的執政者，能帶來任何「心靈改革」的成效。見 1997 年 2 月 24 日《自立早報》。

基金會」的網頁（迄今仍存）上，在一篇〈日本的教育與我〉長文中，李登輝前總統曾有如下一些最直白的內在心聲吐露出來，說道：

> 　　二十年來，我在臺灣持續推動民主主義，改變了政治體制。後來撰寫《武士道解題》一書之際，特別以「高貴者更應盡其本份」（noblesse oblige）作為副題，我認為這句話正是掌握武士道的關鍵精神，也是國家領導人應具備的心態。
>
> 　　就此而言，我覺得民主主義與武士道精神之間沒有任何矛盾。畢竟所謂民主主義，就是不能只思考個人的事情，還必須傾聽國民聲音、為國家奉獻。這也正是武士道精神所在。
>
> 　　最近，臺灣有一卷「臺灣民主化之路」的 DVD 在市面上流傳。內容說明二十年來臺灣民主化過程中，我作為國民黨執政黨領導人，傾聽臺灣國民聲音、尊重主流民意並且推動改革的狀況。在這卷 DVD 之中，有人提出一個問題，那就是「推動臺灣民主化的李登輝到底是什麼樣的人？」
>
> 　　對此，臺灣大學歷史教授吳密察回答：「李登輝先生屬於日本大正世代，接受徹底日本教育薰陶，養成了重視忍耐、自制與秩序並且為公奮鬥的努力精神。他就是這樣的人。」這樣的回答我基本上是同意的，因為日本教育最強調的就是「實踐躬行」。排除這點，談日本教育就沒有意義了。
>
> 　　一般人所謂「教育」，都是指知識如何取得，以及建立思考習慣等等，但日本教育的優點在於重視實踐，這也正是武士道精神最佳體現。也就是，就教育而言，除了知識學習與思考，我認為實踐能力是最重要的。[2]

2　出處見：https://presidentlee.tw/05a-%E6%97%A5%E6%9C%AC%E7%9A%84%E6%95%99%E8%82%B2%E8%88%87%E6%88%91/

　　可是，經過深入研究後，我們卻可以發現，他所自認為的日本武士道精神的嫡傳者，其實只是：一種非正統的偏頗認知而已。

　　此因李登輝前總統人所自豪理解理的「武士道」精神嫡傳，本質上其實只是一種不具──昭和時代正統國家意識形態的──日本天皇崇拜與禮敬的──日本式「基督教武士道」罷了。

　　而在日本他的此類認知先驅者，像新渡戶稻造、內村鑑三、植村正久等人，就是這種「基督教武士道」的著名開創者。

　　臺灣的簡曉花教授曾特別寫一本書，討論這個議題，因在臺灣的南天書局出版，不敢直接指出批判對象，就是前總統李登輝先生本人。而我就毫不客氣，代替簡教授指出這一點。

　　我想，臺灣現在，還可以有這點學術自由批判的餘地吧？

＊

　　我們若重新回顧東亞的日本武士道精神文化史的國際研究，可以說是以新渡戶稻造（1862-1933），於 1899 年出版的英文著作《武士道》，為其開端。其書出版後，迅即風行世界各國，且歷久不衰。

　　可是，以日本武士道的精神文化研究或論述來說，戰後迄今在日本已推展到區分為：日本傳統的武士道文化、明治以來的皇軍武士道文化、近代日本基督教化的武士道文化、近代商道、或職工結合的現代日本企業體的武士道文化，以及日本女武士道等。

　　其中，尤以德川初期原三河武士的日本曹洞宗禪僧鈴木正三（1759-1655）的四民（士農工商）皆為職業正途的入世解脫論思想，更被廣泛推崇為締造日本近代資本主義思想的二大思想家之一（另一位為石田梅岩）。[3]這些都是值得注意的新發展。

---

[3]　山本七平，《日本資本主義の精神》（東京：光文社，1984）。

　　儘管如此，近代日本學者中對於日本傳統武士道精神文化，從歷史社會學視角研究而取得至高學術成就和榮譽的，分別是原東京大學名教授丸山真男（1913-1996）的教學講義，[4]和目前仍在美國任教的日本留美新秀池上英子博士的英文武士道研究得獎名著 *the taming of the Samurai: honorific individualism and the making of Modern Japan*（哈佛博士論文改寫，日譯本為《名譽と順應：サホライ精神の歷史社會學》[5]）為最高峰。本章即是參考上述研究的優點和觀點，再改以「在地的觀點」，來考察當代有關李登輝當總統及其卸任後的當代臺灣武士道精神文化的變革史，並提出我們的學術批判與反思。

　　但是，在此之前的情況，又是如何呢？所以，我們仍得先回顧一下：從戰後到解嚴初期（1945-1987）的臺灣日本武士道精神文化之研究狀況概述。而後，才接著討論當代的狀況，否則會讓人誤以為，在此之前，都不曾有人討論過。當然，我們可以承認：以現任總統如此主張，李登輝前總統的確是唯一的，而其者論述者都非現任或非卸任的總統，可見他當時身份的特殊性，遠非他者能比擬。[6]可是，有關日本武士道文化在臺灣此地發展的歷史與變革，早先已有不少論述存在了。我們在以下，即簡要的加以介紹，好讓本書讀者了解其實際狀況。

4　丸山真男，《丸山真男講義錄・第 5 冊：日本政治思想史 1965》（東京：東京大學出版社，1999）。

5　池上英子著，森本醇譯《名譽と順應──サムライ精神の歷史社會學》（東京：NTT 出版株式會社，2000）。

6　但，我們須知，臺北帝國大學是 1928 年成立，1941 年 12 月日本偷襲珍珠港，美日正式敵對，才開始太平洋戰爭，或大東亞戰爭。所以，1935 年，由臺北帝國大學所購入的三巨冊《日本精神生成史論》，鈴木重雄寫，東京的理想出版社出版，就無法如黑格爾的《歷史哲學》那樣，以世界歷史哲學的角度來論述。我認為，當時的所謂「日本精神」，其實只是更早之前「日本武士道」論述的另一種新名詞：已帶有日本帝國的國家意識形態的那種。可是李登輝卻把他所認知的基督教化武士道，來與這種昭和時期正統狂熱帝國主義型態的「日本武士道」或「日本精神」相混淆，真是不值得肯定。

二、從戰後到解嚴初期（1945-1987）的臺灣日本武士道精神文化之研究狀況概述

　　根據國家圖書館的現有館藏資料，我們可以發現，臺灣地區在日治後期，即有文學士永吉二郎所著的《日本武士道史》一書，[7]收藏於臺灣新竹州的圖書館。此書是一本以嚴謹史學論述而成的軍方教材，當中絕無軍國主義義狂熱的意識形態。

　　我們雖不知道二戰前臺灣籍學者中，有誰曾讀過此書？但是，可以確定的是，日本武士道的學術史發展，縱使在大東亞的戰爭狂熱期，也有其冷靜和充滿道德反思的一面。

　　可是，若回顧臺灣戰後關於日本「武士道」和「日本精神」的認知學術史相關文獻，卻發現從 1945 年到 1984 年之間，居然除了由洪炎秋和李迺揚所撰的兩篇扼要介紹短文之外，[8]並無任何臺灣本土學者的「武士道」研究論文或相關專書問世。

　　不過，可取的是，洪炎秋在 1955 年所發表的這篇〈日本武士道〉短文，篇幅雖不大，卻是相當夠水準的既簡明又精確的「日本武士道沿革史」說明。而且，這也是直到 1982 年，由臺灣的蘇癸珍翻譯新渡戶稻造的《武士道》全書前，最重要的一篇關於日本武士道史的脈絡性精要介紹文獻。而李迺揚 1958 年所寫的〈大和精神〉一文，雖後於洪炎秋之文數年，但內容平常，所以不多評論。[9]

　　1982 年，蘇癸珍由英文第 10 版，以中英對照全文對照出版新渡戶稻造的《武士道》。因為她不像其他人，是從日譯本轉譯的，她的

---

[7]　永吉二郎，《日本武士道史》（東京：中文館書局，1932）。

[8]　洪炎秋，〈日本的武士道〉，收在《中日文化論集（二）》（臺北：中華文化出版事業委員會，1955），頁 1-18。李迺揚，〈大和精神〉，收在《中日文化論集（續篇二）》（臺北：中華文化出版事業委員會，1958）。

[9]　王博文曾批評其以「忠君愛國」美德論述武士道的不當。見王博文，「日本初期武士道之研究」（臺北：中國文化大學日本研究所碩士論文，1988），頁 125。

譯本也沒有其他日譯本所補充的大量註解,可供讀者進一步參考,甚至連其翻譯的相關說明,也一片空白,故此書的臺灣閱讀者甚少,或完全不為人知。再者,此書雖早於北京商務印書館 1993 年所出版,由張俊彥譯自矢內原忠雄的日譯本第 14 版多年,但因後者曾譯有〈譯者前言〉、〈日譯者序〉和譯出原日譯本的新增補註解,所以大受好評,銷售量極大,單是 2006 年的第 9 刷,就印行二萬本,可見閱讀者之廣。[10]

因此,在臺灣高等學院研究所中的武士道精神文化研究論文方面,是直到 1985 年才開始有東吳大學日本研究所的劉梅琴,以「山鹿素行日本中朝主義」作為碩士論文。這應是戰後臺灣學界研究德川時期的武士道先驅性研究,故她也算得上是臺灣本土的第一位研究日本武士道精神文化的碩士。

劉梅琴是以民族文化主義者觀點,來論斷山鹿素行的思想性質、重大影響和受中華文化影響的早其淵源,例如她說:[11]

> 山鹿素行為德川時代開創武士道學派…《中朝事實》為研究日本古典歷史之著作,全以漢文書寫,不過…崇拜的對象卻由對中華聖人之崇拜,轉向為對日本本神聖之崇拜。
>
> …而原本居日本思想界之領導地位之中華思想,從此也就一落千丈而為日本思想所支配了。

此種說法是解嚴之前愛國主義式的標準論述,既不違背歷史事

---

[10] 目前海峽兩岸,先後共有七種日譯本,但因其內容差異不大,故雖可以看出此類書籍,在當代市場的需要量甚大,但做為武士道學術史的演進來看,實無進一步討論的價值和必要。

[11] 劉梅琴,「山鹿素行日本中朝主義」(臺北:東吳大學日本研究所碩士論文,1985),〈論文摘要〉。

實，也可不必顧慮有任何親日的政治指責。但也因此無法有突破性新見解被提出。可是，作為此領域研究的先驅性地位，應無疑義。

在劉梅琴之後，解嚴前一年（1986），淡江大學日本研究所劉長輝首開風氣，以「山鹿素行與日本武士道關係之研究」作為碩士論文，並得出如下觀點：

> …山鹿素行是日本江戶初期思想、學術、教育、兵學各界的巨擘，同時也是日本「儒教古學派」與「武士道學派」的創始者……而其有關「武士道學」方面的思想與主張…於江戶期間廣為武士階層奉為圭臬…但很遺憾的，他的這項學說主張卻被後世的侵略主義者錯誤援用。也正因如此，更須研究其真相，藉以窺見其在日本近世、近代史上的重要性。[12]

劉長輝的此一觀點，可以說，已逐漸顯示臺灣年輕一代欲擺脫過去日本武士道精神文化與狂熱的日本軍國主義義兩者是惡質負面形象的陰影，而改以德川時期作為「儒學武士道」正面形象代表的山鹿素行及其所主張的「實學武士道思想」，來呈現近代正統日本武士道精神文化的歷史形象。

此種論述的趨勢，到了隔年，由中國文化大學日本研究所的王博文延續，他的碩士論文以「日本初期武士道之研究」為題，提出以下觀點：

> 初期武士具有相當的獨立自立性與濃厚的進取，自私性格，…忠君與愛國亦非「武士道」的本質…江戶的時代受中國儒家正名思想影響而產生變質，明治時代…又改造為忠君愛國

---

[12] 劉長輝，「山鹿素行與日本武士道道關係之研究」（臺北：淡江大學日本研究所碩士論文，1986），〈論文提要〉。

的國民道德，二次世界大戰時，日本更利用這種改造成忠君愛國的「武士道」以為軍國主義義及侵略主義的工具，但這種忠君愛的「武士道」並非「武士道」的本質，而不過是一種虛像而已。[13]

　　此論文是上溯初期日本武士道的基礎研究，但是王博文卻以此作為比較日後日本武士道發展，而得出明治時代以後的「忠君與愛國」的風尚，是經過改造的「武士道」，因此是屬於「非本質」和「虛像」的批判結論。

　　但是，迄 1989 年為止，臺灣高等學院中的武士道學位論文，都是出自日本研究所的研究生，相對於此，臺灣非日本研究所的研究生之所以不進行日本武士道的研究原因，應是「不能閱讀」日文學術書籍的「理解障礙」，為關鍵因素。

三、解嚴後作為「政治意識形態」來操作的臺灣武士道精神文化

　　對於臺灣地區解嚴以來日本武士道精神文化的理解和追索，除了上述學術研究史的考察之外，事實上它還可以從常態性和普遍性的「社會觀點」來切入。

　　但此種觀察，通常只會發現到社會大眾對「武士道」精神文化的刻板印象，亦即是「去脈絡化」的「化約式」認知方式與刻板印象，例如臺灣社會大眾，一般都會認為日本「武士道＝切腹謝罪」或「日本精神＝清廉守法」或「日製優質品＝好用可靠＝是日本精神表現」

13　王博文，「日本初期武士道之研究」(臺北：中國文化大學日本研究所碩士論文，1988)，〈論文提要〉。

等。這樣的認知方式，其實就是類似「哈日族」的認知方式，並且是一種不涉及國族認同或不觸及對軍國主義義「十五年戰爭時期（1930-1945）」的被迫害仇日情緒下的「常態式」認知角度。

不過，若回顧自 1987 年政治解嚴以來，與當代臺灣（1987-2009）「武士道精神文化」相關的發展線索，我們卻可以發現，先是有日本著名歷史小說司馬遼太郎（1923-1996），於 1993 年，因旅日作家陳舜臣受當時任總統李登輝之託，介紹其來臺三次參訪，並與年歲和早期經驗兩者皆相近的李登輝總統對談「臺灣場所的悲哀」。[14]因而其書《街道漫步——臺灣紀行》中譯本於 1995 年在臺發行時，作為前期日本人經驗回憶的李登輝總統，便開始透過司馬遼太郎在其書中介紹和描述，並以其作為日治時期臺灣「日本人」標準的象徵。

尤其突兀的是，當時作為參觀引導人的「老臺北」蔡焜燦，居然公開坦承他是視司馬遼太郎本人為其精神導師和同為日本皇軍時期的前輩長官。所以，他除被司馬遼太郎在書中稱其為所謂「老臺北」的角色扮演之外，更以「愛日派」自居，甚至於在司馬遼太郎過世之後，他還曾透過日本在臺有教團組織的新興宗教「生長之家」所屬的出版社「日本教文社」，出版《臺灣人と日本精神——日人よ胸を張りなさい（臺灣人和日本精神——日本人啊，請抬頭挺胸吧！)》，由長期旅日的激進臺灣主義者金美齡撰文大力推薦。[15]於是，透過金美齡的激進史觀之導引，以及蔡焜燦在臺出面當東道主的「慷慨招待」、再加上同屬在臺「愛日派」的臺籍南部大企業家許文龍個人的《日治臺灣史講義》內容及其肯定論之補強，因而便有 2001 年時，由日本

---

[14] 李永熾教授曾提到，日文原文稱為「場所的悲哀」。臺灣卻將之翻譯為「對談，生在臺灣的悲哀」。見李永熾等編，《臺灣主體性的建構》（臺北：群策會李登輝學校，2004），頁 15。

[15] 蔡焜燦，《臺灣人と日本精神——日本人よ胸を張りなさい》（東京：日本教文社，2000）。

漫畫家小林善紀來臺發表其《臺灣論》中譯本所引發的,以李登輝和
許文龍共同作為「日本精神」象徵的驚人效應。[16]

　　2004 年李登輝更先後在日本和臺灣出版其《「武士道」解題——做
人的根本》一書。[17]此外,根據臺灣《聯合報》駐日特派記者陳世昌
在 2008 年 9 月 24 日電的報導:李登輝前總統於 2008 年 9 月 23 日當
天在日本琉球,除了參與日本研究當代臺灣政局的一線學者井尻秀憲
所著的《李登輝の實踐哲學》新書發表的宣傳活動之外,又因他的這
本書中有一小段是談到陳水扁前總統夫婦因貪污弊案遭司法起訴偵
辦之事,所以他也同時發表談話說「要是貪污瀆職,日本人都會『切
腹自殺』謝罪」。

　　可是李登輝所認為的日本武士道傳統中的「切腹自殺謝罪」行為和
道德標準的這種認知,其實是過於「化約」和「缺乏脈絡性」的,並不
足取。事實上,在當代臺灣政治人物中,類似上述看法的普遍認知,也
大有人在。其中,最具體的例子就是中華民國的資深外交官劉青雷,他
於其撰寫的《切腹:日本商人之魂——探索日本成功的祕密》一書,
所寫文宣的一段內容,不折不扣地正是類似這樣的認知觀點,他說:

　　　　從二次大戰後的一片廢墟,到傅高義所稱的「日本第一」,
　　幾十年內,在商業領域內幾乎打遍天下無敵手,這種近乎神蹟

16　黃昭堂等,《臺灣論風暴》(臺北:前衛出版社,2001);陳光興、李朝津編,《反
　　思《臺灣論》——臺日批判圈的內部對話》(臺北:臺灣社會研究季刊社,2001);
　　李壽林編,《三腳仔——《臺灣論》與皇民化批判》(臺北:海峽學術出版社,
　　2001);李登輝、小林善紀著,楊子瑩譯,《李登輝學校的教誨》(臺北:先覺
　　出版社,2001);濱崎紘一,《我啊:一個臺灣人日本兵簡茂松的人生》(臺北:
　　圓神出版社,2001);李壽林,《海峽時評「日本精神在臺灣」批判》(臺北:
　　海峽學術出版社,2004)。
17　李登輝著,蕭志強譯,《「武士道」解題——做人的根本》(臺北:前衛出版社,
　　2004)。

的成就，究竟是如何做到的？本書作者（劉青雷）指指關鍵點：
融入企業體內的武士道精神；切腹，正是體現武士道的極致。
不論仇日、親日、恐日、媚日，要了解「大日本株式會社」，
請從切腹制度開始。[18]

　　對於劉青雷的說法，曾擔任中華民國駐日本的「亞東關係協會會
長」的資深外交官林金莖博士在替劉青雷之書作序時，仍以「獨到客
觀的日本研究」稱之。林氏並提到臺灣與日本的普遍認知是：

　　　　歷史上，日本各朝武士，傳統的以「切腹」自決表示對其
　　行為負責，表示對其主公的忠貞不疑。…無論古今中外，「切
　　腹」均屬願以死表示負責之勇敢態度，此非貪瀆敷衍、自私苟
　　且之徒所能作到。[19]

　　林氏又為「切腹」不等於「軍國主義」和「侵略」辯護，並引證
和強調「日本不可能再度成為軍國主義義國家」。此外他還批評臺灣
的「哈日風」文化雖很盛行，但不論親日或仇日者，都對日本的了解
「甚為不足」，對「日本歷史、文化、社會的詮釋，常陷於感情的成
見之中」。[20]

　　雖然林氏是以資深的日本專家，對日本的武士道倫理作了過於
「化約」的解釋，他卻沒有察覺在日本的傳統倫理中，除了上層的「武
士道」倫理之外，還有和商人企業經營關係最密切的「町人倫理」或
「商人道」，以及和製造業或工藝發明關係最密切的「職人道」。

---

[18] 劉青雷，《切腹：日本商人之魂──探究日本成功的祕密》（臺北：遠流出版社，
　　2000），封面說明。
[19] 劉青雷，《切腹：日本商人之魂──探究日本成功的祕密》，〈序〉，頁2。
[20] 劉青雷，《切腹：日本商人之魂──探究日本成功的祕密》，〈序〉，頁4。

　　因此，基本上在臺灣對於日本武士道的精神文化的理解，除 2005 年時，由李登輝在詮釋新渡戶稻造的《武士道》思想時，[21]曾加入李氏所理解的基督教信仰內涵之外，其餘的《武士道》新翻譯者或研究者，在認知上，可以說都不出劉青雷和林金莖在其對《切腹：日本商人之魂──探索日本成功的祕密》一書內容和書名，所陳述「武士道即切腹負責」的相關認知水平。

　　可是，我們若對照司馬遼太郎來臺之後所出版的《街道漫步──臺灣紀行》一書時，很驚訝地讀到司馬遼太郎對其在地導覽者之一的「老臺北」蔡焜燦所說的「日本人好像不再有大和魂」的看法，並不以為然。司馬遼太郎在其書中有如下資料的引用和委婉的反駁：

> 　　聽那種口氣，好像在說，臺灣還有。…當聽到（《產經新聞社》臺北支局長）吉田信行先生說這話時，像我也差不多已經忘了有大和魂這個詞。…關於大和魂，我翻查了《廣辭苑》，其中引用曲亭馬琴的《椿說弓張月》裡的文章，抄錄如下：迫於事態不惜一死者，謂之大和魂，然多屬淺慮，實乃不學也。可見馬琴雖然珍惜這種氣節，卻也加以批判。…在薩摩，人們非常齒於受縛之屈辱，乃迅速選擇一死乃之。

　　以司馬遼太郎之對日本武士道之精通和淵博，仍不惜翻抄日本權威的古文獻相關資料，作為對「老臺北」蔡焜燦自恃還擁有日本「大和魂」的見解，可以說相當有力地加以糾正和反駁。

　　所以，蔡焜燦在司馬遼太郎於 1996 年死後，於其所撰寫的日文著作名稱，便使用了「日本精神」一詞，而不是使用「大和魂」一詞。[22]

21　李登輝著，蕭志強譯，《「武士道」解題──做人的根本》，頁 12-45。
22　蔡焜燦的日文書，我買到一本有簽名的。原書名是《臺灣人と日本精神──日本人よ胸を張りなさい》（東京：日本教文社，2000）。

　　至於李登輝他是在司馬遼太郎死後，才因與日本漫畫家小林善紀的對談，並將自己的武士道精神的來源，歸諸於青少年時代讀了新渡戶稻造所著《武士道》一書的深刻影響。[23]

　　順此思考邏輯，李登輝由於還考慮到在新渡戶稻造的《武士道》一書中，早已將「武士道」視為「大和魂」，而吉田松陰的獄中詩，更將日本《武士道》中的「大和魂」──對天皇所代表的國族絕對的效忠、犧牲和奉獻的思惟表達得淋漓盡致，所以李登輝在 2004 年開始註解新渡戶稻造的《武士道》一書時，便同時在書中寫道：

> 　　對於總統任內十二年的奮鬥，我自詡確實能一貫始終地朝理想奮鬥前進，內心最大的支柱，就是早年日本教育打下的「大和魂」精神，也就是「武士道」精神。[24]

　　這種詮釋其實是過於化約和缺乏歷史脈絡性的認知模式。事實上，縱使在武士道精神和行為誕生原發祥地的日本本土，雖曾有最善於鼓勵殉死的武士道名著《葉隱聞書》，[25]在德川幕府時期問世，並影響深遠。但弔詭的是，在德川幕府時期，也因其過於主張和鼓勵武士須勇於為藩主殉死，而被長期下令禁止閱讀。可見，在傳統上，它是被認為不宜作為傳統各藩武士平時必讀的標準讀物。

　　此後《葉隱聞書》極力宣揚的過激殉死精神，雖先是在 1906 年被解禁，[26]但並不風行於皇軍中，作為基本教材。直到 1930 年之後，

---

[23] 見李登輝、小林善紀著，楊子瑩譯，《李登輝學校的教誨》（臺北：先覺出版社，2001），頁 66。

[24] 李登輝著，蕭志強譯，《「武士道」解題──做人的根本》，頁 77。

[25] 此書臺灣現在已有中譯本。見山本常朝口述、田代陣基筆錄、李冬君譯，《葉隱聞書》（臺北：遠流出版社，1994）。

[26] 1906 年時，此書手稿正式公開出版發行。連為本書寫出版書序的新渡戶稻造本人，也在這時，才看到全書。參看葉隱研究會編，《葉隱：東西文化の視兵か

因所謂「大東亞十五年戰爭期」（1930-1945）的迫切需要，才被極力推廣為皇軍精神訓練的重要教材，並將其與傳統日本武士刀的練製工藝之復興以及在皇軍中普遍推廣以配帶「武士刀」來取代「西洋式軍刀」的風氣相結合；於是在這種氛圍之下，戰爭時期的日本皇軍即因此培養了傳統日本武士倫理中「視死如歸」和「絕對服從」的武士道狂熱的殉死精神，並在「大東亞十五年戰爭期」中出色地，為以天皇作「國體」象徵的對外侵略戰爭而壯烈犧牲。對於此種狂熱行為，曾有日本的退伍軍人供稱：

> 日本軍人對命令的絕對服從，是基於對權威的服從心理。日本軍人的信念，並非以自身的是非觀念來判斷，而是以上級的命令權威作為服從的基準。[27]

不過，根據戰後撰寫《皇軍興亡記》一書作者的觀察指出：

> 自指揮官的觀點而言，日本軍人最有用的性質是視死如歸，⋯這是武士倫理的遺風。⋯在戰爭初期，雖然幾十年的道德灌輸，以及把日本國粹觀念印在官方教條上，日本人對於精神觀念，並不如在某些時候所描述的那樣粗糙、簡單而沒有彈性。⋯當日本的物資力量逐漸耗竭時，精神的力量更為緊張，就是這種人類的本性征服了戰鬥精神，只有誓死如歸這一點還保留著。

所以如果我們對照蔡焜燦和李登輝兩人開始受教育的年代，已進

ら》（福岡：九州大學出版會，1993）。
[27] MEIRION & SUSIE HARRIES 著，葉延燊譯，《日本皇軍興亡記》（臺北：金禾出版社，1994），頁251。

入所謂軍國主義義最高漲的「十五年戰爭期間」，就不難了解彼等在青年時期所受「皇軍精神教育」所抱持的「日本精神」信念之深刻影響了。

可是，李、蔡兩人的觀點並不正確，因為池上英子博士的英文武士道研究得獎名著 *The Taming of the Samurai: Honorific Individualism and the Making of Modern Japan*（哈佛博士論文改寫）森本醇的日譯本，取名為《名譽と順應：サホライ精神の歷史社會學》、本山本七平的《日本資本主義の精神》、森島通夫《なぜ日本は「成功」したか（日本為何成功？）》、李文的《武士階層與日本近代化》和劉金才的《町人倫理思想研究──日本近代化動因新論》等書已相繼出版，[28]讀者不難了解國際或當代東亞學者對於日本武士道精神文化的歷史發展與理念內涵，早已不是上述當代臺灣政治人物所解的特殊時期的異樣武士道「意識形態」的相關內涵了。

四、解嚴之後臺灣學院式的武士道精神文化史研究概況

相對於上一節的討論內容，本節重新針對臺灣高等學府內的專業武士道精神文化，進行必要的研究學術史之追蹤考察。

首先，必須注意的是，自臺灣政治解嚴之後，曾有留日六年（1973-1979）經驗的林景淵，在臺日正式斷交的震撼後，開始重新反省過去的中日關係。他是先從臺灣廣泛傳播新的日本流行青少年文化

---

[28] 池上英子著，森本醇譯，《名譽と順應──サムライ精神の歷史社會學》（東京：NTT 出版株式會社，2000）；山本七平，《日本資本主義の精神》（東京：光文社，1984）；李文，《武士階級與日本近代化》（石家莊：河北人民出版社，2003）；劉金才，《町人倫理思想研究──日本近代化動因新論》（北京：北京大學出版社，2001）。

現象和 1979 年美國社會學者傅高義（Ezra F. Vogel）教授出版的巨著《日本第一》（Japan as No.1）風行臺灣各地的狂熱趨勢，得到極為深刻難忘的個人經驗和感觸。於是，不同於他的前輩學者如林水逢或梁容若等只是就中日的文化比較來談，林景淵則是結合中日的文化比較和商業武士道的各類出版資訊蒐集和試圖重組新體系的呈現模式，而有 1989 年《武士道與中國文化：中日文化譚片》一書的出版，並被列為臺北錦冠出版社「經典叢書」的第一種。

不過就林景淵本人來說，其新版書才剛出第二版，他就已了解臺灣讀者迫切需要此類書籍的市場風向何在？所以在隔年（1990），他的同類型新書《武士道與日本傳統精神——日本武士道之研究》，即改由發行量較大的自立晚報社文化出版部，於當年 8 月正式出版發行。

此書〈序論〉中，他又再綜合並擴大其對中國和臺灣兩地近代學者關於中日武士道的各種見解，如新渡戶稻造、奈良本辰也、梁啟超、顧頡剛、戴季陶、余又蓀、劉澤華、洪炎秋、龔鵬程、山本七平等人的不同定義和觀察。但其重點，基本上仍是在呈現中日武士道的差異和日本武士道的特色及優點。所以，除此之外的課題，他便一概興趣缺乏，或沒有再繼續探索。[29]

因此，林景淵雖是兩岸學者中，首次引述日本山本七平的《日本資本主義の精神》[30]和森島通夫在《なぜ日本は『成功』したか（日本為何成功？）》[31]對日本武士道與商人道的差異和互動觀察的說明。[32]

---

[29] 此處只是單就此書出版之後的初期而言，因為他的譯書中，即有 1987 年由《經濟日報》的《美日企業經營經驗談》一書。可是，這並非他自行研究的，而是翻譯現成的相關著作。

[30] 山本七平，《日本資本主義の精神》（東京：光文社，1984）。

[31] 森島通夫，《なぜ日本は「成功」したか》（tbs britannica，1984）。

[32] 林景淵，《武士道與日本傳統精神——日本武士道之研究》（臺北：自立晚報社文化出版部，1990），頁 12-13。

　　但，此一引述的用意，在其書中，充其量也只是在回應當時臺灣社會所矚目的美國學者傅高義在其《日本第一》一書所指出的：日本的今日的成功是與日本「特殊組織架構、政策綱領已即有意識的計畫」有最大關連。所以，他雖在引述森島通夫對江戶末期武士、商人、農民三者的相互影響，也曾特別指出「武士道」在今日日本的存在方式。然而，林景淵在〈序論〉的最後，仍只是這樣簡單地提及下列的話語而已，他說：

　　　　對於開發中國家而言，現代化龍頭老大的日本，乃日最後的借鏡。那麼，「武士道」不也是可以幫助我們追尋日本現代化過程的蜘絲馬跡嗎？[33]

　　因此，林景淵的以上論述，雖能算是進一步對日本武士道的去污名化，作了有力的訴求，但這也是泡沫經濟時代，社會普遍的認知，並無特殊之處。

　　不過，由於他於〈序論〉之後，在其全書的主體部分，他又能有系統取材日本相關的武士道著述內容，再改編寫成類似一本圖文並茂的日本武士道的導覽手冊；並能在〈結語〉中，廣引清末和民國初期的中國學者，如：黃遵憲、劉大杰、羅牧、戴季陶等人的過去評論，證明日本武士道的「實踐性」遠勝中國，以證明他的說法，其來有自，並非空穴來風。故全書在 1990 年才刊行初版，1993 年時第二刷也已正式出版，可見此書依然相當受歡迎。

　　諷刺的是，林景淵這本肯定傳統日本武士道的書，其後雖沒有被李登輝寫《「武士道」解題——做人的根本》時，列為參考書之一，連簡曉花博士在其《新渡戶稻造研究——「武士道」とその後》一書

---

[33] 林景淵，《武士道與日本傳統精神——日本武士道之研究》，頁 13。

的參考書目，[34]也同樣不存在。但在對岸大陸的學界，此書卻獲得極高度的共鳴。大陸研究日本史的資深學者萬峰，甚至撰寫長篇書評在專業的歷史期刊發表和讚揚。[35]

　　但是，從書評的內容來判斷，林景淵書關於武士道資料的完整性和相關說明的新鮮度，才是其被肯定的主要部分。所以，大陸學界參考了此書資料的線索之後，在短期內就超越了此書的論述內容；其後，相關研究也迅速展開。[36]

　　不過，此處我們的論述主線，在此必須再轉回和林景淵同年（1990）出版的另一本和日本近代武士道發展有絕大關係的專著，即山口宗之日文原著、馬安東中譯的《吉田松陰》一書。[37]此書是以傅偉勳和韋政通主編「世界哲學家叢書」系列專書之一出版的。

　　所以，在臺灣的讀者，除研究「日本近代武士道史」或「明治維新史」的學者，才會知道吉田松陰對明治維新之後，天皇絕對崇拜和為以天皇意志及思想作為「大和魂」與「國體」為象徵的特殊概念發展，是關鍵性的主導原動力，否則是不會將其和日後「皇軍」的狂熱效忠「精神」，加以直接關聯，來合併思維。

　　因此，此書的存在，對臺灣武士道精神文化的擴大傳播，並未有明顯的助益或效應出現。但，這不妨礙它以一本優秀的吉田松陰著作，繼續列入臺灣的出版市場上的好書林和圖書館中有用的相關參考書之林。

34　簡曉花，《新渡戶稻造研究——「武士道」とその後》（臺北：南天書局，2006）。

35　萬峰，〈臺灣學者的武士道觀——評介林景淵著《武士道與日本傳統精神》〉，《世界歷史》1994。3: 102-107。

36　2001年劉金才出版北大博士論文改寫的《町人倫理思想研究——日本近代化动因新論》一書和2003年由同校李文出版北大博士論改寫的《武士階級與日本近代化》一書，分別代表了新視角研究的兩個高峰。

37　山口宗之著、馬安東譯，《吉田松陰》（臺北：東大出版社，1990）。

五、臺灣學院內十年（1991-2000）「研究冬眠期」和學院外日本武士道文化的新聞熱

　　除了林景淵和山口宗之的兩本武士道的專書後，在學院中對日本武士道精神文化探討，似乎陷入了令人不解的「十年冬眠期」（1991-2000）。而這一段時期，也是李登輝兩次當選總統的活躍主政期和兩岸關係急遽變化的一段關鍵期。

　　儘管有 1995 年的所謂「馬關條約簽約百年紀念」的各種活動，以及日本著名的歷史小說家司馬遼太郎的訪臺，及李登輝與其對談時所發出的「生為臺灣人的悲哀」之巨大震撼，並因此轉為舉揚日治時代肯定論和主張當代臺灣仍擁有戰前所遺留下來的「日本精神」、反而戰後的日本卻失去、故須取法當代臺灣以李登輝等所代表的戰前「日本精神」經驗的「返本論」之出現。

　　所以，臺灣高等學院中的武士道研究，似乎在擇取適當的研究視角時，遭到了拿捏分際不易的尷尬窘境，才會乾脆不去碰觸此一議題？但是，這也反映出臺灣學院中，研究者「主體性」的蒼白和研究者「自主性」的軟弱。

　　然而，2000 年是臺灣政局石破天驚的大地震之年，中國國民黨因總統大選慘敗而黯然下臺，而民主進步黨的陳水扁，則是此後，連任二屆共八年「戰後世代當家期」的第一位民選總統。

　　2001 年中出版的專書[38]，是各種不同立場的集體呈現和互相批判。但，其中有關日軍中臺籍「慰安婦」的問題，居然成為最後、也最關鍵的聚焦處，可以說，完全喪失其應有社會關懷的比例，及其成

---

[38] 如：李登輝、小林善紀合著，楊子瑩譯《李登輝學校的教誨》；小林善紀，《臺灣論》；李壽林編，《三腳仔──「臺灣論」與皇民化批判》；黃昭堂等著，《臺灣論風暴》；陳光興、李朝津合編，《反思「臺灣論」──臺日批判圈的內部對話》；小林善紀，《第二波「臺灣論」》。

熟認知的平衡考量。這當中，雖不乏臺灣戰前和戰後數代的知識精英社群，介入此一爭論，但其表現的專業性，完全不是原先其應有的更高水平。[39]

另一方面，由於小林善紀《臺灣論》所刮起的殖民地時期「日本武士道」優越論、或戰前「日本精神」在戰後臺灣依然殘留的問題旋風，促使淡江大學日本研究所在職班的高錦泉，在 2001 年時以「明治時期日本軍隊之精神教育」為碩士論文。他是從之前劉長輝的《山鹿素行與日本武士道關係之研究》，轉為封建武士道制度瓦解之後的明治時期「日本皇軍」「精神教育」的探索。

但是，此一議題在臺灣並無太大的開創性意義，因為早在 1994 年就已出版由葉延燊中譯的梅瑞翁（Meirion）和蘇西・哈瑞斯（Susie）合著的《日本皇軍興亡記》（*Soldiers of the Sun－The Rise and Fall of the Imperial Japanese Army*）同書的前兩部：第一部〈皇軍的建立，1868-1890〉、第二部〈戰時的皇軍，1890-1918〉，有明治時期「皇軍」的「精神教育」說明。[40]但是，高錦泉的研究，除了資料更豐富、細節更多之外，還提出如下的觀點：

> 日本之武人，自古以來堅守武士之道德，稱之為武士道。…
> 但明治政府竟將應消滅之該武士道精神，灌輸於新成立之軍隊

---

[39] 其中，少數例外的一群，是由《臺灣社會研究季刊》社邀請來的幾位日本學者，彼等不但各撰有收在《超越小林善紀《臺灣論》》一書的優秀論文，對於相關問題，也都各有獨到的解析和相關知識背景的「脈絡性」說明，所以其適時所提供的日本國內學術圈認知狀況和態度，頗能及時化解當時臺灣學術圈對小林善紀的《臺灣論》在日本巨大負面效應的過度憂應。

[40] 梅瑞翁（Meirion）、蘇西・哈瑞斯（Susie）合著，葉延燊中譯，《日本皇軍興亡記》（臺北：金禾出版社，1994），頁 5-106。另外，Helen Hardacre 原著、李明駿譯，《神道與國家，1868-1988》（臺北：金禾出版社，1995），此書對明治時期軍人精神教育，也有詳論。

軍人。…因而武士道精神…乃造成明治、大正、昭和時期，許
多日本軍人為對天皇盡忠而犧牲生命。

　　此乃因明治時期對軍人灌輸為天皇盡忠，視死如歸之武士
道精神，係《葉隱》之「獻身之道德」，而非江戶時代之「士
道」，因此，為國捐軀之軍人，實乃因明治政府此種精神教育
所至。[41]

　　從以上引文最後一段來看，顯然是與歷史實情部分不符的錯誤解
讀，因為《葉隱聞書》的從禁書到開放成為「皇軍」中的「精神教育」
教材，雖是肇端在日俄戰爭之後的 1906 年，但正如我們前面已提過
的，那種鼓勵「狂死」的《葉隱聞書》要到昭和時代的「十五年戰爭
時期」，才普遍成為軍中大力推廣的「精神教育」教材。

　　相對於臺灣高等學院中日本研究所的研究取向，以國際學界視野
為取向、以東亞思想史的交涉為中心的「德川時期武士道」的相關思
想研究，從 2002 年起也在臺灣大學歷史研究所出現。

　　換言之，繼日本研究所系統的劉梅琴和劉長輝之後，重新探討此
相關課題的，是以歷史學的進路出發，並把研究從東亞儒學研究的比
較觀點，作為擴大和深化探討議題的重點，其代表性的人物和相關著
作，就是臺大歷史所出身的張崑將及其博士論文。

　　張崑將的博士學位論文「日本德川時代純忠與至孝思維的典型
——以陽明學與兵學為中心」，是此領域最具代表性的力作。但此論
文的重點，並非直接討論武士道的制度和相關倫理，而是以「日本德
川時期的儒學思想」、但帶有「韋伯、貝拉和丸山真男的問題意識」；
亦即，其中探討「日本近代化成功的傳統因素為何？」的思維線索，

---

[41] 高錦泉，「明治時期日本軍隊之精神教育」（臺北：淡江大學日本研究所在職班
　　碩士論文，2001），〈論文提要〉。

構成了各種層次和不同表達方式的國際學術對話。

　　所以，此一思維線索和問題意識，在展開探索時，一定會針對德川時期、明治維新和戰後日本復興的歷史發展，尋求其內在的相關性；反之，惡名昭彰的負面「十五年戰爭期」，因已屬全面的軍事動員時期，是非常態性的發展，所以討論時，雖會涉及但只是附帶性的，而不當成主體來處理。

　　特別是在張崑將博士的論文脈絡裡，在一定程度上，其實是受來自丸山真男在其名著《日本政治思想史研究》的觀點之啟發。之後張崑將以其博士論文改寫，作為「東亞文明研究叢書」第 10 種，由國立臺灣大學出版中心出版。

　　因此，這是以日本「兵學家」和「陽明學者」的諸家思想，作為研究的切入點，大量吸收和補強日本學者丸山真男在其《日本政治思想史研究》一書所提出的前驅性重要相關觀點；亦即德川時期的忠孝觀念和武士道的思想，是被視為日本傳統精神的成熟期和啟發其後明治時期「近代化」作用甚大的思想根源。

　　可是，從世界學術史來看，張崑將的此一著作，雖也是在馬克斯・韋伯關於「近代資本主義精神」問題意識影響下，以及在貝拉的《德川宗教》一書關於日本近代化動因的著名研究之後，又一次在思想層面上，做了有力地擴大探討。但不可諱言的是，因此書尚缺乏對德川時代「町人倫理」和「武士道」互動的探討，所以是屬於帶有相當片面性的殘缺研究性質。

　　但是，若考慮到丸山真男在其重要相關著作《丸山真男講義錄・第 5 冊──日本政治思想史》（1965）中雖對德川時代傳統武士道倫理的社會思想史變革和《丸山真男講義錄・第 6 冊──日本政治思想史》（1966）中對近代日本基督教思想和活動以及江戶時期儒學菁英知識份子的思想和意識形態的深刻分析，卻是直到 1999-2001 才先後出版；而連最關心此議題的臺灣歷史學者的筆者本人，也是遲至 2008

年秋冬之際才能夠讀此書，並據以傳達給學術摯友張崑將，使其知
悉。由此看來，張崑將在 2004 年出版其重要著作《德川日本「忠」「孝」
概念的形成與發展──以兵學與陽明學為中心》一書所呈現的片面
性，毋寧是一種常態性的學術新發展。

因此，2004 年淡江大學日本研究所碩士在職班的賴素綢，以「山
岡鐵舟及其武士道思想研究」作為主題時，所得出的論斷如下：

> ⋯本論文主要是以明治中期至後期，與勝海舟、高橋泥舟
> 同稱為「幕末三舟」之山岡鐵舟的武士道論為研究對象，探討
> 其思想的整體現象為目標。⋯⋯本論文在考察山岡鐵舟所扮演
> 的歷史角色的同時，也想借此學習今日日本人所喪失的身心智
> 慧，亦即禮節與至誠。再則付予昔日孕育自日本土壤中之「山
> 岡鐵舟之無私無欲」的精神於現今社會的新義。[42]

但是，這樣的言論，其實是 2001 年以來，臺灣社會和知識圈，
在認知上最紛歧的，因為儘管賴素綢選擇的是明治中期至後期的山岡
鐵舟的武士道，其人也的確有值得肯定之處，但是否能擴充為上述引
文中所顯示的過度主觀性期待之效應？很令人質疑。

六、當代臺灣武士道精神文化研究的最新發展及其反思

解嚴以來臺灣武士道精神文化的變革與開展，除上述有關的探討
之外，另有兩項最新的發展值得注意。

---

[42] 賴素綢，「山岡鐵舟及其武士道思想研究」（臺北：淡江大學日本研究所碩士在
職班碩士論文，2004），〈論文提要〉。

　　首先，是張崑將於 2006 年時發表〈電光影裡斬春風：武士道與禪學〉，是在分析武士道在許多實踐工夫與理念上，往往取自禪學或佛教精神。[43]該文雖是吸收了禪僧釋悟庵[44]與日本近代著名武士道文化思想史學者相良亨的論述精華，[45]而更出色的闡釋其多角度的傑出禪劍一如新觀察，發表後，大受兩岸學界的嘉評。受此鼓舞，張崑將又於 2009 年 5 月，於美國發表其德川傳統武士道倫理的探討的新作〈18世紀日本武士倫理的爭議：以赤穗事件為探討核心〉。

　　此文中，張崑將認為日本武士道有其深厚的文化傳統，它不僅是形塑日本近世的重要文化，更是近代國家宗教倫理的象徵，更擴及到日本所殖民的東亞區域，傾慕者有之，批判者亦有之。傳統日本武士道特別講求為主盡忠效死，帶有非理性的宗教色彩，故難免有諸多倫理上的爭議。所以張崑將是從德川時代的相關學者，對發生在 1703年的赤穗武士為主君復仇事件，所引起的「義」與「不義」之爭論，來窺探武士道在日本的多元面貌。

　　張崑將在此一深入研究中發現，當時討論這一事件有日本德川時代的幾位儒學者，如古文辭學派的荻生徂徠、太宰春臺，朱子學者的室鳩巢、林鳳岡、佐藤直方，以及兵學者的松宮觀山、伊勢貞丈等，幾乎各有立場，提出各自對武士道的「義理」看法，所以他在文中，便扣緊他們個人所涉及到如儒家「士道」與日本「武士道」的倫理性爭議課題，除微觀分析此一復仇事件所呈現的武士道之多元面貌，更擬宏觀從一中日比較視野審視此一事件的特殊性，從而檢討有些著作對「武士道」的誤解。[46]

---

[43] 張崑將，〈電光影裡斬春風：武士道與禪學〉，《法鼓人文學報》3（2006。12）：23-54。

[44] 釋悟庵，《禪と武士》（東京：光融館，1907）。

[45] 相良亨，《日本人の生死觀》（東京：ぺりかん社，1998，新版三刷）。

[46] 張崑將，「Controversies over the Samurai Ethics in the Eighteenth-Century Japan: Centered upon the Akō Event」Rutgers 大學與本校人文社會高等研究院主辦「東

　　雖然，在當代臺灣學者中，也有林景淵早於 2009 年 2 月 15 日，應邀參與中日合辦在北京大學召開的「東亞『武士道研究』國際研討會」，並發表〈日本武士之制度與倫理〉一文，但其內容只有簡單的資料歸納而已，所以張崑將的上述研究，還是屬於同類論文中較具代表性的一篇，值得肯定。

　　其次的另一項研究是，在當代臺灣高等學院中有關日本武士道精神文化的最新研究，事實上因還曾涉及「武士道」和「商人道」交涉史的最新研究發展問題，所以此處，必須先以此一領域研究的「先驅者簡曉花博士」對此研究成果的檢討，來展開此一主題研究現況，及其後續發展的完整歷程探索。

　　簡曉花為日本東北大學文學博士，她是繼李登輝於 2004 年出版其中文版的《「武士道」解題──做人的根本》一書之後，在 2006 年發行其以日文書寫的《新渡戶稻造研究──「武士道」とその後》，在新渡戶稻造著《武士道》的相關精神背景上，簡曉花是順著日本著名的文化史學家石田一良在《日本思想史概論》的歸納分類，指出：自幼由日本武士家庭出身，年長後又成為著名與活耀的基督教（新教）崇信者的新渡戶稻造，和其「札幌農學校」的同學內村鑑三等，是同屬當時日本三大基督教信仰俱樂部領導者之一的「札幌掛」，新島襄之下的小崎弘道和海老名彈正等，是屬於「熊本掛」，至於以植村正久為肇始的，則被稱為是「橫濱掛」。[47]

　　於是，簡曉花將日本基督教思想家內村鑑三，本於自己基督教的信仰理念，於 1891 年，因他不向明治天皇的〈教育敕語〉敬禮而引爆輿論嘩然和眾多嚴厲責難的「不敬事件」，作為當時日本已面基督教崇信者在理念堅持和存續發展的危機時期。她在書中認為：舊武士

<hr />

　　亞儒學：互動與創新國際學術研討會」（An International Conference on East Asian Confucianisms: Interactions and Innovations），2009 年 5 月 1-2 日

[47] 簡曉花，《新渡戶稻造研究──「武士道」とその後》，頁 2。

家庭出身的基督教崇信者新渡戶稻造，之所以要撰寫《武士道》一書，其原因之一，就是試圖對此一當時日本基督教信仰倫理，所面臨的重大非難社會壓力，藉著對比西方的宗教倫理和傳統武士道倫理的融合性詮釋，來緩和或化解此一重大危機的動機而來。[48]但是這種觀點並無太強的證據力，可以確立新渡戶稻造本人，當時之所要撰寫《武士道》一書動機之一，是和先前爆發的內村鑑三「不敬事件」有關。

因為內村鑑三本人，對於傳統的日本武士道倫理，其實是持肯定態度的，並不認為和其基督教的信仰倫理互相牴觸。他只是不願以身為基督徒的信仰立場，將明治天皇的「教育敕語」，也視同基督徒敬禮上帝那樣，在公開場合對其禮敬。所以「不敬事件」的關鍵點，其實是日本的國家最高神（明治天皇）和基督教上帝是否同樣崇高和同樣神聖的「禮儀之爭」而已。

因此，從 1899 年所刊行英文版的《武士道》全書內容來看，不論是有意或無意，新渡戶稻造可以說完全避開了與「不敬事件」的關鍵點──日本的國家最高神（明治天皇）和基督教上帝是否同樣崇高、神聖的敏感現實問題。

但是，相對於李登輝在其《「武士道」解題──做人的根本》一書中，大談來自本身基督教信仰的「愛」與「公義」理念，而不觸及在他成長教育中──當時的日本，是舉國一致都須禮敬天皇、視天皇為日本「國體」象徵和以之作為日本國民倫理的依據或「日本精神」根源──的絕對天皇崇拜的問題。所以在李登輝之後才展開對新渡戶稻造的《武士道》「思想」探索的簡曉花，在其參考了當代日本學者，如：松隈俊子、武田清子、鶴見俊輔、鵜沼裕子、角谷晉次、船津明生等，關於日本武士與基督教的大量相關研究之後，她選擇以植村正久和武士道的相關事跡，作為切入點，用以對比和意圖藉植村正久之

---

[48] 簡曉花，《新渡戶稻造研究──「武士道」とその後》，頁 2-4。

口，來批判新渡戶稻造所詮釋的「武士道」觀點之不確。這其實也等於間接批判了李登輝所詮釋的「新渡戶稻造＋李登輝＝日本武道倫理和基督教倫理同等、但各有特色」的融合性折中思維。

然而，自另一角度來說，也由於簡曉花並不直接摘述、或轉引在她之前李登輝於其《「武士道」解題──做人的根本》一書所談及的李氏個人經驗，和其對臺灣當代政治臧否的爭論性議題，所以簡曉花其後又從東西洋思維思想作用的糾葛層面，來探討新渡戶稻造後期的思想，並以新渡戶稻造在其 1927 年的著作《西洋事情と思想》為依據，論斷出新渡戶稻造的《武士道》一書，「既在新渡戶稻造個人的思想展開上，具核心課題鑿啟延展之意義，且在日基督教史上亦具有向國家主義臣服之重大意義」。[49]

七、相關研究建議

（一）研究基督教「武士道」的侷限性與研究「商人道」的先驅性

根據以上所述，我們可以斷定簡曉花博士迄今為止的有關《武士道》一書的研究或與新渡戶稻造個人相關的學術論述，其實都是「非關日本傳統武士道歷史的脈絡性」深入探討，並且她對當代臺灣學術界其他關於武士道的研究現況，也了解得相當有限──這只要從她論述的內容來觀察，往往是以過於直線的狹窄觀點來陳述，就能明顯地查覺其所面臨的侷限性。

最具體的例子是，她在未收入《新渡戶稻造研究──「武士道」とその後》一書的另一篇相關論文〈新渡戶稻造之武士道與商人道〉中，雖能於臺灣學術圈開風氣之先，探討由新渡戶稻造個人所代表

---

[49] 簡曉花，《新渡戶稻造研究──「武士道」とその後》，頁 60。

的傳統日本「武士道」與「商人道」互動的轉變史,並得出如下的
結論:

　　1868 年明治維新後,原本與商業活動無緣之武士階級,失去了昔
日之俸祿及地位,因此,其生存方式以及其所講究之武士道亦隨之
遭受嚴苛考驗;然而,新渡戶家族卻是當中少數成功轉型經商之武士
家族。

　　在新渡戶氏之問題意識中,武士道與商人道二者聯繫之問題,不
但前後三十年一貫存在,且歷經長期摸索之結果,新渡戶至終肯定了
武士道運用於商業之效果,其主張以重義知恥之武士道精神行商,並
提出了一種結合了武士道的日本之商人道以及其普遍性,而該主張可
謂日本具人格主義、國際主義色彩的商業倫理主張之先驅。[50]

　　問題是,在現實田野上的發展狀況,並非如新渡戶稻造所理解,
和其主觀上所期盼的發展進路。所以,這篇論文最大意義,是引燃了
筆者和張崑將博士,順著簡曉花博士在論文中所提出的有關新渡戶稻
造對於日本「武士道」和「商人道」的兩者互動問題,分別展開對國
際學界、特別是針對日本學者的現有研究成果,快速但有系統地閱讀
和吸收,因而才有以下所衍生的新發展。

(二)當代臺灣「武士道」與「商人道」交涉史的肇始探索

　　張崑將博士的研究現況之所以值得注意和我們肯定,是由於張崑
將在此之前,雖已是臺灣地區少數研究日本德川時代儒學「忠」「孝」
思想與「兵學家」的武士道思想有成的專業學者,但在其研究的武士
道分類上,並未觸及日本近代的「基督教武士道」和「武士道與商人
道」的學術課題。

50　簡曉花,〈新渡戶稻造之武士道與商人道〉,《教育暨外國語學報》2(2005。12):
　　27-41。

　　但由於他透過和筆者交換彼此對於新渡戶稻造的《武士道》一書內容解讀、李登輝的《「武士道」解題——做人的根本》著作和簡曉花的《新渡戶稻造研究——「武士道」とその後》論集及其〈新渡戶稻造之武士道與商人道〉論文的不同評論觀點，從此張與筆者都認為，除了必須以日本近代「基督教的武士道」倫理，來理解新渡戶稻造和李登輝的「武士道」相關詮釋的思想背景之外，彼此也同意，今後唯有回歸日本歷史的脈絡性長期發展和演變的本質性探討，才不會與國際學界的研究現況脫節。

　　尤其是針對岸中國大陸的學界，以北京大學為首的日本近代化研究，目前已能對於「武士階層與日本近代化」和「町人倫理思想研究」兩議題，都擺脫向來的仇日史觀，並在接受多位的日本專家的指導和協助之下，於是有相當出色的學術成果出現。所以臺灣學界，在此議題上，也必須立刻相對有所提升才行，否則臺灣會成為被邊緣化的相關學術區塊。

　　基於上述這樣的考量，張崑將於 2009 年 3 月 7 日，首先在臺灣大學召開小型的「東亞視野中的武士道與文化」國際會議，發表其最新論文〈從前近代到近代的武士道與商人道之轉變〉，使得臺灣自解嚴以來，李登輝前總統以政治意識形態操作和個人虛榮心議題操作下的爭論性化約武士道倫理詮釋，重新回歸到純學術的多元認知探討。可以預見，此一問題仍有很大的開展性。

　　至於筆者方面，則是根據丸山真男在其《丸山真男講義錄‧第 5 冊——日本政治思想史 1965》中，對德川時代傳統武士道倫理的社會思想史變革，和《丸山真男講義錄‧第 6 冊——日本政治思想史 1966》中、對近代日本基督教思想和活動以及江戶時期儒學菁英知識份子的思想和意識形態的深刻分析，以之作為檢驗臺灣自解嚴以來對於日本武士道精神文化或「大和魂」過於化約的理解是否有當的基準，並以論文的表達形式，同樣在「東亞視野中的武士道與文化」小型國際會

議上發表，藉以傳達臺灣歷史學者最新在地的「武士道」、「大和魂」或「日本精神」之社會文化史觀察資訊，使來自臺灣境外的非臺灣籍學者，能有所理解和得以適時回應。

第二章　論他者的成功建構或無效：

《電光影裡斬春風：武士道分流

與滲透的新詮釋》的反思

　　當代臺灣學者張崑將教授，以「他者的專業透視」與「首次體系性構建」的新書──《電光影裡斬春風：武士道分流與滲透的新詮釋》，由臺灣大學出版中心出版於 2016 年。相對於日本武士道研究的歷來眾多論述著作，這是一本值得重視與進行檢視的東亞跨文化專業學術研究開創性新詮釋專書。所以，我特別邀請四位不同研究視野的學者，對此書進行多音交響式的不同角度檢視與深入檢討。

　　根據張崑將教授其書的序言，我們知道，他是由於一方面對武士道的研究議題與現象有濃厚興趣，所以長期持續性深度鑽研武士道，二方面是他在這本書中，「首次體系性構建」出，有關多面性武士道新詮釋的「相嵌倫理」與「融攝倫理」，而這是明顯有別於日本學者歷來研究與詮釋的各類方法論，因此應該是能夠激發出當代學者對於武士道研究的新發想與新議題，可以說是具有豐富的現代意義。而我彙整的四篇反思性評論，就是屬該書第一批出現的不同學者的專業解讀意見。

　　我們試想，歷來有關武士道研究的專著何其多？所以我們不得不質問作者張崑將教授：他在這本武道專著論述體系與其他作品相比時，究竟有何特殊之處？

　　我們發現，作者在第一章即點出這個問題。因過往的武士道研究

中，沒有很清楚且有系統地表達出武士道的「分流」與「滲透」之間互動的詮釋概念。因此本書在日本思想史大家丸山真男的思想史理論基礎下，提出「分流與滲透的互動詮釋」理念，以克服長年學界僅以「類型」或「轉型」來說明日本武士道的文化現象。而本書作者，則是透過河流的比喻，企圖闡述這個「分流」與「滲透」的複雜互動關係，即河流各分支的不同源流、流動的「滲透」過程，以及「匯流」出不同的樣貌，透過脈絡性的轉換，產生「同」與「異」之間的多元辯證關係，也因為這種辯證關係，才顯現出它的豐富性與多樣性。

　　如實言之，如果作者沒有提煉出這個方法論，書中各章可能還是別別無關，盲無系統，學界雖多了一本武士道專著，也是平淡無奇。如今正因為作者提煉出這個「分流與滲透的互動詮釋」概念，有畫龍點睛的作用，不僅補學界長年來研究的不足，更能彰顯其豐富性與辯證性，也為未來武士道研究或日本精神史研究，提供了理論的廣度與深度。

＊

　　我為本次特刊書評，共收有四篇，其中兩位是在臺灣任教，一位在大陸廣州中山大學任教，一位在日本東京大學任教，身份有臺灣人、日本人與香港人，專業有漢學、日本語文學、京都學派哲學等，分別從其專業立場對此書提出互相切磋的評介觀點。我以下稍述其評介重點。

　　書評第一篇是中華大學應用日語學系簡曉花教授。簡曉花稱讚此書有兩大特色，其一是在武士道研究領域上，以「分流」與「滲透」的關係以詮釋武士道之整體發展，以及武士道於近代轉型後百花齊放之現象，可謂提出耳目一新之歸納方式，與過去武士道的研究，堪稱前所未見，別具意義。其二是在研究方法上，有別於一般武士道研究，

提出「相嵌倫理」之理論，分別將禪、儒、神、基各思想局部分別與武士道與各倫理融會之現象，依分流屬性拆解成四區塊：「禪武相嵌」、「儒武相嵌」、「神武相嵌」及「基武相嵌」，相當具有其獨特性。

　　即便有上述的特點，簡曉花敏銳地注意到本書有三個商榷處，其一是第六、七章提出的「女武相嵌」、「商武相嵌」無法對等於前面第二章至第五章共四章的「禪武相嵌」、「儒武相嵌」、「神武相嵌」及「基武相嵌」的思想淵源之概念，顯然在概念運用上會有落差，也易造成混淆。其次，本書所提出的「基武相嵌」，實則與「禪武相嵌」、「儒武相嵌」相形遜色，有待充實，簡曉花並舉出新渡戶稻造有「基儒折衷」論的另一類型。再者，建議作者可再對武士道之「忠」所涵攝的對「主君」、對「御家」雙重性格，可多探討這種雙重性格雖偶爾也有矛盾衝突之時刻，但在武士組織裡另有其「押込」（壓入）獨特之不成文慣例，以求同時完成雙重性和諧的武士倫理。

　　書評第二篇是任職於臺灣師範大學東亞學系的藤井倫明副教授，他從一位日本人的角度觀察本書的兩大學術貢獻：其一是本書堪稱是一本充滿「學術良心」，而且也是一本研究態度非常持平的「武士道」研究專著，藤井倫明將此書與日本人大多數的武士道專著做對比，窺出本書與一般的武士道作為精神修養書不同，一是完全站在純學術立場來而全面探討武士道，二是作者是臺灣人，歷來在臺灣並無如同本書一般從純學術性脈絡而來全面探討「武士道」的專書，在這個意義上而言，本書堪稱是臺灣學界第一部「武士道」研究的學術專書，從而指出本書出版的最大學術意義也就在此點。

　　質言之，作者因是臺灣人，研究「武士道」課題，一直保持相當理想的研究距離，能以「實事求是」的精神為基礎，非常理性地、學術性地、批判性地探討日本「武士道」所具有的各類相關問題。

　　藤井倫明又指出本書第二大學術貢獻在於將「武士道」複雜錯綜的整體面貌，採取從「分流」與「滲透」兩種視角而來整理「武士道」

的內容以及其發展過程,擺脫過去片面的、部分的馬賽克式地探索武士道,提出「禪武相嵌」、「儒武相嵌」、「神武相嵌」、「基武相嵌」等四種類型的武士道倫理。

　　藤井在指出本書的學術貢獻之餘,也看出本書在開展的論述或運用的概念,有時存在著混亂或不夠嚴謹之處。例如作者對於武士道的「分流」現象,要追溯其本源時,常「源流」或「原流」不分,將導致「思想來源」與「源流」概念的混淆。另外用河流的「分支」來比喻武士道多元的「分流」現象,也會有一個發源地的「源頭」意涵,與作者要表達的「來源」的「多元」性呈現混淆狀況。同時,藤井與簡曉花一樣亦指出本書第六、七「商－武」關係或「女－武」關係,也提出「商武相嵌」(頁 200)、「女武相嵌」(頁 173)的這一類型的「武士道,屬於應用式的倫理,不太適合再用「相嵌」一詞套用之。

　　最後,藤井倫明建議可以分開處理(1)近世之前「武士階級」存在階段的「武士道」與(2)近代之後「武士階級」已然消失階段的「武士道」。

　　書評第三篇是任教於廣州中山大學的廖欽彬副教授,則看出本書作者因不日本人,容易採取「東亞的跨文化視野」來對武士道進行一種概念史的研究,將武士道研究議題視為「跨文化的產物」,這種評論視角相當新穎。廖欽彬從思想史立場或歷史哲學的方法進行思考評論,並和源自德國概念史研究的立場進行一些關聯性的考察。

　　廖欽彬抓住本書作者擅長思想史或歷史哲學上的掌握,敏銳地察覺思想(或概念)在時代中所代表的各種不同訊息,在這些與歷史同時滲透的現象當中忠實地呈現出這些訊息的意義。不僅如此,作者還將這些在各個時代中的各種不同訊息與意義加以體系化或系統化,讓人能直接在其構想的思想(或概念)框架下,得以一目瞭然地窺探歷史的真相及其脈動。

只是，廖欽彬也觀察到本書若用德國歷史哲學家科塞雷克（Reinhart Koselleck, 1923-2006）所提出的概念史的理論，則尚未觀察出作者對其自身提出的思想（或概念）框架所進行的批判與反思。也就是說，踩在自身的研究成果上，更進一步對自己的哲學方法（立場）提出懷疑的批判哲學精神，由此廖欽彬期待本書能進一步走向科塞雷克「催生經驗的概念」，將會帶出超越其原本預期的不同意義與成果。

書評第四篇是曾任教於東京大學的林永強副教授，林永強專攻京都學派西田哲學，因此對本書採取哲學概念與衍義的評介方式。

林永強很注意本書中有關「間」的「穿越」時空關係，例如本書作者是臺灣人，則往往「穿越」於日本與非日本「間」，又如本書用中文呈現，也「穿越」於日語與非日語之間；本書也涉及「穿越」於近世和近代乃至於當代「間」，武士道就是藉著這樣的時空「穿越」，產生多元的質變與辯證關係；或如本書提到「日本的尚武論」與當今全球化的「世界局勢」「間」之關係，武士道又要面臨如何「穿越」的哲理課題。

林永強將本書定位於透過「穿越」與「間」的辯證過程，探討日本與世界的時間和時代同步流轉，兩者皆是互相穿越、互為因果和互換角色。林永強透過「穿越」、「間」的動態哲理，強調當中的流轉，並且有其突破和超越的歸趨，兩者可互為因果，透過其內在與外在的辯證關係，不斷進行角色轉換，故能呈現武士道文化的多元與豐富的立體面貌，也能打破一種日本國內式的「自我圖像」，從而面向東亞和世界。林永強從這個「穿越」哲理，再透過同化（assimilation）和異化（dissimilation）（武士道研究的方法）、特殊與普遍「間」（武士道研究的意義）、發展與發信之間（武士道的未來）這一對組的辯證方法，進一步闡述本書要呈現武士道「分流」與「滲透」的不斷演變、發展和創新。

　　以上四篇可謂從不同專業立場來評述本書，各點出本書的優點與不足之處。誠如前述書評者都提到本書作為臺灣國內第一本武士道學術專書，自有其學術貢獻，從一「非日本視野」的學術觀點，邁向東亞視野，也關注武士道全球化的當代議題，使得武士道課題不只是過去歷史的產物，更是廖欽彬所說的「跨文化的產物」，故必須關注武士道持續在當代發展與轉化的問題。

　　同時，書評者有目共睹地指出本書最大的貢獻在於提出武士道「相嵌」的方法論之架構，誠如藤井倫明所說：「本書最大的貢獻就是首次向學界提供解析武士道世界之結構圖這一點。」本書作者已經提供這樣的方法論，為將來武士道研究彷如擘畫出一個鮮明的設計藍圖，諸如本書尚未涉及的武士道與電影、武士道與文學、武士道與茶道、全球化的武士道等，都可包攝在此「相嵌」方法論上。

　　本書固然尚有前述書評者所指出的不足之處，但作為臺灣學術界第一本武士道專著，不僅走出軍國主義義的歌頌，也擺脫侵略主義的主觀情緒，也帶有東亞、全球的視野，其貢獻自不言可喻。

　　作為書評專刊的負責邀稿者，我是有感於作者提出武士道這個課題，是將之視為一種流動的、辯證的、超越時空的武士道，有如林永強所提及的「穿越」特質，既穿越前近代、近代與現代「間」，也穿越於日本、臺灣、韓國、中國的東亞世界「間」，將來更可與全球化接軌。

　　本書評專刊也期待武士道的後續研究，希望藉此拋磚引玉，使學界更能關注此書出版的學術意義與當代意義。同時也讓作者或有興趣的研究者參考，期盼催生出作者或其他人第二本「非日本人」的武士道專著，成為更有系統、更多元、更具現代雅俗共賞的創新作品。

第二篇

反思 1949 以來：
雙源匯流下的
新臺灣文化

第三章　對話楊儒賓：1949 漢潮東流

與第四類新詮釋學的提出

第一部份　我對楊儒賓《1949 禮讚》的相關解說

在論述完解嚴後，堪稱唯一總統任期最長的李登輝總統執政時代，所強力主導的日本武士道文化，曾在當代臺灣本土社會發展的狀況後，我們在本書的論述主軸，開始形成翻轉，以便可以直接進入到在幾年前，曾引起臺灣學術界部分菁英階層熱烈爭辯的一本新書。此即清大中文系講座教授楊儒賓先生別出心裁的新臺灣戰後文化詮釋學的一本相關力著《1949 禮讚》。

但是，對我個人來說，楊儒賓的《1949 禮讚》一書，雖是 2015年 9 月才由臺北的聯經出版，全而其書主要的新詮釋學論述觀點，其實早在 2010 年就已明確定型。

2010 年是所謂中華民國建國百年紀念與辛亥革命百年紀念的海峽兩岸互爭詮釋主導權之年，而楊儒賓則是負責「百年人文傳承大展（文及與圖錄）整合型計畫」。就時間點來說，這還是在國民黨的馬英九總統自民進黨手中重新奪回執政權的第一任中期，當時馬總統的政治聲望，仍如日中天，所以要風風光光地籌辦起中華民國建國百年的各項紀念活動，自然是水到渠成，勢所必然。

可是，當時楊儒賓的思維，就領先的認為，有必要突破在此之前的各種民國百年人文學術傳承在戰後臺灣島上的單源流主導性詮釋

角度，而是應該採取：包括1895年以來所傳承在內之雙源頭」——雙繼承——在地轉化的新詮釋結構。此所以在《1949禮讚》一書中，就收有兩篇堪稱全書詮釋主軸的「東亞視座下的臺灣人文科學」與「1949大分裂與新漢華人文知識的再編成」。

可以清楚看出，楊儒賓有意超越當代統獨之爭的幾個新詮釋概念之提出：a.東亞視座下的臺灣。b.1949大分裂與再編成。c.新漢華人文知識。

而根據這樣的三位一體的雙源頭——雙繼承——在地轉化的新詮釋結構，也同樣重復出現在《1949禮讚》一書中的幾篇論文：

1.歷史災難與文化傳播。

2.歷史災難與歷史機會。

3.中華民國與後1949。

4.不只是苦難的故事。

5.在臺灣的創造力與中華文化夢。

5.在臺儒家與渡臺儒家。

6.兩岸三地：新中國與新臺灣。

而我當時，也因參與楊儒賓的此一計劃，得以最早看到此一具有開創性的融攝型新詮釋史觀，並立即產生強烈共鳴。

我的後續回應，有如下幾點。

1.我將其定位為：**1949漢潮東流與第四類新詮釋學的提出**。

2.我進一步提煉為：**逆中心互動傳播下的雙源匯流，在地轉型與多元新貌**。

3.在2011年4月出版我負責編寫的《戰後臺灣漢傳佛教史：從雙源匯流到逆中心互動地開展歷程》（臺北；五南出版社）。

4.在2012年5月出版《認識臺灣本土佛教：解嚴以來的轉型與多元新貌》（臺北：臺灣商務）。

其中，可以看到我的上述兩本新書名副標題，分別是，1。「從雙

源匯流到逆中心互動地開展歷程」。2。「解嚴以來的轉型與多元新貌」。

換言之，我是用「關於 1949 年以來臺灣本土佛教史學與思想變革詮釋問題」，來對應楊儒賓的「1949 漢潮東流與第四類新詮釋學的提出」。

但是，為何我將其定位為：「1949 漢潮東流與第四類新詮釋學的提出」？有必要進一步解釋。

首先，針對楊儒賓從中國歷史上幾次王朝「南遷」的新開展說法，他雖是使用了：a.東亞視座下的臺灣。b.1949 大分裂與再編成。c.新漢華人文知識。這樣的三位一體的雙源頭──雙繼承──在地轉化的新詮釋結構。

可是，就大陸與臺灣的地理位置來說，早在明鄭時代，就定位為「東渡臺灣」而非「南遷臺灣」。而就臺灣華人與 1949 大舉東渡來臺各省逃難潮的新華人及其文化來說，我改用「1949 漢潮東流」一詞，也堪稱是更為精確的詮釋概念指涉。

其次，何謂「第四類新詮釋學的提出」？我的回答如下：

對於臺灣史的詮釋史觀，歷來有著名的三類說法。第一類是「內地化」相對於「土著化」的清代臺灣開發史定位。第二類是以地緣特殊性為主的海洋「臺灣島史」定位。第三類是「殖民反抗史」與「殖民認同史」互相對抗下的「統獨意識形態」的分裂與糾葛歷史定位。所以，有關「1949 大分裂與漢潮東流」的臺灣史定位，就是大陸中國正統性的道統與法統，在臺長期的存續，發展，與變革。可是，一直並無取代性的第四類出現。

因此，在 2010 年由大陸福建人民出版社出版的劉小新著《闡釋的焦慮：當代臺灣理論思潮解讀（1987-2007）》一書，便列出臺灣本土自解嚴以來，到陳水扁總統執政末期的六組詮釋理論的論述主張與相互爭鳴。這六組詮釋理論的分類如下：

1.後現代論爭與後殖民轉向。

2.臺灣後殖民理論思潮。

3.殖民現代性的幽靈。

4.土論思潮的形成與演變。

5.傳統左翼的聲音。

6.後現代與與新左翼思潮。

　　然而，這六類都不出我以上所歸納的三類範圍與相關內容。所以原作者在該書的第七章，便接著討論「寬容論述如何可能」？

　　他並不清楚，就在他出書的這一年中，臺灣在地的楊儒賓，從 2010 年起，即率先提出的，「a.東亞視座下的臺灣。b.1949 大分裂與再編成。c.新漢華人文知識。這樣的三位一體的雙源頭——雙繼承——在地轉化的新詮釋結構」。並在 2015 年出版「1949 禮讚」一書。

　　雖然，連王德威教授在內，都不免在高度肯定《1949 禮讚》一書新詮釋體系提出的同時，也為《1949 禮讚》的反潮流書名而擔憂。

　　直到 2016 年 1 月 16 日，國民黨遭遇空前未有的大選慘敗，淪為光景黯淡無光的在野黨。並且，在 2016 年 5 月 20 日新政府全面執政後，於是我們重新檢視楊儒賓從 2010 年即率先提出的以上述新詮釋結構」，才發現，立足於 2016 年時空現實環境下，反而更能清楚看出楊氏新詮釋學的先驅性，合時性與合理性。

第二部份　我對楊儒賓《1949 禮讚》回應的相關實例表現

1.相關詮釋史觀的歷史背景

　　1949 年之後的臺灣佛教發展，恰正處在一種特殊歷史大變革的「雙源匯流」之下，然後再逐漸地朝向「在地轉型」的創新模式來開展的。

　　可是，這個「雙源」之一的現代大陸佛教「源流」，在其於 1949 年大舉遷臺之前，就目前學界所知，其實是處於二戰後國共多年內戰下，除少數的例外，大多是在各地動亂不斷的驚慌中，四處流離，或在必須在相當艱難悲慘的時局中，惶恐地度過。

　　而其現代性的開展歷程，其實又可以溯源到辛亥革命（1911）的爆發之年。因為辛亥革命（1911）的爆發的結果，是直接促成中華帝國的傳統專制體制的終結，同時也是中華民國現代政治體制肇建的重要歷史分水嶺。宗教自由信仰行為，此後成為私領域的相關規範方式。

　　但是，有關此點，對於海峽兩岸「**中華漢傳佛教**」的發展來說，卻有非常不同的歷史經驗和各有特色的宗教社會表現。

　　此因臺灣是早在 1895 年時，即由於日清兩國的交戰雙方，在【甲午（1994）戰爭】後，簽有敗戰國清方須向戰勝國日方「賠款割地」的〈馬關條約〉，從此，有近半世紀之久，臺澎地區便成了大日本帝國海外殖民地的臺灣總督府轄區，並接受來自日本官方依《明治憲法》所衍生的特殊現代性宗教行政法之相關規範，所以除了統治後期因基於配合戰爭需要，而進行的軍事總動員和全面監管之外，基本上是採取政教分離和民眾宗教信仰行為在地化的宗教管理政策。

　　此一日本殖民官方統治模式，歷經半世紀之久（1895-1945），直到 1945 年時，因日本殖民統當局戰敗投降，並全面撤離臺澎地區，才告終止。所以，臺灣本土原有的「中華漢傳佛教」發展歷程，相對於在 1912 年才正式建立的「中華民國」（於大陸地區）的「中華漢傳佛教」發展歷程，後者其實是長期處在國家的統治權多變和國家宗教法規極度不完備的狀況下，因此從 1912 年到 1945 年之間，其所遭逢的坎坷艱辛歷程和處處離亂不斷的倉皇經驗，自然是和前者的發展歷程，大不相同。

　　雖然，在 1949 年時，上述這兩者，於戰後臺灣的本土發展，曾出現「雙源流」和「雙繼承」的特殊「雙源匯流」現象，但就我的論

述主體來說，雖說不能忽略這一特殊的「雙源匯流」現象，不過，在事實上，更重要的詮釋對象，其實是要放在自 1949 年起，海峽兩岸開始分治後的，臺灣本土新「中華漢傳佛教」發展歷程的相關說明上。

　　換句話說，如今，在辛亥革命（1911）爆發後，已過百年的當代（2019），我們若要回顧「中華漢傳佛教」這段宛若歷經驚濤駭浪後的輝煌社會成就，就筆者作為當代臺灣佛教史學者的立場來說，當然想優先以全新構思的「**在地轉型史觀**」，就戰後臺灣本土「中華漢傳佛教」所發展和呈現出來的，各種出色的社會表現為例，來論述其中主要是和「現代化化發展」與「本土化轉型」兩者相關歷史發展的辯證過程。

2.對兩岸學界現有各種相關詮釋史觀的檢討及其反思

　　之所以有此一反思，是因為在我撰述之前，與戰後臺灣佛教史相關的論述，至少已有四種主要的觀點，相繼出現，它們是：

　　張曼濤所提出的，在二戰後，特別是 1949 年之後的臺灣佛教的發展，本質上就是一種「大陸佛教的重建」。李尚全所主張的「江浙佛教」戰後在臺發展論。[1]何綿山所主張的「閩南佛教」在臺傳播與傳承論。[2]闞正宗主張的戰後臺灣「人間佛教」全面傳播論。[3]但，上述各論點，都屬非正確的偏頗論述。理由如下：

　　首先，張氏所持的此種觀點，從根本上，就忽略了由於戰後長達38 年（1949-1987）之久的軍事戒嚴管制政策，曾對臺灣本土佛教文

---

[1]　李尚全，《當代中國漢傳佛教信仰模式的變遷》（蘭州：甘肅人出版社，2006），頁 1-55。。

[2]　何綿山，《臺灣佛教》（北京：九州出版社，2010）。何綿山另著有：《閩臺佛教親緣》（福州：福建人民出版社，2010）、《閩臺佛教的源流互動》（臺北：中國佛教會，2010）

[3]　闞正宗，《重讀臺灣佛教－戰後臺灣佛教（正、續編）》（臺北：大千出版社，2004）。

化有計畫地加以忽視與曾有意地大力摧毀，因此才使戰後臺灣佛教的發展，形成另一次的扭曲和變貌，這一歷歷在目的事實。

其次，我所以對於李尚全所提「江浙佛教」戰後主導發展論提出反駁，是因為近代以來，處在流動性極大的佛教傳播性質，使固定的「江浙佛教」概念，難以具有清楚辨識度的具體或固定的「江浙佛教」內涵及其特有性質。

例如，在當時，大上海市地區的佛教圈，既是大陸各省僧侶的匯集之地，也是彼此混同學習之處。

因而，此一由於混同所形成的都會型新「中華漢傳佛教」，其實是無法用不具清楚辨識度的「江浙佛教」之固定分析概念來代表。

至於，我對何綿山所主張的「閩南佛教」在臺傳播與傳承論提出反駁的理由，除了其所指涉的「閩南佛教」在臺源流延續或其後發展，有其部分的正確性之外，他根本忘記近代以來臺灣本土佛教所特有的「雙源匯流」和「在地轉型」的開展，及其這一最具關鍵性的多元文化創新或相關本土化現代質變的各種重大問題。

此外，現代臺灣佛教的蓬勃發展，是奠基於臺灣的工商業發達，奠基於大眾傳播工具的發達及其無遠弗屆的強大影響力。臺灣的社會在戰後由於偏安，致力於工商業的發展，所以民生日聯合見富裕，生活品質也日益提高。傳統的農村地緣關係，被流動的原子化的人際關係所取代。都市化的結果，人的疏離感增強，而故鄉的地域性信仰，每年的活動次數有限，且離居住地太遠，無法滿足日常生活的需求。於是新的娛樂需求和新的宗教市場，便逐漸形成了。

而臺灣佛教的蓬勃發展，是肇始於 1960 年代的中期，就是利用了這一黃金時機，趁勢崛起的。基本上，就是結合觀光、娛樂和舞臺的效果，將佛教加以通俗化的現代包裝，然後以企業化的經營模式來管理，再利各種促銷手法向宗教顧客推銷。所以新的佛教人口，便隨著大眾傳播的影響而出現了。

　　1971年，臺灣退出聯合國，許多友邦也跟著和臺灣斷交，到1978年的美臺斷交，更是達到高峰。斷交是外交上的挫折，但同時也導致外國教會的在臺影響力大降，而所出現的空缺，正好由佛教來遞補。等到解嚴後，佛教組織開始多元化，更加有利於佛教的發展。

　　所以，何綿山所主張的「閩南佛教」在臺傳播及其傳承論，根本不足以詮釋完整的戰後臺灣本土「中華漢傳佛教」的嶄新發展歷程，

　　我對闞正宗所主張的反駁，主要理由有下列幾點：（一）、我主張，戰後「人間佛教」思想，從未全面發展。（二）、解嚴前後的階段，才戰後「人間佛教」思想在臺的蓬勃發展和激烈爭辯。（三）、江燦騰和楊惠南兩者，才是真正的推動者。

　　而在以上四種論述之外，由於兩岸在臺灣政治解嚴後，也開始兩岸佛教交流。我因此，從1996後，曾在大陸重要的出版社，前後共出版六種佛教史專書。其中，有兩本臺灣佛教史的出版，分別曾獲臺灣的陸委會與大陸方面的經費補助。其中，《二十世紀臺灣佛教文化史研究》（北京：宗教文化出版社，2010），有二位大陸佛教學者何建明教授與張新鷹副所長兩氏相關論述。所以，我也轉述如下：

　　其一，何建明教授認為：「近六十年來的臺灣佛教，在中國佛教文化史、世界佛教文化史，乃至現代世界宗教文化史上都佔有不可忽視的重要地位」。[4]他列舉的主要理由，共有三點：

　　1.「1950年代以來的臺灣佛教，是清末楊文會等開啟的中國佛教文化復興運動的歷史延續，並將這場近代以來艱難曲折的中國佛教文化復興運動推向高潮，從而成為繼隋唐以來中國佛教文化發展的第二個歷史性高峰」。

---

[4]　見何建明，〈序二〉，江燦騰，《二十世紀臺灣佛教文化史研究》（北京：宗教文化出版社，2010），頁7。

　　2.「1950 年代以來的臺灣佛教，是自覺地適應了近代以來中國社會現代化發展之需要而逐漸形成的一種新型的中國佛教文化現代形態，是民初太虛大師開啟和推展的現代佛教革新運動（也稱之為佛教現代化運動，或人間佛教運動）發展到較高和成熟階段的標誌」。

　　3.「1950 年代以來，特別是近三十年來，臺灣佛教界和佛教文化界在自覺適應臺灣和東亞經濟、政治與社會的現代化騰飛的過程中，向全世界全面展示了其在教育、文化、慈善、環保、國際交流與合作及維護世界和平等諸多方面所取得的重大成就和較廣泛的國際影響」。現代臺灣佛教「較為成功地實現了積極適應社會現代化發展之需要的信仰主體性的提升和轉型，因而，現代臺灣佛教文化的繁榮與發展，成為二十世紀世界宗教世俗化運動中異軍凸起的一種宗教文化現代復興運動」。不僅如此，「在近幾十年臺灣社會逐漸實現現代化的過程中，有的宗教文化的發展由盛轉衰，而佛教文化的發展卻趁勢而起，由小變大、由弱變強，成為臺灣現代化進程中宗教與文化發展的一支非常重要的力量，甚至可說是現代臺灣宗教與文化發展的一個重要標誌」。[5]

　　然而，我認為上述的這些說法，雖已能較前述張、李、何、闞四人的偏頗觀點，更為周延。但是，仍缺少了臺灣本土佛教在 1945 年之前，早已高度發展和現代化的日華混血的另一源流和所繼承的珍貴在地佛教文化遺產，所以也非理想和完整的詮釋觀點。

　　另一個曾深入研究過臺灣近代佛教發展現況的大陸專家張新鷹主任，則曾一度公開表示：他本人透過臺灣本土佛教學者的專業相關研究成果，所看到的「不只是『四大法脈』與祖國大陸佛教法系的血緣傳承關係，也有日本佛教教育在本省籍僧團代表人物身上留下的影子；不只是光復直至 1949 年後臺灣確立中國佛教『正統』的過程中

---

[5]　見何建明，〈序二〉，江燦騰，《二十世紀臺灣佛教文化史研究》，頁 7-8。

各種勢力在特定政治條件下的思想行為軌跡，也有對非一元化歷史背景下的臺灣佛教適應現代社會的能力認知和隱憂思考」。[6]

而最讓他特別感興趣的，是他從中看到了臺灣本土佛教學者，「在臺灣佛教史實考證敘述中時時表現出的思想史問題意識」，所以他肯定了臺灣佛教史學者的專業著作，具有了一種廣闊的視角和深遠的意境，從而不但把臺灣佛教的發展脈絡與整個中國近現代佛教思潮連成一體，而且通過臺灣佛教史，揭示了中國近現代佛教思想受到東亞乃至世界進步思想（包括社會主義思潮）影響的狀況，其重要意涵，絕不僅僅在於為如今風行兩岸的人間佛教理論開闢了新的理解維度和探討空間。

所以，他認為像這樣的研究，事實上，是可以和中國大陸當代不同區域的佛教史的研究新熱潮遙相呼應，並逐漸彙聚成當今海峽兩岸學術界推動中國佛教史研究向地域性、專題性、交叉性深入開展的共同力量。[7]

由此可見，自二戰後以來，當代臺灣本土的各宗教中，雖以在「「雙源匯流」下，逐漸朝「在地轉型」開展的臺灣本土新「中華漢傳佛教」，在目前才能達到其最具社會傳播和急難救助的巨大影響力之高原期階段。所以，當代的兩岸佛教學者，都對此表示了極大的正面肯定，同時也以「逆中心」的回饋方式，開始從臺灣的各傳播中心，逐漸向對岸的大陸「中華漢傳佛教」發展現狀，產生具有典範性參考作用的明顯效應。[8]

---

[6]　見張新鷹，〈序一〉，江燦騰，《二十世紀臺灣佛教文化史研究》，頁4。

[7]　這是迄今為止，在相關學者中，能從另一角度出發，所提出的最有見地的深刻觀察和中肯論斷。見張新鷹，〈序一〉，江燦騰，《二十世紀臺灣佛教文化史研究》，頁4-5。

[8]　此點「逆中心」的回饋方式，可以由上述何、張兩位大陸佛教學者的各項說明，即不難了解。

第四章　重估黃土水的新臺灣佛教藝術的本土化創作問題

一、序說

　　從本章開始，本書各章都將分別就上述的詮釋思維問題，納入論述主題中來進行歷史歷程的相關考察。而之所以要重估黃土水的新佛教藝術的本土化創作問題，主因是他特別具有代表性，足以當成最佳範例來評述。

　　事實上，我們若重新回顧臺灣本土佛教藝術的發展，雖已歷經明清、日治時期、到戰後迄今共三百多年的演進，我們如果我們的回顧對象不只是停留於傳統師匠層次的佛像雕刻或樑面與牆上的神佛彩繪之瀏覽，而是聚焦於近現代佛教藝術的創作和作為本土新佛典範確立的精華作品，則雖為數不多，卻成就非凡。

　　其中尤以日治中期臺灣本土留日藝術家黃土水的「釋迦出山像」，更是聳立在同類作品的高峰地位，足堪作為後代的效法的偉大範例，也足以象徵其時代的最佳佛教藝術特徵。

　　不過，黃土水（1895-1930），這位在日本殖民地治時期已享譽全臺的天才雕刻家，作為大正、昭和之際臺灣佛教藝術新風格的建立者這一非凡的成就，一般臺灣佛教史的著述，很少深入介紹。

　　所以在本章，我們擬以黃土水創作艋舺龍山寺所委託的「釋迦出山像」為中心，來探討臺灣日治時期新佛教藝術的風格建立問題，相信不會沒有意義的。

二、黃土水早年的生活和傳統臺灣佛雕的關聯性

關於黃土水早年生活和佛雕的關聯性，早已被之前的一些黃土水研究者所指出。[1]今按這些研究者的論述，重新說明如下：

（一）黃土水是在日本據臺之年（1895）誕生，家居艋舺祖師廟的後街。離龍山寺亦不遠。在地緣上，是屬於北臺灣最重要的傳統宗教文化的核心區內；同時長期以來，艋舺和中部的鹿港，都是全臺傳統佛雕的重鎮，有來自大陸閩籍的第一流雕刻師，聚居在此處，為人建廟、修廟，或雕刻藝術品出售。這對黃土水早年接觸傳統木雕的技法與造型，提供了極大的便利。

（二）黃土水的家境清苦，使得他在生活上和求學上，都備嘗艱辛。他從十一歲（一九〇五）入祖師廟右廂房的「國語學校附屬公學校」就讀；隔年（一九〇六），即因父親過世，全家遷徙至大稻埕，依賴三哥黃來順為生，並轉學「大稻埕公學校」。

這一變革，對黃土水日後的影響甚大。因黃土水的三哥黃來順，是在「真人廟口」（今臺北市延平區天水路）經營人力車的修理鋪，提供全家生活所需，卻對黃土水轉學後的成績退步不能理解，屢加責罵，甚至要將他趕出家門。而黃土水自艋舺轉學來大稻埕，雖然表面

---

[1] 李欽賢在〈複歸故土草原的藝術牧童黃土水（1895-1930）〉一文（載《臺灣近代名人志》第一冊，自立晚報文化出版部，一九八七年），曾如此扼要提到：黃土水誕生於艋舺，幼年家境貧寒，十二歲父親逝後，轉而投靠住在大稻埕的哥哥，從而註定他一生的命運。可能因為有三方面機緣，才塑出作為一個雕刻家的早年雛型：第一，他的哥哥是一位木匠，黃土木對於雕刻作業，視同家常便飯。第二，他家巷門口是一家佛雕鋪，每天路過，看得入神。難免技癢。第三，黃土水排行老么，不必負擔家計，方有餘力繼續升學。（原書，頁123）這樣描述性的推斷，過於簡單，把三方面的機緣，看為理所當然的結果，卻忽略了複雜的心理因素和生活環境的影響。對於想要進一步理解黃土水和佛雕的密切關係，顯然是不夠的。邱麟翔在〈天才雕塑家黃土水〉一文（載《臺北文獻》直字第八十二期，一九八七年十二月，則有更詳細的交代。

上環境比在艋舺時改善，卻在新環境中遭到同學的排斥──一八五三年艋舺「頂下郊拼」，遺留下來的宿怨──於是無法安心求學，視出入學校為畏途，功課大為退步。

在這種情況下，每日課後徘徊於佛雕鋪，觀看雕刻師的刀法展示，便成了黃土水的最大樂趣。亦即在傳統木雕的藝品世界中，黃土水找到了騷動心靈的皈依之處！

（三）黃土水到大稻埕後的第三年（一九〇八），開始適應學校環境，成績逐漸名列前茅，直到畢業（一九一一），並獲校方頒發優等賞。這使他能考入「臺灣總督府國語學校師範科」，為自己爭取到繼續深造的機會。

同時，也能持續保持對傳統佛雕的喜愛和技法的學習。終於在畢業時（一九一五），以木雕工藝──「手」，在師長、同學中大出風頭。他也在稍後，由此機緣，被保送到「東京美術學校」去深造，構成了他一生最大的轉捩點。

這三點補充說明，主要在強調早期的木雕訓練，除了關連到黃土水的家庭環境與求學生涯外，並提供黃土水在藝術創作上的一條出路。而他的前途希望，也唯有仰賴這一條藝術的出路，才有可能轉變。

黃土水早年的生活和佛雕的關聯性，在風格上的建立，也具有特別的意義。因為當時在校中執教的繪畫教諭如高橋精一、石川欽一郎等人，並未發現黃土水的藝術才華。反而是黃土水的木雕工藝作品，為自己帶來肯定的評價。

他在「師範科」的畢業考之後，要繳交工藝教師的作業時，別出心裁，以自己的左手為模型，雕出「手」的作品，而獲師長的佳評。受此激勵，他又陸續仿刻了傳統佛雕題材中的觀音、彌勒佛、李鐵拐等，捐給母校收藏。

可以說，直到他前往日本美術學校深造之前，他的木雕世界，依然是來自傳統佛雕藝術的滋養，反映的依然是民俗信仰的心靈影像。

他日後的藝術成就，就是在這樣的基礎上締造出來的！

三、黃土水被保送「東京美術學校」所涉及的周邊問題

從黃土水的求學生涯來看，他的非仕紳階級的家境，對他的前途有極大的影響。他不像李欽賢所說的那樣，是因為排行老么，不必負擔家計，所以有餘力繼續升學。

黃土水能繼續升學，必須取決於他的優異求學成績，和他在木雕技藝上的傑出表現，前者使他得以進「師範科」就讀，以便日後能擔任教員職務；後者則使他得以擺脫教員的不如意生涯，並爭取到公費保送到日本進修「東京美術學校」深造。而這兩者，都和他的非仕紳階級的出身有關。

因黃土水進「師範科」求學，和畢業後被公費保送「東京美術學校」這件事，在正常的情況下，並無必然的相關性，在正常的情況下，進「師範科」就讀，或畢業後為教員，或者可能再到日本深造，卻很難出現被公費保送就讀「東京美術學校」的情形。

因此黃土水的被保送，對「師範科」的畢業生來說，是一種例外的情況，連黃土水可能也未料想得到。這當中的關鍵因素，是傳統木雕技法的精通，才使保送之事，成為可能。

而這正是非紳士階級的黃土水，才可能去作這樣的長期學習；乃至於他後來的不被臺籍留日生瞭解和產生隔閡的原因，都是和這樣出身背景及這樣的生活經驗有關。

不過，我們在進一步說明黃土水的赴日深造之前，有必要對當時的美術環境先作一介紹，否則無法瞭解黃土水留日學美術的時代意義，及其後他在「高砂寮」被臺籍留學生孤立的原因。

首先，我們必須知道的是「東京美術學校」成立的背景，以及黃

土水在一九一五年時所面對的臺灣知識份子關於近代美術價值的認知程度。

　　這是從日、臺間的美術教育的差距，來觀察當時實際存在的情形。

　　以「東京美術學校」的創立來說，它的前身是在一八七六年由文部省設置的「美術學校」。從創立之初，便一面從歐洲聘請專家來日本教學，一面派青年出洋學畫，經過 11 年（1876－1887）的養成教育，才改設為「東京美術學校」。在黃土水前往深造的這一年（1915），就日本的本土來說，已累積了將近四十年的關於現代美術的教學經驗與觀念的傳播。為什麼日本政府要這樣作呢？目的何在？

　　這是由於日本政府自明治維新以來，便體認到美術創作與欣賞，是現代文明生活的重要部份，正如文學、戲劇等文藝活動，和社會文化的創造力息息相關一樣，因此美術教育的成敗，正反映了國家吸收近現代西歐文明的績效如何，所以非重視不可。

　　而民間方面，也充份認識到美術活動的文化價值，許多知識份子、政治家和實業家，都關心美術活動，而且藝術家出身名門世家子弟的亦不乏其人。這些日本社會的精英份子，相信「從西洋移植美的理念與造型原理，並應用於日本的現實社會，便能掌握西洋文明的根源」。

　　所以，自十九世紀的八〇年代以來，在日本本土即有各種美術和文藝團體的興起，他們發行機關雜誌，以作為研究、宣傳和發表創作的園地，使日本各階層民眾，都能以一種較成熟的心態來接納或鑒賞美術活動。

　　但是，對比臺灣本島的美術教育狀況，就相當不理想。不要說一九一五年黃土水要留學當時，就是黃土水在一九三〇年逝世時，臺灣也沒有一所專門的美術學校。

　　當時的美術教育，是附屬於初級教育或師範教育中，教授的課程也以西洋的鉛筆素描和水彩畫等為主，而和中國傳統文人畫淵源頗深

的水墨畫，則被摒除在外。教學的目標，是為了培養實用才藝和業餘的愛好，並不是當作一個建設社會文化的大政策在推行。

在這樣不良的條件下，黃土水所憑藉的，只是他在校外學會的唐山木雕技藝；他的被保送，是因為他走的木雕路線和石川欽一良（1871-1945）在學校教的繪畫路線不同；但是，也是因為同一原因，他到日本就學的是「東京美術學校」，而不是其他方面的學校或學科。

不過，我們此處的說明，主要是想說明黃土水的被保送本身，並非只是單純的公費到日本深造罷了。而在這一事件的背後，其實是牽連到當時臺灣和日本兩地社會對美術認知的差距，以及黃土水從傳統佛雕藝術為自己取得突破求學困境的獨特意義。

四、黃土水在「東京美術學校」的深造與在「高砂寮」的孤立所反映的文化理念衝突問題

為什麼此處要討論這樣的問題呢？這是延續前面的問題討論而來。

黃土水的藝術創作，對當時的臺灣社會來說是早熟的，在說明上自然會衍生出下一個問題：即當時的臺灣社會如何看待他？

尤其當時正逢歐戰後，臺灣留學生從事文化啟蒙運動時期，對於臺灣文化的反省與定位，是相當重要的；而當時同在日本「高砂寮」住的黃土水，就所學性質來說，正是創造文化的根源部份，這在日本社會已有幾十年的先進經驗，卻未能被前往日本留學、並從事文化啟蒙運動的臺灣知識份子所理解，寧非怪事？

因此，我們有必要針對這當中可能涉及的「文化理念衝突問題」作說明，然後可以銜接下面關於黃土水佛教藝術風格的討論。

就黃土水的赴日深造來說，可以看作是「師範科」教育的延續。他拿的是總督府民政長官內田嘉吉（1910－1915）核准的三年公費。

而「東京美術學校」的本科，是五年制的。

換句話說，課程的後二年是沒有公費的，在這樣的情形下，黃土水要如何才能念完呢？這是他的第一個問題。

其次，因內田嘉吉在核准黃土水的公費不久，即解任由下村宏（1915-1921）接替，黃土水是否能再獲下村宏的幫助呢？這是黃土水面臨的第二個問題。

以上的這兩個問題，都牽涉到「錢」的取得與否，因此黃土水的求學生涯是面臨著經濟壓力的。他的家庭不太可能幫助他，否則他就不必爭取公費保送了。

他如果要想繼續學業，只有一個可能，那就是以優秀成績來爭取。這樣為學業而辛勤工作的黃土水，就是他在「高砂寮」居住時，留給臺灣留學生的深刻印象。

黃土水在「東京美術學校」就讀的時間相當長，本科五年（1915-1920），研究科二年（1920-1922）。他的業師在本科時期是高村光雲，在研究科時是朝倉文夫。

黃土水在臺灣時期的專長是木雕，到日本後追隨的高村光雲所專長的也是木雕，可以說在技巧上有互相銜接的地方。

但黃土水的木雕技術，在研究科時，才有更大的突破。原因是他轉攻「塑造科」。此一科系是 1899 年才新創的，和「雕刻科」並存過一段時期。

黃土水借著「塑造科」的訓練，得以改變直接雕刻木模的習慣，他可以先塑造模型，借著塑造過程來修訂所需的式樣，這對他日後雕刻「釋迦出山像」的幫助甚大。

對比黃土水在臺灣時期的讀書經驗，我們可以發現，他曾因從艋舺遷徙大稻埕，而在學校中遭同學歧視，使他轉為對傳統佛雕技藝的喜愛，此項興趣日後竟成為他超越同儕的利器，以及因此而獲公費保送留學的機會，為前途的發展，帶來絕大的轉機。

　　到日本後，他亦憑此項利器，和日本同學在藝術的表現上一爭長短，雖然在校外無法獲同屬臺灣留學生的肯定，卻無法改變他對自己藝術實力的強大信念。也因此，在日本藝術界出人頭地，便成了他僅有的發展方向！

　　不過，就黃土水在研究科階段的藝術風格來看，可以發掘一些臺灣在本世紀初期接受現代美術思潮洗禮，以及創作「本土化」風格的藝術途徑。

　　而將這樣的藝術風格表現，拿來和其他留日學生的文化意識來比較的話，則不但有趣，更可進一步理解在大正、昭和之際，所謂的「臺灣文化意識的自覺」，又是具有什麼樣的內涵？以及黃土水的理念和彼等有無相衝突之處？

　　前面提過，黃土水的雕刻技術，在臺灣時期的自學階段，是以唐山的佛雕為模仿物件的。到日本後，前五年的本科訓練，因日本國內出現所謂「國粹主義」的影響，在高村光雲門下受教，「雖浸淫於西歐學院藝術氣息之內；但仍掌握高村師藝術中，所固執之東方雕刻精神」。到了研究科時期，他則受「東京美術學校・塑造科」教授朝倉文夫的課業指導。[2]

　　這些技法，對來自殖民地臺灣的黃土水來說，的確是新穎的。它

2　李欽賢的研究，當時校中有三位新教授才到校任教不久，「他們依序是一九二〇年的建昌大夢，一九二一年的朝倉文夫與北村西望。他們也都出身東京美術學校，先崛起於『文展』，繼而擢升為審查的穩健派雕刻家」邱麟翔氏則更進一步指出朝倉氏的風格，特徵和對黃土水的啟發，他說：「朝倉氏之雕刻作品自風格上而觀，可謂寫實主義者，亦自製作技法上而來觀，則是一位描寫主義者。無論自何種角度去論述，皆不得不承認其創作態度之謹嚴，及形象刻劃之入微，為當代日本雕刻界之不可多得之大家。尤其朝倉式作品對黃土水氏之影響最深；譬如製作技法上，先從粘土塑造、再翻成石膏，然後以木雕操作法於石膏上，用雕刀雕琢細磨以至完成。有時仿效已完成之石膏作品，再雕成一具木雕或石刻。凡進入朝倉氏雕刻室之學生，對泥塑、翻石膏、木雕、石刻種種技法，均能操作自如，乃給予黃土水氏受益頗深之處焉。」

代表了在雕塑藝術上的同步學習，是日本藝術界精英的親傳，絕非殖民地臺灣的粗淺美術教育，所以黃土水只要有能力吸收，便有機會擠身現代藝術家之林。

　　而美術活動又是日本本土社會所重視的，因此他在高砂寮的勤奮，是和未來的成就希望相伴隨的。問題只在他如何表現自己罷了。

　　黃土水在一九二〇年以「蕃童」（另名「山童吹笛」）送審，經「帝展」第二屆的評審通過，入選為總參展的五九件作品之一，其中扣除帝國美術院會員、審查員、無鑒查和特選的二五件，實際上是競爭那為數不多的三四件作品。

　　這也是「帝展」二屆以來，首次有臺灣藝術家的作品入選，對於重視美術活動的日本社會來說，也是相當難得的成就。消息傳回臺灣，各媒體競相報導，認為是臺灣藝術家的殊榮，使他在一夜之間變成了美術界無人不知的名人。

　　而由於此一成就，有些研究臺灣美術史的人，便把許多「第一」的美名，歸諸黃土水。

　　相對於其他的東京留學生，正以學習者和啟蒙者的雙重角色，努力在辦《臺灣青年》，要鼓勵島民養成「自治能力」，以及宣稱當時已是「青年應該奮起之秋」，黃土水則在藝術上實際體現到了。他實際更具有「代言人」的資格。只因他致力的領域是當時臺灣社會還不能充份瞭解的藝術創作，於是才成了文化啟蒙運動陣營外的獨行客吧。

五、返歸本土風格的黃土水與「釋迦出山像」的新佛雕創作

　　黃土水在一九二二年結束了他在「東京美術學校」的七年深造生涯，帶著入選三次「帝展」的榮耀，返回故鄉臺灣。這是七年來的第二次返鄉，但對黃土水來說，卻是藉故鄉風物再重尋創作靈感的「充

電期」。研究者都提到這次返鄉的重要性。[3]。

換言之，學院的訓練，雖能使黃土水在技法上和當代美術潮流同步，但作品的內涵或藝術的生命力，卻必須植根於鄉土，才能真正的散發出來。於是，黃土水的藝術觀，又重返臺灣鄉土的寫實主義風格了。

黃土水在日本的藝術成就，使他具有極高的聲望，這對臺灣的仕伸、富商是有吸引力的，像林熊征、郭春秧等人，即紛紛邀請黃土水為等塑像。借著這些「塑像」，黃土水獲取生活所需之酬勞，於是他在早年的故鄉艋舺租了黃姓本家的一閣房屋為臨時工作室，一方面完成約訂的「塑像」，一方面開始搜集水牛的相關資料。

水牛的系列創作，構成黃土水自學院畢業後迄逝世為止這數年間最重要的主題，除了一九二六年接艋舺龍山寺委託的「釋迦出山像」之外，可以說農林的鄉土風貌，完全充塞了他創作的美學心靈。有關「釋迦出山像」的部份，稍後我們會詳細交代。此處我們仍就黃土水的水牛系列創作，作一探討。

水牛是臺灣農村耕作時最重要的勞動力來源，除了提供農耕所需的多種勞力外，它的性情很溫馴、容易飼養、以及牛糞有助於田園菜蔬的滋長等，可以說是臺灣農村在現代大量使用農業機械之前，最重要、最親密和最討人喜歡的夥伴。藝術家要表達臺灣的鄉土風貌，無疑的，水牛是最具代表性的題材。

3　李欽賢說：黃土水這一趟回來是為了在自己的土地上，尋找就快枯竭的創作靈泉的。因為儘管他的寫實功夫已經到了無懈可擊的地步，如果能在題材內容有所突破的話，才能超越學院藝術最起碼的完整性。黃土水的作品是夠完美了，比例、量感、結構……什麼都對，也許就差一點所謂氣勢或感情之類的東西。邱麟翔的意見和李欽賢的意見接近，他說：黃氏在連中三元後，在藝壇上地位已堅固不移。此時，他不願一再泥陷於日本藝術沙龍之窠臼，一面亦熾烈之鄉情在內心呼喚他。於是乃在歲冬季返臺，為要自己成長之家鄉景物中，探尋其創作靈感之源泉。

　　黃土水雖非出身農家，但都市的生活，對出身貧窮家庭的他來說，並不是很如意；在木雕經驗方面，除在日本接受的學院訓練外，早期接觸的多屬民俗或宗教的事務，這些基本上是和歷史的情感有關外，屬於非寫實性的創作，如今黃土水回到臺灣，他的藝術舞臺卻仍在日本，他如何表達臺灣本土的特色呢？農村應是較可考慮的。

　　就像他以「蕃童」，首次敲開「帝展」之門一樣，此次他繼「甘露水」、「擺姿勢的女人」這些新潮的作品之旅，再度選取臺灣農村的像征——「水牛」——作為向「帝展」第四次挑戰的創作體材，應是合理的發展。

　　黃土水當時曾向屠牛場接洽，借用牛的屠體，將頭部和四肢都分別翻成石膏模型，以作日後創作的參考。接著，購來一頭水牛，養在工作室，每日觀察水牛的動態和習慣，然後用速寫和習作模型大量地記錄下來。他的以後幾件巨作，就是參考這些資料，或放大、或改進，而成了水牛系列的傑出作品。

　　一九二三年春天，黃土水再度離臺赴日，在東京池袋區，購五坪地，築一間自己的工作室，將臺灣帶來的水牛資料消化，以便參加第五屆的「帝展」。結果，木雕牛頭的作品「郊外」，再度入選，是黃土水最四次，也是最後一次的入選。

　　此後，即與朝倉文夫的師生感情惡化，黃土水被阻於「帝展」門外。但黃土水已不必靠「帝展」來肯定自己了，他可以更自由地選擇自己創作的風格了。

　　在一九二六年接受龍山寺的委託雕「釋迦出山像」之前，黃土水的生活和藝術活動兩方面，都有了極大的變化。

　　生活方面，是一九二四年與廖漢臣的胞姊廖秋桂結婚；婚後定居日本，由夫人料理家務，由侄兒阿桐、清雲擔任助手，不再是一個人孤軍奮鬥了。

　　在藝術方面，他已獲不少臺灣仕紳的支持，在臺北有「黃土水後

援會」的成立，像許丙、郭春秧、黃純青、林熊征等，都是臺灣的仕紳名流，他們號召各地有財有勢的同伴，向黃土水訂制「胸像」，使黃土水無生活後顧之憂。

另一方面，黃土水參加「聖德太子奉贊會展」，以「臺灣風景」入選，獲皇叔久邇宮邦彥親王的賞識，禮聘為親王夫婦塑造「胸像」。而黃土水的一些關於動物的雕刻，像鹿、雉、猿、水牛等，亦因親王推薦，被皇宮收藏。黃土水可說在臺灣和日本的上流社會，都找到贊助者了。

但是，這是否意味黃土水已經被日本社會同化了呢？是否已經背離了臺灣人的立場呢？這是值得探討的。

我們必須承認藝術家也是人，也需要生活的開銷和別人的掌聲。黃土水身為藝術家，過去家境不佳，如今在日本藝術界有一席之地，是靠「東京美術學校」的多年訓練，和日本社會對藝術活動的重視，所以黃土水才能透過參加「帝展」，或「聖德太子奉贊會展」來凸顯自己的創作才華，並贏得臺灣和日本上流社會的肯定。

就這點來說，似未涉及過於親日立場？應沒有太大的可爭議之處？反過來說，假如黃土水不接受仕紳名流——當然中間親日派居多——委制「胸像」，黃土水又如何找到他的藝術贊助者呢？單靠入選「帝展」，而無其他收入，就可以足供生活所需嗎？所以要求黃土水和那些贊助者切斷往來關係，實是不合理和不可能的。

假如這些說明，沒有大錯的話，以下接著討論的艋舺龍山寺委託的「釋迦出山像」，就比較容易著力了。

因為當時艋舺龍山寺的幕後大老闆，像辜顯榮、陳天來、蔡彬淮、黃玉對、林卿雲、吳永榮等，也都是親日派的仕紳居多；連寺中的住持覺力禪師（1879-1933），雖然來自大陸鼓山湧泉寺，但當時（一九二五）已是日本曹洞宗正式的「布教師」。所以在討論「釋迦出山像」時，也必須對這些背景，有所理解才是。

　　黃土水是在一九二六年，由《臺灣民報‧漢文版》主筆，也是名詩人的魏清德提議，雕刻一尊「釋迦像」，捐獻給艋舺龍山寺，作為改建完成的紀念品。

　　黃土水接受委託時，是知道這件作品的重要性的，在接收雕制的訂金後，她即返回東京池袋的個人工作室。他先搜集大量的相關文獻，對中國歷代的佛雕和佛畫，皆進行仔細考察。以便尋出合適的造型。

　　由於臺灣和日本的佛教，都由中國傳入，臺灣的佛像雕刻尤其和唐山的傳統關係密切，所以黃土水擬自中國的古代佛像找模型，也是合理的。

　　況且佛像的雕刻，一定要有造像儀軌的依據，否則便會逸離佛教圖像的常軌，變成在信仰上難以理解的符號，很不容易讓信仰者接納。黃土水過去在艋舺和大稻埕所看到和學到的，也都是有師徒相傳為依據的。

　　因此，不論他的寫實雕刻如何精熟，他仍然不能憑想像自由雕塑，他必得先找到現有的模型依據才行。於是，經過一番探索和構思之後，黃土水終於在南宋梁楷的水墨畫中，先找到了他中意的「釋迦出山圖」作為模型依據，接著又物色體形合適的男性模特兒為寫實的樣本：先粗塑為石膏模型，再用雕刀細琢和修改，等雕出所需的樣本了，才據以雕刻為木雕作品。

　　黃土水在日本選用上等櫻木為材料，進行實象的雕刻，為了使原木質的色澤和紋理，能保持樸素的狀態，他除了用線描法的金紋，在雕像的某些部份（像折紋）加上外，不漆上任何色彩，使佛像呈現了自然的典雅與純樸的崇高氣質；和龍山寺的鮮麗色彩裝飾相比，可以說有極大的不同之處。

　　一九二七年，黃土水將此一完成的佛像傑作，由日本運回臺灣，供奉於艋舺龍山寺的中殿。但一九四五年，太平洋戰爭末期，因美機

大舉轟炸臺灣，寺殿中彈，此「釋迦出山像」也跟著被焚毀。目前艋舺龍山寺所供奉的，是潘德仿刻像。而黃土水雕像前所塑制的石膏模，則仍由魏清德的哲嗣魏火曜所保有。我們能據以討論的，就是仰賴此一僅存的石膏塑像罷了。

雖然如此，黃土水的此一「釋迦山出像」，對臺灣佛教藝術史的研究來說，至關重要。為了進一步凸顯它的時代意義及「臺灣本土化風格」的相關背景，底下我們有必要針對這些問題，再加以進一步的說明。

六、黃土水創作「釋迦出山像」的「本土化風格」　　界定及其所代表的佛教史意義

在進行說明之前，我們必須瞭解，有關黃土水「釋迦出山像」的原始創作資料，目前剩下的，已非常少。可是，要如何「定位」？其實是評價中至關重要的部份，沒有相關的歷史背景，我們又如何能據以界定呢？

問題在於，所謂的「臺灣本土化風格」，究竟真正意涵是指什麼？從英文的 style 來看，它指的是：獨特的風格，格調；體材；時尚；樣式等。但是，這樣的定義，如果冠以「臺灣本土的」修飾語，則指的就是能表現臺灣本土的式樣，或特殊風格等。

不過，什麼是「臺灣本土的特殊風格」呢？在西方像 maniera（風格）、Stijl, de（風格派）、Stylistics（風格學），或 mannerism（風格主義）等，都有其相應的西方文藝史或美學史的特殊內涵，具有時代性和地域性，或個人間的差別的。

而今，我所說明的，卻是黃土水在一九二六年為臺北市艋舺地區一座非純粹佛教寺院「龍山寺」所刻的一尊木雕佛像「釋迦出山像」，如何來界定其為「臺灣本土風格」呢？

　　首先，假如我們將臺灣百年來的木雕佛像系譜加以排列的話，黃土水明顯是開創新風格的先驅者！

　　或者假如我們不討論「本土風格」的開創性問題，而僅就保留在臺灣本土的早期佛教藝術品，那麼，我們如今在鹿港龍山寺仍可以看到的佛像、菩薩像；淡水鄞山寺的燃燈古佛像；臺南開元寺的四大天王像等，都是相當精緻的作品，是先民留下的珍貴文化財之一。

　　並且，黃土水青少年時期，在臺北艋舺和大稻呈所觀摩、學會的佛雕技法與造型，就是這種閩南風格的遺緒。

　　但是，我們重視的，仍是他結合寫實手法，以人性化的角度所刻出的「釋迦出山像」。

　　基本上，所謂臺灣佛藝的「本土化風格」，應非只是指「臺灣人」，在「臺灣島」上，以「臺灣題材」為創作的純粹性。因臺灣是一個移民之島，不管是土著或漢人，都帶來了外地的文化成份，所以講「純粹性」是不能成立的。確切的說，應是指具有本身文化上的自覺，亦即有「文化的主體性認知」，並本此「認知」，去吸收各種文化精華以創作出和臺灣社會心靈相應的作品。

　　而這樣的「文化自覺」，在黃土水創作「釋迦出山像」時，是否已具備了呢？

　　從之前的說明，我們已知道黃土水的創作過程，他為了創新及有儀軌根據，先是以南宋梁楷的「釋迦出山圖」為藍本，再結合現代男性模特兒的實際體型，經塑模、修正後，始轉刻為正式的木雕作品。

　　就作品的風格來說，是理想與現實的統一，兼又涵蓋了祖國佛教文化的傳統，以及日本美術學院傳授的現代寫實技巧，例如南宋梁楷的水墨畫，是大陸文化的產物，又深受日本社會喜愛，如今改以男性模特兒的轉雕式樣，於是變成了具有傳統成份，卻又完全創新的佛教藝術品。

作為雕刻家的黃土水，可說是以「臺灣人的立場」，「意識到自己位於中國、日本之間的地理與歷史人文的意義，進而保持發展自己的本色」。於是本為自己家鄉的龍山寺，雕刻了這樣的作品。

事實上，此一雕像對黃土水來說，具有雙重的現實意義。即一方面，它可以作為慶賀艋舺龍山寺的改建落成紀念品，另一方面則可作為黃土水和朝倉文夫決裂後，在風格上獨立的指針。

但為何這樣的佛像雕刻可作為龍山寺的落成紀念？以及滿足黃土水本身的需求呢？難道雕坐姿的「釋迦像」不可以嗎？為什麼一定要「出山像」呢？這是必須透過佛教經典的解說，才能明白的。

翻開《大正藏・本緣部》的經典，我們可以找到像《普曜經》卷五、《方廣大莊嚴經》卷七）等，這些經典都有〈苦行品〉，描寫悉達多太子在雪山六年的苦行經過。但〈苦行品〉中這些生動經歷的情節，並不是為了表彰受苦的偉大，反而是為了顯示苦行的局限性。

因為悉達多太子在雪山六年的苦行，雖有一些宗教經驗上的心得，卻遭到了修行上難以突破的瓶頸，使他明白了：「苦行」不但是違反人性的，並且也無助於最高解脫道的獲得。於是，他斷然捨棄苦行，拖著枯瘦衰弱的身子，自森林中走出，接受了一位牧牛女供養的乳糜，使體力漸告恢復；然後他決定前往泥連禪河畔，希望在菩提樹下悟得無上解脫道。

由此可知，梁楷的「釋迦出山圖」，是成道之前最關鍵的階段，它代表了悉達多太子在苦行後的反省與抉擇，也是決定邁向無上解脫道的重要時刻。

它具有走向新生，走上正道，以及充滿希望等諸種象徵意義，因此可以引伸為新階段的開始和人生的邁向獨立自由。而這樣的雙重意義，用來慶賀艋舺龍山寺的改建落成，以及黃土水脫離業師朝創文夫的影響，開始返歸本土風格創作，應是相當貼切的。

另一方面，從當時龍山寺的「體質」改變，以及整個臺灣佛教界

的新變化，也可以看出黃土水作品的象徵意義。由於學界較少注意這類問題，故在此稍作解說。

首先，就龍山寺的體質改變來看。根據《艋舺龍山寺全志》的記載，我們可以發現：從一九二○年起，進行全寺大改建，迄一九二四年完成。此次的改建，主要的變革，是將建築面積擴大，和將傳統寺廟形式，改為「宮殿式」的建築。

由於龍山寺是當時北臺灣最重要的寺廟之一，所以不愁經費的缺乏；而且設計師王益順是聘自泉州的著名廟宇建築家，將此改建工程做得極其雅致。在王氏領導的改建指導小組中，負責設計和監督「雕刻木工」的是楊秀興，楊氏及其它熟練的技工，也都是來自泉州惠安，是典型的傳統藝匠。

因此，迄一九二四年改建完成時，寺中的「塑像」，皆照寺中原有者加以修飾罷了。增刻的二尊菩薩，一為文殊，一為普賢，在造型上也和傳統一樣，無大創新之處。若非因逢「東京大震災」，全寺在一九二四年春天就改建完成了，不可能將落成典禮延至一九二七年十二月才正式舉行。

黃土水的作品，就是在落成到舉行典禮之間，被委託和創作出來的，具有特殊性的意義。因為黃土水的作品，還和龍山寺的新發展有關。

雖然艋舺龍山寺，就日治時期標準來看，只是「舊慣」的「寺廟」，並非官方核准的純粹佛寺。當時只有像基隆月眉山靈泉寺、觀音山凌雲寺、大湖法雲寺，這類新建的佛寺，才是經官方核准的純粹佛教道場。

而從龍山寺祭祀的神祇來看，包括：觀音菩薩（主祀）、釋迦如來、文珠菩薩、普賢菩薩、土地藏菩薩、韋陀尊天、天上聖母、土地公、太陽公、太陰娘、水山王、城隍爺、注生娘娘、池頭夫人、文昌帝君、大魁夫子、紫陽夫子、關聖帝君、關平將軍、三官大帝等，可

以說釋、道、儒三教的仙佛神祇都大致具備了。所以稱之為「寺廟」，才較符合事實。

不過，艋舺龍山寺當時已聘請覺力禪師擔任住持（一九二二），是應辜顯榮、吳昌才等人之聘的。覺力禪師，是來自福建鼓山湧泉寺的後起之秀。他到臺灣來，原是應苗栗地方人士吳定連、劉緝光等人的聘請，於一九一三年在苗栗大湖地區開創法雲寺。以後又在臺中、新竹等地協助門下擴建道場並興辦僧伽教育，是相當活躍的一位弘法師。

一九二二年到龍山寺後，一方面協助改建事宜，一方面努力弘揚佛法，他當時已被任命為曹洞宗的合格布教師。像臺北市的名企業家林挺生的母親，就是被他的熱誠感召，才開始信佛的。一九二五年，在日本召開的「東亞佛教大會」，覺力禪師就是代表臺灣佛教界出席的人員之一。可以說，龍山寺在當時，透過覺力禪師的努力，已大大發揮了佛教的弘法功能。

因此，從這個角度來看，黃土水的作品，更符合龍山寺這一新發展的狀況，具有極大的象徵意義。

或許，有人會問：「覺力禪師同樣來自大陸，和王益順、楊秀興等人的情況，還不是一樣？有何臺灣的主體性？」其實是有差異的。

就大正、昭和時期的臺灣佛教來看，誠然和大陸的閩南系佛教之間，還保持著密切關係，幾個佛教領袖家善慧法師（1881-1945）、本圓法師（1883-1946），一代表曹洞宗、一代表臨濟宗，雖都受戒於鼓山湧泉寺，可是和日本佛教系統的合作，尤其密切；覺力禪師也同樣有所調整，而具有了中、日、臺三角佛教的綜合特質。所以，不能看作純粹閩南佛教傳統的移植。

在這一點上，黃土水的作品，可以稱為此種特質的「代言人」。

雖然黃土水本人，不一定能察覺這一點。但從作品本身的創作過程和風格表現，他毫無疑問的已具備了這樣的條件！

　　因此，我們前面主張：黃土水是「以臺灣人的立場」，「意識到自己位於中國、日本之間的地理與歷史人文的意義，進而保持自己的本色」，應非無意義的隨口之談。

　　當然，在大正和昭和時，臺灣知識份子的各項運動，往往具有政治或社會方面的訴求。黃土水的「釋迦出山像」，在表面上，是看不出這種意圖的。

　　然而，就此一作品的佛教意義來看，迎向新時代的道路，正是他的心聲流露，也才是「本土化的風格」的最佳典範。

第五章　解嚴以來臺灣漢傳佛教藝術創作的在地轉型新貌

　　我們在前章詳論黃土水的新佛教藝術本土化創作問題後，在本章中，我們將要緊接著繼續追問：從戰後戒嚴時期到解嚴後迄今的現代臺灣佛教藝術創新的開展，究竟它在具象的藝術創作表現方面，有哪些類型佛像雕塑創新作可以為代表，來進行相關的討論？

　　特別是，如何延續前一章的關討論主題，繼續追問：有關戰後如何界定所謂「本土化風格」的實質討論？尤其是觀察漢傳佛教是否在地轉型的顯性指標，可資和戰前黃土水的創作典範來對比？

一、戰後臺灣佛教現代藝術創作的突破及其展出的相關說明

　　事實上，有關戰後臺灣佛教本土藝術的創作和展覽，是直到臺灣政治解嚴後的數年內，才很快地在北臺灣的大都會區的宗教文物流行圈內，逐漸形成一股新的風尚。所以，1992 年 3 月號的《當代》雜誌上，筆者當時即曾根據個人在生活周遭，所親自觀察到的此一現象，特別撰文發表〈臺灣宗教藝術 1991〉一文，並於其中提到：在 1991年所舉辦的「第二屆當代佛藝創作展」，已可以算是臺灣自戰後以來，在佛教本土藝術的創作和展覽方面，最大的一次性突破。

　　但，在過去，有關佛教藝術的創作問題，卻一直是當代臺灣藝壇人士，較罕致力的研究領域。究其原因，可能係創作佛藝，必須兼顧

傳統佛教的既定儀軌，另方面又必須能掌握，佛法具象化的宗教神韻，因此一般藝術家，不敢輕易嘗試創作。所以長期以來，除少數傳統的藝匠外，幾乎看不到新一代的藝術家致力於此。但臺灣近年來，拜經濟長期繁榮之賜，佛教的各項弘法活動日趨熱絡，佛教人口也迅速增多，加上佛書的銷售極其發達，因此民眾從單純的信仰層次，提升到精緻佛教藝術的欣賞，亦逐漸可能。

因而，當代長期執教於私立文化大學歷史系、並從事佛教藝術史專業教學的陳清香教授，即在這一新發展趨勢之下，基於本身對佛教藝術的專業訓練和愛好，極力鼓動青年藝術家，從事佛教藝術創作。1990 年曾在，京華藝術中心展出第一屆；但當時所展出的作品，以傳統派和革新派的居多，新潮流派則幾乎沒有，這和第二屆比起來，可謂遜色甚多。可是，創作風氣的突破，終於踏出第一步了。

於是到了 1991 年的「第二屆當代佛藝創作展」時，便開始綻放了燦爛的光彩。參加「第二屆當代佛藝創作展」的作品，可分成繪畫、雕塑、書法和工藝四個項目。其中以雕塑的成就較顯著。

有關戰後臺灣地區的本土佛像雕塑，根據陳清香教授的分類，可分傳統派、創新派、新潮派等三大系統。其中傳統派下，還有唐山系、工整系之分。創新派則又可分為學徒派及學院派。新潮流派則融和現代抽象筆法為之。

在此次參展品中，李松林（1907-1998）的木雕觀音像，是傳統派唐山系手法的代表作，沈靜優雅的蓮座觀音木雕像，技法之老練、流暢，可謂已臻爐火純青的境地。

在創新派的作品中，則詹文魁的石雕佛像，已逐漸由唐宋的傳統石雕造型，轉為現代的風貌；同時在功能上，也由殿堂的供奉，變為生活起居的藝術品鑑賞。這一發展，和臺灣佛教強調「人間化」的思想，是相應的。

至於楊英風（1926-1197）的塑像，此次基本上，仍以北魏雲岡的

石佛為基準，銅塑的善財禮觀音像，具有北朝晚期的，秀骨清相之作風。而楊氏的弟子，如朱銘、陳漢青，則以直線抽象來表達形相，但由於和傳統的細緻流暢略有不同，一般鑑賞者還是，有點不太習慣。而楊英風及其弟子的作品，通常都被歸入新潮流一派。

如果從市場需求和創作趨勢來看，可能「創新派」的發展潛力，會較「新潮流派」要大。這是值得我們注意的一個觀察點。[1]

至於繼 1991 年的「第二屆當代佛藝創作展」之後，在 1992 年的 5 月中旬，由臺北的京華藝術中心，於市內新光三越百貨公司的文化館內，所舉辦「第三屆當代佛藝創作展」，究竟要如何加以討論與定位呢？

關於第三屆當代佛教藝術展的究竟要如何加以討論與定位呢？

臺北的京華藝術中心，要在 1992 年的 5 月中旬，於市內新光三越百貨公司的文化館，舉辦「第三屆當代佛藝創作展」，呈現出國內藝術家的新作品。首先，當代一些熟悉戰後臺灣佛教文化新動向的人都知道：能夠將文化展覽帶進百貨公司，並被社會大眾所接受，仍屬李登輝正式接任總統大位之後近幾年內所逐漸出現的新事物。而在臺北市的新光三越百貨公司，就是首開風氣者。這當然是當代臺灣佛教本土文化傳播狀態，最具突破性的發展現象之一，因其能夠使得原為商品交易的大商場，也同時兼具了領導精緻文化流行的重要功能，從而改變了都市民眾的消費意識和生活內涵。

而假如我們以上對這一消費市場的改變及其新增功能所作的相關觀察，是大致不錯的話，那麼處在臺北的京華藝術中心此次能夠將「第三屆當代佛藝創作展」安排在這樣的場所展出，毋寧是深具意義和值得肯定的。

---

[1] 見江燦騰，〈臺灣宗教藝術 1991 年的評述〉，《當代》第 71 期（臺北：合志文化，1992 年 3 月），頁 108-115。其後，又收在江燦騰，《當代臺灣佛教》，頁 187-196。

　　因為，眾所皆知，在近代以前，有關佛教藝術的創作，主要都是針對佛教信仰上的需要而從事的；作為藝術品來鑑賞，乃是其第二義的功能。因此，通常都是以寺院的供奉為主，作為純生活的裝飾，則甚罕聽聞。而在國外美術館所見的收藏和私人擁有者，則往往都是歷經慘烈戰爭下的外來強勢文化掠奪或其他因素所促成的宗教藝術品的淪落所致。若非如此，從佛教藝術創作的儀軌來看，即很難瞭解斷頭或斷臂菩薩，會被單獨陳列出來。何況即就戒律衡準，身體殘缺，也不符僧格的師範形象。因此，過去臺灣的佛藝展，所創作的頭像或胸像，如非得自國外美術館收藏品的暗示；即創作者有意突破傳統，從藝術創作自由化的角度，對自己理解的佛教信仰內涵，賦予新時代的意象詮釋。此一現象，說明當代臺灣佛教藝術創作，正處於轉型期的風格特色。

　　我們作如此分析，意在替當代臺灣佛教藝術創作展，所出現的一些新風格，先作一些藝術史的定位。以下我們擬分數點說明：首先是，此次第三屆的相關展出作品，和第二屆所展出的相關作品來相較，可以說，在整體性的風格轉變，並無太大的差異。亦即就個別的作品來看，像楊英風先生刻的「觀音頭」，或如臺北市長黃大洲先生臉龐的「佛首」，雖在造形上略有改變，但如熟悉楊先生過去佛藝作品風格的人，仍可以捕捉到前後風格的連續性。

　　同樣的，像此次朱雋的「佛頭」，雖然在頸部插了一根細不鏽鋼條，但就其頭部的造形和顏面的圓胖線條表現來說，仍是和過去類似。像這樣的作品，實驗的意義，大於風格上的意義。換言之，這僅是在材料上和局部軀體造形上作強調，既脫離傳統佛教的儀軌，又尚未形成新的藝術風格，只能以轉型期的特徵來界定。不過這樣的風格特徵，是否能為百貨公司的觀賞者所接納？只有等正式展出時，才能看出實際的反應了。

　　其次，在傳統中國的佛教藝術造形上，能中國化而又開創新典範

的，就屬濟公、彌勒和觀音三者了。

　　而這三者的造形，其實是經歷「唐宋的變革期」後，才出現新的風貌。瘋瘋顛顛、不禁酒肉，卻又有神通和愛心的濟公，一方面是十八羅漢之一的降龍羅漢，一方面又是梁代寶誌和尚的宋代新版，使庶民和藝術家，都不約而同地喜歡這樣「世俗化」的有趣造形，並流傳迄今，魅力不衰。而大肚子笑呵呵的胖彌勒，以及穿白衣或全身穿戴時麾若唐代舞女的觀音菩薩，也同樣結合了中國民眾的本土信仰意識，才出現與印度本土截然不同的造形風格。宋代的木雕觀音，即是在這樣的藝術養份之下，而達到了中國佛教藝術雕刻的頂峰。

　　假如這一創作的歷史經驗，可供借鏡的話，那麼李松林先生的木刻作品，正是唐山傳統風格的繼承，證明在臺灣民間的藝師中，依然長久保守著這一藝術傳統。同時，他也依臺灣民眾特愛的「白衣觀音」造形，不斷地刻出他的優秀作品。因此，我們在觀賞李松林先生的木刻作品時，不能忽略了他和傳統結合的一面，以及他充分「本土化」的表現內涵。

　　而此次曾崑祿的作品，雖造詣上稍遜李松林先生，但其創作方向，依然是可以肯定的；原因就是他能具有「民俗」成份的鄉土風格。

　　我們接著要特別提出來檢討的，是侯金水的石雕作品。他的「墮落佛」是充滿批判性的諷刺作品，原由《佛教文化》創辦人李政隆先生收藏。

　　從佛教徒的信仰層面來看，創作這樣的諷刺作品，是對佛陀的不敬，也是對出家僧侶的無禮。試想佛陀和僧侶，皆屬有道之士，為眾生而奔波，豈可譏彼等為享受太過、肚肥欲墜？但從批判的類型來看，則實只針對某些佛教幣端而發，不盡然是無的放矢。

　　假如從藝術創作和社會批評的角度來給予定位，則應是有「原創性」風格和有文化意義的代表性作品。

二、解嚴以來關於臺灣佛藝術的現代化與本土化創作概念的發展

在說明以上的當代臺灣本土佛教的新藝術創作之後，有必要再進一步就其與藝術創作的「現代化」與「本土化風格」概念的相關問題有所論述和能系統性地對其相關的研究史進行有意義的清楚追溯，以了解其概念的本質和其所涉及的一些相關創作背景的真相之所在。

可是，有關臺灣佛教藝術創作「現代化」與「本土化風格」概念論述，在解嚴之前，除零星的評論文章外，學術界一向甚少注意及此。此種情況，是直到臺灣官方於 1987 年間正式宣布政治解嚴之後，才開始有了明顯的改變。以 1991 年這一年為例，由於創作和展覽的活動開始熱絡起來，連帶也吸引了研究者的極大興趣，而有數篇專論出現。

例如：（一）、陳清香在 1991 年五 5 月號《普門》雜誌發表的〈現代佛教藝術〉；（二）、鄭水萍在 1992 年 3 月於《白聖長老圓寂三週年論文集》上發表的〈臺灣佛教藝術之反思與前瞻：看 1991 年臺灣佛教藝術展覽與「新佛教藝術」的開展〉；[2]（三）、筆者個人在 1992 年 3 月號《當代》雜誌發表的〈臺灣宗教藝術 1991〉，[3]以及在 1992 年 5 月於「第三屆當代佛藝創作展」畫冊上發表的〈處於轉型期中的當代臺灣佛教藝術〉等，都是針對臺灣佛教藝術的「現代」部分，提出一己的研究心得。

到了 1992 年 8 月份，由國立藝術學院傳統藝術中心召集、佛光

---

[2] 見鄭水萍，〈臺灣佛教藝術之反思與前瞻：看 1991 年臺灣佛教藝術展覽與「新佛教藝術」的開展〉，收在編審委員會，《白聖長老圓寂三週年論文集》（臺北：能仁家商董事會，1992），頁 181-196。

[3] 見江燦騰，〈臺灣宗教藝術 1991 年的評述〉，《當代》第 71 期，頁 108-115。其後，又收在江燦騰，《當代臺灣佛教》，頁 187-196。

山文教基金會贊助、金陵藝術中心協辦的「佛教藝術創作研討會」，在高雄佛光山的麻竹園會議廳與行，一連二天，共發表七篇論文及一場專題演講。這是臺灣佛教界戰後首次以當代佛教藝術的創作為主題，展開正式的論文發表會。一些重要的藝評家和創作者，像陳清香教授、林保堯教授、黃才郎先生、邱忠均先生、李光裕先生、釋寬謙尼師、吳永猛先生、詹文魁先生等，都參加了大會的討論，並發表了許多精闢的意見。

而江燦騰也以〈臺灣佛教藝術的傳統與現代〉為題，發表了長篇論文，來檢討所謂「本土化風格」的創作問題。

這是由於當代臺灣佛教藝術創作所面臨的最大問題，是不知如何界定自己創作的路線？以及不容易釐清何謂「本土化風格」的創作？因此，儘管不少創作者在作品推出後，銷售狀況都不錯，可是一談到創作路線問題，便難免產生許多歧見，不容易有「共識」的建立。

但是，我們又都知道，歷來各種佛教藝術的創作，基本上都和當代流行的佛教信仰形態，息息相關。並且，從整個佛教藝術史的發展來看，我們也不難察覺到代表不同時代風格的式樣，就如犍陀羅式樣受希臘藝術影響，而唐代龍門石窟的巨大石佛則和當時流行的《華嚴經》大盧舍那佛的思想有關。然而，由於長期以來，關於臺灣佛教藝術史的資料收集和研究分析，都欠深入和詳盡，所以要如何精確掌握其創作的「主體性」，或評定其是否真正具有「本土化的風格」，都相當困難。

然而，由於長期以來，關於臺灣佛教藝術史的資料收集和研究分析，都欠深入和詳盡，所以要如何精確掌握其創作的「主體性」，或評定其是否真正具有「本土化的風格」，都相當困難。因為，事實上，假如我們只是純就傳統佛教藝術品的保留現況來看，目前我們仍可在一些古老的寺廟裏，看到早期閩南風格的精緻雕刻或塑像，其中如鹿港龍山寺的佛像、菩薩像，淡水鄞山寺的燃燈古佛像，以及臺南開元

寺的四大天王像，都是相當珍貴的文化遺產。不過，這些作品，都是當初建寺時，聘請對岸的木工名匠來臺雕刻的，是一種橫的文化移植，不一定具有「本土化風格」的意義。何況，這些大陸風格的雕塑作品，在很大的成分上，是沿襲大陸寺廟同類型的作品風格而來，因此保守性極強，如無新觀念的刺激，則很難有新風格的作品出現！

而是要直到黃土水（1891-1930）在日治時期所刻的「釋迦出山像」，才能突破傳統的閩南風格，而有了現代化的「本土化風格」出現。此因他雖在青少年時期學過傳統的佛教雕刻，但他其後則曾前往日本的「東京美術學校」長期深造，接受最專業的現代西洋雕塑技巧和東方木雕精神的洗禮，因而能創作新風格的佛像作品。[4]

況且，當時黃土水之所以要精心創作出「釋迦出山像」，原本就是為了紀念艋舺龍山寺的改建完成，因而本質上就具有開創新局面的意義。所以他在創作初期，先是採用了中國南宋梁楷的「釋迦出山圖」做為藍本，再物色體形合適的男性模特兒為造型的參考，經過數次的試雕、翻模後，才以樸素的上等櫻木正式雕刻完成。除描金線條外，不上彩漆，可使人感受到藝術品的質樸與真實。這和印度犍陀羅式樣，或中國北魏的式樣，都截然相異。

所以，黃土水的「釋迦像」，是人性化的「釋迦像」。它描述了佛陀在雪山苦行六年後，決定捨棄此一非正途的修行方式，改以合乎中道的修行法，要前往尼連禪河畔去證得無上的解脫道。換句話說，這是人生最重要的反省與抉擇，是象徵新生命的開始，所以黃土水以結

4　黃土水在一九二六年接受艋舺龍山寺的委託，雕刻一尊「釋迦像」之前，他已是在日本的權威美展「帝展」中，連續入選四次，聲名大噪，一九二五年更因入選「聖德太子奉讚會展」，獲皇叔久邇宮邦彥親王的激賞，由皇室貴戚收購許多黃土水的作品，使他的生活大為改善。另外，在風格上，他也和業師朝倉文夫決裂，更加朝臺灣本土化的風格發展，以臺灣農村水牛為題材的系列作品，便成了他後期作品的最愛。而「釋迦出山像」的創作，就是屬於這一創作時期的成熟作品。

合古典與現代的模型，創作出具有新風格意味的佛像作品。就這一特質來講，也是海峽兩岸最具獨創性的先驅佛藝作品。所以當代研究臺灣佛教藝術史的陳清香教授，會將其稱為是樹立了「臺灣本土化的風格里程碑」，自然是有道理的。

但，所謂臺灣佛藝的「本土化風格」，應非只是指「臺灣人」，在「臺灣島」上，以「臺灣題材」為創作的純粹性。因臺灣是一個移民之島，不管是土著或漢人，都帶來了外地的文化成份，所以講「純粹性」是不能成立的。

確切的說，應是指具有本身文化上的自覺，亦即有「文化的主體性認知」，並本此「認知」，去吸收各種文化精華以創作出和臺灣社會心靈相應的作品。

而這樣的「文化自覺」，在黃土水創作「釋迦出山像」時，是否已具備了呢？從之前的說明，我們已知道黃土水的創作過程，他為了創新及有儀軌根據，先是以南宋梁楷的「釋迦出山圖」為藍本，再結合現代男性模特兒的實際體型，經塑模、修正後，始轉刻為正式的木雕作品。就作品的風格來說，是理想與現實的統一，兼又涵蓋了祖國佛教文化的傳統，以及日本美術學院傳授的現代寫實技巧，例如南宋梁楷的水墨畫，是大陸文化的產物，又深受日本社會喜愛，如今改以男性模特兒的轉雕式樣，於是變成了具有傳統成份，卻又完全創新的佛教藝術品。

作為雕刻家的黃土水，可說是以「臺灣人的立場」，「意識到自己位於中國、日本之間的地理與歷史人文的意義，進而保持發展自己的本色」。於是本為自己家鄉的龍山寺，雕刻了這樣的作品。而是具有文化自覺的「主體性」，並本此「自覺」，吸收各種藝術精華，以創作出和臺灣社會心靈相應的優秀作品。所以黃土水的「釋迦出山像」創作之所以能夠成功，就是他以洗鍊的新藝術手法，賦予了傳統的「釋迦出山像」以新的風格。

　　這對臺灣佛像的創新,具有絕大的意義。例如出身鹿港木雕世家的李松林老先生,在他所雕「釋迦出山像」裏,也一樣反映了黃土水的人性化創作風格,為現代的藝評家所讚嘆。當代的《新雨佛教文化》,更自 1992 年 4 月起,在每期封面,以這樣的「釋迦像」來代表「臺灣佛教」,可見其影響的持久性。

　　除了黃土水的作品之外,陳進女士的「膠彩畫」,也為戰後臺北法光寺留下了十幅精美的「釋迦行誼圖」。陳進女士曾在日治時期進「東京美術學校」深造過,她和法光寺的如學法師,都是留日的臺籍婦女菁英,因此這十幅的「釋迦行誼圖」雖創作於戰後,但意識形態上,仍是戰前東洋畫的風格。在臺灣佛教發展史上,是有它的特定意義的。它反映了臺灣佛教在日據時期受日本文化影響的軌跡。它和劉耕谷在戰後同樣以「膠彩畫」來表現具有西洋抽象風格的大陸佛像作品,像「無量壽佛」、「雲岡感懷」、「敦煌再造」等,表現出截然不同的文化意識內涵。因而,像劉耕谷這樣的新佛像作品,只有放在戰後臺灣藝術史的變遷過程中,才能理解他為什麼使用抽象的手法,來表達他對隋唐佛教藝術風格的嚮往和感懷!

　　但在另一方面,我們不禁要問:為何佛教藝術的創作路線問題,會成為戒嚴以來,當代臺灣佛教藝術工作者和研究者關心的重點呢?其實,這是因為臺灣本土佛教在戰後的發展,已到了相當繁盛的時期,不論宗教活動、經濟收入、社會關懷、以及信眾大量皈依等,各方面都顯示佛教在臺灣當代社會的優勢地位和高度影響力;而這樣的繁榮發展,在經過海峽幾十年的間隔後,也使臺灣佛教面臨「本土化」的轉型期,不得不開始反省所謂臺灣佛教的「主體性」問題。[5]

5　其實,所謂「臺灣本土化的風格」,並非只是「臺灣人」或在「臺灣島」上的創作。而是具有文化自覺的「主體性」,並本此「自覺」,吸收各種藝術精華,以創作出和臺灣社會心靈相應的優秀作品。例如日治時期黃土水新佛教藝術創作的成功,就是他能以洗鍊的新藝術手法,賦予了傳統的「釋迦苦行像」以新

　　亦即在戰後第一批大陸來臺高僧相繼謝世或垂垂老矣之後，新一代的出家僧侶和在家居士〔包括信徒和學者〕，必須以新時代的佛教觀點，來檢視臺灣的佛教現況，並對今後的發展路線提出新的深刻反省，而「主體性」的建立——以臺灣「本土化」的角度來看待佛教問題，便是其中最主要的發展趨勢之一。[6]所以當代臺灣的佛教藝術創作，以及藝術史的研究，也同樣必須對此趨勢有所反省，創作路線的釐定自然而然就成為上述兩者的關懷重點。

　　問題在於創作者要如何創作他們的佛教藝術品呢？是否創作前一定要接納藝評家的研究意見呢？

　　就大體來說，臺灣佛教藝術在戰後的創作過程中，不論是走中國傳統水墨畫傳統的大師，像張大千、溥心畬等，或以西洋美術技法為表現重點的新一代藝術家，像楊英風、劉耕谷等，他們佛教藝術品，都是以中國古代佛教藝術風格為典範的。雲岡、大同、龍門、敦煌等著名的佛藝寶庫，便是他們的精神故鄉。也因為這樣，我們無法界定這樣的藝術風格，是和「本土化」有關的。他們其實是今之古人！

　　在另一方面，由於「本土化」的風格並不太容易界定，學術界探討的時間，也遲至近 90 年代初期才開始，所以現代的臺灣佛教藝術創作，也出現了不少「獨創一格」的實驗性作品。如李光裕先生在佛掌挖洞、朱儁以佛首插不鏽鋼條、楊英風的腫頸佛首等都是。這是屬於「殘軀創作」，和被毀損的佛教藝術品非常類似。我個人認為這是受到國外美術館收藏品斷臂殘軀的暗示，也是近代佛教藝術品被破壞

　　的風格。這對臺灣佛像的創新，具有絕大的意義。其後，出身鹿港木雕世家的李松林老先生，在他所雕「釋迦出山像」裏，也一樣反映了黃土水的人性化創作風格，為現代的藝評家所讚嘆。當代的《新雨佛教文化》，更自一九九二年四月起，在每期封面，以這樣的「釋迦像」來代表「臺灣佛教」，可見其影響的持久。

6　可參考江燦騰，《臺灣近代佛教的變革與反思：去殖民化與臺灣佛教主體性確立之新探索》（臺北：東大圖書公司，2003）。

和掠奪後的殘留，所以我曾一再為文批評：創作這種災難作品的不當。[7]

　　此外，「殘軀創作」和佛教戒律的精神是相違背的。因佛、菩薩等為人天師範，殘缺則有損法相莊嚴，故戒律規定：身有殘疾，不得受大戒為「僧寶」。可見形象的要求，在傳統佛教界是存在的。因此，筆者過去才會將上述的現代佛藝作品，都視之為過渡性或轉型期的作品，[8]而極力加以批判！

　　但是，在詹文魁的作品中，那種未全刻的佛像表現法，給予人無窮的想像空間，是值得稱許的。而批判性甚強的侯金水作品：「墮落佛」，以腹肥欲墜的慵懶醜態，來暗示佛教界的某些弊端，在反映現實的意義上，是相當凸出和具代表性的。我認為這種作品，是新時代的開創性作品，不論其藝術的表達技巧是否完美，都值得加以重視。

　　以上這些關於臺灣佛教藝術的「現代」問題，在未來仍將被爭論。但是，有關創作本土化風格」的佛教藝術品，是臺灣佛教界無法不去面對的現實問題。我們期望這一代的佛藝作品，能繼黃土水、[9]李松林之後，再開創一個新的藝術傳統。

7　見江燦騰，《當代臺灣佛教》（臺北：南天書局，1997，第一版），頁 184-185。

8　見江燦騰，《臺灣佛教百年史之研究》（臺北：南天書局，1997，初版二刷），頁 433-436。

9　有關黃土水的相關討論，可參考江燦騰，〈日據時期臺灣知識份子的自覺與佛教藝術的創新——黃土水創作龍山寺釋迦像的背景及其對今日臺灣佛教藝術的典範作用〉，收在《臺灣佛教百年史之研究：1895-1995》（臺北：南天書局，1996），頁 155-182。

第六章　臺灣本土宗教研究百年經驗的反思與商榷：人類學與宗教歷史社會學的方法學跨學科的當代對話

小序

這是一篇論戰味道濃厚的報告實錄！

此即意味著，本章的討論，將會屬於跨學科之間，有關臺灣本土宗教研究經驗，以近代百年的跨度為視野，來進行一場罕見的研究方法學相互對話。

而促成此一對話的真正原因，是要回溯到本 21 世紀（2000）肇始第一個月的中旬，我受邀前往號稱全國研究民族學精英之所在的「中研院民族所」會議室，發表個人所認知的〈臺灣本土宗教的百年研究經驗〉，並澈底質疑民族所歷來有關臺灣宗教學研究，是否具有人類學應有的研究典範？

當天擔任主持的，是民族所的副研究員葉春榮博士。至於當天在現場曾和我互相激辯的每個人，我也在事後透過該所的副研究員張珣博士，請彼等過目此一的報告和討論的全部內容。

因而，此一雖經整理仍真實反映當天現況的發言紀錄稿，的確是原汁原味的學術史紀錄。我希望對閱讀本文所有讀者者，也能帶來些許的參考價值，我就很高興了。

臺灣本土佛教研究百年經驗的專題報告

　　葉春榮：今天的演講者，是畢業於臺大歷史所的江燦騰博士，我想，大家都知道他，不用我多做介紹。本來我們還安排了任教於臺北大學社會學系的郭文般教授和江教授一起對話，但由於郭教授不巧患了重感冒，因而臨時取消。所以現在我們就請江先生開始為我們報告。

　　江燦騰：在正式今天的報告之前，請讓我先用幾分鐘來做一點開場白。

　　本來貴所的葉春榮先生要我來此演講，其實是叫我來踢館的，要我從歷史學的宗教研究角度，來批判貴所——中研院民族所——的宗教研究模式。根據他這樣的需求，經過仔細的思考後，最初就是想趕快拒絕。

　　翻閱實際的相關資料後，我找不到民族所學刊中有所謂和我所談主題有關的研究典範之存在。事實上，初步檢討大部份現有民族所學刊中的內容後，在有關臺灣本土宗教的研究取向或其內容方面來說，對於像我這樣具歷史學研究背景的讀者的最大困惑就是，幾乎看不到有所謂純粹人類學的宗教研究存在，意即其學術的界限都是很模糊的，並且大多數都介乎人類學與歷史學之間的宗教研究模式。

　　我的困惑立刻產生了。我若要答應來檢討民族所的學者研究成果，到底是要以相關研究者的學位背景為準呢？或者只以收錄於民族所學刊上的人類學宗教研究成果為準？特別是，如檢討相關研究者，拿的雖是人類學背景的博士學位，但寫的又不是純人類學模式的相關臺灣宗教研究文章，那我到底該如何做批評呢？因此，就其學科上所存在的模糊，以及現有研究典範的實際缺乏，我先前一度婉拒了這個重要的演講。

　　葉先生和張珣博士又一再誠意相邀，所以我今天才慨然答應來此。誠如葉先生曾經說過的：「大家都是博士，且中研院是全國最高

的學術中心，誰又須在乎誰？」何況，我又不是像最近邀來中研院發表演講的清海無上師那樣，是什麼新興宗教的創派教祖，不必要那樣的聲勢和排場來為自己壯膽；再者作為宗教學者，我平素批判性既已那麼強，敢冒然來這裡得罪這樣的高等研究機構及一大堆其實並不好惹的相關的學者，無論從哪個角度看，都犯不著，也無此必要。

　　今天既然來了，並且就坐在這個報告人的座位上，所以不想再逃避；已來了，就提供不同的角度，供大家思考罷。不過，由於在座的都是行家，所以今天不講屬於常識性的東西。

我個人批評的切入點

■政權鼎革下的現實需要與近代性研究的開端
■殖民統治時期的宗教政策與宗教學者系譜
■人類學視野與法律視野的分流
■相關史料的挖掘與使用現況的檢討

　　關於近百年臺灣本土的宗教研究，我有三個方面要和大家分享。這也是總結我的臺大博士論文〈殖民統治與宗教同化的困境——日治時期臺灣新佛教運動的發展與頓挫〉的最新研究經驗來談。

　　首先要指出的第一點，即所謂有近代學術意義的臺灣本土宗教研究，指的應是日治時代以後的研究，即一八九五年以後，時間不超過一百年，此即是：**政權鼎革下的現實需要與近代性研究的開端**。我們臺灣地區的學者，過去對日治時期宗教研究的理解，譬如在貴所服務的張珣博士，她雖也能檢討了包括了人類學或介乎人類學與歷史學之間的一些宗教研究，但缺乏從法學、行政學的角度理解，而這恰恰好是整個殖民統治最關鍵的部份。

　　日本京都學派漢學興起的背景就是和臺灣總督府第四任民政長

官後藤新平要求織田萬、岡松參太郎等法學者做臺灣的舊慣調查有關的；既然必須瞭解清朝統治行政體系的權力運作及其涉及的基礎問題，所以包括土地、財產、習慣等都須深入的調查和了解。彼等當時的這種理解不僅是學術意義上的，更重要的是為擬定相關殖民統治政策上的實際需要。

但彼等把清朝時期所用的習慣法放到當時的法律脈絡後，如今又該如何理解呢？就我個人來說，我認為當時彼等能把習慣法轉到現代意義的行政法概念，是整個日治時代宗教、民俗、亞洲區域史研究的主要突破之一。我們知道之所以如此，是後藤新平本身留學德國，專長雖是醫學防疫，但在臺擔任民政長官時，除了改善衛生環境、培養醫術人員、改善內政和治安問題之外，主要的想法還原到歷史唯物論，就是該如何從本質上理解這些舊慣問題？而他的這種理解不是東方式的，是西方法學的理解。這當然也包括他大力延聘的織田萬、岡松參太郎等留學德國的法學新銳在內。

當時為了做這些解釋，所有的基本文件都快速的翻成外文，送到德國請他們的老師、第一流的專家來幫忙，將歐洲近代的觀念，在法學和宗教之間的轉換做純學術上的解說。進而彼等還要考慮整個宗教法規的制訂，是要符合日本本土或者適應臺灣？至此，整個殖民地的臺灣宗教行政法規，才能據以確定下來。

我在研究博士論文的課題時，發現有關這部份的實際理解，在過去學者間的研究中一直是不清楚的，其原因可能為：（a）總督府統治初期的檔案是用古典的日文，而且是手抄本，不易閱讀；（b）二手抄本過去無編目，保留在文獻會。但我撰寫博士論文期間，大部份明治早期的相關宗教公文書或法規條文皆已翻譯，縱有部分尚未翻譯的，我也設法和主要翻譯者溫國良先生進行經驗交換，所以他全文翻譯完畢，我也立刻將所有內容都消化完畢。

而日本殖民初期統治臺灣的宗教檔案，如何反映在當時立法的經

過，在我的論文中，是按其本質地運用歐美的公共行政法概念來闡釋的；為了這個部份，我還用四年的時間自修相關的法律知識。因此在我六十幾萬字的論文中，最後寫的部份（即第一、二兩章的內容）其實就是在處理如何消化檔案。所以各位如果有法學的背景（特別是公共行政學的背景），就更能夠瞭解這種詮釋的觀點。

　　當時的日本專家除了具有法學的背景，對於宗教的定義，也受到當時思潮的影響，如宗教學概念，也反映到初期的宗教法規上。而我認為這部份，長期受臺灣的本土宗教研究學者所忽略。舉例來說，貴所的老學人劉枝萬博士過去處理這個相關問題時，都僅根據總督府所編的宗教法規，因此他的判斷出現一定程度的誤差。

　　其實，初期的立法經過是有步驟的，慣例檔案的討論過程也是有系統的；然而總督府最初在編法規時，並無附檔案，且法規也僅根據後期的需要才附上。如此一來，此類法規的內容便是重點式的或是跳躍式的呈現，學者若不察實情，只現用跳躍性的東西來論證整個施政過程，與實際當然會出現很大的落差。所以我在撰寫博士論文時，做很大的努力，以摧毀劉枝萬博士所建立並被人家認為權威的判斷。因為他忽略檔案與法律之間的關係，也未仔細的理解檔案，即下研究的判斷，所以與事實出入甚大。其實，蔡錦堂先生早在寫博士論文時，即已注意到有關劉枝萬博士在這部份的判斷是非常粗疏的，然而他當時可能也未看到大部份的檔案，所以未再深究下去；而我比較幸運的是，比蔡錦堂先生晚寫博士論文，所以能較清楚地處理這一部份。

　　從而可知我們很多臺灣宗教學者，過去對此一世紀歷史情況的理解都是脫離基本材料、架空的在談問題。並且，過去的論述大都是依循伊能嘉矩或其他人類學者的治學路徑，往往往忽略了關於法律的細節問題，因而這是有嚴重瑕疵的治學態度。我們當然可以同意當時人類學家對臺灣本土宗教理解的進路或知識建構，在日治時期的臺灣本土宗研究總體知識上有其重要性，然而就其對整個日治時期宗教施

政、政策的影響，我認為當時人類學認知方式的理解還是邊陲的、較不重要的。而這是我和過去報告不同的論點之一。

第二點要指出的是，我們常將大正四年到八年丸井圭治郎所做的宗教調查報告視為臺灣第一卷全面宗教調查報告書，而以予推崇。然而在我博士論文的最新研究中，卻刻意著力於摧毀丸井圭治郎在此一研究上的重要性。我所持的主要理由是，他所有的解釋體系、概念有百分之八十以上都是沿襲岡松參太郎的原有詮釋觀點。其實，丸井圭治郎的貢獻，主要應是在其宗教調查報告書第一卷後面的統計表，確能比較精確的反映一九一八年到一九一九年之間的臺灣宗教現況調查的成果。然而，也出現了一些學術上的嚴重問題：

（一）他僅著重臺灣一般宗教，而未容納基督教和其他宗教的討論。但他何以在統計資料之中有所呈現，前面的解釋中卻沒有討論呢？推測其原因可能有二：（a）在解釋的部份，已逾越了丸井圭治郎的知識範圍；而這部份恰好是舊慣調查時期中欠缺的，因此他無所繼承；（b）丸井的專長是禪宗，而且本來是編譯官，並非法學專家，所以要處理新的課題，對他而言是很大的挑戰。

（二）另外我們所忽略的是，就在同一年（一九一九），和他不同立場的東川德治出版了過去常受到忽略的，關於中國南方宗教以及教育文化的調查。東川德治基本上是舊慣時期岡松參太郎的主要助手，田野部份長期委由東川負責，然而他所代表的是行政官僚、比較中立性的，和丸井站立的日本佛教立場並不一樣。東川德治和柴田廉（當時臺北廳宗教科的主管人員）與丸井之間存在緊張性的衝突，有點像臺北市長馬英九和陳水扁之間的緊張。例如大正五年（一九一六）曾在臺北發生為期四十幾天的宗教大辯論，討論基督教和佛教的主要衝突，當時柴田廉就認為臺灣民間信仰並非政府能夠改變的部份，後來並因此批判丸井圭治郎的觀點，兩人是爭鋒相對的。其後，柴田廉還寫了《臺灣同化策論》（臺北：晃文館，一九二三，增補再版）一

書，以表達其立場。柴田廉原是來自日本新興的左派知識分子，所以他是用宗教社會學的角度來切入臺灣現狀的觀察與分析，並認為在統治者和被統治者之間的文化特性有許多深層的部份是無法改變的。而柴田廉的此一看法，後來亦由增田福太郎和宮本延人所相當程度地繼承，卻不同於丸井圭治郎所持的以日本佛教來同化臺灣宗教的立場。

　　因而，丸井圭治郎的主要貢獻，除了主持宗教調查，又促成了「南瀛佛教會」的成立，以培養官方的御用僧侶；而這個佛教組織一直掌控在總督府手中，所以造成了日治時期臺灣佛教和官方密切合作的背景。他的重要性在此，而不在關於臺灣宗教的研究之上。

　　至於後來續作第二次臺灣宗教調查報告的增田福太郎的宗教研究，幾有百分之六十以上，是引用柴田廉的調查報告，卻很少承襲丸井圭治郎的部份。從歷史學的研究角度來看，對於二十世紀上半葉宗教研究的理解，我們首先是忽略了從行政法的觀點來理解舊慣時期的研究成果，另外一部份的缺失，則是過於高估了丸井圭治郎關於臺灣宗教調查的實際學術貢獻。

　　據我所知，民族所翻譯了丸井的作品；我自己也有翻譯增田福太郎大部份的作品計畫。而且為了使翻譯更精確，我也和老前輩合作，請文獻會的黃有興生先翻譯，我再用現在的中文加以潤飾。因而增田離開臺灣之後，將滿州和臺灣加以比較的部份，我們現在正在進行，屆時將使我們在認知部份有所轉變。

　　關於日治時期的臺灣宗教研究，過去仍有些資料並沒有使用。所以底下我所談的重點就是相關史料的挖掘與使用現況的檢討：

　　（一）據我所知，這些資料主要可分為兩部份。第一部份是總督府調查的秘密檔案，大部份是手稿，譬如，李添春的總督府調查報告，雖然有部份翻成中文，成為臺灣省通志稿的部份內容。然而以原稿加以校對，翻成中文的大概只有百分之五十五，很大的部份仍保留在日文中，其中以齋教的部份最精彩，而這是屬於李添春個人的學術貢獻。

（二）另外，李添春還有許多未出版的手稿、日記，我不知道當時基於什麼樣的原因未出版，作者死後，有人把它們當垃圾賣掉，我們後來才又從舊書攤買回。所以很幸運的，它們在我寫博士論文的時候又出現了。

（三）還有，據我所知，當代臺灣學者中有一位研究日治時期佛教很有名的李筱峰教授，他曾在日本、臺灣到處尋找，但都找不到林德林等人創辦的《中道》雜誌；然而在我寫論文時，幾十年來收藏《中道》雜誌的木箱打開了，儘管不完整，主要的幾期都在，似乎就在等我寫。而這些都是過去未加以應用的資料。此外我和林德林的家屬已達成協議，他們春節時會再尋找一次，看看是否仍有未發現的手稿，可提供給我。

此外，如在座的張珣博士也知道的，他們過去也使用過基隆靈泉寺沿革的手稿本，我比對後就知道，這是林德林的作品，是他的筆跡。包括如高執德的個人資料在內，他雖在白色恐怖時槍斃，使他的研究中出現盲點，然而偏偏那一屆只有他畢業，在他亡故後，畢業紀念冊直到最近才出現……。最近這一段時間，很多相關史料都陸續奇妙地出現了。

（四）我們和來臺交流的日本青年學者松金公正的學術締交，對於日治時期臺灣佛教史料的發現幫助甚大，值得在此特別一提。松金公正本來研究魏晉南北朝佛教史，來臺灣後，我和王見川慫恿他研究臺灣佛教，他也的確發揮了最大功能，把日治時期保留在日本各宗派的宗報大量的影印出來，並作了不少介紹。這些都是屬於當時第一手的臺灣佛教田野資料。由於當時的日本僧侶隨著軍隊到臺灣所做的報告，如日記，都是非常細膩的記錄，較學界使用的日本官方檔案程度來說，目前這些資料的應用，可說還不到百分二，所以仍大有探討的學術空間。於是，我們當時也一度建議松金公正本人未來的博士論文可從東北亞著手（我寫南方，而他寫北方）。此外在清大人類學所任

教的林淑容教授也曾經建議，希望我能將當時調查資料的部份加以翻譯或呈現出來，以利往後的研究，因而，這也是我的博士論文完成後，之所以那麼大本的原因之一。

（五）其實，我這部份的工作也只做了一半，因受限於畢業時間上的緊湊所致。但我發現不僅是有關臺灣本土的宗教資料的調查非常詳細，其中還記載有當時臺灣現有基督教的信徒分佈、說服方式、傳教成本等等，因為防堵基督教勢力的在臺擴張正是其主要的傳教策略。另外，還包括如何改變臺灣人的信仰等等，也都加以檢討。因為這些資料中，懷有這樣明顯的問題意識，所以當時的調查是有規劃的，也才能如此詳細。因而，從此資料中，實反映了日本在臺的公私雙方在調查問題時，都會把當時的各種日本官方的見解、各教宗派的見解、社會變遷都容納其中；這種情形有點像是商務考察報告，有其清楚經營策略和後續發展的相關說明，故其內容，既實用又有趣。而目前這部份的相關佛教史料，在臺灣只有我、松金公正、王見川、釋慧嚴法師等人在使用，是屬於沒有翻譯出來的部份。我也建議松金公正將其資料賣一份給任教於臺大哲研所的楊惠南教授，然而楊教授的主要研究方向似乎仍在「南瀛佛教」。由於大量的資料不斷出現，我們會發現「南瀛佛教」的史料價值在的研究比重，將不斷下降。

（六）關於日本殖民統治的後期，所謂皇民化的那十年，其正面性問題的資料大家都知道，然而關於臺灣和大陸、臺灣和日本的佛教往來關係則欠缺討論，這部份的資料我已有所掌握，但還來不及處理。如果我這幾年幸能大病未死，大概可以處理出來，屆時各位或可參考。

這部份其實是很有趣的臺灣佛教與國際化的問題。例如日本的大東亞共榮圈在亞洲推廣時，會遇到的問題，是否過度日本化？然而在澳洲、紐西蘭、馬來西亞的實行都遭到反宣傳，批評為日本統治的結果就是專制、一切文明退後……。另外還牽涉到當時左派、國際的問

題等等。這些討論，對我們來說，都還待學界的重新探討……。

　　況且，在這方面的討論，我們過去頂多只用一些宮本延人的資料，或者李添春在戰後初期所寫的。由於是為了去日本化所寫，充滿民粹主義，因此其中比較複雜的部份反而沒有討論。所以後期的臺灣佛教史料的運用，仍是有待學界細加探索的臺灣宗教學術研究的重要課題。

　　以上是我關於日治時期有關臺灣本土宗教研究三點重要的經驗反省。

有關戰後臺灣本土宗教的研究反思

■多元視角與主體意識的研究拔河
■新興宗教與人間佛教的研究熱問題

　　至於戰後的研究，今天可能沒有太多的時間報告。關於戰後的宗教我曾經寫過四本書：《臺灣佛教與現代社會》、《臺灣佛教文化的新動向》、《二十世紀有關臺灣佛教轉型與發展》、《臺灣佛教百年史之研究》。由於張珣博士說我教團的部份寫得太少，所以我又寫了《臺灣當代佛教》一書，並加入臺灣四大佛教道場（佛光山、慈濟、法鼓山和中臺山）的討論。

　　我認為，若要理解臺灣二十世紀下半葉近五十年來的臺灣宗教發展現象，有幾個面向必須重新理解：

　　■過去的宗教研究多集中在民間宗教（研究王爺、媽祖等），由於這部份是底層的，其變動不大，因此炒冷飯的意義大過於學術意義，只有量的增加，很少有質的突破或提昇。因此我同意某種嚴厲的批評：「劉還月式的研究不斷在蔓延……。」但這不針對某些特定的人而發，只是就實際存在的研究現象，實話實說。最主要的問題點是指

出，研究者長期以來在主題與解釋架構上，並沒有什麼新的開拓這一根本的學術貧困窘境。

　　■我們並未充分理解近五十年來，其實有將近四十年的時間，是有宗教與社會衝突的。例如，如何讓比丘尼、和尚還俗的社會反映問題，以及外來宗教和本土宗教之間信仰衝突這一部份。現有田野資料其實不少，但仍未充分討論。

　　■未仔細定位宗教與文化之間的關係。譬如臺灣在退出聯合國後（一九七一），基督教、天主教在整個發展上的遲鈍，基督教長老教會的解放神學、介入臺灣的政治運動的影響，以及稍後幾年「人間佛教」發展，使無論在理論與行動上都發生急遽的轉折──譬如，近幾年來佛教女性運動在戒律上的突破、動物權的強調等等──這些都涉及到政治威權的解體、本土化運動的增強和中產階級意識的伸張等。

　　這些在我看來都是重要的學術課題，值得研究。

　　這些重大的宗教現象變遷，我過去也僅在報紙、刊物上作一些化約式的討論。然而，是很重要的，學術界有必要去了解。因此，我目前對這些問題的認知角度和研究的思維，可扼要歸納如下：

　　■作為歷史學者，我為什麼要問這些問題呢？從結構主義而言，或許多東西都是長期的歷史累積，然而在現代社會中，都市、中產階級、受教育者、多元社會卻是不斷變遷的。假如我們不去處理這些變遷，會以為臺灣民眾百年來的變化好像只在媽祖信仰方面，而用舊的方式是無法解釋慈濟功德會的出現。

　　■至於中產階級的問題，過去並未從宗教的角度來理解。我在新竹科學園區特別有個感覺是，女性生產工廠和科學園區新興宗教的發展如火如荼，兩者之間是非常激烈的對比。其實臺灣許多新興宗教的發展都出現在科學園區的周圍，這是非常有趣的問題。我認為，要理解臺灣宗教並不是只在研究室弄個新興宗教的調查問卷，如此在宗教生態與歷史的瞭解上都是不夠的。

■從這個角度而言，我的結論是：臺灣未來的宗教研究應循原有的研究傳統。譬如人類學作宗教研究時，應把其他學科當作養分，而謹守人類學的理論、方法。

■同樣的，歷史學也應謹守歷史學的角度。如此學科之間能夠對話，而不失本有的特色。現今臺灣的宗教研究卻非如此，而是在打迷糊仗。譬如說在某學系寫論文，當寫作方法無法為系所認可時，就請外面的人來審稿，以便升等。意即當研究專業受到質疑，就不讓你審稿，並想辦法逃避學術把關的應有機能。

■我在此不客氣的說：我們今天臺灣人類學界的宗教研究，其實沒有照學科嚴格的方法學進行，而只是在打迷糊仗。所以，臺灣目前的宗教研究，是沒有學術秩序或學術倫理可言的。這在各位聽來，也是不禮貌的。但這的確是我的心聲。今天的報告，先到此告一段落。謝謝各位。

報告後的各家質疑和報告者的答辯

葉春榮：謝謝江燦騰博士今天慷慨激昂的結論。在座一定有許多意見想表達，要和江教授一起討論他剛才的報告內容，所以我們現在就開放討論。

石磊（民族所）：江教授是後起之秀，非常了不起。他提供了許多歷史學的角度，讓我們獲益匪淺。但我有一點質疑的是，你說：「臺灣宗教一點人類學的味道都沒有」，我們今天在座有二位研究臺灣原住民宗教非常重要的「二黃」：黃應貴與黃宣衛先生，他們的研究之中難道沒有人類學味道嗎？你的說法似乎有點說不過去。

第二點我想提出的是，劉枝萬先生是學歷史學，而非人類學的，他早期的研究，我們應該抱持寬容的態度。況且早期臺灣的人類學者大多從事原住民研究，對於漢人的調查較少。我當時也曾勸過劉枝萬

先生，可以讀一些宗教社會學的東西，利用日文吸收一些理論，但他當時說他年紀大了，沒辦法……。我的兩點看法是這樣。

江燦騰：我的答覆是這樣，你的問題過於簡化我的想法，我的論點其實很清楚。我的意思並非臺灣的宗教研究中完全沒有人類學，而是指學科之間的混淆，無論讀學報或期刊，對一個非人類學者而言，感覺到的並非純粹人類學的東西。一份人類學的學報，上面登的卻不是純粹人類學的文章…我要講的是這個問題。第二個問題是，人類學的宗教研究，無論在日治或戰後都有貢獻，這點是沒有問題的。但我現在純就臺灣「民間信仰」這個主題而言…。

石磊：你指的「民間信仰」僅指漢人民間信仰，難道原住民的「民間信仰」不叫「民間信仰」嗎？

江燦騰：好，我現在先就這個問題做一個定義。我覺得這種質疑不稀奇，現在就來對「民間信仰」的定義，向大家提出挑戰。清朝統治時期，在中國傳統裡面存在官方的宗教傳統（即官廟或官祀），官方之外的私廟和私祀稱為「民間宗教」。例如，清代臺南天后宮不是民間宗教，因其祭祀、蓋廟等經費維持都是官方的，而北港朝天宮則屬於民間宗教；彼此的界線很清楚。就像是今天你不會去拜忠烈祠，忠烈祠也不會讓你拜，中正紀念堂解嚴之後稱為「中正廟」…性質上還是公廟而非民間宗教或民間信仰。

因而，今天學界使用「民間宗教」這個概念時，是很混淆的，不曾考慮和歷史階段的特有關係。所以，在此我想請問石先生：你是否對定義做過時間的區隔呢？從你今天的眼光來看，似乎所有的媽祖廟都屬於「民間信仰」，但就歷史的眼光而言，卻不是這樣的，這樣的情況，在時間上不超過一百年。在一百年前的臺灣歷史情況，絕非你們人類學家現在的認知。

同樣的情形，清朝時原住民分兩種，即「生番」與「熟番」。生番根本不納入政府統治體系之內，所以自然也不屬於當時臺灣漢人

「民間信仰」的認知範圍。這也是沈葆楨在牡丹社事件中所遇到的問題。因此，就歷史學的角度來看，人類學家對早期臺灣漢人的「民間信仰」，真是定義得很糊塗啊！

　　其次，我的報告並不是全面性的談原住民的部份。而我對貴所黃應貴博士的相關研究，也有一定程度的瞭解。事實上，我對他的研究既有讚美，也有批判；因他一輩子只做臺灣中部東埔地方的原住民研究，也很用功地唸了很多家的人類學理論。過去幾年他試圖將普遍性的概念如空間、時間，去套各地非普遍性的主題或特殊性事務，但幾本合作的集體論文成果出版後，並不能符合原先學術的預期，也無法成為新的研究典範，反而成了他最大的研究困境。

　　儘管如此，我認為民族所中過去做原住民研究最好的學者仍推陳奇祿先生與黃應貴先生。但若把日治時期的研究和戰後做比較，我們仍會流汗啊，甚至感到丟臉。至於其他問題，我們可以再討論。

　　石磊：我們現在說的「民間信仰」指的當然是目前的情況，而不是唐朝、或宋朝的民間信仰。這是我們和歷史學家不一樣的看法。另外，你說「生番」不是「民」，我認為這是大漢中心主義的看法，無論「番」或漢人都是「民」，你不能一直用官方的、漢人的看法。

　　江燦騰：既然你這麼說，那我就想請問你：如果你使用的是清代文獻，上面寫的就是「生番」、「熟番」，難道這時候你要去改歷史文獻嗎？應該是不會才對嘛！講到這裡，我忍不住要提一下我的個人經驗。我也認識一些你們民族所的老朋友，也曾好奇的請問他們：「為什麼不去研究道教、佛教？」他們回答我：「我們不研究制度性的宗教，所以歷史性的問題，我們不論」。當時也信以為真。後來，我才發現自己上當。因為當他們沒有能力時，就說不討論，一旦有國科會經費就做，這是第一點。

　　另外，我們談論問題時，時間上應有所區隔。我不相信能用現在的女性主義，去討論傳統婦女的問題。觀念上能夠亂套嗎？恐怕歷史

學界不會有人同意。

再者，我認為當代人並不是都在談當代問題。所以在此我問一個最簡單的問題：把貴所林美容博士所編的《臺灣民間信仰研究書目》拿出來看看，難道書中的內容只談當代嗎？不，連清代的也談嘛。那麼，我請問你：林美容博士不算人類學家嗎？她只談當代問題嗎？顯然並非如此。可見混淆時代區隔的是你們人類學家，而不是我們歷史學家啊。

葉春榮：好，這個問題我們先討論到這裡，讓大家先沈澱一下。接著，我們進行其他的討論。有沒有人要發言？

陳文德（民族所副研究員）：我不是做漢人宗教的。因此，以下的意見完全是針對江先生的談話內容。我認為你提到的有些點蠻有趣的，譬如說，歷史資料、生態、當代情境、新興宗教等等。而你談情境時，也能放到日治時代整個殖民脈絡，進而影響資料的解釋等等。對於你今天的談話，我當然聽得很爽，而你也批了很多人，只是你批的人今天都不在場……。

從一個不是做漢人研究的立場來說，好像不是很清楚你的論點。你既然強調歷史學的觀點，也批評某些研究材料上的限制，但我相信你也不會只滿足材料的運用而已吧。所以你是否能舉出具體的例子，從歷史學的觀點，說明你所提出的論點、所提供的材料真的能使研究變得很不一樣？另外，我也很高興你和本所的張珣研究員的新書出版了。這本書專門收集各個主題的研究回顧，或許為了方便起見，但令我感到訝異的是，這本書中似乎不足以呈現臺灣單獨的本土宗教研究。簡而言之，我的問題就是，歷史學觀點的宗教研究和人類學不同的特點為何？如何做能呈現歷史學的優點？

江燦騰：我和張珣博士合編的這本書，屬於上篇，是給宗教系一年級的學生使用，為新手上路篇，下篇則會收集個別的文章，譬如，黃應貴先生、張珣博士等的相關研究成果，也希望各位能推薦一些好

作品，讓下篇更成功。

　　至於第二個問題，我認為你問對了問題。而我的說明是，目前師大人文中心溫振華教授在編《臺灣文化事典》，另外中研院臺史所的許雪姬教授也在編《臺灣歷史辭典》，但兩者都遇到臺灣宗教的問題。

　　師大人文中心聘請的撰稿者董芳苑博士，本身是位基督教牧師，曾研究臺灣民間信仰多年，有相當的學術聲望。但董芳苑博士本人曾跟我說：「以前曾經以為自己懂很多，現在要寫條目，才發現寫不出來。如果你問我什麼是臺灣道教？我可能寫一千字，慢慢寫…」。我也問過溫振華教授：「什麼是臺灣民間信仰？」，他也覺得不易精確定義。

　　因此，我們可以看到，「臺灣民間信仰」這個辭大家都在用，但要解釋得清楚，卻非易事。我們當然能將中國寫的《福建民間信仰》，參酌臺灣情況湊合著用，但我們知道，以媽祖為例，媽祖在臺灣已是萬能女神了，而傳統福建的媽祖在宗教本領上，現在可能還不如臺灣的媽祖呢。但就研究上，現在卻很少區隔，這必須比較之後方能明白。

　　這也是我剛才為何批評劉枝萬先生，並非我對他特別有惡感。我瞭解他的貢獻，他關於臺灣王爺信仰方面的調查很細膩，敬業精神可佩。然而，我們若觀察劉枝萬先生的博士論文，在他書中所寫的道教與民俗信仰，有百分之八十的背景是中國的，而臺灣道教的特色卻無法顯現。且也看不出他將臺灣民俗與臺灣道教的區隔處理。我認為，關於這點，從劉枝萬博士到李豐楙教授都沒有分得很清楚。

　　一般學者會因此而直覺的認為臺灣的道觀似乎很多，多於佛教寺院，信徒最為龐大；然而，大家仔細想想是這樣嗎？例如媽祖廟原先屬於道教嗎？還是官私廟的崇祀中心而已？事實上，原先為祭祀系統，道士只有在作醮時才應聘來執行儀式，像是歌星到婚喪場合表演。宗教節目完畢之後，道士可能去賣香腸、吃檳榔。

　　如此一來，媽祖廟若不喜歡道士，可以請和尚，例如，北港朝天

宮的住持，一直是由僧侶擔任的。臺北木柵指南宮供奉的主神是道教八仙之一的呂洞濱，但加入的卻是佛教團體。像這樣分類的標準到底從何而來？

　　據我所知，此一宗教分類大體而言還是依循內政部當初訂立的宗教分類：只有道與佛，或寺與廟兩種，因此神壇就無法歸類。現在神壇很多都屬於文教基金會，內政部無法管理。我們的研究問題是，一方面陷入政府當初武斷、粗暴的分類，另一方面也不知道祭祀傳統、信仰傳統與道教傳統原先是區隔的。所以曾任考試院長的邱創煥先生當初就犯了很大的錯誤，以為他組織了一個道教團體，能夠動員全臺灣，他的勢力會是最大的，他沒想到他能動員的只有少數人而已。因為大部份的廟都是角頭廟，和道教有什麼關係呢？

　　所以，我們批評有些學者無法區隔民俗和道教的問題，最主要在於彼等對於臺灣宗教歷史現象的長期無知和誤解所致。而這也是我對劉枝萬先生一直持強烈批判的原因。事實上，他懂日文，應將日治時期大部份的研究成果，過繼給民族所讀英文的一代，但他卻沒有，而是花時間作重複的田野調查。可是他的大量「作醮」調查，僅會使研究數量增加，卻無法使解釋有所突破。就像是目前許多臺灣研究生，研究沒有新意，只是量的累積。這是我從學術角度的批判，也請各位可以重新判斷，看看我講的是否事實。

　　另外，我想和大家先說明一下，我這個人曾做過二十五年的工人，所以講話很粗魯，也不懂什麼學術禮節，所以若有得罪之處，還先請原諒。

　　葉春榮：接下來，請林開世先生。

　　林開世：你剛剛談到過去的宗教研究，我們忽略了法律部份。我同意這點，但我不大清楚你說「舊觀念轉換成新的法律觀念」，這個現象的意義為何？就政治、權力、宗教形式、組織、本質上的意義為何？在你的討論裡面我認為沒有談到。如果你能提出，我認為你就可

以把民族所以前的研究都推翻。我認為這是一個關鍵性的問題。

江燦騰：首先，我認為沒有誰能提出可推翻一整個所研究的東西，我做不到，我想連馬克思也做不到。我原先來此的想法，是希望環繞我的博士論文來討論。不過，很顯然地，葉先生當初要我來的用意就是超乎此界限的。因此，我不得不去談一些更廣的東西。但，作為歷史學者，我並沒有先入為主理論上的偏好，只是希冀能提出不同的視野，供大家參考。

我們歷史學者注意到的就是，日治時期的舊慣調查在現代的法律系統之中應該如何歸位呢？像是我們的祭祀公業，到底該屬於神明為主體或是信徒為主體呢？清朝時期這兩者都存在，但到了日治時期則設立「管理人」，因為神明不能成為行為主體，而「管理人」制度的出現，卻成為臺灣宗教發展上的最大噩夢。

因管理人是法律代理人、所有權人，這引發許多廟產所有權的問題。在日治時期，若用法律規定能解決宗教問題，就設法用法律規定來解決，如果法律上不能解決的，就用警察公權力來施壓。當時臺灣宗教法律的定位和殖民統治政策有密切關係，若不經過法律界定，施政就無法明確。

在日本統治五十年中，幾乎可以看到官方政策若施行五到十年，這些成果就會被當時的日本在臺學者所研究和消化，因此約五年就可以看到新的研究成果問世，也就是說當時的官方政策擬定、政策實施效果，和當時的日本在臺學者之間的互動，是極密切的。但戰後在臺灣的政府，大概只有經濟的事務會這樣。這也是為何日治時期的警察在臺灣工作幾年後，就能成為臺灣事務專家。

在日治時期官方資料是對日本學者開放的，而日本學者的研究也反映在官方的宗教政策上，所以兩者是處在辯證的發展上，彼此的依存度極高，而非各自分離。我想，這種學術合作的模式，是我們必須注意的的問題。

　　儘管我並不認為人類學家一定要研究我所說的這一部份，但作為歷史學者本身當然必須從歷史的角度切入。例如去年（二〇〇〇）大甲鎮瀾宮要宗教直航，而華視新聞雜誌希望知道鎮瀾宮有多少錢，我就在家裡幫他們上四小時預備的課，講清楚屆時各項必問的要點有哪些。後來在華視新聞雜誌播映時，大甲鎮瀾宮的各項年度財物收入，從光明燈到其來源和收入的實際狀況完全清楚披露出來，可見歷史學者的相關背景知識在此認知的場合，是有極大的參考效果。然而，諸如此類的寺廟經濟問題，我認為人類學家可能不關心。但沒有經濟力量，臺灣的宗教活動搞得動嗎？

　　再者，我過去也批評貴所潘英海博士一樣，他處理「拜拜」的問題，只討論其中的拜一半過程，與現實的理解差距太大。所以你們人類學的東西，我有時真是越看越糊塗。

　　陳美華：江先生剛剛提到民族所集刊內的文章很多都不是人類學，對於這一點，我想發表一下自己的感想。基本上，現在非常講究專業，就這一點而言，人類所教學的專刊，我寫的文章應該放在那裡呢？因此，我倒認為模糊地帶反而充滿開放性與可能性。若一味講究專業，似乎每個學科都能做宗教研究，是不是反而更應該成立宗教研究所、出宗教期刊呢？往後做宗教研究的人，論文應投稿何處？不知道江先生是否有比較好的建議？

　　江燦騰：我和張珣博士推演過這一點，知道你和其他的人都可能會問起這個問題。所以我先引用張珣博士告訴我的她在哈佛的經驗來回答你。據張博士說，她在哈佛大學所看到的，是校中雖有開宗教的共同課程，但還是要求選修特定學科的方法學。而這就涉及到學科的分類是否需要的問題？

　　記得大約十二年前，海峽兩岸的學者也曾討論過人類學或其他學科在研究上的問題，當時臺灣的人類學家陳其南教授就在文章提到到：臺灣人類學的困境是理論的應用不夠與田野資料的不紮實，因此

無法在世界的水平上談問題。而這也是臺灣有些大學宗教研究所之所以治學方向的混亂原因。

我想，假若我是所長，我會馬上使其上軌道。怎麼做呢？就是在招生的時候分兩組：人類學與文哲組。假若你是人類學組，就用人類學的方法來寫作，假若你沒有這個背景，就請到大學補相關學分。因為治學工具很重要嘛，絕對不能打馬虎眼。

此外，你說臺灣沒有「宗教學刊」，那你不是得罪林美容博士嗎？她不是已創辦了嗎？

陳美華：對不起，那是剛剛才成立的。

江燦騰：那你也剛剛才出道啊。好，這個問題就回答到這裡。

高致華（民族所助理）：江先生今天的演講非常精采，但是聽了您的演講後有種錯覺。會以為研究臺灣佛教的發展需要以日本為主體？因為您除了闡述自己的研究歷程，使用了大量溫先生的日治時期日文著作之譯稿，且提及您和王見川先生極力促使松金先生從韓國下手，因為韓臺曾被日本統治，所以才可明其來龍去脈…。然而我以為在臺佛教之發展似乎著重近三百年之歷史，而日治不過五十年，為何日本人的文獻和影響可以重要到成為主體？而不懂日文難道就無法研究在臺的近代佛教發展？我很質疑這點。

而近日活躍於臺灣宗教研究且頗有新論的王見川李世偉等先生，似乎也並非精通日文，亦能有成就。若有誤解請江先生指正。

江燦騰：我的回答如下，第一，我今天主要是談近代的臺灣本土宗教研究，所以議題沒有拉到古代去。這是因為臺灣具有近代意義的宗教研究，事實上還不到一百二十年，例如臺灣神學院甘為霖等人的研究等。所以這是我所談主題的主要領域，而不必再前涉更早的時期。其次，你說王見川先生他們看不懂日文，我認為你大錯特錯。他雖不能翻譯，但至少能看得懂六成，另外也有專人替他翻譯啊。

其實，王見川先生的學術研究，在臺灣我最清楚，因我們之間長

期共享資料。

另外，我的論文之中，有很大的部份在批評：假如討論日治時期，不去討論日本的宗教政策，基本上是一廂情願的討論。而且也必須對傳統有所瞭解，才能知道幕後的黑手為何。所以談歷史問題，必須考慮到原有的歷史情境，否則就會有疏離的感受。當時的《日日新報》也不能代表一切。須配合其他的歷史材料來看，才能有深入和中肯的看法。

黃應貴（民族所所長）：今天的演講，本來應該要有更多實質的討論。但很遺憾，要跟你對話的人今天都不在。我自己也覺得很可惜。

但，我想有一些批評是好的，也是事實。譬如說：你說我們集刊的研究定位不清楚、忽略歷史的背景，我想都是沒有爭議的；而我們所裡的人，也有些想改變這種狀況。

但因為你一竿子打翻一船人的說話方式，大概比較無法讓人接受。就像是如果我說：「所有的宗教歷史研究都像是宋光宇所做的」，我想你也不能接受。

此外，我想提出幾個問題：①你談到日治時期的行政法背後的基礎，這涉及到資料性質，對當時臺灣民間信仰的扭曲，也會影響後殖民時期的討論。此外，也涉及到，這樣的資料到底能呈顯多少當時人民的生活？這不僅關於宗教部份，而是宗教材料對於瞭解臺灣社會的能力是什麼，這大概只有歷史學家能夠回答。②而在問第二個問題之前，我想先請你回答，你是否知道民族所當時在做「祭祀圈」調查，或者黃應貴在做東埔調查，最主要是想解決什麼樣的問題？我想先請你回答，再問我的第二個問題。

江燦騰：你所問的，其實是蠻重要的研究切入點問題。日治時期屬於殖民統治，在殖民體制下，過去的研究通常是。把殖民者當成壓迫者，用排日的角度加以反對，例如王見川和李世偉先生等人討論鸞堂、當時的儒家運動等都是這一類，似乎在壓迫與被壓迫的關係之

外，就沒有其他解釋。而我同意你的看法，日治時期對清朝習慣法的理解是否有誤？若仔細分析，的確可能有理解上的誤差。在我寫論文時，則傾向於先理解日本人的理解；至於是否有一個標準來判斷日本人的理解是否無誤，很抱歉，這個工作我們沒有做。

我只就他們不符合歷史事實的部份提出批判，或許人類學家在這部份能有所貢獻。我認為，你提出的的確是很細緻的問題。過去伊能嘉矩做研究時，分為「迷信」與「非迷信」，是很化約的分法。我想，若我們今天的討論有什麼收穫，這個問題是真正的問題。我今天很高興，你問了真正內行的問題。

其次，你的第二個問題。我當然知道「祭祀圈」的問題，其形成和地域、血緣、生活地域都相關。但何時被打破呢？我認為是當縱貫鐵路通車以後，臺中市公園成立，全臺灣宗教串連可透過輕便車來進行，媽祖信仰的信徒因而增多。一旦客運、飛機出現，則祭祀圈面臨更破產的命運。

我們看當代臺灣佛教的發展，就和一九六五年在高雄楠梓的設立加工出口區相關，因如此才使臺灣的勞動力游移到高雄。而沒有這個新的產業出現和人力資源的匯集，就沒有在假日時期作遊覽車或摩托車來佛光山的大量朝山觀光客。所以當我們考慮到「祭祀圈」的問題，就必須同時考慮到當時的交通設施和經濟環境的變動問題。我認為「祭祀圈」的分析概念，有某階段的解釋效力，但是也有極大的局限。

我們就以黃應貴先生在的東埔地區的研究來說，原住民各族的語言是不同的，與漢人之間差異更大…，怎麼能用南投東埔地區部落的例子來解釋漢人呢？我認為沒辦法。研究的族群不一樣嘛！我認為黃應貴所長非常用功，絕對是好學者，但當他要跨出來時，我覺得他是跨不出來的。

黃應貴：先補充我問的第一個問題，我問的完全是日治時代的資料性質為何？到底能讓我們瞭解多少？以日治時期的原住民資料而

言，上面記載著族群的分類與分佈，但是當地人可能不如此稱呼自己。這涉及到統治的問題。

　　第二個問題，我想凸顯的是，雖然我不能代表當時作「濁大計劃」的研究人員，但據我所知，他們背後想要理解的是，十八世紀漢人社會是如何組成的？他們想要理解的是社會結構的問題，而非宗教問題。

　　另外，我自己的研究則是想要理解到底布農族是如何理解「宗教」的？我想處理的是宗教和文化的問題。他們接受基督教，是怎樣的基督教呢？如何接受？我相信這個個案研究對其他地區的非布農族研究都有意義，應能夠做為比較。

　　我主要提的問題是，其實我還不大清楚你的研究，背後是想解決什麼樣的課題？譬如說我的研究其實是想問：「到底什麼是宗教？」我目前處理的分類也是為了回答這個問題。和你有關的，可能是要問：「什麼是歷史？」因為每個人角度下的歷史可能是不同的。

　　我想這是比你想像更複雜的問題。接下來，我要問的第三個問題是，雖然我只研究一個村子，但我覺得還是能從中思考許多問題；並不像你所說的無法和其他原住民、臺灣對話。

　　至少我看到了，今天若要瞭解十六、十七世紀後漢人或原住民社會，我想都無法避免的要去面對兩個歷史條件問題：資本主義與國家化。我不認為宗教問題可以迴避這一點。當然，國家化又分為傳統國家與現代國家。譬如你談到的資料，也可能是國家統治的工具。我想這涉及到每個學科性質的不同，我雖然研究小地方，但仍能看到其它地方的問題。當然我們希望其它學科的成果能夠互相幫助。譬如，我們現在幾乎不能回答：「臺灣到底是怎樣的資本主義社會？」這是需要學科之間互相幫助的。所以我想問你的是，你認為研究臺灣社會，有哪些歷史條件是不能忽略的？

　　江燦騰：你問的問題不同凡響，真是很深刻。但我直到今天才知

道你本人是黃應貴博士呀，真是失敬失敬。其實，我在處理日治時期的臺灣佛教時，因先有從明代到近代的中國佛教背景，所以根據這個背景，再來處理臺灣的佛教，就可有幾個角度可考慮：①先掌握大的東亞歷史脈動。其中不考慮原住民因素（因其非統治階層，信仰習俗又與漢人佛教相異，所以不具關鍵性），研究主題是漢人；②政治對宗教的影響以及觀念上的傳播。例如，日治時代和尚結婚是一個理想，但在戰後卻是不名譽的問題。這非關國家政策，而是不同社會情境的問題。這種情況，就如近二十年來，能懂日文能翻譯的，似乎很時髦，但時間再往前推，在臺灣社會就會被某些有反日情結的人，認為是日本走狗。所以③我抓住的研究線索是：政治、經濟、教育的脈動，比較是社會學的角度，也試著去深入觀察當時僧侶的結構或彼等傳教方式等等。

　　這就歷史學者來說，其實是將學問從比較疏鬆的走向細緻的必然途徑。所以我雖現在才拿到博士，但很少人會質疑我資料不正確，因為我一直很能守此治學本份。

　　當然，歷史學者用資料，同樣不能沒有先入為主的觀念，但我同時很注意各學科的優點。例如一九九六年我曾到中國從事學術交流，當時中國有些宗教學者竟然稱我為「出神入化的馬克思主義者」，令我聽得莫名其妙，但仔細想想，我的確很注重歷史唯物的材料。也因為如此，我比較是從宗教外部的變遷、發展來討論宗教的內涵。我關懷的大脈絡是，西方在亞洲的發展以及亞洲的回應，這個變遷如何形成？透過什麼形式？因此，我在寫論文時，也注意藝術和文學的層面。

　　所以，我們該如何理解近百年來東亞的宗教呢？我認為應將官方祭祀和宗教的問題區隔。譬如清朝皇帝祭孔、祭天，民國以後則祭黃陵、忠烈祠、孔子，日治時期則祭天皇、神社。從統治脈絡，其實是清楚的，可討論東亞的祭祀文化和統治之間的關係。

因此，與其說我研究的是宗教，還不如說我在研究的是影響宗教變遷的因素是什麼？並從變遷中看出現代社會的發展。

再者，當我們討論「神聖觀念」時，我們必須知道，東西方的宗教概念是不同的，西方的上帝和人不同，人無法成為上帝。但在東方，人能變成神。同樣的，基督絕不等於人，但在臺灣漢人宗教之中，某些神聖性的「聖」與「俗」卻能共享。因為西方是「神人異形」，而亞洲是「神人同形」。

過去，我們看見許多民族所的文章，在用李亦園先生引進的「神聖概念」時，居然無區別地坦然的運用著，真使我感到很吃驚！所以我完全同意黃應貴教授的看法。然而，關於人類學很細緻的部份，不是我能或我所想要批評的。所以，此處我想說的，只是關於比較大的變動部份罷了。

而我也想藉此質疑黃應貴教授的是，當我們討論臺北市，起碼從西門町到東區的變遷，都必須考慮許多因素，而這和南投某個小部落，比較隔絕的狀況，我想是不一樣的。因為都會區的流行很快，消費文化互相激盪是很多元的。所以，我是沒有資格來批評人類學細部的問題，但我仍想針對這點差異性加以請教。

黃應貴：這一點我倒能夠簡單回答你。任何人類學研究，都不會輕易忽略歷史條件問題，也涉及到每個地區的程度有所不同，這就是文化本身該如何去詮釋資本主義的研究課題。我們在理解文化時，一方面注重歷史條件，另一方面也必須理解個別的情況；後者是人類學家的專長。前者就是我們較不能處理的，因為涉及到史料的掌握與應用，恐怕就是歷史學家比較能做，而我們比較期望的。

蔣斌（民族所副研究員）：我提的意見大概就是補充前面幾位先生的意見。江先生剛提到應注意不同的歷史階段所涵蓋的不同意義，並認為官方儀式不屬於宗教，而你主要處理的是非官方的部份；我想這些都是很有啟發性的。

　　我想問的是：在你的研究過程中，如何去界定研究對象的範圍？哪些東西你願意碰？哪些你不碰？另外，民族所的人類學家和臺灣人類學家在宗教研究中能夠做到的和宗教人類學應該能夠做到的，其實有很大的差距。人類學研究宗教一般是從信仰、儀式或從社會經濟的角度來研究……。我的問題，是就人類學的觀點而言：信仰和知識之間是一個連續體，中間有無界線？在祭儀的層次上，儀式和劇場表演是一個連續體，中間有無界線？在宗教組織上，宗教組織和政治經濟組織、法人組織的連續體上，中間有無界線？這些是人類學真正面對的問題。以你的觀點，哪些宗教現象你願意處理？哪些不碰？你自己的原則為何？

　　江燦騰：這個問題對我而言，很簡單。我在處理宗教題材時，並不處理宗教經驗。譬如說，一個人可以說他和佛陀、耶穌一樣偉大，可是我不討論他內在的經驗如何？因宗教證據若只存在他的經驗裡，就是封閉的知識，是無法討論的。而我是從無神論者或理性者的研究角度出發，來看所謂宗教的現象問題，但不預設立場。

　　我不是學人類學的，但一天到晚都在讀人類學著作。近五年來，也花了很多時間讀西方哲學史，像我最近在讀黑格爾的精神現象學、宗教哲學等，因為我之前對費爾巴哈的東西很熟，就一路讀了下來，感覺收穫不少。

　　但我想自己可能犯了用觀念論來理解的錯誤。所以，我不回答「宗教是什麼？」的問題，我甚至同意心理學認為的：沒有一種心理特別屬於「宗教心理學」。那只是在經驗上，我們受文化制約，所以我常用「反映論」來解釋這個問題。譬如有藝術家跟我說：「我透過打坐見到阿彌陀佛，所以那是真的」，但我卻認為那不過是文化刺激的結果。

　　我從在大學教書開始，已經收集了十二年大一學生的報告：〈個人成長經驗和宗教的關係〉，必須分年齡和受教育的階段並註明生活

或實際居住的地區。我從此一資料，可看出一貫道大概集中在臺大哪幾個系？學長如何透過新生訓練來傳教？統一教如何推銷等等，從中還可看出不同階段的臺灣宗教的轉變現象等。

　　現在累積了十二年的學生報告，大概超過一千個個案，或許將來能夠做個深入研究。…

　　艾茉莉（法國遠東文化中心來臺學人）：今天聽你的演講，我感到很意外。因為在我們的國家（法國），歷史學家與人類學家溝通得很成功。人類學與歷史學是互相影響的。我想是否能夠不用那麼緊張？

　　因為，即使在歷史學之中，對於宗教的注意也是很少的，譬如廟宇的組織等等。即使反過來批評歷史學，我想你的批評也是適用的。

　　另外，我從田野之中也感覺到，如果我要瞭解臺南縣十幾年前的過去或廟宇的結構，很少可以運用的歷史資料。這是我外國人的看法。

　　另外，我覺得你一直提到人類學家要注意歷史、過去社會的演變；但是當代也是歷史的一部份。或許這也能夠解釋一些社會結構、信仰內容的意義。但我想學科之間的合作還是比較好的。

　　我想問的問題是：你一直提到民間宗教和佛教，我自己也在臺南做研究，我想知道的是一九三〇年代，臺灣佛教在民間宗教的影響到什麼程度？

　　江燦騰：妳提到的問題，其實我自己也很感慨。像我和人類學家張珣博士和社會學家林本炫博士之間，是能夠溝通的。我其實只和某些人無法溝通，你瞭解嗎？

　　艾茉莉：但這就不是學科的問題，而是你個性的問題啊！

　　江燦騰：這不是我的問題，因我已證明能和人類學家張珣博士合編書籍，一起討論問題，所以不是個性的問題。而是有些人不能和我溝通，而且他們也和其他很多人都不能溝通——恕我在此不一一點名。但妳應清楚我所指為誰？

　　我認為妳之前提的問題很好，所以分二個部份來說明：第一部份，所謂資料的缺乏問題，這在臺灣宗教研究上，不僅學界，連宗教界本身也是如此。尤其臺灣宗教現象複製的部份很厲害，因此必須找到源頭，譬如，老廟的石碑資料。

　　第一部份，臺灣重要的宗教和仕紳階級通常都有關係，譬如：北港朝天宮和辜家的關係，因此很多臺灣寺廟的歷史必須從家族史來建構。歷史脈絡能使人類學的研究更有縱深。在臺灣，許多歷史材料都必須從週邊挖掘，和歐洲的經驗是非常不同的。

　　臺灣宗教的最底層是比較巫術性的，譬如，乩童不能進媽祖廟。再來就是儀式性的，這涉及廟祝和爐主層次，並沒有文化和哲學意義，只是勸善意義。而涉及神的部份，包括解釋的部份，譬如有關和尚所扮演的宗教角色其職務的功能問題，因為和尚又能從事通俗的講經活動和進行哲理性的說法活動，這與傳統只管廟務的廟祝角色是不一樣的，所以他進一步還能走進社會來弘法。因而，臺灣目前的宗教活動，很多不在寺廟，而在媒體，或在寺廟之外的活動場所，而這些活動也都能再細分成各種宗教活動的不同社會系譜。

　　所以我曾一度批評林美容博士關於臺灣齋堂研究最大敗筆就是，她不知道臺灣寺廟的功能，其實是與傳播者有關的品質來決定，而非一定由寺廟空間來決定。而寺廟空間的統計如果不做層別，怎麼會有意義呢？她卻忽略了，所以我才批評她的研究。

　　張珣（民族所副研究員）：我不是要問問題。我認為江先生好像很能夠激動大家的心，來使大家和他對立，一起來探討真理。我來說一下我和葉春榮先生請他來的經過。我和江先生也是不打不相識。一九九四年一場佛教討論會中，我是他的評論人；那時在會場，我們兩個人不客氣的就吵起來了。

　　後來有一段時間，我都不想和他談話，覺得這個人好像很難溝通。但是慢慢接觸，發現他的口氣和他的心裡其實不一樣。他為了今

天的演講準備很用心，事先和我討論許多次，軍事上就叫做「沙盤推演」吧，他絕不是來踢館的！

雖然分屬不同學科，但我覺得對話非常重要。尤其江先生剛從博士畢業，並且能大角度的談論宗教變遷，這其實是很難得的，所以請他來此演講。這樣說吧，他的口氣其實是要技巧性的激起大家的討論。所以今天的討論，應是有意義的。

江燦騰：謝謝張博士的說明和諒解，再一次謝謝你的海涵和幫忙。

葉春榮：大家若沒有其他問題要問，那我們今天的討論，就到此結束。謝謝各位。

第七章　臺灣本土宗教研究導論
——少壯派觀點（大陸版）

　　眾所皆知，大陸官方對於宗教的活動與宗教書籍的出版，管制甚嚴，不會輕易通過相關審查。因此，本書堪稱第一本，在大官方出版社出版，又獲臺灣陸委會附屬基金會審查通過並撥款補助在大陸出版的代表性書籍。所以，我們將此書大陸版的〈導論〉全文，轉錄於此，以供有興趣的本書讀者參考。

一、出版緣起

　　本書是在新（21）世紀第一年的夏季，由張珣博士和江燦騰博士兩位編者出面邀稿和編輯，將研究當代臺灣本土宗教各領域的少壯派學者所撰寫的學術史回顧論述加以匯整，而由以出版臺灣本土研究聞名於世的南天書局隆重出版。出版當時，兩位編者為本書所寫的推薦文，即有如下的兩段扼要敘述：

　　一、「本書是臺灣地區少壯派的宗教學者，關於當代臺灣本土宗教研究經驗的精華彙編，其內容的涵蓋面極為廣泛和多元，可以說將臺灣地區現有主要宗教的研究狀況，都深入地說明和導覽在內了」。

　　二、「針對青年學子和廣大社會人士的閱讀需要，本書力求文字明白曉暢，發法清楚易懂，但仍高度維持所需的專業水準和每一位作者各自特有的研究風格，所以既能十分貼近讀者的當下感受，又能充分滿足其求知慾知所需」。

　　也因此，本書自出版以來，不但在臺灣地區的同道學界間深受好評和備受鼓勵，縱在國際漢學界研究臺灣宗教的同道中，亦頗有嘉美或高度肯定者。

　　於是我們兩位編者，在感受此一來自學界同道的告高度熱情鼓舞之餘，又於 2003 年夏季，繼續編出，另一本《研究典範的追尋：臺灣本土宗教研究的新視野和新思維》的集體作品，同樣由南天書局出版。

　　其目的是在彌補本書編輯時，有部分主題研究如：臺灣原住民宗教的研究、教派宗教的批評與反思、同性戀與宗教的糾葛、生態維護與宗教思維、新佛教改革運動與國際女性的關聯、臺灣民間信仰的國際對話與新視野等，而其中有關文化媽祖的新研究轉向和後祭祀圈的新批判觀念之提出，尤其是編者之一的張珣博士所特別關注的。

　　所以本書（《當代臺灣本土宗教研究導論——少壯派的觀點》）和新出的《研究典範的追尋：臺灣本土宗教研究的新視野和新思維》一書，是少壯派學者自成詮釋系統的集體研究論述，因而兩者在內容上是可以互補的。

　　並且，我們深信：當代臺灣宗教研究的學術精華，亦大多被搜羅在內了。只是，由於後者涉及版權的種種問題，此次能在大陸地區順利出版的，唯有本書而已。

　　為了能彌補此一出版上的缺陷，所以在大陸版的內容上我們特別取下了一篇王俊中先生有關藏傳在臺灣的研究論文，再另外補上編者之一的張珣博士，針對臺灣流行的「祭祀圈」理論模型精彩反省的摘錄文章，期使大陸學界對兩岸最紅的神明媽祖，也有一篇來自臺灣當代學者的新觀點可資參考。

二、本土宗教研究在當代臺灣的現況解說

　　臺灣傳統的各種本土宗教，除早期原住民各族所特有者之外，幾

乎都是在明末清初之際隨閩粵漢人的來臺拓墾而一併傳入的。因此閩粵地區盛行的佛教、道教、民間教派、民間信仰和官廟崇祀等，自然佔了最大的傳播優勢。到了清朝中期以後，由於漢族移民人口的快速增加，「內地化」的程度加深，所以上述這些源自南中國各種傳統信仰，也更加生根與普及，並長期居於臺灣本島宗教的主流地位迄今。

　　另外，荷據時期荷蘭人帶來基督教，西班牙人在臺灣北部傳播天主教，也對臺灣的漢人及原住民的宗教信仰添加了新的精神內涵與文化向度。到了日本殖民統治時期，同樣有日本神道教與日式佛教之佈教的大舉來臺，長期配合日本官方在臺的殖民統治政策──包括宗教政策在內──此一強勢作為，自然也對當時臺灣人民的宗教信仰產生了一定的影響。再加上 1949 年後，隨著國民黨政府逃難來臺的人士，或帶入、或自創大批民間教派，如一貫道、慈惠堂、皇帝軒轅教、天帝教等等。以及 1960 年代以後，日本的創價學會、天理教、日蓮教，韓國文鮮明的統一教，以及巴哈伊教，摩門教、西藏密教等種種國外教派，隨著全球化運動紛紛入臺傳播，雖一度有官方的把關或取締，聲勢稍挫；然不久因正逢臺灣宣佈解除長達三十八年的軍事戒嚴管制，改採信仰較開放的政策，於是原有的各種地下教會或新興宗教團體，亦在〈人民團體法〉通過後，紛紛向官方正式登記，以取得合法地位──而類似以上這些主客觀大環境的急遽改變，毫無疑問地，也會更加帶來宗教傳播的有利條件，並促成了當代臺灣本土宗教幾乎是空前的蓬勃發展現象。

　　在此同時，若以宗教學術研究者的觀察來看，上述空前蓬勃的臺灣宗教發展現象，不論從歷史面向作縱時性考察，或從社會科學面向作同時性考察，均會呈現出極為多元、多種類、多中心複雜的宗教樣貌。此即意味著，它所提供給研究者的，其實是一個不可多得珍貴的研究樣本。這當中，所隱含的學術意義是：一方面歷史上不同時期，一波波的臺灣移民帶入不同的宗教信仰，另一方面則不同的族群，也

帶來並固守各自不同的原有宗教信仰。此因縱使不同時期都有當時的執政者倡導其政策主導的官方宗教，乃至曾不同程度地限制過民間信仰，但是大體上還是讓臺灣本土的民間信仰保有一線生機，不至於完全斲傷其命脈，所以歷經數百年來的臺灣政權鼎革，臺灣以漢民族為主的宗教信仰，迄今其活潑的生命力，依然盛況不衰。[1]亦即臺灣宗教與政治的關係，雖有局部（與某些宗教或教派）或短暫時期的緊張衝突，但是尚未達到全面開戰的程度。這是值得宗教研究學者慶幸的。

　　而若針對具體研究素材或資料來說，則臺灣地區歷經數次政權的鼎革之後，在各個時期的宗教信仰仍留下有為數不少的文字資料。例如清朝官方檔案，地方方志或採訪冊，文人筆記遊記，碑文或契書都有不少相關的宗教記載。在日據時期，除了官方的宗教調查報告之外，學者私人的調查研究報告，或當時的報紙，雜誌與期刊等，均有不少宗教方面的資料可供參考。[2]戰後國民政府在全島性的土地、人口、寺廟、教育、衛生、經濟成長各方面也持續日人之普查政策，而有詳細確實之統計調查。這些統計數字均可提供研究臺灣社會經濟發展與民主化變遷過程中宗教所起的作用或關係。也可以說許多學科，政治，經濟，法律、衛生，教育，均可利用已經有的各種一手或二手資料，從事與宗教相關連之研究。所以臺灣本土宗教的研究，前景極為看好，學者不應對此有所忽視。

1　事實上，不論在日據後期的皇民化運動也好，國民黨早期的改善民俗掃除迷信辦法，或取締一貫道等，都不曾做到斬草除根的絕滅地步。即使解嚴前後，宗教團體的活動力與正當性有所不同。但是並非從無到有的不同。也因此對比起海外華人或中國大陸所經歷的宗教環境變遷來說，目前臺灣宗教如此蓬勃，有其長期宗教自主或半自主之歷史背景。

2　特別是，在當時，臺灣因為日本殖民統治需要，而作了長期連續全面的人口戶籍資料普查，是全世界少有的珍貴人口資料。

三、本書的編輯構想與特色

　　基於以上的考量，接著擬在此向讀者說明有關「**本書的編輯構想與特色**」。

　　首先，就**本書的編輯構想**來說，當然是由於現有的臺灣宗教研究之成果，在先前曾有各學科宗教學者的長期努力耕耘，也已累積了不少的資料與論著。然而美中不足的是，這些稍早的臺灣宗教研究者，其實是散佈在各大學的不同學科當中，其專業各異，水準也參差不等。在出版品方面，通常有一些出版社資助學者來辦宗教雜誌或出版相關叢書；至於研究活動方面，則有志同道合的學者組成的同仁團體像著名的「東方宗教討論會」等等，其學養或學術品質也同樣彼此落差極大，很難一概以學者或學術出版品視之。

　　特別是在解嚴以後，臺灣地區的新興宗教或教派林立，吸引了大批游離於傳統宗教信仰門外的現代人。而彼等的各種宗教行為，又牽涉到的法律、經濟、政治層面，使得在認知或從事研究時，倍感其中新問題的頻繁與複雜，遠超過之前的任何時期；同時，一般社會大眾，也對各種宗教知識之需求，日益殷切。但社會上所能提供所需的宗教學術資源，又極為有限。

　　對於此一現實需求，雖然有「臺灣宗教學會」於 1999 年成立，集合各學科的宗教學者以共謀臺灣宗教學術的拓展，但是總體宗教學術研究水準提升的目標，則依然尚待大家的努力。

　　況且，目前臺灣地區已有公私立大學十一所設有宗教研究所課程，若順此發展下去，可以預期未來臺灣本土的宗教研究，將越形專業化與學術化，每年可能都會有數十篇相關的碩博士論文或出版著作問世。

　　如此一來，本書的編者和作者群，有鑒於在現階段對於大量初學者初期從事宗教研究的入門方法或尋找材料的需要，共同認為可以就

目前臺灣地區已經出版的幾篇導論性與綜合性論著加以編輯，以方便
學子參考引用。而在挑選相關論文時，其主要的構想，是首先擇取有
關臺灣本土化的宗教或教派研究論文，加以篩選後，再配合研究視角
多元與周延，於是盡量從學科的代表性和整體功能互補的作用性，將
各學科（※包括歷史學、社會學、人類學、宗教學），各宗教類別（佛
教、道教、民間信仰、民間教派、基督教、天主教），都一一納入，
以滿足初學者的各種參考之需。

　　至於為何又會提出以「少壯派學者觀點」作為編選的主軸呢？其
用意有三：其一、在呈現當代臺灣年輕一輩宗教學者的詮釋觀點與既
有的心血結晶，以確立臺灣本土宗教研究的主體性和發言權之所在。
其次是，當我們以「少壯派學者觀點」為標榜時，即等代表我們仍屬
成長中或未定型的學習者，尚不足以和現有的學界前輩或大老並稱。[3]其
三是、本書除了要表達臺灣不同世代宗教學者之間的傳承與創新之
外，更期望今後能因而逐漸達成學術研究或詮釋的默契或共識，使學
界的彼此合作較過去大有改善，並促進臺灣宗教學術整體水準的實際
提升。

　　此外，在此必須特別強調的是，本書編者在編輯時所秉持的兩個
重要態度為：第一，尊重多元的詮釋角度與意見，亦即，尊重原論文
作者之專業素養與立場，不做任何評價或摘要，以免犯了坊間常見的
用編者之詮釋取代原作者意見之毛病。因此我們讓每位作者自行負責
其意見與立場，而不求統一或共調。並歡迎讀者與個別作者討論。[4]第
二、臺灣宗教研究的大架構與體系應該是一個尚未定案，仍待發展與

---

[3] 當然，前輩們的辛勤成果並未被忽視，而是在回顧文章內被一一述及。

[4] 我們認為現代學者應該有胸襟接受批評，也尊重批評者各種相同或相異之看
法。尤其本書選輯之論文作者多數是年輕一代，在漫長學術道路上更是應該培
養接受批評之氣度，善養與人切磋之習慣。而不應該太早有定於一尊或立一家
之言的觀念。

研討的議題。因此我們就目前已經出版的論文中，精選出來的幾篇論文是一個初步編輯，既是成果展現，也是拋磚引玉，希望為學界帶來一個提昇效果，督促學者在做本行專業的個案研究之外，也重視學術史或回顧反省批評性論文之撰寫與構思。

　　總之，本書所提供的各篇論文，其所共同組成的，並非意在建立一個封閉或自足的解釋體系，反而是在用心呈現出一個尚待發展的圖像。所以在本書中，我們並未窮盡臺灣境內現有的各種宗教教派、各種宗教現象或議題。也因為這樣，本書是一本名符其實的「研究導論」。而讀者若有機會，仍可在今後，繼續閱讀我們所編的第二本書《研究典範的追尋：臺灣本土宗教研究的新視野和新思維》（南天，2003），則完整的學術面貌，便不難窺見。

　　　　　　　　　　　　　　2003 年冬末　編者序於臺灣臺北
　　　　　　　　　　　　　　（本文原為此書大陸版的序言）

第八章　當代新臺灣人意識出現的歷史淵源

序言

有關當代新臺灣人意識出現的原因及歷史演進背景，我們究竟要從何處展開透視呢？

事實上，這仍必須從李登輝當總統時期的 1998 年 12 月，展開相關的透視。話說當年正值陳水扁競選其連任第二屆臺北市長的決勝之夜。

但在另一巨大的競選造勢場面中，當國民黨的主席李登輝總統，親自用力，抬高其競選愛將馬英九的手，並感性的問馬英九說：他是否為一新臺灣人？而馬英九立刻回應說：「是！」的那一刻，有關「當代新臺灣人意識出現」的這一論述課題，已不再只是，空洞虛構的選舉口號，而是今後，處理臺灣島內族群問題時，所不得不直接面對的現實政治問題。

因而，如何論述，或如何促成族群和諧，以及彼此互相認同的問題，就成了當代臺灣民眾，從上到下，都必須去面對、和必須去慎重思考的現實問題。所以本書即針對這一現實的重要意識型態的問題，提出較有系統的長期觀察結果，和較深入的思考面向，以供讀者的參考。

歷史淵源的回顧

而有關此問題的歷史淵源，在臺灣四百年歷史中，其實已長期存在，最關鍵的時期，是因清朝統治 212 年時間，以漢人發展為主體的社會，就形成了新的族群問題。

　　不過，在當時，臺灣民變雖很頻繁，而有「三年一小反，五年一大亂」的諺語，然揆其實情，很多的造反者雖略帶民族主義色彩，但即便像朱一貴、林爽文之變，打著「反清復明」口號，其實所要「復的明」，只是模糊的漢族文化意識而已。

　　且從 1683 年，清領臺始，到 1885 年臺灣正式建省止，超過 200 年臺灣一直是隸屬於福建省的一個府，因此嚴格言之，當時臺灣對中國，只是地方與中央的關係，臺灣人對中國，也只有傳統的地方意識罷了，尚談不上立基於「臺灣」這塊土地認同的「臺灣意識」。

　　且清朝當時在臺灣的行政區域劃分，是根據臺灣的自然地理，來界分的，臺灣島的山脈是南北走向，河川則是東西流向，如此自然就將臺灣全島，分割成南北幾個區域；兼以臺灣雨季長、雨量豐富，每逢雨季漫長，大水四溢，主要河川河床寬且難行，造成交通受阻，不便往來。當年郁永河來臺採集硫磺，從臺南至淡水，行程月餘，即為明證。

　　因為，河川山脈阻隔，將臺灣無形中，劃出好幾塊老死不相往來之區塊，造成每個區域，獨自發展之人文社會及城鎮經濟。島民受限於地理環境的阻隔，無法凝聚成以全島為認同對象的土地認同（Terri－torial identity），職係之故，以「土地認同」為基礎的「臺灣意識」之建構，不得不等到日治時代才萌芽成長。

　　1894 年，中日甲午戰爭清廷慘敗，隔年馬關議和，清朝將臺灣當犧牲品，割讓予日本，「宰相有權能割地，孤臣無力可迴天」，一種被遺棄的「孤兒情結」迅即在臺灣發酵。

　　懷著一種被拋棄出賣的怨恨，臺灣逐漸與中國疏離，「亞細亞的孤兒」情結，再加上日本殖民臺灣的客觀情勢發展，終於促成了臺灣人的「臺灣意識」（Taiwan consciousness）。何以致此，上述談及清領時期，臺灣開發，因仍僅限於臺南一隅，及其他零星開墾之地，兼以當時交通不便，故族群間之來往，並不頻繁，共識自不易形成。

　　日治後，日本在臺成立「臺灣總督府」以治理全臺，並將本島及外島的澎湖、蘭嶼等 84 個島嶼，都統稱為「臺灣」。

　　日本人稱呼臺灣島民為「臺灣人」或「本島人」，相對地自稱自己，是「內地人」。臺灣總督府的這種行政劃分和稱謂，提供了臺灣島民，形塑了現代化國民意識所必備的，以「土地認同」為對象之基礎。

　　不僅如此，總督府頒布的〈支那人勞動者取締規則〉和〈渡華旅券條例〉等措施，有效的切斷了長達幾世紀的臺海兩岸移民潮。

　　其後，逐年取消漢學教育，阻止漢學傳承，強行灌輸日本文化，及引進西方思潮，在在強化臺灣島民，對中國的疏離感。

　　「孤兒情結」的割臺之痛，兩岸地理、文化之阻絕，使得臺灣人原有的「祖國意識」越來越淡薄，臺灣人的現代國民意識──土地認同，因日本殖民當局刻意的阻絕來自中土的影響，而得以進一步滋長。

　　而臺灣總督府對臺灣人，所採取的民族歧視政策，尤其在教育上，屬行不平等的差別待遇，更令臺灣人，感到憤怒與不滿。

　　但令日本殖民當局，意外的是，總督府處心積慮的在臺灣社會，設計一套「制度化」（Institutionalized）的不公平民族歧視政策，旨在維護確保日本在臺的統治霸權，而日本人為在臺灣培育現代化基礎建設人才，所推行的普及國民教育，卻大大提昇了臺灣人的知識水準，促成知識階層的崛起。

　　日本人的民族歧視政策，除讓臺灣人，心感不平外，更加深臺灣人與日本人，「非我族類」的民族意識，終於激發臺灣人與日本人不同的「民族認同」，「臺灣意識」於焉產生。

　　日本的民族歧視政策，固然催化了臺灣人對土地認同的臺灣人意識，並轉化成「臺灣意識」，然該意識之進一步強化，則有賴於日本統治當局，對臺灣的現代化工作。

　　日本在臺灣，進行現代化的殖民統治，使全島性的交通、經濟、農工業體制次第建立起來，有了整體化的社會生活和經濟生活，就必然產生，全島性休戚與共的「臺灣意識」了。

　　所以說，現代化的社會經濟條件，使散居臺灣各地的漢人意識，逐漸高漲，最終變成了全島性的臺灣意識。

　　總之，臺灣意識的成長，是經過四百年，在臺灣獨自的移民、開拓發展出來的。臺灣社會，在漫長的移墾過程中，長期以來，漢人移民，與不同的外來統治者，一直存在著，緊張對抗的關係。透過不斷的武力鬥爭，漢人移民，在臺灣社會便無可避免的，會發展出本土意識。

　　這種愛鄉護土的本土意識，在割臺給日本時，臺人自發性組「臺灣民主國」的表現最明顯。「臺灣民主國」的成立，最起碼是，臺灣人已有模糊的臺灣土地認同觀念，當然，以現代國民意識的理論言，當時的臺灣社會，尚未形成「臺灣意識」或「臺灣民族」的客觀條件，更何況「臺灣民主國」；基本上，「臺灣民主國」的構想，也並不是主張，建立一個立基於「臺灣民族」的民族國家。

　　但不管怎樣，「臺灣民主國」雖然失敗，但它在臺灣意識的凝聚上，仍有其某種程度之歷史意義，因為在思想意識上，它確實給臺灣漢人，建立了本土自主的信念。

　　日本在臺灣的殖民統治，催生了臺灣人，原本潛存的反抗意識，這種反抗意識歷經荷治、明鄭、清領，以迄於日治時代，源遠流長，從未間斷。日治初期，又經過「臺灣民主國」之政治觸媒，並透過殖民體制的強化，一種鮮明的臺灣意識，即在此情況下形塑出來。

　　例如，1920 年代的非武裝抗日時期，東京的臺灣留日學生，突然將具東洋味的「高砂學生青年會」，易名為「東京臺灣學生青年會」。

　　從此，開起了所有臺灣的抗日組織，都冠以「臺灣」之名，如臺灣文化協會、北京臺灣青年會、新臺灣聯盟、臺灣青年、臺灣民報、

臺灣農民組合、臺灣民眾黨、臺灣共產黨等。

此現象，並非小事，它是臺灣人，以母親臺灣為榮，刻意凸顯臺灣，處於殖民統治的悲哀和現況，意涵有勉勵凡我臺灣子民，應該義無反顧，為臺灣努力打拼的意思。

當時，臺灣左派，甚至還提出了「臺灣民族論」的激進主張，進行臺灣獨立運動，以建構理想的「臺灣共和國」。所以說，1920 年代，臺灣知識份子所進行的抗日運動，實際上是立基於「臺灣意識」的民族革命運動，期以實現「臺灣為臺灣人的臺灣」的，這個長期夢寐以求的理想。

當然不可否認，當時臺灣的獨立主張有一部分，是受到美國總統威爾遜所提出「民族自決」的影響。但更大原因，是日本帝國主義在臺灣所進行的殖民統治，激發島民的「臺灣意識」，才是主要的原因。

平情言之，日治時代臺灣意識的強化，很大一部分的原因為。它是臺灣人對抗日本殖民統治的思想武器及精神武裝，只有基於這種本土性、全島性的臺灣意識，臺灣人在日治時代，才有一堅強牢固的思想據點，藉此與日本，展開政治、經濟、文化等鬥爭。

當代新臺灣人意識出現的現實意義

基本上，「當代新人臺灣意識」的出現，對臺灣人而言，其最大的現實意義為，當代臺灣人，終於逐漸擺脫對中國的「祖國意識」認同；既使仍有不少人認同，並且，儘管中國是臺灣文化精神的原鄉，以及雖然早在日治時期，或在此以前，不少臺灣人，就已具有濃厚的「祖國意識」。但，那畢竟只是，長期精神原鄉的「文化認同」而已，和現實上的認同，是截然有異的。

因為，貫串整個日治時代的對日鬥爭，不論是武裝，或非武裝抗日，究其運動本質，最後，仍是歸結到，以臺灣意識為中心。

臺灣文化協會、臺灣民眾黨、臺灣共產黨、農民組合及臺灣文藝聯盟等政治文化團體之活動，無疑的，是以臺灣意識，為最堅強的思想武器。

臺灣的成長，自然有其艱苦坎坷的一面。在日治時代，在戰後以來，都持續受到政治力量的高壓干涉。

但是，這種外在因素的阻撓，並不能使臺灣意識消失。

相反的，種種橫逆挑戰的力量，反而使定居在臺灣的人民，更勇敢團結鍛鍊出一種命運相繫的「生命共同體」之感。

在六〇年代以前，因著國民黨大中國意識宣傳的成功，曾經一度模糊了臺灣人意識，但隨著七〇年代，臺灣國際地位的劇變，國府的被迫退出聯合國，國際地位的孤立，前途命運的黯淡，都無疑加深了島上人民的危機感。

自七〇年代始，以臺灣人為主體的新臺灣人意識的出現，即因整體經濟性的發展，而深入社會各個層面，而其中最明顯具體表現為，政治上的民主運動和文學上的本土運動。

前者，強調以臺灣意識為指導原則，追求臺灣未來的前途與方向；後者，則以臺灣意識為重心，以文學形式，反映臺灣的歷史經驗和現實生活，這兩股運動風潮，正是新臺灣人意識，在其衝擊下，必然出現意識型態產物。

新臺灣人意識的自然成長，隨著臺灣民主運動的頓挫與繼起，並配合鄉土文學的傳播與影響，逐漸成了七〇年代，臺灣社會意識中的一股主流思想。

臺灣的黨外民主運動，便是因為臺灣社會的整體化，已達到相當成熟的階段，才產生強烈的新臺灣人意識，因此要求打破國民黨長期以來，加諸在臺灣島上，種種與現實意識不合理、不合時宜的結構及制度。

如中央民意代表不改選，形成貽笑大方的「萬年國會」、缺乏民

意基礎的國會結構、虛幻的中國主權論等，均因脫離現實，而顯得捉襟見肘，窒礙難行。

所以，彼時黨外民主運動之能蓬勃展開，在於它貼近現實的民意，提倡民主，並高舉臺灣意識，為其政治訴求的主體，故能得到廣大臺灣人民的支持。

假如吾人，將當代新臺灣人意識，簡化成臺灣人的本土意識，或反抗意識，其實也未嘗不可。四百年來，移墾社會所塑造的臺灣精神，即是對這塊自己胼手胝足、披荊斬棘，所開拓鄉土的熱愛，而紛至沓來，外來政權的統治，雖於表面上，征服了臺灣，但其實無法屈服臺灣人的反抗精神。

臺灣人，如同「壓不扁的玫瑰」般，即使外來政權，可征服一時，但絕對無法長久，尤其是無法認同臺灣的政權，最終，將遭臺灣人民唾棄。

如今中共，既不能同情有關臺灣意識之內涵，完全無視臺灣意識昂揚，臺灣人渴望當家作主的心聲，這是造成海峽兩岸至今徒增惡感、關係緊張的最大原因。

所以，當代新臺灣人意識的出現，無疑是臺灣本土居民，抵抗中國併臺，最重要的精神支柱。

但觀之近年來，島內因政治立場的紛歧，和政黨間的惡鬥，使得堅持臺灣優先、以臺灣主體的心、臺灣人意識，可能又已逐漸在模糊甚至消解中。而此種情形，在面對中共強大的「一中」統戰威脅下的此刻，委實令人憂心。

所以，當務之急，就是國人要不分族群、不分藍綠的觀念，秉持大家都同在一條船上的「命運共同體」，來堅定新臺灣人意識的現實主體性，這樣才能確保臺灣本土的真正安全。

第九章　略論當代臺灣新客家人族群認同意識及其文化詮釋問題

從當代臺灣客家籍著名文學家李喬的一本新書：《文化、臺灣新文化、新國家》談起

　　2001 年，21 世紀才剛開始的第一年，著名的臺灣客家籍文學家李喬，出版其重要新書《文化、臺灣新文化、新國家》（高雄：春暉出版社）。

　　這是他繼 1992 年出版《臺灣新文化造型》（臺北：前衛出版社）之後，又一費盡其多年心力，卻無法如願完成全書建構體系的，半成品著作，但他還是以無奈的心情，先將其出版了。

　　並且，在他書中「後記」，有一個宛若將以殉難的臺灣文化聖鬥士自命的目標宣示：「認知與行動───一種遺書」。但，為何他會有如此悲壯的烈士心態呢？這是外人不深入理解，即會對其萌生滿腹疑惑和誤解的奇異論述。

　　因為，縱使此書作者李喬自認，確實比別人更關懷《文化、臺灣新文化、新國家》的各種問題，或自己確曾努力以赴地，精研過此問題，但居然到最後，依然還是無法成書。

　　於是，他一方面，仍將其未完成全書建構體系的半成品著作，先行出版；另一方面，則又在書中宣示，其本人生前至死後的悲壯遺願，以及自己，生前曾採取、死後則轉由他人，代其繼續完成的，相關實踐行動。

　　但，這是多奇怪的想法？為何會這樣？這幾可說是，臺灣文學家中的唯一例外，也是近代臺灣文化史上，前所未見的驚人之舉！

　　這難道是，著名臺灣客家籍文學家李喬，在創作其大量的優質文學作品之餘，又費盡心機搞文化研究，最後由於本身，已呈後繼無力之勢，才走火入魔地，在其新書中玩這種把戲？

　　20003 年 11 月 29 日，李喬親將此書，贈交給我，上面有其題字：「江博士燦騰兄雅教」。既然如此，我決心一窺書中究竟？

　　此處不深入討論其書中，各項精闢的，關於建構新臺灣文化體系的新穎觀點。儘管我認為，其書中，像閃著光利射線的文化論術之語，其精彩程度，實不亞於，葛蘭西在其《獄中葉記》論述文化霸權的片段書寫。所以，還是回到先前提到的「後記」中，「認知與行動──一種遺書」之引人疑惑問題。

　　略去李喬所列的諸多條目不談，因那不是本書論述的重點。而是在其〈序〉尾，即可以看到，他清楚地說明，他提到：

　　「個人未來歲月，文化部份，對於『臺灣基督教神學』部份可能再表達一些意見之外，可能要封筆封口了。個人生死不易，敬愛母親：臺灣！可是，對『臺灣的人』，好失望！好失望！……個人（對此半成品）還期待，身後還會有二三臺灣子弟能接續它。」

　　最後，他毅然決然地寫道：「作者很寂寞，但作者拒絕，不寂寞於當代！」

　　雖然「作者拒絕，不寂寞於當代！」一語，不太能真正了解其真意，但他的「遺書」之意，就很明白了。

　　所以，李喬可說是，特立獨行的文學家或文化人；而他的真誠和坦率，也令人印象深刻，就如本節以上，所描述的。

　　因此，我認為，他是當代臺灣作家良心，而非僅僅只是以一位著名的臺灣客家籍文學家，出現於當代。同時，他也是一位：能超然於閩客族群意識之別的重量級新臺灣文化的論述者。

　　故而以下所述，即依循李喬超越族群的典範性思維，來論述有關當代客家族群，在當代臺灣社會的表現問題。

近代以前客家文學的相關發展常態

　　近代史家羅香林在《客家研究導論》書中提及，客家人是個重視真才實學，講求文教的族群，他說：「客家社會，凡年富力強，而不能自食其力的，最為朋輩，或尊長所不齒；但有錢而沒有『功名』、『地位』，和『品格』，亦不能見重鄉曲。」

　　捐納所得的功名，亦不為社會所重，「故必，有真字墨，能做詩做文，能講幾句起碼經史，至少也要進學遊洋，到了相當年紀，纔得稱為紳士，才有資格於春秋祭祖祠或祖墳時，列名與祭，說起話來，才有斤兩。…科舉廢後，…群起鼓勵子弟出就新學，沒在中學以上學校畢業的人…就是有錢有勢，也還是銅臭，不為社會所尊；反之…就是貧苦一些，亦無傷其人的社會地位…講究體面，注重文墨，所以讀書的人，也就特別多了。」

　　由羅香林的敘述可知，客家族群，相當重視教育，讀書識字，人極為普遍，也因此造就一批，學有專精的知識份子，或創作力豐富的作家並非難事。

　　但因客家人的讀書觀，是建立在，功利主義求取功名之上，因此歷代客籍作家，文學表現，並不如預期。

　　出現變化，主要是在臺灣地區，所以底下略為介紹戰前與戰後優秀臺灣客家籍作家群像。

戰前與戰後優秀臺灣客家籍作家群像

　　無論戰前、戰後，客族作家人才輩出，客族作家及其作品，無論

質與量，在臺灣文壇都佔有非常重要的一席之地。

茲以戰前作家而言，龍瑛宗、吳濁流、鍾理和，可說是客籍作家的三巨頭。

龍瑛宗，新竹北埔人，1937 年以〈植有木瓜樹的小鎮〉入選《改造》的徵文獎，一躍為著名作家，其作品表達了，知識份子在殖民統治下的挫折與徬徨，被認為是臺灣小說裡，率先將心理描寫、哲學的冥想，和濃厚的人道主義，揉合起來的小說家。

戰後，在擔任《中華日報》日文版文藝欄主編時，對延續臺灣新文學香火，亦貢獻卓著，鼓勵知名作家繼續創作，亦培養不少優秀新作家。其作品充滿時代感，批判不公不義社會不遺餘力，展現了堅韌的文學生命力。著有長篇小說《紅塵》、短篇集《杜甫在長安》，日治時期的小說輯結成《午前的懸崖》。

吳濁流，新竹新埔人，37 歲才開始寫小說《泥沼中的金鯉魚》一舉成名。太平洋戰爭期間，冒著生命危險起草以探討臺灣人命運及處境為主題的長篇小說《胡太明》，即《亞細亞的孤兒》，為臺灣文學在戰爭期間，最具份量之鉅著。

戰後，吳濁流仍筆耕不輟，繼續以日文從事寫作，作品具有強烈的社會批判意識，並創辦《臺灣文藝》刊物，對臺灣文學，影響深遠，著有長篇小說《無花果》、《臺灣連翹》等。

鍾理和，為屏東高樹人，後遷居美濃，並曾遠赴中國瀋陽、北平謀生及寫作，曾以長篇小說《笠山農場》獲中華文藝獎，死後作品，整理為《鍾理和全集》8 冊。

鍾肇政，戰後的客籍作家，首推鍾肇政，鍾為桃園龍潭人，是戰後從中文出發寫作的第一代，先後完成《濁流三部曲》、《臺灣人三部曲》、《高山組曲》等，首開臺灣文學大河小說，寫作之先驅，對臺灣文壇貢獻良多。

與鍾肇政同時代的還有鄭煥、林鍾隆、詹冰、林海音等，鄭煥擅

長描寫農民生活小說，在臺灣文學，堪稱首屈一指。

詹冰為《笠》詩刊創始人之一，詩作具有隱逸及知性之雙重特色。林鍾隆以從事兒童文學出名，林海音自幼生長北平，作品喜以北平為背景。

李喬，稍後於鍾肇政的尚有李喬，以臺灣歷史為背景的長篇巨構《寒夜三部曲》，是繼鍾肇政後，另一寫大河小說的能手。

鍾鐵民，為鍾理和長子，其小說文字細膩，作品對農村，土地的變遷做長期的觀察。著有《煙田》、《雨後》、《余忠雄的春天》等。

此外，優秀客籍作家，尚有：黃娟、余阿勳、江上、陌上桑、梁景鋒、謝霜天、劉慕沙、林清泉、林柏燕、黃文相、丘秀芷、杜潘芳格等。

而在戰後新生代中，也有曾貴海、鍾樺、馮輝岳、林清玄、彭瑞金、林清玄、陳雨航、陌上塵、吳錦發、焦桐、鍾延豪、劉還月、吳鳴、藍博洲、莊華堂、張芳慈、利玉芳、雪眸、黃恆秋等，也都各具文彩，獨領風騷，令人印象深刻。

李永熾在戰後臺日文化書寫的重要性

特別值得一提的是，前臺大客籍教授李永熾，他著有《徒然集》三冊（（臺北：稻鄉出版社，1991 年），以及譯介多種新思潮和新文學作品。

因而在論述近代日本的文學、文化、及思想等多方面，有獨步當代的成就；甚至於，也稱得上是，解嚴以來，當代臺灣學界，在論述東亞文化方面，屬於最重量級的優質學者之一。

更不用提，還有在戰前，曾活躍一時，來自高雄美濃的，客籍臺灣新佛教學者，曾景來、李添春和李世傑，以及戰後，活躍於新竹、苗栗地區，屬於重量級的地方文史專家，客籍大老陳運棟的優異表

現了。

　　總之，不管老幹新枝，這些優秀的客籍作家或學者，都能充分，將族群的強項精神，與特有文化質素，表現於作品中，為臺灣多元的文學特色，添上亮麗的彩筆。

當代臺灣客家人新出現的族群認同問題

　　八〇年代起，隨著臺灣政治氛圍的驟變，在政治反對運動刮起「本土化」的訴求中，也刺激長期沈默的客家族群，開始嚴肅思考客家族群的課題，而由此帶動客家文化運動的興起。

　　基本上，長久以來擺在客家族群所面對的問題有二：

　　一、為語言文化處於危機的焦慮；

　　二、為在政治權力結構中，如何爭取更公平合理的待遇，使客家族群與別的族群一樣，同享權力和尊嚴。

　　以語言文化論，客家族群與其他本土族群一樣，在國民黨長期以來「國語至上」的大中國意識教育和文化政策下，客語長久遭到壓抑，幾乎沒有發聲的機會。

　　因此，在解嚴後，隨著臺灣本土意識的高漲，客家意識的自覺運動亦隨之而起，1988 年由客家人透過社會運動，發起「還我母語運動」，就是對官方國語和「福佬沙文主義」強勢臺語的不平之鳴。

　　客家族群，經由民意代表向執政的國民黨施壓，希望爭取包括客家文化在內的本土語言文化上的權益。

　　具體做法，包括目前已在大專院校設立「客家研究所」，成立「客家電視臺」等，使客家族群的語言和文化，不會在官方國語與強勢臺語的夾殺下，流失甚至滅絕。

　　基本上，客家族群對語言文化的危機意識，可說是一種我族「文化身分認同」之焦慮，這是基於對客家族群本質特殊性的了解或覺醒

而產生的心理情結。

　　至於如何在新的政治權力結構中，爭取自己應有的政治地位與權益，此牽扯到客家族群如何與其他族群相處問題，及客家族群如何改變自我封閉的族群習性，而獲得其他族群的認同與支持，這關係到客家族群的行動策略。

　　畢竟客家族群，在臺灣是個人口較少，因而在國家或社會資源的分配，於政治上，無法與外省族群匹敵；在政經上，無法和閩南族群抗衡。這是一個不爭之事實。

　　臺灣客家人，長久以來，始終扮演勤奮認真、默默耕耘的冷漠旁觀之「客人」心態。如此心態，欲渴求其他族群的尊敬或奧援，那是不可能的。

　　因此，當務之急，是客家族群在強烈自我認同之際，也要拋棄傳統的旁觀客人心態，以臺灣主人之一的身分，去建構「新的客家人」之族群認同意識，以積極行動，和其他族群努力打拼，共同創造形塑「新臺灣人」的歷史使命。

　　這才是臺灣各族群，自我認同的，最有意義之事，也是對全體臺灣人，最有利之事。

參考書目

1. 李喬，《文化、臺灣新文化、新國家》（高雄：春暉出版社，2001年）。

2. 安東尼奧，葛蘭西，《獄中扎記》（臺北：谷風出版社，1988年）。

3. 王甫昌，《當代臺灣社會的族群想像》（臺北：群學出版有限公司出版，2003年12月1版）。

4. 王東，《客家學導論》（臺北：南天版，1998年）。

5. 臺灣客家公共事物協會主編，《新個客家人》（臺北：臺原出版社，1991年）。

6. 臺灣客家公共事物協會主編，《臺灣客家人新論》（臺北：臺原出版社，1993年）。

7. 江運貴著、徐漢彬譯，《客家與臺灣》（臺北：常民文化出版，1996年9月1版）。

8. 邱彥貴、吳中杰著，《臺灣客家地圖》（臺北：貓頭鷹出版，2001年5月初版）。

9. 吳澤主編，《客家學研究》（上海：人民出版社出版，1990年）。

10. 吳澤主編，《客家史與客家人研究》（上海：華東師範大學出版社出版，1989年）。

11. 《歷史月刊》，〈封面主題：社會變遷下的臺灣族群關係〉，131期（1998年12月5日）。

12. 林美容，〈族群關係與文化分立〉，《中央研究院民族學研究所集刊》第69期（1990年）。

13. 孫楚華，〈客家人來臺的歷程〉，《常民文化通訊》9期（1998年）。

14. 孫楚華，〈客家人的二次遷徙〉，《常民文化通訊》9期（1998年）。

15. 施正鋒主編，《族群政治與政策》（臺北：前衛版，1997年版）。

16. 施正鋒，《族群與民族主義─集體認同的政治分析》（臺北：前衛

版，1998 年）。

17. 施正鋒，《臺灣人的民族認同》（臺北：前衛版，2000 年 8 月初版）。

18. 徐正光，〈臺灣的族群關係：以客家人為主體的探討〉，見張炎憲・陳美蓉・黎中光編，《臺灣史與臺灣史料》（二）（臺北：財團法人吳三連臺灣史料基金會，1995 年 9 月 1 版）。

19. 徐正光主編，《徘徊於族群與現實之間：客家社會與文化》（臺北：正中版，民國 80 年 11 月初版）。

20. 徐正光主編，《歷史與社會經濟：第四屆國際客家學研討會論文集》（臺北：中央研究院民族學研究所，2001 年）。

21. 徐正光主編，《聚落、宗族與族群關係：第四屆國際客家學研討會論文集》（臺北：中央研究院民族學研究所，2001 年）。

22. 徐正光主編，《宗教、語言與音樂：第四屆國際客家學研討會論文集》（臺北：中央研究院民族學研究所，2001 年）。

23. 黃榮洛，《渡臺悲歌—臺灣的開拓與抗爭史話》（臺北：臺原出版社，1989 年）。

24. 陳運棟，《客家人》（臺北：聯亞出版社，1978 年）。

25. 陳運棟，《臺灣的客家人》（1989 年）。

26. 陳運棟，《臺灣的客家禮俗》（1991 年）。

27. 邱彥貴，〈臺灣客屬三山國王信仰淵源新論〉，江燦騰、張珣編，《臺灣本土宗教研究的新視野和新思維》（臺北，南天書局，2003 年）

28. 張茂桂等著，《族群關係與國家認同》（臺北：業強版，1993 年 2 月初版）。

29. 楊長鎮，〈族群運動的理念重建〉，《客家雜誌》第 13 期（1991 年 1 月 25 日）。

30. 楊國鑫，《臺灣客家》（臺北：唐山出版社，1993 年）。

31. 《義民信仰與客家社會：兩岸三地學術研討會》（桃園：國立中央大學客家研究中心主辦，2001 年 12 月 3-4 日）。

第十章　解嚴以來臺灣文學論述的統獨大戰

序言

　　之前的本書各章介紹，較少涉及當代臺灣社會的顯學之一，有關臺灣文學發展的當代介紹。可是，本書的性質與相關篇幅，又不宜重複介紹無太大意義的純文學史課題，那類著作幾乎數量多到讀不完，並不須本書來湊熱鬧。

　　所以，本章的介紹的主題，只就曾在 20 世紀 70 年代臺灣文壇所爆發的那一波「鄉土文學論戰」大風潮之後，因其紛爭並未就此平息，迄今仍在燃燒不已，只是當中的煙硝味似乎已逐漸淡薄轉弱了。因此，本章特別針對解嚴以來，曾一度火焰熊熊燃燒過的臺灣文學論述的統獨大戰，將其過程加以簡明解說。

　　此因，雖然眾所皆知，在 20 世紀 70 年代的臺灣文壇，曾爆發了一場影響深遠的鄉土文學論戰。然而，當時論戰的結果，並未因此而解決臺灣文學屬性的問題。反而，如陳映真所言：「70 年代論爭所欲解決的問題，不但沒有得到解決，反而迎來了全面反動、全國倒退和全面保守的局面」。

　　因此，是否全面反動、保守姑且不論，但隨著政治上本土政權的確立，伴隨著臺灣意識的高漲，連帶著也鼓舞著臺灣文學臺獨論述的昂揚。這是不爭的事實。雖然學界，目前對此問題的討論，才剛起步，但仍不可忽視其重要性。

　　特別是，繼之前的臺灣鄉土文學論戰之後，於 80 年代起，臺灣文學領域，又逐漸颳起了一陣全面反中國的文學論述，中國認同的民

族意識，逐漸已被新臺灣人的國民意識所取代。

在葉石濤、張良澤、彭瑞金、陳芳明等文學評論者，不遺餘力的鼓吹下，臺灣文學中的「文學臺獨」論述，在政治力的推波助瀾及大環境的轉趨有利因素下，在臺灣文壇已成一股來勢洶洶不可輕忽的力量。所以有必要於此時，對其進行觀察和討論。

而這也是本書在此議題上，超前於其他類似臺灣史大學教科書的前衛學術探討，很值得讀者和學界參考。

解嚴後文學臺獨論述與政治臺獨思想的相關性

事實上，解嚴後的當代臺灣文學臺獨論述，是伴隨政治臺獨的成長而發展的，尤其在海外臺獨力量歸隊，本土政黨民進黨成立後，臺獨的勢力益發不可擋。

在那個動盪的年代，國民黨的官方意識形態，逐漸崩解，臺獨的力量，則透過各種管道，無孔不入的將觸角，伸入臺灣社會各階層。

這當中藉由意識形態、文化思想來論述分離主義，是最有效的方法。也因此從 80 年代始，臺灣島內圍繞著「臺灣結」與「中國結」、「臺灣意識」和「中國意識」，「統一」及「獨立」的論述爭議，成為那個詭譎多變年代，最熱門話題的焦點。

當代文學臺獨的論戰，始於 1983 年因著〈龍的傳人〉侯德健，赴北京進修而起的，這年 6 月《前進週刊》，刊登楊祖珺的文章〈巨龍、巨龍，你瞎了眼〉，對侯德健的「愛國的孩子」，作了批判的反諷。接著陳映真發表了〈向著更寬廣的歷史視野〉鴻文來回應，並對〈龍的傳人〉這首歌，廣為流傳而熱烈的愛國激情，表達深情地傾訴他，心中緣於「中國情結」而迸發的愛國激情。

陳映真文章一出，立即遭到圍剿，並被冠上是無可救藥的「中國結」的「漢族沙文主義」、「愛國沙文主義」與「中國民族主義」者。

　　論爭很快的就激化起來，首先是陳樹鴻的文章〈臺灣意識──黨外民主運動的基石〉，粗糙的以二分法將「中國意識」等同於不民主，主張為了民主就必須排除「中國意識」。

　　緊接著陳映真透過與戴國煇的對談，批判「臺灣結」是「恐共」、反共的表現，實際上，是臺灣島內分離主義的「臺獨」勢力，對大陸的抗拒，並明確表示其背後有臺獨理念在支撐，和臺灣緣於 60 年代興起的資產階級的理念。說穿了「這實在是階級的問題，而不是什麼『民族』的問題」。

　　此時陳芳明以宋冬陽筆名，發表〈現階段臺灣文學本土化的問題〉跳出來了，陳芳明從臺灣文學切入，回顧了 80 年代以來臺灣思想界、文學界有關臺灣意識的論戰，對陳映真等人的主張，進行了攻擊。《夏潮論壇》上的〈臺灣的大體解剖〉專輯，即是因陳芳明此長文而起。

親左《夏潮》與《臺灣年代》針鋒相對

　　與《夏潮》針鋒相對的是《臺灣年代》，它特別推出〈臺灣人不要「中國意識」〉專輯，發表林濁水〈《夏潮論壇》反「臺灣人意識」論的崩解〉、高伊哥的〈臺灣歷史意識問題〉來痛斥《夏潮》的「中國意識」與「中國情結」。不久，《80 年代》也加入抨擊《夏潮》的行列。

　　在諸多反中國意識文章中，有一特點值得注意，即開始美化日本殖民臺灣，對臺灣現代化開發的重要影響，換言之，把「崇日」情結兜攏到臺獨的思想體系來。

　　《夏潮》在島內不僅遭圍剿，在美國的《美麗島週報》也隔海砲轟，加入論戰陣營。這場以「臺灣結」與「中國結」；「臺灣意識」和「中國意識」為切入口的大辯駁，文學臺獨主義者，不但痛勦陳映真、戴國煇，最主要也是藉機鼓動風潮，檢驗臺獨論述在島內市場的接受

程度。

　　而反觀以陳映真為首的《夏潮》立場，仍是秉持「中國民族主義」的立場，「對於中國歷史、文化和人民抱著極深的認同和感情」，「願意跳出唯臺灣論的島氣，學習從全中國、全亞洲和世界的構圖中去凝視中國（連帶地是臺灣）的出路」。

　　這場爭論一直延續到「解嚴」之後，激烈程度減退，臺獨勢力的新分離主義，又進入另一階段。

李登輝與民進黨的推波助瀾

　　90年代後，隨著李登輝的上臺，國民黨政權迅速本土化，其後「兩國論」的拋出，更不掩飾其變相臺獨的立場。而時為最大在野黨的民進黨，於1991年10月在黨綱寫下「建立主權獨立自主的臺灣共和國暨制定新憲法，應交由臺灣人以公民投票方式選擇決定」的所謂「臺灣前途決議文」。

　　1992年5月「刑法第100條」的廢除，使鼓吹和從事非暴力的臺獨活動合法化，2000年，政黨輪替，民進黨的陳水扁上臺後，便公開拋棄「一個中國」原則，整個臺灣政治格局的大變動，原本的「臺灣意識」意識形態，被「臺灣主體性」之說所取代。

　　以文學場域而言，1991年陳芳明在〈朝向臺灣史觀的建立〉文中，提出在臺灣史建構「臺灣主體性」的概念，並主張在臺灣文學中，亦是如此。這種不願將臺灣文學視為中國文學一支的文藝思潮，從80年代延伸而來，到90年代又更進一步發展，於此氛圍下，理所當然地，激化臺灣新文學思潮領域的統、獨大戰。

　　臺灣文學主體論，最早的淵源，可追溯自1965年復出文壇的葉石濤，在《文星》發表了〈臺灣的鄉土文學〉一文，該文提出從理論解釋「鄉土文學」的概念問題。

　　1977 年 5 月「鄉土文學論戰」方酣之際，葉石濤在《夏潮》又撰寫〈臺灣鄉土文學史導論〉，從鄉土中衍生出「臺灣人意識」的問題。葉石濤將臺灣人意識推演到「臺灣的文化民族主義」，雖然認同臺灣人在民族學上是漢民族，但在長期變遷下，早已發展了和中國分離，屬於臺灣自己的「文化的民族主義」。

葉石濤與陳映真的論戰

　　葉石濤的文章甫一披露，隨即遭到陳映真的批判，陳映真強調「臺灣新文學在表現整個中國追求國家獨立、民族自由的精神歷程中，不可否認地，是整個中國近代新文學的一部分」。

　　陳映真隨後，即以「民族文學」為準的，極力頌揚「三十年來在臺灣成長起來的中國文學」，並稱許這些作家「使用了具有中國風格的文字形式、美好的中國語言，表現了世居在臺灣的中國同胞的具體社會生活，以及在這生活中的歡笑和悲苦；勝利和挫折…。」

　　陳映真的批判，葉石濤並不示弱，1982 年元月，他糾合鄭炯明、曾貴海、陳坤崙、施明元等人於高雄創辦了《文學界》雜誌，鄭重其事的認為，臺灣文學離「自主性」道路尚有一段路要走，希望臺灣作家作品，要勇敢的去反映臺灣這塊美麗土地的真實形象。

　　葉石濤的宣言，立即獲得海外臺獨文學評論家陳芳明的聲援，陳芳明欣喜若狂的歡呼，臺灣本土文學終於與「本土政治結合起來」，而邁向一新的里程碑。

　　陳芳明積極肯定葉石濤臺灣文學本土性、自主性的論述，認為在文學史上是極為重要的發展，陳芳明甚至樂觀預估，「臺灣民族文學的孕育誕生，乃是必然的」，它斬釘截鐵的說：「把臺灣文學視為中國文學的一部分，是錯誤的」，至此，陳芳明的「文學臺獨」主張已十分明確的表露出來。

　　總之，在解嚴前夕，圍繞在臺灣文學屬性的論辯，兩種文學思潮的鬥爭已是壁壘分明了。一邊是以陳映真為代表的「臺灣文學係中國文學之一環論」；另一邊是葉石濤、陳芳明為首的建構「臺灣文學主體性」的論述，此南轅北轍的兩種主張嚴重對立，雙方各有其支持者，如詹宏志、呂正惠等認同陳映真之說；李喬、彭瑞金、高天生之流則附和葉石濤、陳芳明的看法。

旅美作家陳若曦試圖調解無效

　　從 70 年代，延燒迄今仍方興未艾，形成於 20 世紀末臺灣文學的統、獨大論戰。後來，旅美作家陳若曦，曾試圖化解兩派之歧見，然彼此仍堅持己見，已無調和的空間了。

　　1986 年，因為臺灣作家李昂與鄭愁予，在國際文壇遭到歧視事件，引發了《臺灣文藝》推出臺灣作家定位問題之探討。向陽、李敏勇、羊子喬等本土作家紛紛撰文，強調臺灣作家認同臺灣，寫出臺灣特殊面貌的重要性。否則既不寫臺灣情事，又不被中國認同，最後成了可悲可嘆進退失據的邊緣作家。

龍應臺的再度掀起波瀾

　　此事件之所以掀起波瀾，是龍應臺的〈臺灣作家哪裡去？〉文章中，認為臺灣作家在國際社會備受歧視，絕大部分的責任是，在國民黨政府的外交關係及中國正統觀，把問題焦點，鎖在臺灣的「國家定位」上。藉此機會，具臺獨意識的本土作家，決定順水推舟，以「臺灣國際地位」問題，回應「中國立場」的挑戰。

　　例如李昂，就直接訴求「臺灣文學劣勢一定存在，因為臺灣在國際上，一直是『名不正、言不順』」。所以，臺灣作家以後要用什麼稱

呼，在國際上定位，恐怕是政府、文化官員，乃至作家，應當認真思考的問題。

李昂趁機拋出臺灣文學劣勢的新議題

李昂拋出的議題，立即得到陳芳明的響應，陳芳明在《臺灣新文化》發表〈跨過文學批評的禁區〉，把「臺灣文學」、「臺灣作家定位」的問題與臺灣前途糾結在一起，進一步認定，「臺灣文學」反映臺灣這個「經濟生活共同體」實質，和「中國定位」，是如何隔閡不入。

因此，陳芳明不客氣的批評，臺灣文學中的「中國」，根本是虛構性與虛偽性。隨著臺灣意識的高漲，臺灣人急於「出頭天」的渴望，在政治解禁的情況下，90 年代後，文學臺獨勢力，達到登峰造極的地步。

陳芳明的崛起及其 vs 陳映真的論述大對決

在大環境轉趨有利的情況下，旅美臺獨大將陳芳明，發表一系列鼓吹文學臺獨的文章，如〈是撰寫臺灣文學史的時候了〉、〈在中國的臺灣文學與在臺灣的中國文學〉等，突顯陳芳明是葉石濤之後，執「文學臺獨」的牛耳地位。

在上述幾篇文章裡，藉由文學史的編寫問題，陳芳明繼續鼓吹「臺灣沒有產生過中國文學」，攻擊「臺灣文學是中國文學的一部分」的統派主張，強調臺灣文學與中國文學分離獨立的事實。

陳芳明是以移民社會的角度，來詮釋其理論。他說「臺灣是移民社會，中國移民到了臺灣以後，無不是以全新的『臺灣人心態在開墾、生活的，他們的經濟、生活方式，逐漸因地域、環境的條件，與中國隔離，而形成他們的特色』」。

　　準此而論，在與中國隔離的臺灣社會，所產生的臺灣文學，當然與中國文學是互不隸屬的。

生力軍彭瑞金的強力奧援陳芳明

　　陳芳明的文學臺獨論述，得到生力軍彭瑞金的強力奧援，彭瑞金特別還提出「臺灣民族文學」的概念，並以「臺灣民族」的理念，強調建構「臺灣民族文學」的重要性。

　　彭瑞金的論，調得到林央敏、宋澤萊等人的支持，他們提出的「臺灣民族文學」，就是要和中國文學劃清界線，他們最後的目標，是要建立一個優良的「新民族文化」、「新民族文學」，此目標的前提，則是奠基於與臺灣命運的契合。

　　新生代彭瑞金的高擎文學臺獨大纛，立獲老驥伏櫪葉石濤的強而有力聲援，他接連撰寫了《沒有土地・那有文學》、《走向臺灣文學》、《臺灣文學的悲情》等著作，開始明確宣揚文學臺獨的理念。

葉石濤再度加入戰局 vs 陳映真

　　葉石濤則強調，「臺灣人屬於漢民族，卻不是中國人，有日本國籍，卻不是大和民族」，所以說到最後「臺灣是臺灣人的臺灣」、「臺灣是主權獨立的國家」、「臺灣和中國是兩個不同的國家，制度不同、生活觀念不同，歷史境遇和文化內容迥然相異」。

　　葉石濤並回擊：「陳映真等新民族派作家是…民族主義者，他們是中國民族主義者，並不認同臺灣為弱小新興民族的國家」。

　　當然這場文學統、獨大論戰的殿軍仍是陳芳明，在世紀交替之際，陳芳明在《聯合文學》連載其〈臺灣新文學史〉時，又挑起了文壇統、獨兩派的激烈論戰。

陳芳明以「後殖民史觀」建構臺灣新文學史的分期與論述再度激發爭辯的新戰火

先是 1999 年 8 月，陳芳明在《聯合文學》發表〈臺灣新文學史的建構與分期〉一文，陳芳明稱其史觀為「後殖民史觀」，他指出臺灣新文學運動，從發生到現在，穿越了殖民、再殖民與後殖民等三個階段。

殖民時期，指 1895 至 1945 年的日本帝國主義的統治時期；再殖民時期「則是始於 1945 年，國民政府的接收臺灣，止於 1987 年戒嚴體制的終結」；至於後殖民時期，「當以 1987 年 7 月的解除戒嚴令，為象徵性的開端」。

這一史觀之所以特別，是陳芳明發明了「再殖民」一詞，且將此再殖民，含攝在國府統治臺灣到戒嚴以前的這一個時期。

除批判國府的「戒嚴體制」外，也痛斥國府強行灌輸的「中華民族主義」當道，陳芳明說：「就像大和民族主義，對整個社會的肆虐，戰後瀰漫於島上的中華民族主義，也是透過嚴密的教育體制，與龐大的宣傳機器，而達到囚禁作家心靈的目標。

這樣的民族主義，並非建基於自主性、自發性的認同，而是出自官方強制性、脅迫性的片面灌輸」。接著，陳芳明將臺灣作家，因對民族主義的認同分歧，而歸納為兩類：

一為接受政府文藝政策指導，以文學形式支援反共政策，宣揚民族主義，此為官方之文學；

另一為抗拒中華民族主義，他們創造的文學，以反映臺灣社會的生活實況為素材，對威權體制採批判態度，此屬於民間之文學。

換言之，陳芳明以認同民族主義，與否來二分官方或民間文學，作為其貫穿戰後臺灣文學史的主軸，雖頗富創造性，但亦有其盲點之所在。

陳芳明論述中具爭議性的概念
——「殖民」與「後殖民」的解釋問題

陳芳明論述中，最具爭議性的，是「殖民」、「後殖民」之概念問題，在社會科學領域中，「殖民」一詞是有其特定含義的，故使用時，宜遵守邏輯上的「同一律」，方能為學術界所接受。一般而言，「殖民」這個概念，係指資本主義發達國家為掠奪資源、榨取財富，採用軍事征服之手段，對落後地區加以佔據的行為。

它基本上，有三個前提，一是其行為主體，是某個資本主義強國；二為它是向海外擴張，侵略他國，為奪取資源為目的；三為在其殖民統治下，殖民地被剝削壓榨，導致經濟凋敝，民生貧困。準此而論，國府治下的臺灣，明顯是不符合「殖民地」標準的。

陳芳明之所以將國府治臺期間，比擬為「再殖民時間」，原因是國府在臺灣實施統治嚴苛的「戒嚴體制」，他認為這種近乎軍事控制的權力支配方式，較諸日本殖民體制毫不遜色。所以說從歷史發展的觀點來看，將此階段，視為「再殖民時期」，並不為過。

問題是，「戒嚴」、「統治嚴苛」能否等同「殖民」，恐怕有待斟酌。

其實陳芳明何嘗不知這些概念，是有區隔的，基本上，陳芳明此舉，尚有另一層用意，「殖民」本有一個民族侵略另一個民族，一個國家對另一個國家侵略之意涵。用殖民一詞含概解嚴前國府治臺這一段，顯然有將國府，視為外來政權侵略霸佔臺灣之意味，如此一來，將臺灣民眾反抗國民黨的鬥爭，提昇至擺脫殖民統治，爭取民族或國家的「獨立」鬥爭，符合了其政治臺獨的企盼。

陳映真對陳芳明論述的強烈反駁

陳芳明文章發表後，陳映真隨即在 2000 年 7 月的《聯合文學，》

發表〈以意識形態代替科學知識的災難〉一文，加以批駁其濫用「殖民」一詞之不當。

8 月的《聯合文學》陳芳明不甘示弱，以〈馬克思主義有那麼嚴重嗎？〉，回敬陳映真加以反撲，尤其在創作文學的語言上，陳芳明說：「臺灣新文學運動者，自始就是以日文、中國白話文、臺灣話三種語言，從事文學創作」。

其中，用臺灣話，書寫致使臺灣「與中國社會有了極大的隔閡」，陳芳明還說，「國民政府在臺灣『不僅繼承』了『甚至還予以系統化、制度化』了『日本殖民者對臺灣社會內部語言文化進行高度壓制與排斥』的『荒謬的國語政策』。依賴於這種『國語政策』，中國的『強勢的中原文化』，才能夠透過宣傳媒體、教育制度與警察機構等等管道，而建立了霸權論述』。

而這種存在於臺灣的霸權論述，與日治時期的殖民論述，『正好形成了一個微妙的共犯結構』」。

對此，因著陳芳明的「多語言文學」的說法，陳映真指出陳芳明所說，臺語遭到歧視，是有陰謀的，他其實是指，「中國國語」對臺灣地區「閩南」和「客家」，兩種漢語方言的「壓迫」，從而暴露了陳芳明，妄圖把通行於臺灣地區的漢語閩南方言、客家方言，說成是和漢語、日語一樣獨立的民族語言，以證明臺灣是，分離於中國之外的獨立國家。

其實，閩南語固然是福建南方的方言，但在臺灣它已是絕大部分福佬人的共通語言，它有其主體性，未必一定要附屬於國語的語言霸權下。

但陳芳明刻意說明，國府是如何的壓迫宰制臺語，也有言過其實處，因為當時在教育體制內，固然強迫人人要說國語，但在廣大的臺灣民間社會，政府並沒有用公權力，強行制止臺語之流通。

且陳映真還舉日本、法國、韓國為例，說明世界各國，為了維護

「國語的中央集權的統一」，普遍強制推行某種針對方言的特殊文化政策，國府治臺後的「國語政策」，亦為這種文化政策的體現，這種世界各現代民族國家都做的事，何來「殖民統治」的「語言文化歧視」呢？

所以，陳映真認為陳芳明別有用心，故意泡製一種臺灣話來，把臺灣人講臺灣話和中國人說國語，看作是絕對對立的鬥爭，從而證明此鬥爭不僅是語言的，而且，甚至是文學、民族乃至國家的對立鬥爭。

9 月的《聯合文學》陳映真再度出擊，寫了〈關於臺灣「社會性質」的進一步討論〉痛批陳芳明對臺灣社會性質認識之膚淺與謬誤。

陳映真攻擊陳芳明的焦點，集中在其「社會性質」上。陳映真特別舉出「228 事件」期間，倒在血泊中的宋斐如，在 1946 年元旦於《人民導報》的〈發刊詞〉及其後的〈如何改進臺灣文化教育〉證明，戰後當時臺灣的知識份子，提出要改變日據臺灣時，「文化畸形發展」的局面，「教育臺胞成為中國人」，「隨祖國的進步而進步」。

對於宋斐如、蘇新、賴明弘、王白淵等思想鬥士而言，要克服日據時期殖民地文化的影響，唯一之途，只有回歸中國，做主體的中國人。

即便在 1947 至 1949 年，臺灣《新生報》的〈橋〉副刊發生一場「如何建設臺灣新文學」爭論時，歐陽明、楊逵、林曙光、田兵，甚至包括後來走向獨派的葉石濤，都強調建設臺灣新文學的課題，和建設中國新文學的課題相關聯，強調臺灣文學，始終是「中國文學的戰鬥的分支」，臺灣文學工作者，是中國新文學工作者的「一個戰鬥隊伍」。

到了 70 年代，鄉土文學論戰時期，葉石濤、王拓等人，仍迭次宣稱「臺灣文學是中國文學的一環」，即使是陳芳明自己，也是到鄉土文學論戰前後，才和中國文學 Say「Good Bye」。

　　而楊逵在〈橋〉副刊的文藝爭論中，以及 1949 年發表的〈和平宣言〉中，也屢屢疾言，反對臺灣獨立論，或臺灣託管論。

　　總之，針對陳芳明所謂外來中國，對臺灣再殖民統治的說法，臺灣文學與中國文學分離說，陳映真是費力最多，以大批資料史實，予以強烈批判的。

雙陳各說各話
——一場沒有共識即告暫停的文學統獨大對決

　　10 月，同樣在《聯合文學》，陳芳明再拋出〈當臺灣文學戴上馬克思面具〉，嚴厲譴責陳映真對他的批判，是「在宣洩他的中國民族主義情緒」，用馬克思主義「作為面具，來巧飾他中國民族主義的統派意識形態」，虛掩其「統派立場」。12 月，陳映真以論戰，已經失焦，不願繼續糾纏下去，乃寫了〈陳芳明歷史三階段論和臺灣新文學史論可以休矣！〉，以示「論戰結束」。

　　陳映真指出：「陳芳明有關日據以降，『殖民地』社會——『再殖民』社會——『後殖民』社會『三大社會性質』推移的『理論』，既完全不合乎陳芳明不懂而又硬裝懂得的，馬克思主義歷史唯物主義，有關社會生產方式性質（＝社會性質）理論和原則，也經不起一般理論對知識、方法論、邏輯等要素的，即便是最鬆懈的考驗。

　　因此，不能不說，陳芳明『歷史三大階段』論，所謂『後殖民史觀』不論從馬克思主義的生產方式論、或其他一般理論的基本要求看，都是破產的理論和史觀」，「因此，以破產的、知識上站不住腳的『三階段』去『建構』和『書寫』的、他的『臺灣新文學史』之破滅，也是必然之事」。

爭辯後的吾人省思

　　樹欲靜而風不止,《聯合文學》上的二陳統、獨論戰,雖暫告一段落,然而,只要臺灣還不能成為一個正常國家,只要政治上的統、獨爭議仍在,只要當代臺灣有關國家認同的問題一日不解決,文學上的統、獨論戰就會持續下去,且情勢還會更趨激烈,更錯綜複雜。

　　其實,這無關對錯,而是因著政治信仰,所導致的對臺灣文學的信念。唯一的問題是,究竟那喔方的論述,能較吻合臺灣歷史發展的現象?或那一方的分析,能貼切臺灣人民的情感?以及究竟那一方的說詞,較能獲得臺灣人民的支持?由此可知,此一問題,短時間可能還無法得到圓滿解決。

參考書目

1. 古繼堂主編，《簡明臺灣文學史》（臺北：人間版，2003 年 7 月初版）。

2. 朱雙一，《臺灣文學思潮與淵源》（臺北：海峽學術出版社，2005 年 2 月出版）。

3. 呂正惠，《殖民地的傷痕——臺灣文學問題》（臺北：人間版，2002 年 6 月初版）。

4. 宋冬陽（陳芳明），《放膽文章拼命酒》（臺北：林白出版社，1988 年 3 月出版）。

5. 李昂，〈臺灣作家哪裡去〉，《臺灣文藝》106 期（民國 76 年 7 月）。

6. 陳芳明，《探索臺灣史觀》（臺北：自立版，民國 81 年 9 月 1 版）。

7. 陳芳明，《鞭傷之島》（臺北：自立版，民國 78 年 7 月 1 版）。

8. 陳芳明，〈跨過文學批評的禁區〉，《臺灣新文化》13 期（民國 76 年 10 月）。

9. 陳芳明，〈是撰寫臺灣文學史的時候了〉，《自立早報》（民國 77 年 2 月 13－14 日）。

10. 陳芳明，〈在中國的臺灣文學與在臺灣的中國文學〉，《民進報》（革新版）第 9 期（民國 77 年 5 月 7 日）。

11. 陳芳明，〈臺灣新文學史的建構與分期〉，《聯合文學》178 期（民國 88 年 8 月）。

12. 陳芳明，〈馬克思主義有那麼嚴重嗎？〉，《聯合文學》190 期（民國 89 年 8 月）。

13. 陳芳明，〈當臺灣文學戴上馬克思面具〉，《聯合文學》192 期（民國 89 年 10 月）。

14. 陳芳明，〈有這種統派，誰還需要馬克思？〉，《聯合文學》202 期（民國 90 年 8 月）。

15. 陳芳明，《後殖民臺灣──文學史論及其周邊》（臺北：麥田出版，
　　2002 年 4 月初版）。

16. 陳映真，〈向內戰‧冷戰意識形態挑戰〉，《聯合文學》第 14 卷第 2
　　期（民國 86 年 12 月）。

17. 陳映真，〈向著更寬廣的歷史視野〉，《前進週刊》第 12 期（民國
　　72 年 6 月 18 日）。

18. 陳映真，〈建立民族文學的風格〉，《中華雜誌》171 期（民國 66 年
　　10 月）。

19. 陳映真，〈以意識形態代替科學知識的災難〉，《聯合文學》189 期
　　（民國 89 年 7 月）。

20. 陳映真，〈關於臺灣「社會性質」的進一步討論〉，《聯合文學》191
　　期（民國 89 年 9 月）。

21. 陳映真，〈陳芳明歷史三階段論和臺灣新文學史論可以休矣！〉，
　　《聯合文學》194 期（民國 89 年 12 月）。

22. 陳映真‧曾健民編，《1947－1949 臺灣文學問題論議集》（臺北：
　　人間版，1999 年 9 月初版）。

23. 許南村編，《反對言偽而辯》（臺北：人間版，2002 年 8 月初版）。

24. 陳樹鴻，〈臺灣意識──黨外民主運動的基石〉，載施敏輝編，《臺
　　灣意識論戰選集》（臺北：前衛版，1988 年 9 月出版）。

25. 曾健民，〈「戰後再殖民論」的顛倒〉，《聯合文學》195 期（民國
　　90 年 1 月）。

26. 曾健民編，《清理與批判》（臺北：人間版，1998 年 12 月初版）。

27. 曾慶瑞‧趙遐秋合著，《臺獨派的臺灣文學論批判》（臺北：人間
　　版，2003 年 7 月初版）。

28. 彭瑞金，《臺灣文學探索》（臺北：前衛版，1995 年 1 月初版）。

29. 彭瑞金，《臺灣新文學運動 40 年》（臺北：自立版，民國 80 年 3
　　月出版）。

30. 尉天驄編，《鄉土文學討論集》（臺北：遠景版，民國 67 年 4 月初版）。

31. 楊祖珺，〈巨龍、巨龍、你瞎了眼〉，《前進週刊》第 11 期（民國 72 年 6 月 11 日）。

32. 葉石濤，《文學回憶錄》（臺北：遠景版，民國 72 年 4 月出版）。

33. 葉石濤，《臺灣文學的悲情》（高雄：派色文化出版社，民國 79 年 1 月 1 版）。

34. 葉石濤，〈戰前臺灣新文學的自主意識〉，《臺灣新聞報・西子灣》（民國 84 年 8 月 5 日）。

35. 葉石濤，〈戰後臺灣新文學的自主意識〉，《臺灣新聞報・西子灣》（民國 84 年 8 月 12 日）。

36. 葉石濤，〈臺灣文學史上的鄉土文學論爭〉（下），《臺灣新聞報・西子灣》（民國 84 年 10 月 28 日）。

37. 葉石濤，《臺灣文學史綱》（高雄：文學界雜誌社，民國 80 年 9 月）。

38. 葉石濤，《臺灣文學的回顧》（臺北：九歌版，2004 年 11 月重排初版）。

39. 趙遐秋・呂正惠主編，《臺灣新文學思潮史綱》（臺北：人間版，2002 年 6 月）。

40. 龍應台，〈臺灣作家哪裡去？〉，《中國時報》（民國 76 年 4 月 27 日）。

第十一章　二十一世紀第一本新女性主義的
　　　　現代臺灣佛教小說：
　　　　陳若曦的《慧心蓮》導讀

在前兩章，我們是從新臺灣人意識出現的歷史溯源，並且也對解嚴後臺灣文學意識形態的論述進行了精要解說後，接著我們擬改從迄今只出現在 21 世紀初期的一本現代臺灣佛教女性小說名著，進行全書的導讀。

此即陳若曦的快速獲得大獎的《慧心蓮》一書的創作歷程與全書內容。而這本小說的特色就是，完全不帶有當代臺灣政治上常有的濃厚統或獨的任何意識形態的成份。換句話說，當代臺灣文學的作品，也存在著能超越文學統獨之爭的優秀文學創作。

而本章的內容全文，原是名作家陳若曦的邀稿，要我為她此書在香港出版時，所特別寫的一篇簡明導論。陳若曦原本的信仰是基督教，但她會接觸臺灣佛教史的著作和了解相關佛教知識，主要是來自我的影響之後，才有此類小說的創作。也因此，她才要我寫此書香港版的導讀。

事實上，陳若曦的第一本佛教長篇小說《慧心蓮》，出版於二十一世紀的初年春天，並在當年底即獲象徵臺灣文學最高成就之一的「中山文藝獎」。可見其得獎速度之快，甚至超過她享譽國際文壇已

久的第一本短篇小說集《尹縣長》。[1]

在這兩本得獎的作品中，若要我選擇其中一本，作為陳若曦的生平代表作，則我認為《慧心蓮》一書，其實比《尹縣長》更具代表性（其理由詳後）。

為什麼我們要以「二十世紀第一本新女性主義的現代臺灣佛教小說」：《慧心蓮》一書，作為其文學表現上的重要歷史定位呢？

首先，我們須知，當代臺灣佛教文學的題材特殊性，不論是寫在陳若曦此書之前的──即張曼濤所著長篇臺灣佛教反基督教小說《曉露》（臺中：一九五六），或出版在此書之後的作品──即梁寒衣的長篇佛教靈修小說《我們體內的提婆達多：菩薩道上的棘刺》（臺北：二○○九），此兩者，事實上皆不曾真正觸及當代臺灣佛教僧尼的教團實際問題。

所以，陳若曦的《慧心蓮》佛教小說，的確堪稱是，此一主題和此一類型最優秀的第一本新佛教女性作品。

再者，我們須知，戰後臺灣地區曾歷經長達三十八年（一九四九～一九八七）之久的政治「戒嚴時期」，在此特殊的宗教氛圍下，不論戰後臺灣文藝界所演出的傳統戲劇或現代電影中所出現的劇情，若有任何負面佛教僧尼聖潔形象的情節出現者，必遭來當代臺灣佛教僧尼的集體嚴重抗議。此所以，具有現實社會學意義的當代長篇佛教小說，在海峽兩岸的漢人佛教文化圈，都出現得很晚。亦即，約當臺灣解嚴前後，才相繼出現。

以出書早於陳若曦的大陸作者郭青其人為例，他原是有共黨背景但其後已還俗的松青和尚，並且他和一九四九年逃難來臺的釋星雲法師，也算是同輩的舊識。

---

[1] 因為《尹縣長》是在一九七六年由臺北的遠景出版社出版，但隔年才首度獲「中山文藝獎」。

　　可是，當他發表得獎的長篇佛教小說《袈裟塵緣》（四川：一九八六）時，即已是大陸改革開放多年之後的不同時空環境了。[2]

　　所以，無論從哪一個角度──諸如從新的佛教素材、新的佛教意識形態、新的佛教女性生活遭遇或轉型等各方面來看──陳若曦在二○○一年時，以新佛教女性思維所出版的《慧心蓮》一書，都稱得上是海峽兩岸「二十世紀第一本新女性主義的現代臺灣佛教小說」。而其中，尤以書的內容，能主張僧尼兩性平權、肯定佛教女性自主、以及強調對現代性社會關懷的專業能力之擁有等，最為人所稱道。

　　陳若曦當初是如何創作《慧心蓮》一書的？

　　有關此一問題，我們須知，陳若曦當初在創作《慧心蓮》一書時，的確曾受幾個相關因素之影響，茲再分述各點內容如下：

　　（一）此書曾受解嚴後，臺灣所出現的快速社會多元發展之新開放環境的有利影響。亦即由於有此一因素的適時出現，才使得其後各種新興宗教能相繼崛起和使不少外來宗教的在臺急遽發展成為可能。

　　所以在《慧心蓮》一書的豐富內容中，也才能有大量此類新興宗教崛起的相關說明、或外來宗教在臺傳播狀況的簡明介紹、以及出現宗教信徒頻繁改宗的抉擇流程之描述、乃至對於藉宗教斂財及騙色性侵的弊端進行嚴厲的批判等──這些種類繁多的知識說明，和相關情節的描述之段落出現。

　　（二）一九九六年時，當我和陳若曦認識不久之後，我即將所剛出版的有關近百年來臺灣現代佛教發展史的書籍多種相贈，並將我一向批判當代臺灣佛教的理念和人間佛教思想的傳播背景知識和她交

2　雖然大陸評論家杜宣曾說，「此書向讀者打開了禁閉的佛教之門」，但也僅是繼承蘇曼殊在一九一二年時所創作《斷鴻零雁記》的表現法，亦即其書是以出家僧人難捨舊情緣的悲泣佛教文學傳統為基底，再新加上紅色共黨和尚的抗日英勇表現而已。除此之外，其全書並不存在具體描述有關當代大新佛教尼眾改革的任何情節內容。

換意見，她當時也頗能有所共鳴。

同時，我也介紹她參訪一些現代性臺灣女眾道場的節慶活動狀況，使她擁有第一手的田野經驗。所以她當時觀察的眼光，即是知性的掃描，而非純信仰取向的盲從。

在此一因素的影響下，陳若曦在她創作書中的「杜美慧」一角時，雖曾在一開頭，即戲劇性地描寫其落髮剃度時的悲嗆和前往受大戒及點香疤時的有趣情節等，並使其因：婚後曾受家暴、中計離婚和曾被繼父強暴等不幸，而無奈剃度出家和前往受大戒的諸多背後細節，能逐一呈現。

但，更重要的意義在於，「杜美慧」出家後，成為法號「承依」的新戒尼師，經過不斷精進和各種歷練之後，不但已是一位處理寺中事務的高手、善於廚藝和園藝、又是一位能奉行改革派所主張的「人生佛教」新理念者、故其後赴美留學得碩士學位回來，既接新住持職位，又能相繼推行尼眾專屬道場制度、援助原住民受害雛妓、推行新環保概念、主張無墳的樹葬方式，所以她已是一位當代臺灣尼眾界不可多得的新典範。

然而，若對照陳若曦本人生平所堅持的新女性主義思維，即可發現：她在此一典範的描述上，其實也有不少成分，是以其書中的新住持「承依」尼師的這一典範角色，來投射其宿志和心影的。

（三）此書亦曾受美艷歌星方晴受辱事件（一九九一）和其後自殺（一九九九）的因素之重要影響。此因早在一九九九年方晴自殺之前多年，我已和施寄青兩人都力主應由陳若曦本人，以長篇佛教小說的形式，來批判和披露此事，並使當時宗教界的一些色魔，能有所鑒戒。而我和施寄青兩人，則將再以另外的方式，分別對其加害者，進行口誅或給予筆伐。

可是，陳若曦當時雖已答應，卻可能仍心有顧忌，所以遲遲未能正式開筆書寫。直到方晴本人於一九九九年六月八日，在美國華盛頓

州艾佛瑞特市的一間律師樓舉槍自殺之後，第二天早上，陳若曦基於不能失信於死者，才正式草擬《慧心蓮》的寫作大綱。

　　所以，《慧心蓮》一書中，要角之二的「杜美心」，就是以方晴本人作樣本，並以其親歷受騙過程和遭辱後又被逐出師門的各種悲慘史，來建構全書中最富戲劇性張力的豔情悲恨之章的曲折內容。由此可知，正如陳若曦在《尹縣長》一書的寫作不是虛構，而是文革事件真實的呈現一樣，陳若曦在其《慧心蓮》一書的寫作，同樣也非純屬虛構，而是有真正歷史背景和現實樣本作其基底的當代臺灣佛教寫實文學之呈現。

　　（四）此書中主場景的部分，與作為臺灣地理中心的南投縣埔里鎮，有最密切的關聯性。此因南投縣的埔里鎮，既擁有山川美麗的動人景觀，又盛行多元宗教信仰，更兼具臺灣中部原住民平埔族最後棲息地遺址和早期臺灣漢人及諸多外來者相繼遷入的複雜生活型態和經驗等，所以陳若曦在一九九九年九月二十一日當臺灣中部遭逢大地震災難之後，她即隨著慈濟功德會的賑災人員，來到災區中心的南投，之後便開始有了強烈的鄉土認同。而這也就是在《慧心蓮》後半部的主場景，大多選在南投縣或埔里鎮的原因。[3]

　　有關《慧心蓮》一書在其文學藝術上的高度成就，又是如何形成的？

　　一、在經過多年的相關佛教史閱讀和參訪各佛教道場之後，陳若曦在寫作《慧心蓮》一書時，其實已能將當代臺灣佛教道場的日常性生活用語，應用到相當熟練的高水平。

　　二、這使得她在處理書中相關情節的必要說明時、或進行佛教的相關活動描述時，可擁有不亞於佛教圈內人的清晰度和自然呈現狀態。而透過這一基礎能力的擁有，她基本上便能保證在其書中所呈現

3　陳若曦又於當年獲選為首位的南投縣駐縣作家，為時一年（二〇〇〇年七月至二〇〇一年六月），所以她的下一本長篇佛教小說《重返桃花源》（南投：二〇〇二）主場景，同樣是以災後重建的南投縣或埔里鎮為描寫的重點。

的相關佛教知識說明，能具有高度的可信性和強大的說服力。

三、《慧心蓮》一書中的情節進展和其能多元視角呈現，是透過三個不同世代、但有同一家血緣的四個女人（杜阿春、杜美慧、杜美心、王慧蓮），分別呈現出來的。

而這三位不同世代的第一代傳統臺灣女人，只有一個，她正是新住持「承依」尼師的母親杜阿春。她原是一貫道的道親，曾有兩段不如意的婚姻。

其中第二任丈夫，更因其在一九四九年來臺之後，曾謊稱大陸無妻、故成功再娶已有雙女的杜阿春，並因其一度強暴前夫的長女杜美慧，所以在其晚年，非常後悔，故曾暗中設法捐款贊助出家後的「承依尼師」和其道場開銷，還使其因此能順利出國留學及取得碩士學位回來。

並且，「承依尼師」在其取得碩士學位回臺之後，因其所從事的即是新佛教改革運動，故之後也曾影響其俗家母親杜阿春離開其原有一貫道信仰，而改信其所奉行的「正信佛教」。

所以，陳若曦其實是以母親杜阿春的眼光，來看女兒的出家，在初期當然是會悲悽和不捨。但陳若曦同時也能藉著母親杜阿春，原先信奉一貫道的宗教經驗，來看待臺灣傳統宗教的多神信仰和日漸盛行於當代臺灣的各種新興宗教之傳播狀況。因此，母親杜阿春的非單一宗教信仰的流動性追尋經驗，正好呼應了傳統臺灣婦女，在臺灣解嚴前後的宗教多元發展和「承依尼師」奉行具現實性社會關懷的新佛教之必要性。亦即，母親杜阿春最後選擇與出家女兒「承依尼師」的同一「人間佛教」的信仰路線，即成其後情節發展的必然性結局。

再者，由於認同出家女兒「承依尼師」的佛教事業，她又獲知第二任丈夫生前曾暗助出家女兒「承依尼師」的留學經費，和曾捐款護持女兒道場的開銷，所以母女兩人，最後是以諒解和無怨的方式，來饒恕原加害者（即第二入丈夫或其繼父）。

　　接續書中故事發展的第二段敘述者，已改由母親杜阿春的二女杜美心接棒，所以已故美艷紅星方晴的生平事蹟，如其家庭背景、幾度婚姻不順、美艷多藝卻嗜好名牌和癡迷新奇宗教經驗等，都被適度地採用為形塑「杜美心」的角色樣本。

　　而陳若曦透過書中「杜美心」曾在密教上師的「男女雙修法」中失身經驗，以及其後與上師活佛的一段複雜情慾糾葛，陳若曦藉此強烈批判了密教上師在臺以「男女雙修法」騙財騙色的諸多流弊行為。最後，並藉一九九九年九月二十一日大地震的「天譴」，來使方晴的宗教加害者，腳趾頭被折斷數根，以及其豪華的宗教建築幾近全毀。

　　但，陳若曦並未在書中提到「杜美心」的真正死亡。所以她是側重描述「杜美心」在其宗教痴迷追尋中，曾殘酷遭到幻滅打擊後的新生歷程，而非以真實版的方晴之死，來從事其悲慘史的複製、或進行其文學性實況的再描寫。

　　順此邏輯，陳若曦在其《慧心蓮》一書第三段的故事描述中，就是以「承依尼師」（杜美慧）的俗家女兒王慧蓮，作為導引其書中情結開展的最後擔綱者。

　　可是，王慧蓮本人並不迷戀男女私情。所以她雖在清華大學受過高等教育，卻仍以出家的母親，作為當代臺灣新尼師的典範，故她同樣也選擇出家為尼，法號「勤禮」。

　　可是，上述情節的戲劇性張力，在其文學性描述的過程中，並不易顯現。因此，共同構成本書最後結尾布局的，就是陳若曦對其宗族遺產的繼承問題進行善後處理、或者分析是否要對其不倫長輩的犯行給予諒解？以及其出外替亡靈助念時曾萌生的特殊感應經驗、和其有必要提倡一種無墳塔設施的新樹葬概念等各種情節，便與「九二一」大震災後的重建問題，交織成為全書尾聲的整個內容。

　　陳若曦的《慧心蓮》一書，自二○○一年出版以來，除大受好評並榮獲該年的「中山文藝獎」之外，尚有一疑問必須說明的，就是其

書內容，在當代臺灣比丘尼間的接受度，又是如何？據我的多年來觀察，其情況發展大致如下：

一、陳若曦在其書中，雖有對負面的教界行為之描寫和嚴厲批評，但從未遭到來自佛教界尼眾的任何抗議。反而是，其書出版後，即普遍推崇其對當代臺灣比丘尼新形象的建構和精采的描述，並將其視為值得閱讀的當代重要佛教書籍。

此因在其書中，雖有一些對教界負面行為的描寫和批評，可是，其所描寫和所批評的，皆曾為當時臺灣社會廣為流播之事實，故不易反駁。並且，杜家二代女性作為受害者的悲慘際遇，正如美艷歌星方晴的不幸遭遇，其實是相當能普獲各界同情的。

二、臺灣的政大中文系丁敏教授，曾於二○○三年時，撰寫有關此書的研究專文，並參與由臺灣現代比丘尼所主辦的「人間佛教與當代對話」的學術研討會，而當時其所邀擔任此論文的回應者，正是對方晴事件有高度同情心的著名婦運家施寄青女士。所以當天討論時的空前熱烈和大轟動狀況，自然不出大家在邀請當初所預料者。可是，當天居然無人質疑陳若曦在其《慧心蓮》一書中，是否有任何佛教知識上的錯誤？或不當的負面描寫？才更出乎我原先的預料之外。

二○○九年八月十七日

第三篇

從戒嚴到解嚴的
臺灣新佛教文化透視

第十二章　從戰後到當代：臺灣佛教思想文化構造的社會基礎

序言

　　從本章開始到正文最後的第十七章止，都是有關從戒嚴到解嚴以來，最主要的臺灣本土新佛教文化與思想、或新宗派的誕生背景解析與具代表性佛教人物的蓋棺論定等。

　　事實上，有關從戰後到當代，實際能作為或曾作為戰後臺灣佛教思想文化構造的社會基礎，究竟是甚麼？真相為何？也的確是很值得我們去追索的。

　　所以，在本章開端，我們擬先依據過去已曾完成的諸多相關研究成果，[1]將臺灣地區自戰後（1945/10-迄今（2019/07）的全部開展歷程，架構在此一同階段於臺灣政治史上，共發生三次大變革之年（※即：1945、1949、1987）的歷程時距上，來進行不同階段的佛教開展史分期，藉以能精確地說明：

　　在此分期內，於臺灣地區所曾出現的，各種主要的佛教文化特色何在？或藉以呈現在此一階段的各分期內，於臺灣現代佛教史上，所

1　見，江燦騰，（一）《臺灣佛教史》（臺北：五南出版社，2009）、（二）《臺灣當代佛教》（臺北：南天書局，1997）、（二）《臺灣佛教現代社會》（臺北：三民書局，1992）、（四）《臺灣佛教文化的新動向》（臺北：三民書局，1993、（四）《臺灣近代佛教的變革與反思》（臺北：東大出版社，2003）等書，都有詳細和完整的說明。

曾陸續達成的彼等各種不同卓越成就和相關貢獻何在？

換句話說，我其實是希望自己能以「識途老馬」的姿態，來提供能兼具「知識地圖」和「路線導引」雙層作用的豐富內容，好讓本書讀者，都能快速了解，我在以下所進行的相關各節內容之說明；[2]

一、臺灣地區在戰後初期的佛教轉型問題

第二次世界大戰後，日本帝國主義者因敗戰投降而全部退出臺灣，改由中華民國政府派員來臺受降和進行接管，由於國民政府堅持不接受在臺日本民眾繼續在臺地居住和擁有其原居所或相關產業，所以除少數的特殊例外，包括日本各派在臺僧尼和相關寺產，都被迫須於短期內變賣、轉讓、拋棄，或被視為「敵產」，而被官方的有關單位接管，或有特殊背景的私人趁機據為己有。

所以，不論社會或個人，在當時，都是處於非常態的混亂與失序時期。臺灣佛教界的戰後開展，當然也不可能只由於單是臺灣「戰後」的到來，就能一切安然或不受絲毫影響地，繼續開展下去。

此種情形，正如清末臺灣割讓給日本統治時那樣，掌有最高統治權和宗教行政管理權的官方當局，將要如何進行其統治的方式、態度和效能，便決定了——包括臺灣僧尼在內——所能擁有宗教活動的自由度如何？以及彼等是否必須立刻反向進行其所謂「去日趨中化」的新佛教信仰模式？[3]

---

[2]　至於能否實際達成如此效果？則還望各位高明的指教是幸。

[3]　對於不知「光復後」臺灣佛教命運，即將如何降臨的「皇民化臺灣僧尼」來說，拋卻日式袈裟、法器和宗教儀軌，並不構成極大的困難。從使用日語和臺語的交談，改為只使用臺語交談，也不構成困難。何況日文佛教經典知識的閱讀或學習，和臺灣社會大多數的知識分子一樣，都是可以自由參考和運用的，並未遭到官方的任何禁制或歧視。只有是否能以僧尼身份而公然「娶妻和葷食」這一點，在日治時期已大為臺灣傳統儒生社群所強烈批判和抵制，大多數的臺灣

＊

　　另一方面，才剛掌握臺灣統治權不久的上級中央政府──即總統府在大陸南京地區的中華民國政權──隨即與由蘇聯在背後支持的中國共產黨軍隊，爆發了激烈的大規模國共「內戰」，致使國府無暇專注於臺灣的有效統治，終於導致民眾和政府之間爆發了嚴重衝突的「二二八事件」，對此後的政局影響，至為深遠。

　　而此一動盪局勢的持續惡化，其歷史開展和變革的臨界點，就是中華民國政權在一九四九年，喪失大陸的統治權，改由中華人民共和國的共產政權，定都北京和展開「解放」（1949）後迄今（2012）的全面性統治新局。

　　問題在於，一九四九年喪失大陸的全部統治權的中華民國政府，其實是國共「內戰」失敗後的「殘存黨政軍三位一體」的威權保守勢力。所以遷臺之後的統治形態，是建構在藉「內戰持續中」的「戒嚴體制」，來貫徹其自上而下的統治威權意志。

　　因而，此一掌握黨政軍三位一體的中央威權核心領導者，除了極力避免被區域化的在地勢力所分權，並召來主客易位的不利統治局面外，還須結合新從大陸各省來臺的大量政治難民和數百名相繼逃難來臺的大陸僧侶，以去除原在日本殖民時期所形成的臺灣在地有組織社會集體行動的可能復活之火苗和可能再度串連之燎原擴張趨勢。所以其地方黨部、民眾服務站和三民主義反共青年救國團等單位，所進行的「監視及掌握地方動員主導權的周邊組織系統」，也被有效地在臺

本地佛教徒也同樣對一些曾受過日式化佛教高等教育的臺灣現代僧侶極為反感，所以彼等的追隨信徒，其實相當有限。但，這些人都是日治時代，臺灣新一代佛教知識份子中的菁英和後期「皇民化佛教練成」的在地擔綱者。所以，一旦官方宗教政策有所改變，那麼彼等或還俗另謀發展，或改以在家居士的身分繼續活躍於相關的佛教事務中，也都不會遭到真正的轉型困難。

灣各地逐漸建置起來。

如此一來，由中央最高威權當局所指令，亦即必須：「盡全力去除地方意識」和「徹底壓制有分離傾向顧慮的在地社會有組織地遂行其集體行動的可能串連」的最高任務指導原則，便被貫徹為對所謂「佛教黨員的吸收」和「佛教黨務組織的建構與運作」，都因而更加劇其對臺灣地區原宗教社會的生態變革衝擊，與曾在日治時期受日本佛教深刻影響的臺灣本土佛教僧尼或齋教徒，被迫必須接受其所謂「去日本化佛教」的再教育或相關的改造運動。

但是，此種「非常態情況」所以能夠在此後的歲月持續多年，而未遭到在地強烈反彈，其實是由於當時的世界局勢，正處於戰後美蘇兩大強權的「冷戰」對立時期，所以臺灣當時所進行的獨裁威權統治形式和其種種反民主的作為，也因此被美國基於「冷戰」的需要而容忍下來。可見，戰後的臺灣政局發展，是形成了「內戰持續」和「冷戰對峙」的雙結構趨勢；而此一「雙結構趨勢」的出現和持續存在，就當時現實面的具體影響而言，可說它既決定了臺灣此後的長期威權統治型態，也同時主導了「反共抗俄」潮流下的臺灣佛教開展趨勢。

根據上述情勢的理解，我們可以不誇張地說，此兩者其實是由同一源頭（「雙結構趨勢」）所衍生的，亦即兩者皆具有密切命運關連的政教混合之威權共同體性質。而此兩者的主從隸屬位階與其彼此之間所掌控權力大小的差別，只在於前者，是作為上級政令的指導者和開展方向的規範者，至於後者，則只是奉前者命的服從者——或者，單就被重建後的佛教組織和其重要成員來說，彼等就是已被「高度黨化」的所謂「反共抗俄」時期的「佛教政策執行者」罷了。

可是，到一九六〇年代後期，由於國際局勢已從「冷戰」的對峙狀況，轉為美國新總統尼克森所謂「溝通和談判的時代」。因此臺灣做為反共陣營的價值大為降低，除被迫退出聯合國席位（一九七一年），以及臺美正式斷交（一九七八年）之外，甚至臺灣內部的反對

勢力也已漸成氣候（※一九八六年，雖非合法，但「民主進步黨」已正式成立）。

所以蔣氏強人政權的第二代（即執政後期的蔣經國總統）在其晚年（一九八〇代的中後期），便不得不被迫逐漸讓步。而其最大的政策轉向就是，官方不但於一九八七年夏季，正式宣佈政治解嚴，並開放老兵回大陸探親，連臺商與各宗教人士，也紛紛到大陸參訪或交流。因此，解嚴以來，臺灣當代佛教的各種組織型態和活動方式，已可在新的〈人民團體組織法〉立法通過之後，自由地朝向多元開展和因之而形成佛教發展的趨勢大好及快速擴張。

所以，根據上述的不同開展狀況，我們其實可從：（一）戰後初期的日本佛教勢力退出，（二）歷經一九四九年的大陸各省僧侶（以江浙地區僧侶為主）逃難來臺後的「中國佛教會」組織重建和長期主導「傳戒」的巨大影響[4]，以及（三）一九八七年政治解嚴之後佛教趨向多元化迄今，再將其區分為開展的各階段分期時距和主要特色如下：

二、各階段的開展分期和主要特色

（一）各階段的開展分期

1.戰後初期至頒布戒嚴令之前的 4 年（1945-1949）。

2.戒嚴時期持續的 38 年（1949-1987）。

3.解嚴之後迄今的 31 年（1987-2019），共三個不同時期。

（二）各階段的主要文化特色

上述各階段分期之後，按其相應開展的不同特色，又分別呈現

4　解嚴之後，傳戒已趨向多元，可參考釋本善，〈戰後臺灣佛傳授教三壇大戒之研究（1952-1987）〉，中壢圓光佛學研究所論文（2008 年 6 月）。

為：第一時期，是官方宗教政策與佛教本身開展的放任過渡期；第二時期，是為改造和快速開展期；第三時期，則是變革期和批判期。

三、重返歷史現場：相關歷程的開展與戰後迄今佛教史問題說明

（一）戰後初期臺灣佛教「去日本化」運動的開展歷程

從戰後初期（一九四五年）至一九四九年仲夏間的開展，由於才和大陸的中國佛教會建立了隸屬上下關係，臺灣成為該組織之下的省籍會員組織。但是此一非官方的民間社團性質的全國性佛教組織，在此之前，根本沒有足夠的時間和機會，來測試第一屆大會通過的各種組織章程和運作的是否有效？

亦即，此一龐雜的全國性組織，在其之前的各階段組織領導和實際運作，都一再顯示，事實上是存在著改革激進與傳統保守的大陣營互爭領導權的嚴重對立狀況。

所以，若非隨之而來的歷史劇變，迫使此一未經歷練和發生實質作用的全國性佛教新組織，各成員四處離散或改組，否則遠隔在東方大洋波濤的臺灣島上，為數不多又高度日式化的本地漢族佛教僧尼和傳統的本地齋教徒，是可以有其相對自主發展空間的——這只要觀察解嚴之後，當代的正常發展狀況，就可以證實我的上述論述，是有其歷史經驗性證據的。

因此，一九四九年之前，並於境外的組織上級來直接支配等。所以不論是要辦教育或是要辦佛教刊物，基本上都是島內實力派的佛教僧尼或齋堂主，互相會商和實行運作。

就此而言，就是取法日治時期，**「南瀛佛教會」**成立之初的運作模式和經驗。因當事者也近半是同一批人，只是彼等不再以日文表

達，日本宗教主管也改為中國宗教主管。再者，有關現代佛學內容，彼等也可以無礙地大量譯成中文發表，並普獲贊同。因而，當時實際殘存的主要待決問題，其實只是一些已婚但為數不多的「高度日化臺僧知識份子們」──有關彼等將來，是否要以居士身份出現？或是乾脆還俗他去？──就此刻的情況來說，仍處於懸而未定的狀況。

反而是，當時彼等在現實面所遭遇的重大困境，其實是各類的物價日趨飛漲，民眾生活極為艱難，無法提供多餘捐獻，所以導致各寺院善款收入的銳減，而這些才是真正嚴重地，會阻礙彼等進一步從事改革，或使其無法陸續舉辦各種佛教活動的最大難題。所以，當時臺灣本地的原有佛教組織核心成員們，每遇有開會和討論時，若提案或決議時，是會被指定為必須擔負較大出資的責任者，則其最通常的應付辦法，就是在事後藉故不予繳費或事先缺席，來藉以逃避（擔任佛教領導者）所須允諾的重大捐款壓力或藉以卸下所須承擔的沉重會務責任。

＊

不過，儘管現實面的艱難情況，很不利於道場的經營或佛教組織的任何運作，可是畢竟不是完全地絕望和根本動彈不得。

所以在此一時期，臺灣佛教組織和相關活動，雖基本上仍是屬於本島以內的區域性教界問題，但因仍關係著後來的開展至為重大，所以也先在此略加以說明，好讓讀者了解其相關開展或變化。

A、關於日產寺院的處理問題。自從日本勢力撤出臺灣以後，原有的日本寺院和相關產業，大多為來臺的國民政府以「敵產」的名義加以沒收或占有。事實上，這些日產寺院，曾遍佈全臺各地都市的精華地帶，雖主要供在臺的日本佛教活動之用，但在臺的日本各派僧侶，或透過其在地相關組織的靈活運作、或透過在寺中開設的日化佛

教教育的學習課程、以及透過親自參與彼等在臺灣各地寺院或佈教所之經常性舉辦的各類佛教活動，實際上也能促使臺籍僧侶和不少信徒們，見識到日本佛教現代化的布教風貌，以及日產佛寺的建築典雅和庭院之美。可是，如今這些既美麗又典雅的原日產寺院，若非已根本消失，就是已經面目全非，或已轉為他用了。

　　B、關於由日本語文改為使用中國語文的困難。到日治後期為只，事實上，已有數十位的本島僧尼和居士，曾前往日本受過完整的高等佛教教育。特別是在日治後期的高度動員時代[5]，這批臺灣本土佛教界的少壯派精英，實際上已躍居教內的領導中心，也代表著日本化佛教在臺灣出現的新開展。

　　但是，日本佛教勢力在一九四五年，隨殖民統治結束，而相繼退出後。這批高度日本化的本島籍佛教界精英，便面臨必須立刻轉型的困難，特別是由日本語文改用中國語文的困難。從現存的當時資料來看，這些本島籍佛教界精英，並非全然無法使用中文，只是白話文的表達極不流暢，讀起來相當彆扭。事實上，當時以北京話為藍本的國語，雖然也有許多人努力在學習，但能靈活運用的人很少。在這種情況下，他們一方面既失去日治時期和日本教界長期合作的優越社會地位，一方面又因在理念上無法認同一九四九年來臺的大陸僧侶之主張，於是頓然萎縮了原有的社會影響力。

　　C、臺灣本土具重大兩岸佛教聲望的教內長老在初期相繼圓寂[6]。

---

[5]　首先是一度曾在日治時期（1895-1945）大為開展的臺灣佛教，於日本統治的後期，因要配合日本軍部在中國大陸、乃至在整個東亞發動戰爭的需要，曾被高度地組織動員和急速地朝向日本化。

[6]　戰後初期，幾位原先曾在大陸受戒或在大陸參學過的本島教界長老，像：（一）月眉山派的開山祖師善慧法師；（二）法雲寺派的大將真常法師，於 1945 年圓寂；（三）觀音山凌雲寺派的開山祖師本圓法師亦在 1946 年圓寂。加上（四）南臺灣佛教改革派的重鎮臺南開元寺的住持證光法師（高執德），在 1948 八年，因接待具有中共身分的著名僧人巨贊（※1948 年來臺，1949 年在北平成為大

所以，在其後的中央級新佛教組織中，在地臺僧菁英們相關的發言意見，較無平衡的作用，所以彼等**曾經歷被日本皇民化佛教改造的經驗**，便逐漸在一九四九年之後**被「污名化」**的**新佛教輿論**所淹沒，以致於其影響力大減迄今[7]。

（二）第二階段：「戒嚴體制」臺灣佛的前期逐漸教開展與後期快速變革

1.來自外在環境的重大助緣之催化

在第二階段的開展，所以最具特色，不但因為所經歷的戒嚴體制為期甚長，相關的前後經貿環境也大為變化，其中還包括在前期就有西洋思潮的大量湧入、出口導向的國際貿易擴大、青年男女職工的高度就業力（有定期薪資收入和能夠累積儲蓄）和在地活躍和有中產階級生活需求的大批中小企業紛紛出現，陣容越來越強，而彼等所主導流行的社會影響力也日益顯著[8]。

所以，這些都是臺灣佛教經濟力的主要新來源，以及新一代佛教知識分子所吸收的現代思想養份和形成多元流行文化的國際視野之

陸佛教領導者之一）和曾於寺中私藏來自家鄉的左派農運人士，因此受牽累，後遭逮捕和被槍決（1955）慘死。更使在日治後期活躍一時的本島籍教界精英，或疏離佛教，或轉趨沈寂，才造成 1949 年以後，大陸僧侶可以在臺灣地區，逐漸占盡優勢的新形勢發展。

7　但是，接續的問題即為：光復之後臺灣僧尼與大陸僧尼是否就開始產生隔膜？我的回答是：此一問題，事實上，是在 1949 年以後，才新開展的問題。因為，在此之前，由於從 1945 年秋季的臺灣光復後起，至 1949 年初，都尚未有大批大陸僧侶隨政府逃難來臺，所以不可能產生彼此（大陸僧和臺灣僧）的隔膜問題。相反的，像臺灣僧侶中的開元寺住持釋證光，於 1947 年前往大陸參加全國佛教代表大會，以及 1948 年大陸僧侶巨贊和慈航兩法師來臺，彼此都受到熱烈的招待。因此，產生隔膜的背景，必須放在 1949 年以後的情勢變化來觀察。

8　見於宗先、王金利，《臺灣人口變動與經濟發展》（臺北：聯經書局，2009）。石田浩，《臺灣經濟結構與開展》（臺北：自由思想學術基金會，2007）。

渠道，所以影響甚遠。

　　而後期則是由於臺灣已被迫退出在聯合國的「中國代表權（包括五個常任理事國代表之一）」的席次、隨後（1978）臺、美之間也正式斷交、以及強人蔣介石（死於 1974）和蔣經國（死於 1989）兩父子又先後逝世[9]，所以其主導力大為消退。

2.本地超過一千萬的新生人口，都出生和成長於此一時期

　　由於近六十一年（1949-2011）來，在臺灣地區所自然增加的一千五百多萬的新人口中，其年紀在六十歲以下者，已超過三分之二。

　　這意味著，戰後的大量新人口，至少有過半數，是出現在一九四九年到一九八七年的所謂「戒嚴體制時期」[10]。

　　又由於彼等大多是缺乏殖民時期佛教經驗的新世代，故對戰後的新傳統，相對地，能接受的認同度，也相對提高——因此，臺灣佛教的第二階段開展和變革，就是按上述脈絡，而逐漸出現的。

3.來自佛教內部的相應作為與佛教信仰傳播趨勢的開展狀況初期流離 與其後定著的狀況

　　因為自從一九四九年大批逃難僧人來臺後，彼等要如何在臺定居和生活下去，即成了第一階段的問題。此因當時海峽兩岸的混亂局勢，尚未穩定，所以從中央到地方，從社會到個人，都還一片茫然時，除了少數曾事先來臺購有寺產，如太虛派門下在臺北市善導寺、圓瑛派門下如白聖長老在臺北市十普寺之外，主要是靠慈航法師先前來臺辦教育（※1948 年秋來臺，在中壢圓光寺）所建立的一點人際關係，適時發揮了援手安頓的效果。

---

[9]　蔣經國是死於解嚴之後的一年多，所以一併敘述，以代表一個「時代的結束」。
[10]　參考於宗先、王金利，《臺灣人口變動與經濟發展》（臺北：聯經出版社，2009）。

　　但一九四九年他和一群學生，卻在新竹被逮捕入獄（無戶籍者皆入獄），後經保釋，才轉到汐止彌勒內院安頓（他在 1954 年病逝於關房內）。

　　恰好一九五〇年的韓戰爆發後，美國即逐漸改變政策。到了一九五四年十二月〈中美協防條約〉簽字，臺灣在美國第七艦隊的協防之下，政局漸趨穩定。所以，第一階段是從流離失所到逐漸安頓的過渡時期。

　　因此，幾乎來臺的大陸僧侶，都在此一階段度過了一段可能是生平最痛苦難熬的慘澹歲月（當然有本身寺產者例外）。可是，之後，彼等的在臺開展，就漸入佳境了。

第二階段開展狀況和相關問題

　　甲、大陸僧侶，先是在一九五二年的年底，藉著干預臺南大仙寺的傳戒期限和方式，以及在一九五三年時，藉著「權宜地」改組，而形成了以江浙系佛教僧侶為權力核心的新中央佛教機構。於是在以後的數十年間（迄 1987 年解嚴），完全支配了全臺各寺院的傳戒方式，以及建立起以江浙僧侶為中心的強力領導。

　　而正是由於有此一作為及其所衍生的深刻影響，所以彼等才使日後臺灣地區的佛教信徒，普遍地對其所主張以出家僧侶為尊的強烈宗教認同心態，能成功且持久地維繫下來[11]。

　　乙、從一九四九年起到一九七八年十二月美國前總統卡特宣布和中共建交以前，臺灣島上的宗教開展，是相當有利於西洋宗教在臺的

11　臺灣本土佛教的僧尼，由於經過多年的「大陸佛教重建」之洗禮，雖已改變「邊陲佛教」的地位，而彼等在心態上，仍留存有濃厚的「邊陲佛教」之遺習。因此，追慕民國時期的大陸高僧典範，乃成了臺灣佛教界習焉不察的「共識」。所以每年，在所謂民國佛教「四大師（太虛、虛雲、印光、弘一）的誕辰之時，臺灣佛教界都曾有各種類行的慶祝活動之舉行。

各團體。

　　因為在此期間內，臺灣社會雖然封閉，但對西洋的各方面倚賴極深，從流行式樣到文化的意識形態，都產生了高度的傾慕之心。

　　所以，當時西方在臺的宗教活動，不但廣受社會注目，彼等在校園或知識界的強大影響力，更是令其他的本土宗教團體大嘆不如。此所以道安法師會在其日記裡[12]，會將耶穌教徒和佛教徒的互相攻擊表面化，列入當時教界流行的主要話題之一。當然攻擊的主動性在對方而非佛教徒[13]。

　　丙、雖然如此，後來佛教界為了擴大影響力，也仿效基督教或天主教，在校園開展佛教組織，以國語演講輔以流利的臺語翻譯，巡迴各地布教，以擴張教勢。

　　丁、發行佛教刊物與電臺廣播：此一時期，佛教界也紛紛創辦各種佛教刊物，進行跨地域宣傳，以及利用電臺節目播音，以影響民眾對佛教皈依。這些作為都逐漸產生了巨大的效果[14]。

---

[12] 道安法師是來臺大陸僧侶中，少數具有高度學養，在面對教內問題時較能客觀分析的一位重量級長老。他在 1953 年 5 月 13 日的《日記》上指出，當時臺灣佛教界流行的話題有：一、「畢竟空」與「勝義有」的問題；二、佛教與耶穌教徒互相攻擊的表面化；三、佛教與儒家互不相容的問題；四、比丘與居士地位見解之爭裂痕問題；五、僧團派系不能調和問題；六、臺灣僧與大陸僧的隔膜問題。

[13] 據現存資料來看，當時來臺的佛教知識分子，例如佛學權威的印順法師、後起之秀的聖嚴法師（當時仍在軍中）、擅長通俗布教的煮雲法師、著名的淨土居士李炳南先生等，都因遭到耶穌教徒的傳單或語言攻擊，而被迫和對方展開護教的辯論。

[14] 此一媒體的運用，其後更為發達、多元和精緻化。所以，能吸引大量信徒的魅力，又來自何處呢？能熟練運用大眾傳播媒體的巨大影響力，幾乎是不可或缺的條件。所以在早期開展的階段，不論星雲法師或其他法師，都重視語言表達能力的培養，以及設法擴充本身擁有的傳播工具。因此，在臺灣，善於通俗演講又擁有傳播工具者，較容易崛起。即使本身是以禪修聞名，或以靈驗感召，都不能例外地，要設法取得大眾傳播工具的協助，而後才能形成「大師級」的偶像人物。可見魅力和知名度相關。

　　例如佛光山日後龐大的佛教事業，是從宜蘭發端，經過多年的南北奔馳，才在高屏溪中上游的麻竹園一帶，建立起臺灣佛教史上空前偉大的綜合性佛教基地。（※聖印、南亭、淨心等人的佛教事業崛起，有部分原因，是和彼等曾主持電臺弘法而擁有高知名度及社會影響力有關）。

　　因此，我們可以說，在佛教界的憂患意識刺激之下，少壯派的佛教精英，藉著吸取外教的經驗，以及善用大眾傳播工具的巨大影響力，嘗試新的開展途徑，才能使佛光山這一遠離大都會區的鄉下寺院，不必仰賴當地資源（雖有，但比重甚小），即開創受人矚目的佛教綜合事業。

　　戊、設立大專獎學金與促成佛教社團擴張：在此一階段中，臺灣佛教界以周宣德居士為首，結合佛教界的大德，為了能在大專院校內從事的社團組織與活動開展，也費盡心血。

　　不過，當時佛教採用的方式，是提供大量的佛教獎學金，讓大專學生申請。其條件除學業和操行成績的規定之外，還要寫佛學論文，或學佛的心得報告。

　　同時也從臺大開始，在各大專院校，成立學生的佛學社團。兩者的結合，使大專生接觸佛教，乃至成為信徒或佛教學者的人數，日益增多。但是，在一九七一年以前，相對於天主教和基督教的校園優勢，佛教的社團影響力，只能說，略有起色。

　　己、可是，臺灣在一九六〇年代中期的經濟，開展逐漸有了起色，到一九七〇年以後，更加持續穩定、繁榮。此一生活上的條件改善，使臺灣民眾有信心來面對自己的生活需求[15]。相對於此，西洋教會自

15　根據目前學界的調查資料顯示，臺灣各種現有宗教的開展，不論本土的或外來的，在一九七一年到一九八〇年之間，是一個關鍵性的轉型期。因為在一九七二年以後，由於主客觀環境的變化，不但本土意識逐漸抬頭，外國教會的開展勢力亦隨之衰退，呈現長期的停滯現象，迄今仍無大改變。相對於此，臺灣佛

從臺灣退出在聯合國所代表的「中國」席位之後，逐漸喪失其先前對臺灣民眾的巨大吸引力，再加上長期未注意本土化的問題，所以在面對本土化潮流的衝擊時，頗感吃力[16]。

　　以致在基督教方面，雖積極從事臺灣自決的本土意識宣導，其宗教擴張的趨勢，乃大大減緩[17]。

　　相反的，在臺灣佛教這方面，在此一階段，不但更加運用大眾媒體造勢，以影響社會大眾。特別是在知識界的思想性教育方面，因為印順法師《妙雲集》的結集出版，以及一連串佛教大叢書的相繼問世，而使得臺灣佛教界的思想內涵，開始深層化，並有了新的追隨者和新詮釋者的現代論述出現。

教的快速成長，雖可溯源於一九六六年左右，但真正顯著開展，仍要到一九八〇年以後。為什麼中間有十幾年的轉型期呢？

首先，臺灣佛教的經濟來源，主要是靠信徒的捐獻，而信徒能大量捐助款項給寺院，需得本身經濟寬裕才行。這種經濟條件的轉變，是一九六六年以後才逐漸形成的。從此以後，由於就業機會增多，人口的流動性大，都市化加深，心靈的疏離感也相對強烈。因此，吸收外地信徒，以形成大道場的宗教條件，才逐漸具足。從教會人口的統計數字來看，信徒的快速成長，也出現在此一時期。一九七二年以後，因主客觀環境的變化，不但本土意識逐漸抬頭，外國教會的開展勢力亦隨之衰退，呈現長期的停滯現象，迄今仍無大改變。

相對於此，臺灣佛教的快速成長，雖可溯源於一九六六年左右，但真正顯著開展，仍要到一九八〇年以後。為什麼中間有十幾年的轉型期呢？首先，臺灣佛教的經濟來源，主要是靠信徒的捐獻，而信徒能大量捐助款項給寺院，需得本身經濟寬裕才行。這種經濟條件的轉變，是一九六六年以後才逐漸形成的。從此以後，由於就業機會增多，人口的流動性大，都市化加深，心靈的疏離感也相對強烈。因此，吸收外地信徒，以形成大道場的宗教條件，才逐漸具足。

[16] 一九七一年以前，臺灣還未退出聯合國，臺美雙方簽有協防條約，臺灣在美國軍事和經濟的雙重援助下，不只維持了臺灣政經環境的長期穩定開展，在宗教開展上，也因教會代發美國光復後剩餘援外物質，以及以歐美文化意識形態為主導趨勢的長期影響，而使和這些條件相關的基督教和天主教，有相對優勢的開展。

[17] 假如留意電線桿標語的人，當不難發現近年來全臺電線桿的《聖經》標語突然增多起來，基本上即是一種宗教危機──信徒流失──的宣告。

這其實也是為因應一九七〇年以後臺灣社會逐漸出現的巨大變化，針對時代需求的人間佛教理念或人間淨土的思想，開始成為佛教思想的主流。雖然這樣人間性的佛教思潮，遠在一九四〇年代即出現，但被社會廣為熟悉和接受。則是一九八〇年代以後的事了。

因此，總結以上所述，迄解嚴之前為止，臺灣佛教的開展趨勢來看，可以說，是都市地區重於農村地區，女性多於男性，較高的文化區興盛於較低的文化區。所以像這樣的佛教開展，其實是因都市民眾較強的疏離感，能吸收大眾媒體的佛教信息，以及時間和經濟都許可才形成的[18]。

第三階段：「解嚴」之後臺灣佛教的快速開展與多元變革

一九八七年時，臺灣地區因官方宣佈解嚴，並頒布《人民團體組織法》和開放到大陸探親及觀光，因而進入第三期的發展階段。其最顯著的發展變化，就是：

A.具有中央主要領導權「中國佛教會」，由於官方正式通過立法院完成修法程序，開始允同屬中央級佛教其他組織的成立，所以其在中央所長期獨霸的原有優勢，頓時為之崩解；[19]促使傳戒多元化和僧

---

[18] 促成臺灣佛教日漸開展的因素，除上述外，也必須注意到一九八〇年以後的社會變遷。因七〇年代外交中挫，並未造成臺灣經濟開展的崩潰，民眾依然有富裕的經濟生活；到一九八〇年後，隨著社會運動的日趨頻繁，以及解嚴後各種團體組織管制的放鬆，於是在佛教界逐漸形成新理念的人間佛教運動，而使佛教的各種活動和思想，便深入地和社會大眾的生活內涵相結合，並開啟了新的佛教面貌。

[19] 臺灣佛教組織的趨向國際化、多元化和本土化，應是政治解嚴後，對整個臺灣佛教生態最大的衝擊，其影響可謂既深且大。此因臺灣本土佛教的組織，原先基本上，是屬於民間性質的宗教社團組織，故其權利和義務，都是相對。所以就法律的觀點來看，對佛教徒並沒有強制性。但是 1947 年在大陸的全國性中央佛教組織「中國佛教會」，因 1949 年的大陸變局，以及陳履安院長的父親陳誠（1897-1965）——時任「臺灣省主席兼警備總司令」——基於戒嚴和治安的需要，曾下令取締無戶籍和無業的大陸逃難來臺僧侶，並將之下獄監禁，於

尼平權的強力訴求，都因之相繼出現，且其勢皆不可擋[20]。

　　B.此外，因兩岸恢復交流[21]，所以臺灣佛教回流大陸，成了新的發展方向之一[22]，也影響了臺灣本土佛教的發展。

　　是促成該會在臺灣復會的舉動。當時，來臺僧侶中，只有蒙古籍的章嘉活佛、江蘇籍的東初法師和國大代表李子寬（1882-1973）三人，是南京大會選出的理、監事（章為理事長、李為常務理事），必須改選，才能執行會務。於是在政府的協助下，「中國佛教會」於1952年進行改選，而來臺的各省大陸僧侶，藉此各省分配名額，順利取得中央組織的領導權。

[20] 「中國佛教會」的長期組織一元化，既然只是由於特殊的「戒嚴體制」環境，才能維持下來的。正如在「戒嚴體制」下，立法院、監察院和國民大會的老代表，也長期藉口「維護大陸法統」而拒絕改選一樣。所以，解嚴後，由於〈人民團體法〉已在1989年元月公佈，第一章〈通則〉的第七條規定：「人民團體在同一組織區域內，除法律另有限制外，得組織二個以上同級同類之團體。但其名稱不得相同。」這一法律上的更動，使「中國佛教會」在中央組織長期主控的權力，宣告終結。佛教組織的多元化，在臺灣成為常態的可能。即以「傳戒」而論，也由於組織的多元化成為可能後，便出現佛光寺和光德寺的兩個不同系統的寺院，在同一年（1993）內，各自傳授「出家戒」的情形。「中國佛教會」長期壟斷主控權的局面，在臺灣地區正式被打破。也可以說，又恢復了各寺院自主「傳戒」的常態。假如說，「中華佛光協會」是在佛光山的道場系統開展起來的全國性組織，是有別於「中國佛教會」性質的。但在1991年8月31日在高雄市鼓山成立的「中華佛寺協會」，則是「以結合全國佛教寺院」為對象的，依據也是〈人民團體法〉的規定。目前此一組織，加入的全臺寺院，已接近百個單位，也是擴展快速的佛教組織之一。此外，還有「中華民國佛教青年會」、「中華民國現代佛教學會」等全國性組織，也各有其開展狀況。

[21] 雖然海峽兩岸，從1949年起，即長期分隸於不同的政府，但在1952年秋季之前，海峽兩岸的佛教團體，由於彼此不相往來，所以不產生如何交流的問題。直到1952年秋天，因在日本曾召開第二屆世界佛教徒聯誼會，而臺灣地區是由中國佛教會所派港臺的代表五人參加。彼等回來後，還由蔣中正總統親自接見，並巡迴各地演講，於是使佛教界對外的作用性提高，連帶提升了在島內的社會地位。而對岸的佛教界，在釋圓瑛等人的領導下，也幾乎在此期間於北京廣濟寺成立了中國佛教協會。從此，兩岸的佛教團體，都必須在各自所屬政權的指揮下，進行境外的佛教交流或互相對抗。

[22] 臺灣佛教界和大陸佛教界的恢復交流，是隨著1987年11月2日的「大陸探親」的政策開放，而逐漸展開的。在此之前，臺灣佛教界是政府政策的忠實擁護者，特別是在長期的「戒嚴體制」下，佛教的領導階層，大都具有良好的黨政背景，批判共產政權，是彼等一貫的立場。因此，初期佛教界的赴大陸交流，其實是

　　C.此一時期，有諸多禪修型和靈驗型的佛教，都延續前期的發展，更大行其道。因此，西藏密教、南傳佛教的禪法、臺灣本土新禪師或新興修行團體，都趁此趨勢，在臺灣社會紛紛擴張其影響力。

　　D.特別是，其中的西藏各派流亡海外的各派僧侶，由於趁著達賴二次來臺訪問的有利時機，紛紛相繼來臺發展，開啟了第二波藏密佛教的傳入臺灣的高峰期。所以，西藏佛教的文化內容，也成了當代臺灣佛教文化的重要源流之一。

　　E.而幾乎與藏傳佛教第二波傳入臺灣地區的同一期間，在當今東南亞國家所流傳的上座部的泰、緬的小乘佛教禪法，也由於受到國際佛教交流漸趨頻繁的影響、和印順導師提倡「人間佛教」思想的啟發，使臺灣的佛教學界、乃至僧尼和居士等，也逐漸重視研究彼等所傳授的原始佛教經典或早期的修行方式。所以，此時期，不只有《南傳大藏經》的全套中譯，更有不少緬甸、泰國和斯里蘭卡的禪師或僧侶，相繼來臺交流或傳法講習。

　　F.但是，相對的，臺灣佛教思想的異化與衝突，也一再出現於此時。其中尤以印順法師等人的人間佛教思想為指導的社會關懷之實踐方向，逐漸為知識份子所接納，並在佛教婦女的戒律改革和環保方面，取得重大的發展。

　　G.在臺灣佛教史學方面，在解嚴之後，由於本土意識抬頭，強烈激勵新一代的佛教史學者，撰寫大量的有關臺灣佛教史的研究論文和專書，多元開拓新的領域和進行從明清佛教史到當代臺灣佛教史開展的論述體系建構。

　　藉「探親」的名義在進行的。這是由於臺灣佛教界的領導階層中，有不少人是在 1949 年因大陸統治權易主，才逃難到臺灣來的。這些來自大陸各省的佛教僧侶，到臺灣以前，都有自己在大陸的祖庭和佛教的人脈關係。他們當初逃離中國大陸，是因為戰亂的影響，可以說，是迫於大時代變局下的不得已之舉。如今，兩岸的政府既然在法律上許可民眾赴大陸「探親」，對離鄉數十年的出家僧侶來說，也有機會藉「探親」而返鄉探看了。

　　影響所及，當代臺灣的大專院校內以「臺灣佛教」或「臺灣佛教史」正式授課的情形，也逐漸增多。甚至連大陸學者也有多人，接受臺灣籍釋惠空法師之邀請，開始研究和撰寫有關臺灣佛教史或佛教人物志等的各種著作。

　　除此之外，最具佛教文化企圖心的現任「中國佛教會」理事長釋淨良長老、或中華佛寺協會的秘書長林蓉芝居士，也都在近年來，相繼舉辦有關臺灣佛教史上的多位高僧[23]、重要事件和思想變遷的學術研討會，陣容都不小，其反應也相當熱烈。

　　F.在此同時，當代臺灣佛教的知識份子，對臺灣當代佛教界出現諸多弊端的批判現象，也相繼出現。<u>因此，當前臺灣地區的佛教界，其實是，正處於變革期和批判反思期。</u>

三、發展過程中的宗教後遺症：臺灣齋教在戰後的日趨式微問題

　　臺灣本土齋教的傳統三派，在戰後的一九四九年那年間，因有大批大陸出家僧侶逃難來臺，彼等藉著戒嚴體制的威勢，推行出家傳戒、以及強調出家僧侶為正信和純粹的佛教代表者，於是全臺的齋堂和「齋教徒」，即面臨被強烈批判為「非佛教」的尷尬窘境。

　　雖然有些臺灣的齋堂，也加入「中國佛教會」成為正式會員，會費的捐獻也極踴躍，可是來自佛教內的責難卻從未中止。因此，現在除少數老齋友，還在力撐外，臺灣全島的齋堂，可以說都極為式微，當然因此而改信或被接管的，更不在少數。

　　另一方面，脫胎於先天派的一貫道，藉著結合儒家思想和入教的

---

[23] 例如 2009 年「兩岸民國高僧傳」的學術研討會即是此一主題的最佳例證。

簡易化，在臺灣地區大大地盛行起來，成為僅次於佛教的大教派[24]。

　　雖然從傳統佛教的正統角度來看，有些學者和僧侶們，不認為臺灣的「齋教」是「佛教」，但「齋教徒」本身卻自認為是，並實際帶有很強的自我認同度；而在日治時代，由於官方沒有在法律上對臺灣本土「齋教」的歧視或差別待遇，所以在家型態的「齋教三派」，事實上也構成臺灣佛教的主要勢力之一。

　　並且，不少具有重大影響力的出家僧尼，其最初接觸佛教的機緣，都是先透過齋教人士的引進和指導，而後再轉型為正式受戒的僧尼的。

　　所以在日治時期，臺灣在家佛教的齋教三派和出家佛教兩者，是長期互補地相提攜和共處及共發展的。

　　可是，在戰後臺灣地區，在家型態的「齋教三派」，卻遭到以僧侶佛教為主流的各種組織勢力或特定教內人物的強烈批判和完全否定，加上「齋教」本身長期缺乏有力的領導轉型人才和有效的適應新情勢的方法，所以除少數的「齋堂」和「齋教人物」之外，其餘的皆紛紛自願的或被情勢所迫不得已的轉為「空門化」，亦即「齋堂」大量改為「佛寺」，「齋教徒」則大量落髮受戒，而成為正式的「僧尼」。

　　不過，筆者作為一位臺灣佛教史學者，卻屢次以相關的精確研究證據，為彼等「去污名化」而努力，並迅速獲得學術界的極大共鳴。所以「從齋姑到比丘尼」的歷史發展，已逐漸被學界廣為探討。

　　雖然到目前為止（2011/07），筆者的此一努力，仍無法改變現實明顯早已逐漸沒落和被轉為「空門化」的歷史走向，但若單就以學術

---

[24] 鑑於臺灣齋教在當代的式微現象和研究傳統齋教的重要性，臺南「德化堂」，這座臺灣現存最古老的龍華派齋堂之一，藉著慶祝創立一百六十年的紀念活動，邀請臺灣新生代的學界菁英：林朝成、江燦騰、王見川等，在臺南召開首屆的「臺灣齋教國際會議」大獲成功，連美、日的重要宗教學者，如酒井忠夫、歐大年等，都來函加以推崇。臺灣道教研究權威李豐楙，也撰長文加以高度肯定。所以，大會的論文集，在出版後，也一直為各方學者所重視和參考。

研究為彼等「去污名化」的努力之事來說，筆者過去的相關作為和實際績效，已相當成功。

四、相關的重大思想爭辯或佛教藝術創新[25]

（一）禪宗史學術研究的發展

戰後臺灣佛教學術的發展，基本上是延續戰前日本佛教學術的研究的學風和發方法學而來，而這一現代的學術潮流，是普遍被接受的。這與戰後受大陸佛教影響，佛教界強烈的「去日本化佛教」趨勢恰好形成一種鮮明的正反比。

儘管當時，在臺灣來臺的大陸傳統僧侶中，仍有部份人士對日本學界出現的「大乘非佛說」觀點，極力排斥和辯駁，甚至出現利用中國佛教會的特殊威權，對付同屬教內佛教知識僧侶的異議者（如留日僧圓明的被封殺事件即是著名的例子）。但是不論贊成或反對的任何一方，都沒有人反對開始學習日文或大量在刊物上刊載譯自日文佛學書刊的近代研究論文。

這種情況的大量出現，顯示當代佛教學術現代化的治學潮流，足以衝破任何傳統佛教思維的反智論者或保守論者。

---

[25] 1998 年 7 月 22 日　藍吉富先生曾在《當代》第 11 期，頁 47-54，發表〈臺灣佛教開展的回顧與展望〉，一文，其中他提到，光復後的臺灣佛教開展，有幾個方面呈現復甦的徵兆，如：一、信仰由駁雜不純而漸趨統一；二、佛教文化事業的蓬勃；三、傳教活動、佛學研究、社會慈善事業和教育方面的漸趨復甦。四、但是，在實際的開展方面，仍落在鄰近的日、韓之後甚多。其造成開展問題的顯著因素，包括了：（1）組織鬆散，缺乏強有力的中央級教會；（2）佛教教育未步入正軌，缺乏夠水準的弘法人員；（3）缺乏因應現代社會的自覺。除此之外，臺灣佛教還面臨日本日蓮宗和西藏密教各派在競相開展的威脅。因此，可以說，在藍先生眼中，迄 1987 年（即解嚴之前）為止，臺灣佛教的開展，雖有諸多進步，卻仍不十分理想。但，我們如今的觀察重點，是延長到解嚴之後，所以會略有不同。

　　然而，戰後偏安於臺灣地區的佛教學術界，其學術研究的業績，雖有印順法師的傑出研究出現，但僅靠這種少數的例外，仍缺乏讓國際佛學界普遍性承認的崇高聲望和雄厚實力；加上當時來臺的多數大學院校、或高等研究機構的人文社會學者，仍帶有「五四運動」以來濃厚的反迷信和反宗教的科學至上論學風，因此不但公立大學的校區嚴禁佛教僧尼入內活動，相關佛教現代化的學術研究，也不曾在正式的高等教育體系裡被普遍接納或承認。

　　唯一的例外，是由新擔任南港中央研究院的院長胡適博士，所展開的中古時代中國禪宗史的批判性研究，不只其學術論點曾透過新聞報導，廣泛地傳播於臺灣社會各界，連一些素來不滿胡適批判論點的臺灣佛教僧侶和居士們，也開始藉此互相串連和大量撰文，來反駁胡適的否定性觀點，其中某些態度激烈者，甚至以譏嘲和辱罵之語，加諸胡適身上或其歷來之作為。

　　其後，又由於胡適和日本著名國際的大禪學家鈴木大拙博士的禪學辯論，更使反胡適者找到強有力的國際同情者，於是趁此機緣，鈴木大拙博士的多種禪學著作，也開始被大量翻譯和暢銷於臺灣的知識階層之中。

　　因此，胡適博士和鈴木大拙博士兩人，都對戰後臺灣教界的禪學思想認知，曾發生了幾乎不相上下的衝擊和影響。

　　其後，有印順導師撰出《中國禪宗史》一書，並獲得日本學界頒授的文學博士學位，使其探討「從印度禪轉向中華禪」的批判觀點，在臺灣佛教界引發諸多高度肯定其相關見解者、與少數極端貶抑其成就的負面批評者之間，非常兩極化的激烈對立衝突。

　　其中，尤以在家教團「現代禪菩薩僧團」創辦者李元松和其研究部主任溫金柯，對其攻擊最烈。但是，也立刻遭到包括印順導師本人在內、與另一位後起之秀林建德等人的強力駁斥和反質疑。

　　儘管如此，雙方禪宗史認知和修行問題的何者可信的爭辯問題，

其實已變成非純學術的探討。因此，何者有修行經驗和何者有高階悟道的體會，逐漸成為印順導師禪學著作攻擊者的堅持主張。

但，宗教內省的經驗，是無法取證和進行學術認知的恆量尺度，所以雙方最後，只能各說各話，而毫無交集與共識。

不久，李元松過世，臨死時前，將教團徒眾全部轉託於一位新認識不久的外來淨土宗行者，同時連他本人在死前，也跟著改信淨土宗。如今新的「現代淨」團體之名，已由原李元松領導後期的華敏慧祕書長，繼續領導部分「原『現代禪』成員」前來追隨的淨眾行者，定期精進共修，頗有一番新氣象出現，並已獲得教內學者如著名佛教史家藍吉富等人的高度肯定，所以其前景頗為看好。

至於印順導師禪學思想的眾多追隨者中，尤以前臺大哲學系楊惠南教授和佛教弘誓學院現任院長釋性廣這兩者的成就最大。臺大哲學系楊惠南前教授曾撰有多本的相關禪學與禪思想研究的優質專書，廣受讚譽，流傳甚廣，至於釋性廣尼師則是新建構了其所開創的「人間佛教禪學」思想，故她已稱得上是臺灣本土出現的唯一女性禪學家，相當值得肯定。

（二）解嚴以來臺灣佛教現代藝術創作最大的突破

解嚴之後於一九九一年舉辦的「第二屆當代佛藝創作展」，可以說是臺灣戰後以來，在佛教藝術創作方面最大的突破。

在過去，佛教藝術是藝壇較罕致力的領域。究其原因，可能係創作佛藝，必須兼顧傳統佛教的既定儀軌，另方面又必須能掌握，佛法具象化的宗教神韻，因此一般藝術家，不敢輕易嘗試創作。

長期以來，除少數傳統藝匠有所製作之外，幾乎看不到新一代的藝術家致力於此。但臺灣近年來，拜經濟長期繁榮之賜，佛教的各項弘法活動日趨熱絡，佛教人口也迅速增多，加上佛書的銷售極其發達，因此民眾從單純的信仰層次，提升到精緻佛教藝術的欣賞，亦逐

漸可能。

　　陳清香教授即在這一新發展趨勢之下，基於本身對佛教藝術的專業訓練和愛好，極力鼓動青年藝術家，從事佛教藝術創作。一九九〇年，曾在「京華藝術中心」展出第一屆；但當時展出的作品，傳統派和革新派的居多，新潮流派則幾乎沒有，和第二屆比起來，遜色甚多。可是創作風氣的突破，終於踏出第一步。

　　於是到了一九九一年的「第二屆當代佛藝創作展」時，便開始綻放了燦爛的光彩。參加「第二屆當代佛藝創作展」的作品，可分成繪畫、雕塑、書法和工藝四個項目。其中以雕塑的成就較顯著。

　　臺灣的佛像雕塑，根據陳清香教授的分類，可分傳統派、創新派、新潮派等三大系統。其中傳統派下，還有唐山系、工整系之分。創新派則又可分為學徒派及學院派。新潮流派則融和現代抽象筆法為之。

　　在此次參展品中，李松林的木雕觀音像，是傳統派唐山系手法的代表作，沈靜優雅的蓮座觀音木雕像，技法之老練、流暢，可謂已達於爐火純青的境地。

　　在創新派的作品中，則詹文魁的石雕佛像，已逐漸由唐宋的傳統石雕造型，轉為現代的風貌；同時在功能上，也由殿堂的供奉，變為生活起居的藝術品鑑賞。這一發展，和臺灣佛教強調「人間化」的思想，是相應的。

　　至於楊英風的塑像，此次基本上，仍以北魏的雲岡時期之石雕佛像為基準，銅塑的善財禮觀音像，具有北朝晚期的，秀骨清相之作風。而楊氏的弟子，如朱銘、陳漢青，則以直線抽象來表達形相，但由於和傳統的細緻流暢略有不同，一般鑑賞者還是有點不太習慣。而楊英風及其弟子的作品，通常都被歸入新潮流一派。

　　如果從市場需求和創作趨勢來看，可能「創新派」的發展潛力，會較「新潮流派」要大。這是值得我們，注意的一個觀察點。

（三）解嚴以來印順與釋星雲兩大淨土思想路線的主張和相關詮釋的新擴展

一九八九年時，臺灣地區由於已經是政治解嚴之後的第三年了，並且蔣氏在臺政權的第二代強人領導者蔣經國氏，也在其嚴重的糖尿病所引起的心臟疾病惡化後，導致提早死亡，而繼其位者正是當時當擔任副總統的臺籍人士李登輝，於是臺灣現代史上首次出現無強人統治的民主化時代。

當時反映戰後臺灣社會各種弊政的大型街頭群眾運動，也因之立刻如風起雲湧般地，經常出現臺北市離總統府不遠的各街道上，所以當時，不只官方在政治權力的運作曾遭到民間各種不同政治立場的反對勢力之連番挑戰。

正是在這樣的氛圍之下，一九八九年當年，代表戰後臺灣人間佛教思想的兩大路線倡導者：印順和釋星雲[26]，分別提出其相關的著作和新觀點的詮釋，於是已經歷時三年多的關於印順人間佛教思想的爭辯問題，立刻在印順本人新著作的背書之下，成為代表其一生佛教著作的正式且唯一的思想標籤。

以此作為分水嶺，從此臺灣佛教界所爭論的淨土思想問題，已被化約成為贊成或反對兩者立場，以及印順和釋星雲兩者的人間佛教理念，何者更具有社會的實踐性問題。

江燦騰是當代首先將印順視為是對太虛思想的「批判性繼承」者，而認為依釋星雲所走的佛教路線，他應該算是太虛思想的「無批判繼承」者，並公開指出：印順曾對釋星雲人間佛教思想中的融和顯

---

[26] 星雲曾於 1989 年以「如何建設人間佛教」為議題，在 1990 年舉行一場國際性學術會議，表明他對人間佛教的看法，並以佛教現代化為主題，作為改善佛教的準繩，強調佛教「現代語言化」、「現代科技化」、「現代生活化」、「現代學校化」等四項。為走入時代，將佛法散播各角落，可見星雲有意將人間佛教引領到現代化。

密思想，有所貶抑的情形[27]。

　　可是，作為印順思想的忠實追隨者的邱敏捷博士，在其博士論文中，則一反江燦騰的並列方式，而是以印順的人間佛教思想，作為其評判他人佛教思想是否正確的最後依據。所以她因此一舉將包括佛光山、慈濟功德會和法鼓山等，當代臺灣各大佛教事業場的人間佛教思想，一概判定為屬於「非了義」等級的「世俗化」人間佛教思想[28]。

　　事實上，上述邱敏捷博士的各項論點，並非屬於她獨創的新見解，而是延續其博士論文指導教授楊惠南，對慈濟功德會和法鼓山，這兩大佛教事業道場的人間佛教思想之批判觀點而來。

　　因為楊氏認為，不論是慈濟功德會所主張的「預約人間淨土」或法鼓山所創導的「心靈環保」，都是屬於過於「枝末性」的社會關懷和過於「唯心傾向」的淨土認知。他認為此兩大佛教事業道場，不敢根源性地針對官方和資本家的汙染源，提出徹底的批判和強力要求其改善[29]，反而要求一般的佛教信眾以《維摩詰經》中所謂「心淨則國土淨」的唯心觀點來逃避問題[30]，所以他指責這是「別度」的作法，

---

[27] 印順導師曾指出，臺灣推行人間佛教傾向，以目前：「現代的臺灣，「人生佛教」、「人間佛教」、「人乘佛教」，似乎漸漸興起，但適應時代方便多，契合佛法如實，本質還是「天佛一如」。「人間」、「人生」、「人乘」的宣揚者，不也有人提倡「顯密圓融」嗎？」釋印順，〈契理契機之人間佛教〉，頁 65。

[28] 邱敏捷〈印順導師人間佛教思想：臺灣當今其他人間佛教之比較〉，此篇文章早期發表於《人間佛教薪火相傳：印順導師思想理論實踐學術研討會》，之後，作者又略事修改，已收入邱敏捷，《印順導師的佛教思想》一書（臺北：法界，2000 年 1 月），頁 133-160。

[29] 楊惠南，〈臺灣佛教現代化的省思〉《臺灣佛教的歷史與文化》（臺北：靈鷲山般若文教基金會，1994 年 5 月），頁 288。

[30] 楊惠南的批評是：檢視當代臺灣佛教環保運動，之所以侷限在「浪漫路線」的「易行道環保運動」的範圍之內，原因固然在於主導法師保守的政治理念態度，……把環境保護和保育，視為「內心」重於「外境」這件事，如果不是錯誤，至少是本末倒置的作法。見楊惠南，〈當代臺灣佛教環保理念的省思以「預約人間淨土」和「心靈環保」為例〉《當代》，第 104 期（1994 年 12 月 1 日），頁 40-41。

而非「普度」的作法[31]。

　　所以，邱敏捷博士上述的持論立場，其實是將其師楊惠南教授的此一論點，再擴大為，包括對佛光山釋星雲的人間佛教思想的理念和做法在內的，全面性強力批判。

　　其後，在佛光山方面，雖然立刻遭到由釋星雲女徒釋慈容比丘尼的撰文反駁，但如純就佛教義理的思維來說，釋慈容比丘尼的反駁觀點，是無效的陳述，所以同樣遭到來自邱敏捷博士針鋒相對地論述強力回擊，因此，其最後的發展是，雙方既沒有交集，也各自仍然堅持原有的觀點，不曾有任何改變。

五、獨步當代東亞的特色：新尼眾教育的推行及其傑出表現

　　臺灣尼眾教育，並不開始於臺灣解嚴之後，甚至早在日治時期就已開始了。但是，戰後初期的尼眾教育，始終是局部性的和非長期性的持續教育，所以是相當於基礎班的等級程度而已。

　　其後，雖陸陸續續有不少道場相繼開辦，但是師資不夠、經費不足和教材博雜等缺陷，都是開辦後難以長期開展的要原因。

　　然而，以戰後受戒的僧尼比率來看，臺灣尼眾人數，是比丘僧侶人數的數倍之多，因此從整體來說，臺灣佛教界的現有比丘尼人數之多和彼等對當代臺灣社會所產生的巨大影響力，乃是佛教史上罕見的宗教現象。

　　因此，在當代臺灣佛教的任何寺院和教團裡，若無比丘尼的協助，甚或全權處理，則幾乎凡事都很不容易進行。

　　不過，必須了解，臺灣佛教比丘尼的人數之多，其實是臺灣佛教

---

[31] 楊惠南，〈臺灣佛教現代化的省思〉，《臺灣佛教的歷史與文化》，頁288-289。

史上自近代以來，歷史上長期存在的現象，並且這又和臺灣社會逐漸地走向開放的性格有關。

可是，在未解除戒嚴以前，臺灣充滿了政治的禁忌，社會運動也不易公開進行，所以比丘尼的社會影響力，一時也不易為外界所察覺。

因此，臺灣比丘尼的專業性、自主性的出現，以及社會給予的高度評價，都是發生在近十幾年裡，可見外在環境的變化──臺灣社會的巨大變革、政治威權的式微，都是發生於這一時期；而這一時期也是女權運動的全盛期──也是促使臺灣佛教比丘尼崛起的不可或缺的因素。

而目前臺灣佛教比丘尼的現代化教團，可以舉出香光尼僧團為代表，其出家眾的教育提升、庶務的磨練、民眾教育的舉辦等等，可以說無一不講求；在設備方面，圖書館、出版社、電腦管理等，也頗具水平，特別是佛學資訊方面，更是國內極具專業性代表的道場之一，此所以舉香光尼僧團代表臺灣佛教現代女性教團的原因。

而以上的發展，就教團看，現代化是其成功的必備條件，就個人看，亦是如此。

例如以釋昭慧法師個人為例，她所主持的「中華民國關懷生命協會」，是臺灣少數有影響力的社會團體，曾在反挫魚運動中，大顯身手，如今也盡力於動物權的提倡。她所著的《佛教後設倫理學》，其中觀念之新和開放，可以說在亞洲佛教界居於先驅的地位。

凡此可以看出：能夠專業化、現代化和自主性，才是臺灣當代比丘尼整體表現所以傑出的原因。

至於從戰後迄今臺灣本土佛教僧尼的政體成就來看，彼等在當代臺灣社會的救助功能又是如何呢？事實上，戰後迄今臺灣佛教的開展結果，反映在當代臺灣地區的社會救助功能之發揮，可謂已達淋漓盡致的程度。

例如一九九九年九月二十一日，臺灣中部遭遇百年來最大的地震

災變，災區民眾屋毀、人亡者甚多，而最先、最有效、最獲災民和社會肯定的救災民間團體，必然包括著名的慈濟功德會等佛教團體在內。

事實上，臺灣佛教團體在國內外和大陸地區，也一再不惜人力、物力，為當地災民解困，而廣受讚譽。不過，臺灣佛教在社會的功能，除上述出色的震災之外，仍可再分為下列幾個方面來說明：

1.它可提供宗教節慶文化的內容和擴展佛教人生觀對社會的影響.例如農曆七月佛教的盂蘭盆法會、農曆四月的浴佛節，以及勸人戒殺、戒淫等，都能以新的詮釋方式，來提供民眾的當代需要。例如證嚴尼師宣稱「七月是吉祥月和歡喜月」，就是其代表性的例子。

2.它能提供新社會或跨地域、跨血緣的信仰聯誼。因臺灣的各省移民來臺，常會產生原鄉區域相近意識凝聚或血緣不同的他者情感之隔，故在其宗教信仰上，也往往受故鄉神或族群神的影響。但這一區隔，在臺灣佛教的無分別「同體大愛」的信仰圈內，即可完全超越。

尤其臺灣地區，近代以來，交通發達，人口流動快速，城鄉的高度都市化，使得傳統臺灣社會逐漸解體，新故鄉、新社區的定居和認同，成為社區居民新的需求。

這時有哲理文化和宗教倫理思想內容的佛教信仰，在相當的比例上，就能取代傳統社區的民俗信仰。

因此，我們可以說：臺灣佛教的重要社會功能之一，就是為現代社會提供跨地域或跨血緣的信仰內涵與宗教社群聯誼。

此一具體證據，可從幾萬到數百萬的佛教信眾組織，如國際佛光會、如慈濟功德會等，有名的例子即可看出。

3.它可提供社會救助的解困需要。此一功能，縱使在物資不豐富的傳統佛寺，也常年不斷地在進行，尤以濟貧、醫療、臨終的關懷等項目，最常見。

在當代則提供以教育獎學金，逐漸成了常態，不但名額多，金額也大，對窮學生的幫助甚大。

　　4.當代的臺灣佛教，和傳統佛教不同之處，是敢於批判社會弊端，也敢積極參與各種社會運動。例如對環境保護和關懷生命，即是結合了理論建構和行動實踐，所以表現最為傑出。

　　5.在大學教育方面，佛教界已創辦數所大學，除慈濟大學的醫學院表現較為突出之外，佛光山的南華大學，自建校以來，即採學費全免制度，造福不少就讀該校學生，也算是另一種社會功能的提供。只是此優惠，目前也已是宣告停辦的階段了。

　　6.當代臺灣佛教現代圖書館的相繼設立、佛教數位博物館的有效運作和佛教電視臺開播弘法的和佛教大藏經的數位化，應是對佛教資訊公有化的社會分享，幫助最大，也影響最能持久和深化。所以，其社會功能雖非盡善盡美，但其在現代社會中能扮演的多功能角色，應是無可置疑。

第十三章　現代性宗教學術研究典範的薪火相傳（1925-2011）：近八十年來從大陸到臺灣胡適禪學研究的開展與爭辯史再檢討

一、前言

　　在本書中，可作為戰後現代性宗教學術研究典範的薪火相傳最佳例證，[1]就是近八十年來（1925-2011）從大陸到臺灣胡適禪學研究的開展與爭辯史之相關歷程解說。

　　此因戰後臺灣佛教學術的發展，基本上是延續戰前日本佛教學術的研究的學風和方法學而來。而這一現代的學術潮流是普遍被接受的，這與戰後受大陸佛教影響佛教界強烈的「去日本化佛教」趨勢恰好形成一種鮮明的正反比。儘管當時在來臺的大陸傳統僧侶中，仍有部份人士對日本學界出現的「大乘非佛說」觀點，極力排斥和辯駁，[2]甚至出現利用中國佛教會的特殊威權對付同屬教內佛教知識僧侶的異

---

[1]　龔雋在〈胡適與近代型態禪學史研究的誕生〉一文中提到：「如果我們要追述現代學術史意義上的禪學史研究，則不能不說是胡適開創了這一新的研究典範。」見龔雋，《中國禪學研究的入門》（上海：復旦大學出版社，2009），頁7-8。

[2]　闞正宗，《重讀臺灣佛教：戰後臺灣佛教（正篇）》（臺北：大千出版社，2004），頁140-152

議者（如留日僧圓明的被封殺事件即是著名的例子）。[3]但是不論贊成或反對的任何一方，都沒有人反對開始學習日文或大量在刊物上刊載譯自日文佛學書刊的近代研究論文。這種情況的大量出現，顯示當代佛教學術現代化的治學潮流，足以衝破任何傳統佛教思維的反智論者或保守論者。

然而，戰後偏安於臺灣地區的佛教學術界，其學術研究的業績，雖有印順法師的傑出研究出現，但僅靠這種少數的例外，仍缺乏讓國際佛學界普遍性承認的崇高聲望和雄厚實力，加上當時來臺的多數大學院校、或高等研究機構的人文社會學者，仍帶有「五四運動」以來濃厚的反迷信和反宗教的科學至上論學風，因此不但公立大學的校區嚴禁佛教僧尼入內活動，相關佛教現代化的學術研究，也不曾在正式的高等教育體系裡被普遍接納或承認。

唯一的例外，是由新擔任南港中央研究院的院長胡適博士，所展開的中古時代中國禪宗史的批判性研究，不只其學術論點曾透過新聞報導，廣泛地傳播於臺灣社會的各界人士，連一些素來不滿胡適批判論點的臺灣佛教僧侶和居士們，也開始藉此互相串連和大量撰文反駁胡適的否定性觀點，其中某些態度激烈者，甚至以譏嘲和辱罵之語，加諸胡適身上或其歷來之作為。[4]

---

3 闞正宗，《重讀臺灣佛教：戰後臺灣佛教（正篇）》，頁148-169。

4 樂觀法師曾特編輯，《闢胡說集》（緬甸：緬華佛教僧伽會，民國49年6月），，在其〈引言〉有如下激烈批胡之語：「查胡適他原本是一個無宗教信仰者，在四十年前，他主張科學救國，與陳獨秀領導五四運動，打倒『孔家店』，破除迷信，即本此反宗教心理，現刻，他對《虛雲和尚年譜》居然公開提出異議，若說他沒有破壞佛教作用，其誰信歟？分明是假借「考據」之名，來作謗佛、謗法、謗僧勾當，向青年散播反宗教思想毒素，破壞人們的佛教信心，一經揭穿，無所遁形，……（中略）衛護佛教，僧徒有責，我們這一群旅居緬甸、越南、香港、菲律賓、印度、星洲的僑僧，對祖國佛教自不能忘情，自從胡適掀起這個人的風潮之後，全世界中國佛弟子的心靈都受到震動！覺得在當前唯物主義瘋狂之時，玄黃翻覆，群魔共舞的局勢情況之下，胡適來唱這個『反佛』

　　其後，又由於胡適和日本著名的國際禪者鈴木大拙的禪學辯論，更使反胡適者找到強有力的國際同情者，於是趁此機緣，鈴木大拙的多種禪學著作，也開始被大量翻譯和暢銷於臺灣的知識階層之中。因此，胡適和鈴大拙兩人，都對戰後臺灣教界的禪學思想認知，曾發生了幾乎不相上下的衝擊和影響。[5]

　　調兒，未免不智，大家都有『親痛仇快』之感！」頁1。

[5]　有關這方面的研究史回顧，有兩篇較完整的論文，可供參考：(一)莊美芳，〈胡適與鈴木論禪學案──從臺灣學界的回應談起〉，1998年1月撰，打字未刊稿，共十一頁。(二)邱敏捷，〈胡適與鈴木大拙〉，收錄於鄭志明主編，《兩岸當代禪學論文集》(嘉義：南華大學宗教文化研究中心，2000年5月)，頁155-178。此外，邱敏捷在另一篇論文中，又提到說：「首先，陳之藩於1969年12月9日在中央副刊上發表〈圖畫式與邏輯式的〉(《中央副刊》，1969年12月9日，第9版)；翌年底，楊君實也撰文〈胡適與鈴木大拙〉(《新時代》10卷12期，1970年12月，頁41)。1972年元月，英人韓巴壺天對「禪公案」的詮釋／。此外，針對鈴木大拙的禪學觀點有所批判，並就「禪公案」提出詮釋觀點的代表人物應首推巴壺天(1905-1987)。他與當時之釋印順有所交往，其在「禪公案」的論著對後輩晚學產生不少影響作用。巴氏認為「禪」是可以理解的，他不苟同鈴木大拙《禪的生活》(Living by Zen)所提「禪是非邏輯的、非理性的、完全超乎人們理解力範圍」的觀點。[6]他指出：「自從日人鈴木大拙將禪宗用英文介紹到歐美以後，原是最冷門的東西，竟成為今日最熱門的學問。不過，禪宗公案是學術界公認為最難懂的語言，參究瑞福(Christmas Humphieys)蒐集鈴木大拙有關禪的七篇文章，編為《Studies inZen》，由孟祥森譯，臺北志文出版社以《禪學隨筆》列為新潮文庫之一發行問世。鈴木大拙的〈禪──答胡適博士〉，即係書中一篇。從此以後，鈴木大拙的禪學作品，自日文或英文本相繼譯成中文版。半載後，《幼獅月刊》特刊出「鈴木大拙與禪學研究專輯」，除了將上述的楊文載入外，又有邢光祖的〈鈴木大拙與胡適之〉。再過一個月，胡適用英文寫的〈中國的禪──它的歷史和方法〉由徐進夫譯出，刊在《幼獅月刊》總號236號。至此，胡適與鈴木大拙兩人所辯難的問題，才漸為國內學者所關注，陸陸續續地出現了回應性的文章。1973年朱際鎰〈鈴木大拙答胡適博士文中有關禪非史家所可作客觀的和歷史性的考察之辨釋〉、1977年錢穆〈評胡適與鈴木大拙討論禪〉、1985年傅偉勳〈胡適、鈴木大拙、與禪宗真髓〉、1992年馮耀明〈禪超越語言和邏輯嗎──從分析哲學觀點看鈴木大拙的禪論〉，以及夏國安〈禪可不可說──胡適與鈴木大拙禪學論辯讀後〉等數篇，均是回應胡適與鈴木大拙論辯而發。」見邱敏捷，〈巴壺天對「禪公案」的詮釋〉，《臺大佛學研究》第十六期(臺北：臺灣大學文學院佛學研究中心，民97年12月)，

　　所以，我們如今若要了解戰後臺灣佛教學術現代化的發展，其主要的觀察線索就是從戰後胡適禪宗史研究的在臺灣地區衝擊開始。

　　不過，有關胡適的禪學研究，日本學者柳田聖山在 1974 年，就曾收集胡適生平關於禪學研究的相關論文、講詞、手稿、書信等，編成相當完整且深具參考價值的《胡適禪學案》，由臺灣的正中書局出版。[6]

　　在同書中，附有柳田本人所撰的一篇重要研究論文〈胡適博士與中國初期禪宗史之研究〉將胡適一生的禪學研究歷程、學術影響和國際學界交流等重要事蹟，都作了細密而清楚的分析。[7]這是關於此一研究主題的極佳作品。可以說，透過《胡適禪學案》一書的資料和介紹的論文，即不難掌握了理解關於胡適禪學研究的詳細情形。

　　可是，在柳田的資料和論文中，仍遺漏不少相關資料。例如胡適和忽滑谷快天的著作關聯性，以及胡適禪學研究在中國學界和在戰後臺灣學界的回應等，柳田都沒有作系統的交代。事實上，根據我的最新研究發現，最初東方禪學被介紹的東方的另一最大原動力，是日本近代著名曹洞宗禪學家忽滑谷快天（1867-1934），想效法新渡戶稻造的寫法，而改以佛教禪宗的角度來書寫時，雖也能於 1913 年在倫敦

頁 230-231。

6　對於柳田此書在當代研究的資料使用價值，其不可代替姓，可由大陸新銳學者龔雋的如下的相關比較後，仍肯定之評語看出：「胡適禪學研究的著述，柳田聖山所編之《胡適禪學案》是比較早系統收錄的，但是近年中國大陸在整理出版胡適文集時，發現了更多胡適禪學案所未曾收錄的有關資料，其中以姜義華主編的《胡適文集·中國佛教史》（北京：中華書局，1997 年）與《胡適全集》第九卷，由樓宇列整理的『哲學·宗教』卷中所收最為詳細，不過，這兩文集所收諸篇亦略有出入，應互為補充。此外，**關於胡適禪學英文佛學論文，仍以《胡適禪學案》收集較全，所以最好是將此三種資料結合參證。**」見龔雋和陳繼東合著，《中國禪學研究入門》，2003 年，頁 14。

7　柳田聖山，〈胡適博士與中國初期禪宗史之研究〉，載《胡適禪學案》（臺北：中正書局，1974），頁 5-26。

Luzac & co 出版其英文禪學著作 **The Religion of Samurai**（武士的宗教），但未能同樣成功或被接受。

　　但為何忽滑谷快天要效法新渡戶稻造的寫法呢？此因在此之前，東亞的日本武士道精神文化史的國際研究，是以新渡戶稻造（1862-1933）於 1899 年出版的英文著作《武士道》為其開端，其書出版後，迅即風行世界各國，且歷久不衰。可是，這和其書是運用基督教化的變相武士道特殊筆法有關，又得力於明治時代皇軍在日俄戰爭的艱難戰爭獲勝之高度國際軍譽有關，所連當時的美國老羅斯福總統，都好奇地大量買來自讀和送人，一時傳為美談，並喧騰於國際間。所以，忽滑谷快天要效法的對象，就是新渡戶稻造的《武士道》於西方快速大成功的傳播範例，所以其禪學思想是和日本武士的禪修精神鍛練相掛鉤的，故其英文禪學著作，才會以《武士的宗教》（**The Religion of Samurai**）命名。事實上，忽滑谷快天的此書，是在鈴木大拙（1870-1966）的英文成名作《禪學隨筆》之前，於西洋出版的第一本東方禪學書。但因其在'書中將禪宗開悟體驗的內涵，一再類比於西方當代哲學和基督教神祕主義體驗心境──這是明顯是仿新渡戶稻造先前已運用過的特殊筆法──所以，反而遭到包括瑞士著名的心理學家容格在內的嚴厲批評，[8]所以其學術的重要地位，後來即被另一日本禪學家鈴木大拙的相關英文禪學著作所取代。

　　但是，為何鈴木大拙的相關英文禪學著作，後來可以成功地取代忽滑谷快天的此書呢？我們可以兩者都涉及有關「開悟」的解釋為例，來說明為何有關「開悟」的解釋會成為鈴木初期英文禪學著作的主要內容？對於這一點，國際學界向來不曾注意。可是，這只要排比鈴木大拙的早期著作系譜和忽滑谷快天禪學著作（包括英文禪學著作

8　見（瑞士）容格著，楊儒賓譯，《東洋冥想的心理學──從易經到禪》（臺北：商鼎出版社，1993），頁 157-164。

《**The Religion of Samurai**》)的內容，就知道兩者的差異，是有無批判意識的差異和英文表達方式的巨大差異。因而，當年的鈴木大拙，其實是因其能避開了忽滑谷快天英文禪學著作的類比方式，轉而強調獨特性和非邏輯性的多樣性「開悟」描述，所以才大獲成功。反之，忽滑谷快天是太過於採取先前新渡戶稻造在英文版《武士道》一書大獲成功的類比寫作方式，所以才未開創新局，反而招來西方學者如榮格之流的嚴厲批評。[9]

為了彌補此一缺憾，所以之前，我曾撰文討論過此一重要的關鍵課題。[10]其後，柳田本人看到我的著述之後，也認同和幾度曾在其著作中引用，[11]並實際曾對日本曹洞宗的學者產生重估久被忘懷和屢遭學界貶抑的忽滑谷快天之國際禪學者的應有地位。[12]

亦即，是由於我論證胡適在研究出其確曾受忽滑谷快天的影響，才對神會的研究有突破。這也就是為何胡適雖較矢吹慶輝的發現敦煌的新禪學文獻為晚，卻能發現矢吹慶輝所沒看出的神會問題。其關鍵

---

[9]　見（瑞士）容格著，楊儒賓譯，《東洋冥想的心理學——從易經到禪》（臺北：商鼎出版社，1993），頁 157-164。可是，鈴木大拙在其一度曾非常成功的英文著作《禪與日本文化》一書中，雖廣引有極力誘導傳統武士奮勇為主忘我「狂死」之嫌的《葉隱聞書》典故，也生動的將其和西班牙鬥牛士的勇於狂熱殉死相類比。但，此一不當的類比，隨後，也同樣在西方，遭到強烈的批判。反之，他用心英譯日本禪僧澤庵所談「禪劍一如」的名著《不動智》等書，因其與最高境界的武士道超越生死之念精神修養有關，所以迄今仍在西方享有盛譽和擁有不少讀者。而這與其在當代西方所面臨的沾染軍國主義義禪學思想的強烈負面批判，恰成一鮮明的正反比。見 Victoria, Daizen.Zen at war / Brian Daizen Victoria 1939-Lanham, Md.: Rowman & Littlefield Publishers, c20062nd ed.

[10]　對於此問題，我曾發表〈胡適禪學研究在中國學界的發展與爭辯〉，收在我的《現代中國佛教史新論》（高雄：淨心文教基金會，1994）一書。本文就是對此前文的內容所進行的修訂和和在資料上的最新大量增補。

[11]　柳田本人在晚年完全接受我的看法，特別在他的巨著《禪佛教研究——柳田聖山集第一卷》（東京：法藏館，1999），其長篇的〈作者解題〉的頁 674，680，兩度引述我的看法，並明白註明是根據我書中的看法。

[12]　此因滑谷快天的著作，在敦煌文獻發現後，似乎被大大的貶低其影響力。

的轉折點，就是由於胡適從忽滑谷快天最重要的相關新書《禪學思想史》的論述資料線索和問題意識的提供，才能促其因而發現了神會與南北禪宗之爭的問題提示所致。[13]

　　其後，由於柳田在日本佛教界研究禪宗史的泰斗崇高地位，所以他兩度引述我關於忽滑谷快天對胡適影響的長段談話，又被日本學者山內舜雄在其著的《道元の近代化》〈第一章道元近代化過程〉中，分別照引。在同書中，山內舜雄接著又論述說：是該重估忽滑谷快天的應有崇高學術地位，乃至為其過世百年編全集以為紀念的時候了。[14]

　　此外，由於大陸著名學者葛兆光對我的討論忽滑谷快天與胡適的論點，也有部份質疑，又提到我應重視清末沈增植的《海日樓箚叢》關於楞伽宗、法如碑漢神會的資料。[15]所以，本章擬結合新資料和增補長篇新註，再改以今題發表，以回應葛兆光對我的討論的質疑和疏失，並就教於張雪松博士[16]和其他相關學者[17]的對我的各項重要的商榷之處。

---

[13] 對於我過去的此一論述的最新修訂，請參看我在本章以下所提供的新資料證據之補強和相關的最新說明。

[14] 山內舜雄，《道元の近代化》（東京：大藏出版社、2001），頁 54-55。

[15] 當代著名學者葛兆光對於我論忽滑谷快天對胡適影響的看法，說他「不盡同意」，可是沒有直接說明原因何在？他又說我「沒有注意到沈增植《海日樓箚叢》關於楞伽宗、法如碑漢神會的資料，是一缺憾。」見氏撰〈序〉，載江燦騰著，《新視野下的臺灣佛教近現代史》（北京：中國社會科學出版社，2006），頁 2。

[16] 見張雪松，〈兩岸佛學研究風格比較：以江燦騰與樓宇烈對胡適禪學研究評述為例〉，《哲學門》，總 17 輯，第九卷第一期（北京：2008 年 9 月）。後全文收入《複印資料・宗教》2009 年第 4 期。http://www.rendabbs.com/redirect.php?tid=2349&goto=lastpost.

[17] 臺灣學者黃青萍在其博士論文中，曾說我是用「推測」來推論忽滑谷快天對胡適關於神會研究的最初問題意識和資料線索之提供和相關影響。見黃青萍，〈敦煌北宗文本的價值及其禪法-禪籍的歷史性與文本性〉，國立臺灣師範大學/國文學系/96/博士論文，頁 21。

二、初期的胡適禪學研究與忽滑谷快天相關的再檢討

　　正如我過去在論文中所提過的那樣，對於有關胡適一生在中國中古時期的禪學（禪宗史）研究之重大發現、或其之後所以能夠產生對國際學界如此長久的巨大影響，論其最重要的轉折點之所在，特別是在其初期的研究階段，是否曾受益於日本各專業學者忽滑谷快天的著作，是一個頗值得探究的問題。但是幾乎都被歷來關於胡適此一領域的相關研究者所忽略了。就連博學如享譽國際學藉已久的柳田聖山博士，在論及有關於胡適一生禪學的學術史回顧中，也未曾對此作任何交代。

　　可是，究我的研究發現來說，若對胡適一生的禪學研究之相關學術史的探討，一旦忽略了忽滑谷快天的著作對其實質影響的關鍵部份，則將使胡適在其初期禪宗史料的發現，顯得相當突然。

　　此因，雖然胡適在 1925 年 1 月，已發表其第一篇禪學研究論文〈從譯本裡研究佛教的禪法〉，[18]但，此文其實只是根據《坐禪三昧經》的經文，來理解古代印度的「禪法」而已，[19]其全文並未涉及禪宗史的任何重要問題。但是，何以接著下一年（1926），他會到巴黎國立圖書館和倫敦大英博物館去查敦煌的禪宗的資料？並且因而發現了他生平學術最重大收獲之一的神會資料？難道說，只是一件意外的收獲嗎？

　　根據胡適本人在 1927 年元月所發表的〈海外　讀書雜記〉，可以

---

[18] 胡適，〈從譯本裡研究佛教的禪法〉，《胡適文存》，第三集第四卷（臺北：遠東圖書出版公司，1971），頁 275-92。

[19] 《坐禪三昧經》是鳩摩羅什所譯，上下兩卷，首尾一貫，敘述繁簡得宜，內容的充實整齊，堪稱南北朝的時期，諸禪經中第一。鳩摩羅什在本經中，綜合印度各種禪法，將其修證次第，作清楚地論釋，影響中國禪學發展的功能甚大。參考佐藤泰舜，〈坐禪三昧經解題〉，收在《國譯一切經印度撰述部・經集 4》（東京：大東出版社，1974 年 3 版），頁 167-273。

知道，他是在一年（1926）到歐洲參加會議和演講，並順道前往巴黎的國立圖書館和倫敦的大英博物館去尋找敦煌寫本中關於唐代禪宗史的。原始資料。在此文的第三節「神會的語錄」中，胡適很清楚地，從開始就作了如下的論斷：

> 　　在禪宗的歷史上，神會和尚（荷澤大師）是一個極重要的人物。六祖（惠能）死後，神會出來明目張膽地和舊派挑戰，一面攻擊舊派，一面建立他的新宗教，——〉「南宗」。那時舊派的勢焰薰天，仇恨神會，把他謫貶三次。御史盧奕說他「聚徒，疑萌不利」，初貶到弋陽，移到武當，又移到荊州。然而他奮鬥的結果居然得到最後的勝利。他死後近四十年，政府居然承認他為「正宗」，下敕立神會為禪門第七祖。（貞元十二年，西曆796）從此以後，南宗便成了「正統」。
>
> 　　這樣一個重要的人物，後來研究禪宗史的人都往往忽略了他；卻是兩個無名的和尚（行思與懷讓），依靠後輩的勢力，成為禪宗的正統！這是歷史上一件最不公平的事。
>
> 　　神會的語錄與著作都散失了，世間流傳的只有《景德傳燈錄》（卷30）載的一篇〈顯宗記〉，轉載在《全唐文》（卷916）裡。…[20]

在其後的敘述中，胡適提到他是因看到〈顯宗記〉載有「西天二十八祖」的傳承說法，他認為此說太早，於是懷疑〈顯宗記〉不是神會的著作。

以這樣的問題點為契機，他到巴黎沒幾天，便發現了一卷無名的語錄，依據內容，他確定為神會的語錄殘卷。過了幾天，又發現一長

---

[20] 胡適，〈海外 讀書雜記〉，《胡適文存》，第三集第四卷，頁350-361。

卷語錄，其中一處稱「荷澤和尚」，六次自稱「神會」，所以他也斷定
為神會的語錄。

接著他到了倫敦，發現了一破爛的寫本，後面題有「頓悟無生般
若訟一卷」，並從字句發現與〈顯宗記〉類似，經拿兩者細校後，確
定果然是〈顯宗記〉古本。而胡適對此殘卷的收獲有二，第一是〈顯
宗記〉原題叫〈頓悟無生般若頌〉，第二是此卷無有「自世尊滅度後，
西天二十八祖共傳無住之心，同說如來知見」二十四個字。因此胡適
斷定原〈顯宗記〉所有的記載，是後人添加上去的。而此卷也可證明
是神會的作品了。[21]

可是，我們如就以上〈海外讀書雜記〉的資料來看的話，我們會
訝異：何以胡適對神會在禪宗史上的關鍵性地位，會看得那樣清楚？
甚至可以說，當他對神會的生平都未見詳考之前，他已道盡了日後他
對神會其人的主要評價內涵！為什麼他可以做到這一點？

由於有這樣的疑點在，我們必須再進一步考察，看看他是否另有
參考的資料來源？首先，我們就中國當時的禪學論文來看。

在胡適發表〈海外讀書雜記〉之前，中國學者中，關於禪學的學
術研究，有兩篇最具代表性，一篇是歐陽竟無（1871—1944）講、韓
孟鈞記的〈心學大意〉；另一篇是蒙文通撰的〈中國禪學考〉，都是在
1924 年先後發表於「支那內學院」，以後收在《內學》第一輯。[22]這兩
篇文章中，歐陽是純就印度禪法的各派內涵作分析，但不作歷史發展
的考證。蒙文通則從各種傳統的中國禪宗文獻，來探討禪學的傳承問

---

[21] 按：此卷是〈顯宗記〉的後半篇，而日本學者矢吹慶輝在 1915 年於大英博物
館影印了前半篇。但確定此卷為神會作品，並加以校勘解說者，應歸功於胡適。
可參考胡適，〈新校定的敦煌寫本神會和尚遺著 2 種〉，收在柳田聖山編，《胡
適禪學案》（臺北：正中書局，1974），第 2 部，頁 323-30。

[22] 《內學內刊》，共 4 輯，臺灣版是漢聲出版社於 1973 年影印發行。蒙文通的文
章在該刊第 1 輯的頁 37-61。此文也被張曼濤主編的「現代佛教學術叢刊」，收
在冊 4，《禪宗史實考辨》（臺北：大乘文化出版社，1977），頁 95-114。

題，其中到達摩二十八祖的謬誤和諍論，正是全文的探討核心。所以
蒙文通的研究，實際上應是胡適到巴黎和倫敦求證「西天二十八祖」
起於何時的原始動機之一。學術史的研究，有所謂「內在理路」的發
展，蒙文通的禪學研究，正扮演了這樣的功能。事實上不但胡適受影
響，即以當時對中國佛教史最權威的學者湯用彤來說，在提到從達摩
到惠能的禪法演變時，即註明：

> 古今禪學之別，已屬隋唐時代，茲不詳述。參看《內學》
> 第一輯蒙文通〈中國禪學考〉第二段。[23]

　　可是胡適除到巴黎和倫敦找關於神會資料，以解決所謂「西天二
十八祖」的傳承起於何時的問題之外，更慧眼獨具地，注意到神會的
革命性地位就禪宗史的探討來說，胡適將神會的重要性從被淹沒的歷
史塵灰中挖掘出來，可以視為相當了不起的貢獻。他個人也在日後認
為是生平最原創性的學術成就之一。[24]可是，這在學術的發展上，卻
屬「跳躍式」的突破。亦即，胡適將當時禪宗史研究的問題點，由「西
天二十八祖」的傳承問題，轉為禪宗革命家本身的問題。然而，這兩
者，在學術的思考層面上，又是差距極懸殊的，故很難視為理所當然
的問題焦點之轉移。因為縱使胡適本人當初到巴黎和倫敦後，能立刻

---

[23] 湯用彤，《漢魏兩晉南北朝佛教史》（臺北：彌勒出版社，1982），頁 789。按此
　　書係藍吉富以「長沙版」影印，收在「現代佛學大系」，冊 27。

[24] 此時間，是指 1957 年至 58 年之間，當時胡適正在從事美國哥倫比亞大學口述
　　歷史計劃中的《胡適口述自傳》，由唐德剛策劃、錄音、整理。胡適的談話
　　——可見於他在第十章第 2 節，談到「研究神會和尚始末」時，其中一段的開
　　場白：「在中國思想史的研究工作上，我在 1930 年也還有 1 樁原始性的貢獻。
　　那就是我對中古時期，我認為是中國禪宗佛教的真正開山宗師，神會和尚的 4
　　部手抄本的收集『與詮釋』。」可參看唐德剛中譯本，《胡適口述自傳》（臺北：
　　傳記文學出版社，1981），頁 217-26。

發現了一些神會的相關資料，可是就資料的實質內容來說，也不過是和一篇談禪宗思想，並連帶談及傳承世系的簡短文章罷了。任何學術的天才，都很難從〈顯宗記〉或敦煌殘卷的〈頓悟無生般若頌〉（二者內容相同），發現神會的革命性角色和它有何關係。而胡適在此之前，對禪宗所知甚少，他的第一篇論文〈從譯本裡研究佛教的禪法〉，寫在去巴黎和倫敦的前一年，可以證明他的水準不高。也因此，對於他在〈海外讀書雜記〉裡，能那樣斷然且清楚地凸顯神會的歷史性角色，是令人心中不能無疑的。

既然胡適對神會的認識，令人產生有「跳躍式」的突如其來的感覺，我們又如何去解決這一團謎霧呢？

我們先從胡適在《神會和尚遺集》中的幾段話來看：

> 民國十三年，我試作中國禪學史稿，寫到了慧能，我已很懷疑了；寫到了神會，我不能不擱筆了。我在《宋高僧傳》裡發現了神會和北宗奮鬥的記載，又在宗密的書裡發現了貞元十二年敕立神會為第七祖的記載，便決心要搜求關於神會的史料。但中國和日本所保存的禪宗材料不夠滿足我的希望。我當時因此得一感想：今日所存禪宗材料，至少有百分之八九十是北宋和尚道原、贊寧、契嵩以後的材料，往往經過種種妄改和偽造的手續故不可深信。我們若要作一部禪宗的信史，必須先搜求唐朝的原料，必不可輕信五代以後改造過的材料。

> 但是，我們向何處去尋唐朝的原料呢？當時我假定一個計劃，就是向敦煌的寫本裡去搜求。敦煌的寫本，上起南北朝，下訖宋初，包括西曆五百年到一千年的材料，正是我要尋求的時代。況且敦煌在唐朝並非僻遠的地方，兩京和各地禪宗大師的著作也許會流傳到那邊去。

> 恰好民國十五年我有機會到歐洲去，便帶了一些參考材

料，準備去看倫敦巴黎兩地所藏的敦煌卷子。九月我在巴黎發現了三種神會的語錄，十一月中又在倫敦發現了神會的〈顯宗記〉。此外還有一些極重要的禪宗史料。我假定的計劃居然有這樣大的靈驗，已超過我出國之前的最大奢望了。

十六年歸國時，路過東京，見著高楠順次郎先生、常盤大定先生、矢吹慶輝先生，始知矢吹慶輝先生從倫敦影得敦煌本壇經，這也是禪宗史最重要的材料。

高楠、常盤、矢吹諸博士都勸我早日把神會的遺著整理出來，但我歸國之後，延擱了兩年多，始能把這神會遺集整理寫定；我另作了一篇神會傳，又把《景德傳燈錄》卷 28 所收神會一篇，附錄一卷，各寫兩份，一份寄與高楠博士，供他續刊大藏經之用，一份在國內付印，即此定本。[25]

從上述的說明中，我們首先看到胡適本人說他是因試作中國禪學史稿，寫到惠能，他開始懷疑，寫到神會就擱筆寫不下去了。由於胡適的這份草稿內容如何，誰也沒見過，所以無法瞭解他是如何探討的。但是，從他對慧能和神會的懷疑，以及他接著引述的資料順序，我們卻可以明白他的禪學知識來源是什麼？

因為在《景德傳燈錄》裡，對於神會的對抗北宗，只有如下的交代：

…唐景龍中卻歸曹谿。祖（惠能）滅後二十年間，曹谿宗旨沉廢於荊吳，嵩嶽漸門盛行於秦洛，乃入京。天寶四年方定兩宗，方著〈顯宗記〉行於世。[26]

---

[25] 胡適，〈自序〉，《神會和尚遺集》（上海：亞東圖書館出版，1930），頁 1-5。
[26] 參考藍吉富主編，《禪宗全書》（臺北：文殊出版社，1988），冊 2，《景德傳燈錄》，卷 6，頁 103。

假如沒有其他參考資料的話，誰也無法明白其中存在著神會和北宗之間的激烈對抗。〈顯宗記〉也只說明自宗的禪法和「西天二十八祖」的法系罷了，同樣沒有出現和北宗對抗的字樣。

可是胡適說他在〈宋高僧傳〉看到神會和北宗奮鬥的記載，又說在宗密的書裡發現了貞元十二年（796）敕立神會為第七祖的記載。這是屬實嗎？

分析到這裡，我們必須回頭再重提一下，即關於「西天二十八祖」的法系問題，是蒙文通曾質疑在先的，胡適接著問，也理所當然。因為像這樣的問題，並非輕易可以弄得清楚的。可是關於神會的對抗北宗這一重大禪宗問題，胡適的靈感是如何產生的？有無可能參考國外的研究成果呢？

胡適在 1927 年歸國時，路過東京，曾和當時一些著名的佛教學者像高楠順次郎、矢吹慶輝和常盤大定等，談起他在巴黎和倫敦的新發現。這三人之中，以矢吹慶輝對敦煌的古籍最熟，他曾於 1916 年和 1922 年兩度前往大英博物館搜集和影印大批資料回日本。除了著有劃時代的作品《三階教之研究》一書外，並將敦煌的古逸佛典附上解說，以《鳴沙遺韻》出版。[27]

但是，上述三人（包括矢吹慶輝在內）對神會的革命性成就，無深刻認識，所以胡適的同道，不可能是他們。[28]真正稱得上中國禪宗史專家的忽滑谷快天（1867-1934），胡適經常參考他的著作，卻沒有

---

[27] 矢吹慶輝的《鳴沙餘韻》（東京：岩波書店，1933），在〈自序〉中，清楚地交代收集資料和成書的經過。不過，此書最初，是矢吹慶輝在 1930 年出版的。當時只有圖版 104 幅，而沒有解說。1932 年，他撰寫「解說」的部份，分上下兩卷，在 1933 年刊行。以後一再翻印，銷路甚佳。胡適在寫〈新校定的敦煌寫本神會和尚遺著 2 種〉時（1958 年 11 月），已見到《鳴沙餘韻》的第 78 版。

[28] 根據胡適的說法，矢吹最初並不知此書為何人所作，後來讀了胡適的說明，才在「解說」中稍作介紹。但胡適仍指出他疏忽致誤之處。見柳田聖山編，《胡適禪學案》，頁 324-29。

拜，可以說相當令人訝異。[29]

因此，我們接著要問：忽滑谷快天有可能提供什麼資料。而要探明這個問題，我們可將其分為兩個步驟：

第一步，先找出忽滑谷快天的書中有何線索，足供胡適參考？

第二步，再求證胡適是否曾參考過忽滑谷快天的著作？

就第一個步驟來說，忽滑谷快天在他的《禪學思想史》（東京：玄黃社，1923年出版）上卷支那部的第三篇第六章，已清晰地列出〈荷澤の神會と南北二宗の諍〉的標題。在此章的引用文獻中，關於南北二宗的對抗，以及神會的被流放，乃至後來的被德宗立為第七代祖師一事，忽滑谷快天是參考了《宋高僧傳》，卷 8、宗密（780-841）的《圓覺經大疏鈔》，卷 3 和宗密的〈禪門師資承襲圖〉。另外對於神會的〈顯宗記〉，則提到《景德傳燈錄》，卷 30 有載。[30]

假如比對胡適的那篇〈神會和尚遺集—自序〉，即可以看到不論在南北宗對抗的問題意識，或者引用相關資料的種類和資料出現的順序，都和忽滑谷快天的文章相符。所以就第一個步驟來說，是有可能的。接著，是要求證胡適是否引用過忽滑谷快天的著作。

雖然在〈海外讀書雜記〉一文中，胡適並未註明受忽滑谷快天的著作啟發，但是，我們通過精密的相關資料的檢視之後，即可清楚地知道在當初胡適開始研究中國禪宗史的這一早期階段，他其實仍不知道，要先去參考已收在《卍字續藏經》中關於圭峰宗密的重要論述，所以他自然也就無從了解原出《全唐文》的神會〈顯宗記〉與的《壇經・頓漸品》的關係如何？亦即不清楚內在的詳細關聯。

而他後來知道要去參考這些資料，有很清楚的證據顯示，他是受

---

[29] 胡適參考忽滑谷快天的著作情形，本文以下有詳述，可加以參考。

[30] 見藍吉富主編，《禪宗全書》，冊 2，《景德傳燈錄》，頁 629-30，有〈顯宗記〉全文。而忽滑谷快天的《禪學思想史》，上卷，則在頁 442-46，交代神會和南北宗之諍的各種資料。

到來自忽滑谷快天著作中的相關論述資料提示。

　　不過，我也必須坦白承認，我最初的推斷，只是根據從兩者之間的現有著述資料進行仔細比對的結果，而非能根據最原始的直接證據，即推論出胡適受曾到忽滑谷快天的著作影響。而其後當代學界的一些同道，則對於我的此一發現，依然有些存疑，而未完全被我說服。

　　所以，我最近又根據友人王見川博士所提供的新資料線索，終於在《胡適日記全集之四：1923-1927》（臺北：聯經出版公司，2005）中，[31] 發現了當時胡適親撰的一些他曾閱讀過忽滑谷快天所剛出版的《禪宗思想史》中相關資料後的心得筆記和其他有關資料蒐集過程和種類的各種明確紀載。所以，我此處將這些胡適的日記資料，分別轉述如下，作為我的此一專題研究的最新補充：

　　一、胡適在其《日記全集之四：1923-1927》的 1926 年 8 月 31 日這天，曾記載說，他當天是先在英國倫敦的中國使館內的會客桌上，看到有一本罕見的中國長沙人朱海璃在上海所刊印的《壇經》滬刻版，並附有校錄，但他不知這位未署名的校錄者是誰，所以他就向英國倫敦的中國使館內的執事者，將此本罕見附有校錄資料的滬刻版《壇經》的借回去住處，先行抄了一些其中的相關校錄資料。這對正殷切遠渡重洋到海外來尋找各種《壇經》版本或相關校錄資料的胡適來說，當然如獲至寶，所以立刻在日記本上快速抄下各種他認為可供參考的有用資料。

　　二、根據他的當天日記，我們可以知道，他在那本有校錄資料的朱海璃所刊行的滬刻版《壇經》中，看到：（一）其中附的王維〈六組能禪師碑銘〉，有提到是在五祖臨終之際，才授衣給六祖惠能，而此碑是王維撰於神會受讁之後，卻沒有提到有所謂天天「二十八祖」

---

31 龔雋也曾看到此一胡適日記的相關資料，但是他無我所持的問題意識，所以我和的解釋差異甚大。見龔雋和陳繼東合著，《中國禪學研究入門》，2003 年，頁 20-21。

的說法，甚至也沒有記載「達摩的話」，但文中則已有「世界一華，
祖宗六葉之語」。（二）、其次是，在另一唐代詩人劉禹錫所撰的〈大
鑒第二碑〉中對於惠能的年歷大事記，雖與原《壇經》說法不符，胡
適卻願考慮採信。

　　三、同年的 9 月 4 日，星期天，日記中的資料又提到：當天胡適
本人又到 Bibliottheque Nationale 看敦煌卷子，並發現其中的《禪門祕
要訣》全文，有提到「第一迦葉首傳燈，二十八代西天記。入此土，
達摩為初祖，六代傳衣天下聞，後人得道何窮數？」但他在那天所發
現的 3488 編號的殘缺文件，卻是關於「遠師」和「和尚（按：即神
會）」的問答。胡適在日記中說，他看到後這一材料之後，「心疑是神
會的作品」，又斷定是「八世紀的作品」。於是，他便根據此文獻，對
神會當時所提倡的西天八代說，認為那是不能成立的。以後，胡適對
於原《壇經》說法的各種質疑，便從此展開。

　　四、但是以後他又再對照新發現的 2634 編號的《傳法寶記》和
3346 編號的《楞伽師資記》，他高興地認為是「重大發現」。他日後所
命北宗所代表的「楞伽宗」，就是由張些文獻的發現而展開的。

　　五、不過，他在同年九月 25 日，在日記上，明白記下：「到史館，
收到家中寄來的（忽滑谷快天著）《禪學思想史》，…可與巴黎所見參
看。…回寓後看《禪學思想史》，頗有所得。」首先就是幫他解開敦
煌卷子 2104 編號的《禪門祕要訣》的作者是否為玄覺所作之問題。

　　胡適本人當時是傾向於否定的。但，忽滑谷快天的《禪學思想史》
（上卷），對胡適最大的作用是提供了唐代大禪學家圭峰宗密的相關
著作資料和有關神會問題的研究線索，所以胡適才會在當天九月廿七
號的日記上，清楚的寫下：「忽滑谷快天的《禪學思想史》不很高明，
但頗有好材料，他用宗密的《圓覺大疏鈔》、《禪源諸詮集都序》、《禪
門師資承襲圖》等書，皆極有用。…」（見原書，頁 478。）由於這些
資料是來自《卍字續藏經》，所以胡適在 10 月 2 日，便到 Bibliottheque

Nationale 去借讀其中的「宗密《圓覺大疏鈔》，始知他把禪宗分為七派。」（見原書，頁 485）。由此可知，忽滑谷快天的《禪學思想史》，上卷，對胡適最大的作用，就是提供宗密的相關資料。

　　然而，忽滑谷快天的《禪學思想史》，上卷是胡適從中國的家中寄來的，難道他事先都不知道其中的內容嗎？這是第一個疑問。其次是，雖然他當時曾一面參考，又一面批評說，「忽滑谷快天的《禪學思想史》不很高明」。

　　可是，胡適當時在很多方面的相關知識來源，例如有關禪思想史的長期演變和中印禪法的差異等知識，可以說都是他當年直接閱讀忽滑谷快天的《禪學思想史》書中資料之後，才獲悉的。並且，在同一年稍後撰寫的〈菩提達摩考〉（收在《胡適文存》，集 3 卷 4，頁 293─302）裡，即清楚地註出參考忽滑谷快天的《禪學思想史》上卷和頁數。[32]接著在下一年（1928）撰寫的〈禪學古史考〉（收在《胡適文存集 3 卷 4，頁 255─34）裡，同樣註明參考忽滑谷快天的《禪學思想史》上卷和頁數。[33]

　　可見胡適在初期的重要禪學論文中，確曾引用過忽滑谷快天的著作。因此，第二步驟的求證也有了著落。

　　既然第一、第二兩步驟都能獲得實證，則胡適在〈海外讀書雜記〉一文中，所以能如此明白地強調神會的歷史性地位，其知識來源也就可以解明了。

　　亦即忽滑谷快天的禪學史著作，為胡適提供了關於神會重要性的問題意識，然後胡適才會在巴黎和倫敦的敦煌殘卷中，猛翻有關神會

---

[32] 胡適用括弧標出，寫著：「參看忽滑谷快天《禪學思想史》，上卷，頁 307，論『廓然無聖』之語，出於僧肇之〈涅槃無名論〉。」

[33] 此段胡適引用忽滑谷快天的內容，是由於印度禪法來源和《奧義書》（Upanishadas）、數論一派有關；而忽滑谷快天在該書的上卷，有介紹印度的各種「外道禪」（佛教以外的禪法），所以胡適連引 2 處，並標出該該出處為頁 39-52, 66-84。可見胡適對印度禪法的理解，是參考忽滑谷快天的解說而來。

的資料，並且能在其他神會資料未深入研究之前，先能論斷神會的重
要性。

　　雖然胡適和忽滑谷快天之間的學問關聯，已在上述分析裡略有說
明，但在胡適的心目中，對忽滑谷快天有何評價呢？根據胡適在 1934
年 12 月於北平師範大學演講〈中國禪學的發展〉時，在開場白的客
套話之後，隨即如此描述：

> 　　〈中國禪學的發展〉這個題目，中國從來沒有人很清楚地
> 研究過。日本有許多關於禪學的書，最重要的，要推忽滑谷快
> 天所著的《中國禪學史》，因為就材料而言，中國禪學的發展〉
> 這個題目，中國從來沒有人很清楚地研究過。日本有許多關於
> 禪學的書，最重要的，要推忽滑谷快天所著的《中國禪學史》，
> 因為就材料而言，在東方堪稱為最完備詳細的。這書前幾年才
> 出版。[34]

　　可見胡適在中、日兩國的佛教學者裡，唯一推崇的關於中國禪學
史的著作，只有忽滑谷快天寫的了，並且稱它在材料上，是東方最完
備詳細的。而事實上，胡適在那場演講裡，絕大部份的觀點都是出自
忽滑谷快天的書內。就此而言，胡適在中國禪宗史的研究，所以能快
速提升水準，除了他勤於發掘新史料外，會參考國際間禪學同道的最
新研究成果，也是極重要的原因。

　　而以上雖有一些新發現，旨在找出近代中國禪學研究的學術發展
途徑，並非對胡適個人的學術成就作批判。事實上胡適能前往巴黎和
倫敦尋找新材料，在學術的突破上，已經超出原先忽滑谷快天的資料

---

[34] 胡適的此講稿，是經過二十年後，才由 De Martino 替他找出來，用做論文材料
　　的一部份。胡適花了十元美金，請他多印一份，以留紀念。收文收在《胡適禪
　　學案》，第三部，而此段引文是在該書的頁 459-60。

格局了。胡適在國際禪學研究，能夠佔有一席地位，也就是為了這個
貢獻。[35]

　　不過，胡適的研究業績初期，早期到底對中國學術界產生何種回
應呢？似乎很少人有系統的檢討，底下擬加以說明。

三、初期在大陸學界的衝擊與回應

　　要檢討胡適的禪學研究，初期在中國學者中產生何種衝擊與回
應，我們可以按時間順序以及問題的性質來加以探尋。

（一）湯用彤的回應

　　胡適的禪學研究在中國學術界產生的第一聲回應，是來自湯用
彤。湯用彤是在《現代評論增刊》中，讀到胡適到〈菩提達摩考〉一
文後，曾寫了如下的一封信：

> 適之先生：
>
> 　　前在《現代評論增刊》中見尊作〈菩提達摩考〉，至為欽
> 佩。茲寄上舊稿一段，係於前年冬日在津所草就。其時手下書
> 極少，所作誤略至多，今亦不加修正，蓋聞臺端不久將發表《禪
> 宗史》之全部，未見尊書，不能再妄下筆。先生大作如有副稿，
> 能寄令先聞，則無任欣感。達摩〈四行〉非大小乘各種禪觀之
> 說，語氣似婆羅門外道，又似《奧義書》中所說。達摩學說果
> 源於印度何派，甚難斷言也。[36]

35　胡適的此一學術地位，可參考柳田的宏文，〈胡適博士與中國初期禪宗史之研
　　究〉，載《胡適禪學案》，頁 5-26。日文原文，則在同書，頁 27-45。以下只標
　　中譯頁數，日文頁數省略。
36　收文被收在《胡適文存》，集 3，卷 4，頁 305，當作胡適所撰〈論禪宗史綱領〉

　　湯用彤是當時治中國佛教史的權威，但是胡適的〈菩提達摩考〉
一出，即使得他對昔日所持的禪學史見解，產生動搖，宣稱在未看到
胡適發表全部的《禪宗史》之前，「不能再妄下筆」。這樣的信，自然
是對胡適禪學研究的一大肯定。

　　可是，在學者間常有客套之辭，湯用彤的此信是否也屬客套之辭
呢？其實不然。胡適當時所作的研究，由於新資料的發現，以及善於
吸收忽滑谷快天的最新研究成果，在某些方面的確已超過湯用彤。此
從胡適的回函中，我們可以有進一步的證實。茲引前面的開場白如下：

> 用彤先生：
> 　　七月十六日的手書，已讀過了。
> 　　《中國佛教史略》中論禪宗一章，大體都很精確，佩服
> 之至。
> 　　　先生謂傳法偽史「蓋皆六祖以後禪宗各派相爭之出產
> 品」，此與鄙見完全相同。我在巴黎倫敦發現了一些禪宗爭法
> 統的史料，影印帶回國，尚未及一一整理。先生若來上海，謂
> 來參觀。[37]

　　接著在此封信的後面，胡適除了表示禪宗史稿本尚未寫定，大部
份須改作之外，也列出擬撰的「大綱」十三條，將他對中國禪宗史的
主要見解和架構交代清楚。他並且將此封信和湯用彤的來信合併，以
〈論禪宗史的綱領〉發表。

　　胡適的回信顯示，他在禪宗史的見解方面，大體可以同意湯用彤
在《中國佛教史略》的看法。但他提到有新禪宗史料，自海外帶回來，

　　的第 1 部份。《胡適禪學案》也收有此信。見該書，頁 235。

[37] 按：〈胡適答湯用彤教授書〉，即〈論禪宗史綱領〉的第 2 部份，本段引文在《胡
　　適文存》，集 3，卷 4，頁 305-06；《胡適禪學案》是在頁 235-36。

要湯用彤有空到上海參觀。這一點很重要。因在他帶回的敦煌資料裡，有一份關於早期禪宗史傳承的資料特別珍貴，此即由北宗禪僧侶淨覺所撰的〈楞伽師資記〉。[38]因北宗禪係以宋譯的四卷本《楞伽經》為印心依據，所謂「藉教悟宗」；而師徒相傳，各有心得見解，於是有〈楞加師資記〉的出現，以凸顯本宗的傳承和心法的精要。這對研究達摩一宗的流傳狀況，實在太重要了。可是因久已失傳，研究禪宗史的人只得憑藉南禪宗的傳承資料來探討。湯用彤和胡適的差別就在這裡。因胡適在倫敦和巴黎的禪宗史料堆中，意外發現了〈楞伽師資記〉，他以第一發現者的優勢，將其用在〈菩提達摩考〉一文，[39]這不論在史料依據和史實重建方面，都不是未見該項資料的湯用彤所能向背的，所以只能嘆服的份了。湯用彤在信中說的未見胡適的書，「不能再妄下筆」，的確是寫實之語，而非學術界的客套之辭。

　　在另一方面，湯用彤的《中國佛教史略》，是否包括《漢魏兩晉南北朝佛教史》以及《隋唐佛教史稿》，[40]雖不得而知。可是在胡適信

38　此資料後來借給朝鮮青年學者金九經校寫、出版，卷首冠有胡適的〈楞伽師資記序〉和太虛的〈序〉。金九經是鈴木大拙的學生，所以鈴木大拙也重視此資料，撰有〈楞伽師資記及其內容概觀〉一文，發表於《大谷學報》，卷12號3（1931年6月）。柳田聖山判斷，胡適和鈴木對此資料的看法不同，「逐漸形成學問的立場之爭」。而胡適在1936年發表〈楞伽宗考〉，更把諍論帶到影響面最大的狀況。參考柳田，〈胡適博士與中國初期禪宗史之研究〉，《胡適禪學案》，頁14-20。

39　此文收在《胡適文存》，集3卷4，頁293-304。《胡適禪學案》是在頁53-64。此文又有一個副題叫「中國中古哲學史的一章」，可見是有全書寫作計劃的。

40　按：湯用彤的《漢魏兩晉南北朝佛教史》，在1938出版，與陳寅恪的《唐代政治史述論稿》，同獲抗戰時期教育部學術研究一等獎。但和《中國佛教史略》相比，有多少重複之處，仍不得而知。不過此書，的確是中文著作中，享譽歷久不衰的權威之作。至於《隋唐佛教史論》是湯一介在湯用彤逝後，根據早年他在中央大學和北京大學的授課講義，整理補充後出版的。在書中第4章第11節的部份，則以湯用彤的另一稿本〈弘宣佛典年表〉，參照其他資料，補了原先有目無文的〈隋唐佛教大事年表〉。至於該節的〈隋唐內外教之爭〉，則仍闕如。湯用彤編授課義的時間，在20年代末至30年代初，所以是早期的作品。

中所提到的關於論禪宗一章的部份，其中所引用的一句話「蓋皆六祖
以後禪宗各派相爭之出產品」，迄今仍保留在《隋唐佛教史稿》的第
四章第六節〈禪宗〉裡。又由於湯用彤的此一節論斷，特別在標題下
註明：「以下半係舊作，無暇增改，讀者鑒之。」[41]雖然現在無從知道，
他寄給胡適的舊稿是否有再修正，但是，比對所用的資料和論點，可
以發現他和胡適之間有若干差異。茲舉例說明如下：

　　一、湯用彤的此稿，在論禪宗的部份，全未引用胡適在敦煌寫本
中所發現的新史料。換言之，胡適在禪宗史料的新發現，湯用彤雖知
道，也表明有將參考胡適的新研究成果（如來信中所說），卻終竟未
納入自己的授課教義中。可見胡適的禪宗研究，對湯用彤的實際影響
並不明顯。

　　二、胡適在禪宗史研究中，除了自己發現新史料外，同時也借重
忽滑谷快天的禪學研究成果。湯用彤則未見有註明參考忽滑谷快天
之處。

　　三、假如將胡適在稍後（1931-1932）撰寫的《中國中古思想史提
要》內容分析的話，我們會發現胡適對佛教思想的探討，基本上是以
禪學的演變為主軸，其他的各宗義裡只是草草交代。[42]反之，在湯用
彤的著作中，不論《漢魏兩晉南北朝佛教史》或《隋唐佛教史稿》，

而本文參考的，是收在藍吉富主編，「現代佛學大系」（臺北：彌勒出版社，
1984），第 26 冊，湯一介在《隋唐佛教史稿》篇首的「整理說明」。

[41] 見藍吉富主編，「現代佛學大系」，冊 26，頁 274，註 19 的說明。

[42] 胡適在《中國中古思想小史》的前面，曾提到這是 1931-1932 年在北大授課的
「講義提要」。原先以「提要」體寫，文字太簡，後來放手寫下去，故改用《中
國中古思想小史》的題名。可是全文寫成的 12 章（原預定 14 章），兩萬八千
字，仍然是「講義提要」。因從文章內容看，是大綱式地舉了幾個要點，列舉
了幾種參考資料，故只能當作《中國中古思想史提要》罷了。就連影印出來的
胡適手稿，在作了一些說明之後，仍在旁邊清清楚楚地靠左隔一行，寫著《中
國中古思想史的提要》共十個字。參考《胡適作品集》，第 21 冊，《中國中古
思想史長編》，上冊，（臺北：遠流出版社，1986），內附《中國中古思想小史》。

禪學的討論都只佔書中極小的一部份。可見胡適的《中國中古思想史》在治學方向上，一開始就被禪學的發展所規範了。而所以如此，應和忽滑谷快天在《禪學思想史》裡，已尋出一條發展的思想脈絡有關。再加上胡適個人在史料上的新發現，於是才出現和一般討論《中國中古思想史》的學者，在取徑上大不相同的情況。

　　由於胡適對中國中古思想的探討，明顯地偏重禪學思想的發展，使他在當時的中國學術界，變成了獨樹一幟的研究進路。但是否有普遍的共鳴呢？卻是大有疑問的。因為連他本人也抱怨過國人對他在禪學研究方面的冷漠態度。[43]如果對照當時國際間對他研究業績的重視，的確是相當被冷落了──最起碼1933年止是如此。

　　為何會如此呢？底下我們再試著加以解析。

（二）陳寅恪的回應

　　前面曾指出，胡適對禪學思想史的偏重探討，在當時的學術界，是較獨特的情況。因此，在問題意識的提出和史料的解讀方面，也必將是一新出現的情況。這對當時的中國學術界，要如何才能產生普遍的共鳴呢？

　　當時，在中國學術界，對此領域較有可能回應的，除專研中古佛教史的湯用彤外，應屬精通中古佛教文獻的陳寅恪（1890-1969）。根據汪榮祖在《史家陳寅恪傳》（臺北：聯經，1984）一書第六節的說法，陳寅恪在清華任教時期，用力最多的是中古佛教史研究。他引用陳氏弟子蔣天樞的話說，陳氏在1927年至1935年，於佛經用力最勤。汪榮祖又說，陳寅恪研究佛經，是基於思想史的興趣，而因他精通多種治佛教史的相關語言，以及注意歐美學者的研究成果和當時敦煌學

---

[43] 這是他在1933年對來訪的鈴木大拙所說的。鈴木將此種報怨載入他的文章，發表於1948年《文藝春秋》，卷26號7。可參考柳田聖山，〈胡適博士與中國初期禪宗史之研究〉，《胡適禪學案》，頁11-12。

提供的新資料，所以他在佛教史的考證方面，可以發現許多過去中國學者所無法解決的「大問題」。[44]以這樣的條件和興趣，陳氏可以說較胡適更具備探討中國中古佛教思想的實力。可是，陳氏對胡適關心的禪宗史課題，又是如何呢？

　　在陳寅恪的佛教史考證文章裡，關於禪學思想探討的，主要有二篇，一篇是關於天臺宗禪法演變的〈南嶽大師立誓願文跋〉，[45]他認為其中有真史料，可作為研求中國思想史的重要資料：另一篇則是〈禪宗六祖傳法偈之分析〉，討論〈傳法偈〉中關於「菩提樹」和「明鏡臺」的譬喻，是否得當的問題。[46]按此文原載 1932 年《清華學報》，卷 7 期 2，所以已是在胡適出版禪宗史料重要發現之一的《神會和尚遺集》後二年的事了。但在此文中，陳氏雖然使用了胡適首次發現的〈楞伽師資記〉，卻未提到胡適的任何功勞。[47]不只在此文如此，在陳氏文集──《金明館叢稿二編》中，[48]凡提到利用敦煌文獻研究宗教史有成就的學者，即熱烈推崇陳援庵（1880-1971）的成就，而不提胡適的貢獻。[49]在這種情況下，胡適所關心的神會問題，似乎成了陳寅

44　參考汪榮祖，《史家陳寅恪傳》，頁 94-99。

45　此文收在《金明館叢稿 2 編──陳寅恪先生文集之 3》，臺北：里仁書局改為《陳寅恪先生文集》（2），1981，頁 2112-217。

46　同前引書，頁 166-70。張曼濤主編，「現代佛教學術叢刊」，將《六祖壇經研究論集》列為首冊（臺北：大乘文化出版社，1971），也收入陳寅恪此文，在頁263-67。

47　見《金明館叢稿》，2 編，頁 169；張曼濤主編，《六祖壇經研究論集》，頁 266。

48　《金明館叢稿 2 編》在《陳寅恪先生文集》七種中，是屬於第 3 種。見徐半痴在 1980 年撰的〈出版前言〉。

49　在《金明館叢稿 2 編》裡，共有 3 篇此類的文章，①〈陳垣敦煌劫餘錄序〉（頁236-37）；②〈陳垣元西域人華化考序〉（頁 238-39）；③〈陳垣明季滇黔佛教考序〉（頁 240-41）。其中□主要材料非敦煌史料，但仍重提陳垣考釋摩尼佛教諸文的貢獻。當然，此 3 篇既是為陳垣作序，似應以陳垣為主，但就學術發展的層面來說，其他學者如胡適等既在此領域也有貢獻，則仍應提及他的姓名才對。

恪有意迴避的課題。此從關於《壇經》偈語的研究可窺知一二。

　　即以〈禪宗六祖傳法偈之分析〉內容來說，陳寅恪雖運用了新發現的敦煌本《壇經》資料，但他只對〈傳法偈〉的前二偈產生興趣。他指出的堅固永久的「菩提樹」來譬喻變滅無常的肉身，是不當的：以印度禪法和佛藏中習見的記載言，應以易於解剝的植物如芭蕉來譬喻才恰當，可用以說明陰蘊俱空，肉體可厭之意。而在第二偈中，以「心為明鏡臺」作譬喻，再以後二偈「明鏡本清淨，何處染塵埃」釋義，可謂意已完備；然而「身是菩提樹」的首偈，卻無後續說明，所以陳氏批評其「意義未完備」。最後，陳氏綜合其研究意見如下：

　　今神秀慧能之偈僅得關於心者之一半。其關於身之一半，以文法及文意言，俱不可通。然古今傳誦，以為絕紗好詞，更無有疑之者，豈不異哉！予因分析偈文內容，證以禪門舊載，為之說明。使參究禪那之人，得知今日所傳唐世曹溪頓派，匪獨其教義溯源於先代，即文詞故實亦莫不掇拾前修之緒餘，而此半通半不通之偈文，是其一例也。[50]

　　但是陳氏此文的如此探討，和胡適禪學研究中的主題──神會和尚的革命角色，無直接關係。此外，陳氏著重偈語的譬喻不當和意義未備的問題，也很難掌握《壇經》的新舊版本，有何思想上的重大變異。原因在於敦煌本中的〈傳法偈〉，雖然將「身是菩提樹」誤寫為「心是菩提樹」，以及將「心為明鏡臺」，誤寫為「身為明鏡臺」，但「身」「心」二字應須互易，是顯而易見的傳寫之誤；除此之外，此二偈的古今版本內容，並無重大差異，所以版本學的校勘在此處無重大意義。而縱使如陳氏所指，此偈為「半通半不通之偈文」，且關於「身」的「意義」說明「未完備」，也不能發掘出對後來禪宗史研究有重大作用的學術問題。事實上，對後來研究有重大意義，是後二偈，亦即

50　見陳寅恪，《金明館叢稿 2 編》，頁 170；張曼濤，《六祖壇經研究論集》，頁 267。

從敦煌本的「佛性常清淨，何處有塵埃」？轉變為「本來無一物，何處惹塵埃」？這是所謂從《楞伽經》的如來藏思想到《金剛經》空性思想的重大轉變，也是胡適和其他後來禪宗學者所要探明的重點。[51]陳寅恪的禪宗史課題，和胡適的研究之間，無法形成直接性或有大作用的對話。兩人在禪宗問題上，自此次擦身而過，即永久沒有再產生交集了。

（三）單不庵的回應

在觀察過包括湯用彤和陳寅恪的這樣專家後，接著就較次要的相關學者，也作一些考察。在《胡適文存》，集 3 卷 4 中，有單不庵先生和胡適多次通信，討論史料的版本校勘問題。另外，當時佛教界的太虛，如何看待胡適的禪學研究，也是值得注意。底下先考察單不庵的情況。

單不庵和胡適通信，並不專為禪宗史料的校勘問題，[52]但是作為胡適〈跋宋刻本白氏文集影本〉附錄的九篇信文，[53]卻是專屬校勘上的細節考訂問題。

胡適先在《白氏長慶集》，卷 24，發現〈傳法堂碑〉的碑文，屬於馬祖道一（707-786）的嫡派所造文件，和諸家講法不同，斷定是九世紀的禪宗史料。於是取涵芬樓瞿氏藏本和日本翻宋本（四部叢刊本）

---

[51] 這裡主要是指胡適和撰寫《中國禪宗史》的印順法師。胡適在〈楞伽宗考〉一文，舉出日本新印出來的《敦煌寫本神會語錄》，有八條史料，是用《金剛經》代替《楞伽經》，所以他論斷說：「看這八條，可知神會很大膽的把《金剛經》來替代了《楞伽經》。楞伽宗的法統是推翻了，楞伽宗的『心要』也掉換了。所以慧能神會的革命，不是南宗革了北宗的命，其實是一個般若宗革了楞伽宗的命。」（載《胡適文存》，集 4 卷 2，頁 235。）印順在《中國禪宗史》（臺北：正聞出版社，1971）一書，也對此一問題有精闢的分析。

[52] 單不庵和胡適的通信，在《胡適文存》，集 3 卷 8，就有〈論長腳韻〉的兩次來書，登在上面（頁 690-91；頁 696-707）。

[53] 胡適此文，收在《胡適文存》，集 3 卷 4，頁 314-15。

互校。[54]

　　而單不庵則以《全唐文》和四部叢刊本的《白氏長慶集》互相勘對，然後有五次寫信給胡適，報告他的心得。

　　不過，他雖用了像明隆慶刊本《文苑英華》，卷 866 等同一碑文來校勘，基本上對新問題的探討仍作用不大。後來柳田聖山編《胡適禪學案》時，便將這一部份的資料捨棄，只保留胡適論〈白居易時代的禪宗世系〉一文。[55]

　　對於柳田的處理，我們不能視為一種偏見。

　　事實上，單不庵其後也未就禪宗史的問題，有進一步的交流。因此對胡適來說，儘管獲有這樣一位熱心回應的難得人士，終竟是無補於大局的，孤立的狀況依然存在。

（四）太虛的回應

　　單不庵的作用，如上所述。接著考察佛教界的名流太虛，對胡適禪學研究的反應。因為這是目前所能看到的少數佛教界的相關資料，極為難得。

　　太虛是出家僧侶，在民國以來的中國佛教界，是最具有現代思想又勤奮治學的佛教思想家和改革家。在他早期的進修階段中，是曾有過傳統禪宗叢林的禪法修練的。他本身甚至有過相當程度的禪宗經驗。[56]以這樣的知識背景和豐富的禪修經驗，一旦要涉入現代的學術領域，像關心胡適禪學研究之類的，到底可能產生什麼作用呢？是很耐人尋味的。

---

[54] 胡適此文，收在《胡適文存》，集 3 卷 4，頁 314。

[55] 見柳田聖山編，《胡適禪學案》，第一部，頁 94-97。

[56] 見印順編，《太虛大師年譜》（臺北：正聞出版社，1986 年 5 版），頁 32-33，以及頁 85，共有兩次經驗的記載。太虛並據此內證的經驗，作為闡揚佛學思想的基礎。

太虛對胡適的禪學研究，很早就開始注意了。幾乎和湯用彤寫信給胡適的同一時間，他在自己創辦的佛教月刊《海潮音》，期2（1928年 7 月出版）上，發表了一篇〈與胡適之論語菩提達摩書〉。由於內容不長，為存真起見，全文引述如下：

> 適之先生：
>
> 　　在《現代評論》讀了大著的〈菩提達摩（考）〉，因我對於這事，也曾用過一回推考，特寫出寄上。
>
> 　　我以為：《洛陽伽藍記》上所載的菩提達摩，的確是有這個波期胡僧的，但卻不是後來禪宗奉為初祖的菩提達摩。禪宗所奉為初祖的事實上人物，應是先在嵩山少林寺為魏君臣道俗舉國奉為大禪師的佛陀扇多。至其名字，則是後來禪宗的人，為避去佛陀扇多，乃影借達摩波羅與菩提達摩、菩提流支的名字，另用此名立為初祖的。
>
> 　　略言其證據有三種：
>
> 　　奇異的禪風，由佛陀扇多後漸昌。
>
> 　　傳達摩與流支不合，然此實為扇多與流支議地論不合之故事。
>
> 　　二祖神光─慧可，即傳扇多禪的慧光律師，一名折成二名。至於宣律師《僧傳》所載，則出於禪宗傳說流行後，更採《伽藍記》一百五十歲之說而成。這點意見，或可備哲學史的參考。

發表上述看法的太虛，已是創辦了「武昌佛學說」、率團出席過在日本舉行的「東亞佛教大會」之僧界名流。[57]但從此文的論證方式

---

57 關於此部份的研究，可參看拙著，《太虛大師前傳》（臺北：新文豐出版公司，

來看，仍屬臆測之詞居多。所以此信對胡適沒有任何幫助。只能說，在當時的佛教界，猶有人留意胡適的禪學研究罷了。

不過，由於太虛在佛教界具有代表性，對外界學術訊息也極敏感，所以 1931 年由朝鮮金九經所校勘的〈楞伽師資記〉出版，在前面序文中，即出現太虛和胡適的文學。[58]

太虛對於此一新禪宗史料的出版，在〈序〉中只能指出它與歷來的禪宗語錄，特別是念佛三昧兼條等的說法，和後代禪風頗有相異之處。因此他斷定，「此書之出，當為禪宗一重大公案焉」。[59]雖然如此，就學術的角度來看，仍嫌太空洞。所以後來的學者在論及〈楞伽師資記〉時，仍以回應胡適的意見為主。[60]太虛的意見，幾乎全被擱置一旁。證明太虛在這方面的作用，仍屬有限。

（五）胡適抱怨學界對其禪宗研究冷淡對待的原因分析

但是胡適個人在禪宗史研究方面的困境，也愈來愈明顯了。其原因不外和自己站在同一陣線的中國學者太少。就像他在 1934 年初夏，對遠道來訪的鈴木大拙所抱怨的談話那樣──當時，胡適對鈴木說，他的《神會和尚遺集》出版以來，國內學人並無反應，反而有鄰國的學人遠道來訪，真是令他感慨之至！他因而對國內學者的缺乏世界性眼光，有所不滿。[61]

不過，胡適的此一反應，存在著一個大疑點：為何中國學者對他的新研究成果，沒有太大反應呢？對這個大疑點，連最熟悉胡適研究

1993），頁 186-214。

[58]　此項資料，來自矢吹慶輝編著，《鳴沙餘韻解說篇》，第 2 部，頁 500-01。

[59]　此項資料，來自矢吹慶輝編著，《鳴沙餘韻解說篇》，第 2 部，頁 500-01。

[60]　見柳田聖山，〈胡適博士與中國初期禪宗史之研究〉，《胡適禪學案》，頁 17-18。

[61]　這是他在 1933 年對來訪的鈴木大拙所說的。鈴木將此種報怨載入他的文章，發表於 1948 年《文藝春秋》，卷 26 號 7。可參考柳田聖山，〈胡適博士與中國初期禪宗史之研究〉，《胡適禪學案》，頁 11-12。

禪學狀況的柳田聖山，在他的傑出論文裡，同樣沒有任何交代。

要解答胡適所抱怨的問題，我們必須考慮相關的幾個可能因素：

首先，必須考察胡適跟其他主要的中國學者之間，是否普遍地沒有交流？或僅在禪宗史的部份才反應冷淡？而假如是後者，那麼才可以進一步分析其中原因是什麼？

其次，關於胡適的抱怨談話，原是指 1930 年出版《神會和尚遺集》以後，迄 1934 年初夏間和鈴木大拙談話的情況。換言之，是有時間性和特定事物指涉的。因此我們在運用此一資料時，可否加以擴大或延伸解釋為一向如此呢？

最後，對於研究者來說，由於時間已屆今年的 1993 年，在當時胡適的抱怨談話之後，是否在中國學界間已有新的變化？假如有，原因又是什麼？

結合上述三個問題加以考察，相信雖不中亦不遠矣。

以第一個問題來說，我們前面已儘量收集到一些柳田聖山在論文中未曾解說的個案，來分析彼等與胡適交流的情形。其中，雖也有像單不庵和太虛這樣的關懷者，但因能夠涉入的程度實在太淺，可以不加以考慮。至於有代表性的專業學者，像湯用彤和陳寅恪，則確實未對胡適關於神會的解釋，有直接回應。但這不能表示在其他方面，他們也不曾和胡適有過交流。

以收在《胡適文存》第四集中的相關佛教文章來說，我們可以看到有佛教學者周叔迦，和他商榷〈牟子理惑論〉的史料證據問題，時間在 1931 年。[62]

在關於〈陶弘景的真誥考〉（作於 1933 年 5 月）這篇文章裡，胡適提到傅斯年曾轉達陳寅恪的話，說在《朱子語錄》中也曾指出《真

---

[62] 周叔迦著，〈牟子叢殘〉，送請胡適指教。胡適連寫 2 信，表示自己的看法。見《胡適文存》，集 4 卷 2，頁 149-52。

詀》有抄襲佛教《四十二章經》之處。[63]證明陳寅恪未全然疏忽胡適的佛教研究問題。這和他對《神會和尚遺集》無直接反應，恰成對比。

另外，在關於有〈四十二章經考〉（作於 1933 年 4 月）這篇文章中，更有當時著名的宗教文獻學家陳援庵（1880-1971）兩次來函商榷「佛」、「浮屠」、「浮圖」等名詞，在早期佛教經典中的譯法問題。胡適也在文章中認真地加以反應。[64]

由這些論學的熱切狀況，可以說明第一個問題點中，胡適是否和其他學者在佛教研究方面有普遍交流的情形？答案當然是肯定的。同時也清楚地凸顯出，禪宗史的研究，才是大家對之無反應的問題所在。不過，雖然知道是出在禪宗研究，但進一步探明其中原因為何，仍不太容易。因此仍必須繼續加以考察。

從前面的比較情形，可以看出胡適在討論禪學研究以外的主題時，仍有不少重量級的國內學者表示關心，或有所商榷。此一現象，是否可解釋為胡適的禪學研究，在什麼地方出現了問題，所以大家在態度上有所保留？

此外，對於鄰國學者來訪，內心油然激起強烈對比情緒的胡適來說，雖有此強烈的感受，可能並未深入地去分析個中原因為何吧？因為像湯用彤、陳寅恪，乃至當時在「支那內學院」已有很高聲譽的呂澂（1896-1989），都是精熟國際佛學研究現況的，並非單是胡適的一句缺乏世界性，即可解釋的。所以說，胡適本人可能也未真正瞭解其中原因。

就此一問題的可能性來說，不外涉及兩個層面，一是史料的發現和校勘，一是史料的解釋和史實的重建。對胡適當時的情況而言，以第一個層面最無問題。不但國際學術界一直感念他的貢獻，在中國學

---

63 見《胡適文存》，集 4 卷 2，頁 171。
64 見《胡適文存》，集 4 卷 2，頁 175-93。

者裡，也幾乎一致肯定和讚美（關於這一點，稍後我們會再討論）。
即以湯用彤和陳寅恪來說，最起碼在他們的著作裡，都引用過〈楞伽
師資記〉的材料（48），[65]而此材料的發現，正是胡適的貢獻。至於後
來出現的，許多胡適禪學研究的批評者，也同樣不是針對材料的發現
和校勘；史料的解釋和史實重建的方面，才是他們批評的重點。而關
於這一部份，在柳田聖山在他的論文中，也不諱言地指出，很多日本
學者嫌胡適的解釋過於「武斷」，到最後甚至導致鈴木大拙在國際學
術大會上和胡適公開攤牌（49）。[66]所以我們把問題的核心所在，轉移
到胡適對禪宗史料解釋和史實重建這方面來考察，是否較之其他的可
能性更高呢？

　　據柳田聖山的論文分析，胡適在巴黎發現的〈楞伽師資記〉，經
韓國學者金九經校刊後出版，是最初發現者胡適對國際學術交流的一
大貢獻。而胡適以替金九經寫〈楞伽師資記〉為契機，逐漸固定了他
研究初期禪宗史的焦點，而終於促成 1953 年重要論文〈楞伽宗考〉
的發表。柳田接著有如下的評論：

　　　　〈楞伽宗考〉是胡適初期禪宗史研究論文的骨幹，他不僅
　　貫徹主張，而且滿懷信心。這已經到了胡適禪學論證的最高
　　峰，為近代禪宗史的研究歷史，帶進了劃期的時代。（中略）
　　自 1935 年開始，數年之間，中日根據新出的敦煌卷子，不斷
　　的研究初期禪宗，活氣空前，無與倫比。

　　　　…胡適斬釘截鐵的武斷，強調此說（案：胡適主張初期禪

---

[65] 湯用彤在《漢魏兩晉南北朝佛教史》1 書，論及北方之禪法時，曾多次引用〈楞
　　伽師資記〉，如頁 781, 785-86, 789。陳寅恪的引用情形，見《金明館叢稿》，2
　　編，頁 169；張曼濤主編，《六祖壇經研究論集》，頁 266。
[66] 按這是指 1949 年 6 月，兩人出席在夏威夷的「第 2 屆東西哲學家會議」，就禪
　　學的研究途徑和理解方式，所引生的激烈諍辯。柳田末提辯論詳情。見《胡適
　　禪學案》，頁 19-20。

宗為「楞伽宗」），影響了 1935 年以後，中日兩國初期禪宗史的研究，沒有人能脫出他的斷定。[67]

　　但是，在柳田舉例受影響的日本學者裡，宇井伯壽的《禪宗史研究》是從 1940 年開始，接著是鈴木大拙的《禪宗思想史研究第二》，時間在 1951 年，而關口真大的《達摩大師之研究》則更到了 1957 年了。如果對照胡適的禪學研究時間，很清楚地可以發現：他在〈楞伽宗考〉一文之後，研究就告一段落了，他和鈴木大拙在夏威夷第二屆東西哲學會議上爭辯禪學，事實上已是間隔了十四年（1935-49）之後了。換句話說，在胡適將他早期禪宗史研究的成熟主張提出後，縱使在禪學研究最盛的日本學術界，也要有數年之久，才開始回應胡適所提出的禪學課題（以柳田上舉時間為例）。

　　因此，在考慮中國學術界對胡適出版《神會和尚遺集》的冷落反應，也必須將反應的所需時間列入考慮。如此一來，我們除了考察前述中國學者迄 1933 年之前的反應外，接著應繼續追縱是否有胡適禪學研究所引發的「效應」？假如答案是否定的，那麼胡適的禪學研究，的確是始終被國人冷落了。反之，則可以明白：初期的冷落，只是一時還找不到如何來國應罷了；一旦時機成熟，熱潮終將來臨。到底真相如何呢？

四、中期在大陸學界的衝擊與回應

（一）初期胡適禪宗研究的核心見解

　　胡適的初期禪宗研究，是否長期受到大陸學界的冷落，在前節中已作了相當程度的探討。但，那是以 1933 年左右的學界反應為考察

---

[67] 見《胡適禪學案》，頁 18。

對象。

　　同時，在前節的總結中，也提出繼續追蹤考察 1933 年以後的構想。

　　但在展開檢討之前，我們應在此先提示一下，究竟胡適禪學研究的主要新觀點是什麼？為了避免枝蔓起見，以下直接引用兩篇胡適禪學研究的結語，以為代表。

　　第一篇是〈荷澤大師神會傳〉的最後一段，胡適提到：

> 　　南宗的急先鋒，北宗的毀滅者，新禪學的建立者，《壇經》的作者，──這是我們的神會。在中國佛教史上，沒有第二個人有這樣偉大的功勳，永久的影響。[68]

　　第二篇是〈楞伽宗考〉，胡適的結論是：

> 　　從達摩以至神秀，都是正統的楞伽宗。（中略）神會很大膽的全把《金剛經》來代替了《楞伽經》。楞伽宗的法統是推翻了，楞伽宗的「心要」也掉了。所以慧能神會的革命，不是南宗革了北宗的命，其實是一個般若宗革了楞伽宗的命。[69]

　　以上兩段結論，可以代表胡適迄 1935 年為止，關於中國初期禪宗史的核心見解。這兩條的見解，都是以神會的革命性成就為主。

---

[68] 胡適〈荷澤大師神會傳〉，收在《胡適文存》，集4，卷2，此段引文，在頁 288。

[69] 這裡主要是指胡適和撰寫《中國禪宗史》的印順法師。胡適在〈楞伽宗考〉一文，舉出日本新印出來的《敦煌寫本神會語錄》，有八條史料，是用《金剛經》代替《楞伽經》，所以他論斷說：「看這八條，可知神會很大膽的把《金剛經》來替代了《楞伽經》。楞伽宗的法統是推翻了，楞伽宗的『心要』也掉換了。所以慧能神會的革命，不是南宗革了北宗的命，其實是一個般若宗革了楞伽宗的命。」（載《胡適文存》，集4卷2，頁 235。）印順在《中國禪宗史》（臺北：正聞出版社，1971）一書，也對此一問題有精闢的分析。

雖然在第二篇〈楞伽宗考〉的結語部份，有一句「慧能神會的革命」，似乎是用兩人並列敘述，和之前〈荷澤大師神會傳〉裡單凸出神會一個人的作法不同，但這不能算是一種修正。因為胡適在此之前的一段說明，是這樣的：

> 慧能雖然到過弘忍的門下，他的教義──如果《壇經》所述是可信的話，已不是那「漸淨非頓」的楞伽宗旨了。至於神會的思想，完全提倡「頓悟」，完全不是楞伽宗的本義。所以神會的語錄以及神會一派所造的《壇經》裡，都處處把《金剛經》來代替了《楞伽經》。[70]

從這一段敘述裡，可以知道慧能的作用，只是神會之前的一個過渡性的人物罷了。主角還是神會，地位一點也沒有改變。

（二）羅香林的回應

對於這樣的研究意見，中國學者的反應又是如何呢？1934 年，慧能出身地的廣東，史家羅香林撰有〈舊唐書僧神秀傳疏證〉，是深受胡適研究影響的。此篇文章的重點，雖是在北宗的神秀，但涉及禪宗世系的討論時，即大段地引用胡適的論文〈荷澤大師神會傳〉的相關看法，[71]此外也曾參考胡適發現和校定的《神會和尚遺集‧神會語錄》資料。[72]

不過，令人注意的，是同論文中的第五節，討論「慧能事蹟及《壇

70　見《胡適文存》，集 4，卷 2，頁 234。

71　羅香林〈舊唐書僧神秀傳疏證〉，收在《唐代文化史》（臺北：商務印書館，1967）一書。此處引文，是張曼濤主編，《禪宗史實考辨》（臺北：大乘文化出版社，1977），頁 27-272。

72　羅香林，前引書，頁 269-70；303-04。

經》作者問題」，觀點上是反駁胡適的。他從版本、語意和相關史料
入手，重新考察之後的結論是：

> …慧忠，為慧能弟子，（中略）。
>
> 慧忠至京師前一年（即上元元年），神會於洛陽寂滅，二
> 人在北，雖未嘗面值，然時代至近。觀慧忠所論，則神會在日，
> 所謂《壇經》也者，已改換多矣，內容多寡不一，當無待論。
> 神會曾錄《壇經》之說，固言之成理，然不能因此遂謂《神會
> 本》外便無其他記錄，唐本《壇經》之不一其類，意亦如《論
> 語》之有《魯論》、《齊論》乎！
>
> 《壇經》雖非慧能所自撰，然足代表慧能教義與思想，「其
> 說具在，今布天下」，茲不悉錄。[73]

　　羅香林的此一結論，是重新檢討胡適對《壇經》為神會作的論據
問題。他的反駁，在中國學者裡屬最早系統提出的。其中有此質疑是
可以成立的。例如胡適在〈神會傳〉中，將韋處厚作的〈興福寺大義
禪師碑銘〉裡有句：「洛者會，得總持之印，獨曜瑩珠。習徒迷真，
橘枳變體，竟成《壇經》傳宗。」解釋為「韋處厚明說《檀經》是神
會門下的『習徒』所作，可見此書出於神會一派，是當時大家知道的
事實。」[74]羅香林認為胡適解讀有誤，。「竟成《檀經》傳宗」之語，
是批評「習徒迷真，橘枳變體」，才將《檀經》作為「傳宗」之據，
並非作《檀經》。——類似這種史料解讀的質疑，日後其他學者亦一
再提起，[75]因此羅香林此文可謂批胡的先驅作品。

---

[73] 羅香林，前引書，頁 308。

[74] 胡適，〈荷澤大師神會傳〉，《胡適文存》，集 4 卷 2，頁 280-81。

[75] 主要有錢穆和印順二人，前者撰有〈神會與壇經〉，原載於《東方雜誌》，卷 41
　　號 14（1945 年 7 月，重慶出版）。後來張曼濤將它收在《六祖壇經研究論集》，

　　另外，羅香林文中曾提到神會的四傳弟子宗密（780-841），生平著述，未提神會撰《壇經》之事。胡適日後為文批評宗密，[76]也可以看到研究史的演變狀況。我們將於下一節討論時，再交代。

三、謝扶雅的回應

　　事實上，從地緣的情感來說，六祖惠能是嶺南出身的佛教聖者，胡適的凸顯神會，無疑傷及傳統慧能的崇高形象。故嶺南學者會起而維護之，亦勢所必然。因此，羅香林的論文之外，隔年（1935）的《嶺南學報》，卷4期1·2，也相繼有探討慧能的論文：一篇是謝扶雅的〈光孝寺與六祖惠能〉，另一篇是何格恩的〈慧能傳質疑〉。[77]

　　此兩篇論文在論點上，雖非直接針對胡適的神會研究意見，但可以自論文看出有所謂胡適研究的「效應」。首先就論文的內容來說，謝扶雅的全文雖在表彰慧能思想的革命性，可與西洋文藝復興初期的蒲魯諾（G. Brund, 1548-1600）相媲美。他認為蒲魯諾是最有力的反中古經院哲學的思想革命家，也是個泛神論者、樂天家，自然主義者。又指出：

　　　　兩個人（慧能和蒲魯諾）都是生在南方，都是感情的，直
　　覺者，抱著美的世界觀，而對傳統的正宗派不憚為熱烈的反
　　抗，樹起堂堂正正的革命之旗與世周旋，而卒終身不得意或被

　　文中批評胡適誤解之處，詳本文後面的討論。後者亦有〈神會與壇經〉的論文，
　　也收在《六祖壇經研究論集》，批評胡適處，同見本文後面的討論。

[76] 見胡適，〈跋斐休的唐故圭峰定慧禪師傳法碑〉，1962年12月，以「遺稿」的
　　形式，發表在《歷史語言研究所集刊》，第34本，頁1-27；《胡適禪學案》也收
　　入此文，在頁395-421。

[77] 此兩文，已收在張曼濤編，《禪宗史實考辨》1書。謝扶雅的論文，在該書的頁
　　313-36。何格恩的論文，在該書的頁337-58。

慘殺者。這個比較，表示慧能在宗教方面已為中國開了「文藝
復興」期的曙光。[78]

　　以上謝扶雅將慧能的思想特徵及革命家的角色，與蒲魯諾相比的
觀點，是否有當，暫置勿論。但這種問題意識，和胡適的凸顯神會革
命家的角色，有相當潛在的關聯性。
　　另一個相關的線索，是他在註二十一提到：

　　　　何格恩氏近作〈慧能傳質疑〉一文，指出六祖生前並未為
　　當時朝達名公所重，該傳所稱各點，多與事實不符。[79]

　　然而何格恩的論文，卻是對胡適觀點的一個回應。

四、何格恩的回應

　　此因何格恩所提出質疑的，雖是載於宋贊寧（919-1001）《宋高僧
傳》，卷 8 的〈唐韶州今南華寺慧能傳〉的記載，[80]與事實不符。但論
證的參考資料，即引胡適的《神會和尚遺集》，卷一〈菩提達摩南宗
定是非論〉：[81]其他的論證南北宗的對抗或荷澤神會的崛起，都可以看
到胡適禪學研究的影響效果。[82]

---

[78] 謝扶雅，〈光孝寺與六祖惠能〉，《禪宗史實考辨》，頁 332。
[79] 謝扶雅，前引文，《禪宗史實考辨》，頁 335。
[80] 贊寧，《宋高僧傳》，卷 8，〈唐韶州今南華寺慧能傳〉，收在《大正藏》，冊 50，
「史傳部 2」（臺北：新文豐出版社，1983 年修訂版），頁 754，中～755，下。
另藍吉富主編，《禪宗全書》，第 29 冊，「史傳部 29」（臺北：文殊出版社，1988），
亦收有大字版本的同一傳文，在頁 238-39。
[81] 見何格恩，前引文，《禪宗史實考辨》，頁 338。
[82] 見何格恩，前引文，《禪宗史實考辨》，頁 338。

因此，謝扶雅和何格恩的禪學研究，可以視為胡適出版《神會和尚遺集》之後，在嶺南地區產生的效應之一。雖然不像羅香林前述論文，有那樣強烈對抗的色彩，但作為受胡適影響的判斷，是可以成立的。

五、李嘉言的回應

和嶺南學者幾乎同樣，在 1935 年 4 月，北方的《清華學報》卷 1 期 2，有李嘉言的論文〈六祖壇經德異刊本之發現〉。[83]此文是由日本宮內省圖書寮藏寫本，[84]與丁福保藏明正統四年（1439）刻本，[85]互相參校考證，而證實在通行的《宗寶本》之外，有《德異本》的存在。這是《壇經》版本的又一新發現。但李嘉言本人坦承在資料上曾受到胡適的協助，他說：

> 今承胡適之先生慨然以他所藏《興聖寺本》，鈴木先生的解說，以及他自己的考證文賜借，我細校一過，不特可證明我的立說不誤，且知《德異本》甚近於《興聖本》。[86]

按：此《興聖寺本》是日本在當時發現較《敦煌本》稍晚的第二古本，在昭和八年（1933）由安宅彌吉影印二百五十部，附有鈴木大拙的解說，鈴木並將此影本致贈給胡適一本。胡適亦撰寫了〈壇經考之二──記北宋本的六祖壇經〉一文，時間在 1934 年 4 月，後收在

83　此文收在張曼濤編，《六祖壇經研究論集》，頁 143-54。
84　李嘉言在論文「註 1」和「註 4」，說明是參考《大正藏》，第 48 冊，頁 345 的「壇經註」。
85　李嘉言在「註 2」，引丁福保，〈六祖壇經箋註箋經雜記〉的說明資料。
86　李嘉言，〈六祖壇經德異刊本之發現〉，《六祖壇經研究論集》，頁 143。

《胡適文存》，集 4 卷 2。此資料當時國內擁有者甚少，而胡適慨然相借，促成李嘉言的考證得以順利進行。這不能說不是胡適禪學研究中的一段佳話。[87]

六、呂澂的回應

從 1934 年南北出現的文章來看，禪學研究的風氣，在胡適的影響下，似乎漸有起色了。不過自 1934 年後，卻要到 1943 年 9 月，才有呂澂的〈禪學考原〉和 1945 年 7 月錢穆寫的〈神會與壇經〉，共兩篇要的禪學論文出現，[88]可見討論熱潮有間歇現象。但由於這兩篇論文，不只和胡適的禪學研究有關，並且以後更開啟了一連串的禪學研究和禪學諍辯，所以有必要再詳加介紹。

以呂澂的論文來說，在文中即多處參考了胡適的新發現。[89]

---

[87] 李嘉言，〈六祖壇經德異刊本之發現〉，《六祖壇經研究論集》，頁 143。

[88] 按：呂澂的〈禪學考原〉，是從《中國文化研究集刊》，卷 3 期 1-4（1943 年 9 月）選錄的。收在張曼濤編，《禪宗史實考辨》，頁 23-27。但是，呂澂此文，在 1991 年，山東「齊魯書社」出版五大冊的《呂澂佛學論著選集》時，並未收入在內。而《選集》第 1 冊的〈禪學述原〉，卻是因和熊十力辯論後，才興起研究禪學之念的。按呂澂和熊十力的書信辯論，發生在 1943 年 2 月，因歐陽竟無病逝，而熊十力在書信中辱及其師歐陽，才引起呂澂的反駁。我曾撰長文〈呂澂與熊十力論學函稿評論〉，收在《現代中國佛教思想論集》（臺北：新文豐出版社，1990），頁 1-74。照說，〈禪學述原〉才是和此事有關。可是〈禪學考原〉1 文，因未見《中國文化研究集刊》，不知是否真為呂澂作品，在此暫時存疑。至於錢穆撰的〈神會與壇經〉一文，原載於《東方雜誌》，卷 41 號 14（1945 年 7 月，重慶出版）。後來張曼濤將它收在《六祖壇經研究論集》，文中批評胡適誤解之處，詳本文後面的討論。

[89] 呂澂在許多談禪宗歷史的文章，都參考了胡適的研究意見和引用胡適在禪宗史料的新發現。可是關於《壇經》是神會的作品，他只是承認局部有改作或添補罷了。對「《壇經》傳宗」一語，他也認為不能當「偽作《壇經》」的證據。但是，他從未直接指名批評胡適。又，呂澂的其他禪學文章，可參考下列資料：（1）〈談談有關初期禪宗思想的幾個問題〉，載《現代佛學》，期 6，1961。（2）〈《起信》與禪——對於《大乘起信論》來歷的探討〉，載《現代佛學》，期 5，

　　不過，呂澂在探討禪學思想的變遷時，卻是以所謂「內在理路」的方式，更深入地分析了禪學的思想變遷與當時佛經翻譯不同內涵的關聯性。可謂在詮釋上，亦自成系統的。因此，他的禪學研究和問題意識，與胡適的研究方向之間，是有著頗大距離的。

　　就研究史的發展來看，呂澂的首篇禪學論文，是發表在胡適的敦煌寫本發現之後的第十六年（1927-1943）；即以〈楞伽宗考〉一文為斷限，也相距有八年（1935-1943）之久了。可是，承襲胡適對禪宗新史料的發現與新詮之後的呂澂，其研究意圖，並不在呼應或批判胡適，毋寧說是在釐清「支那內學院」自歐陽竟無發表〈唯識抉擇談〉以來，[90]對中國傳統佛學逐漸世俗化的批判問題。而熊十力（1832-1968）著《新唯識論》，提倡「本覺」思想，和「支那內學院」的力主世親唯識舊說相牴觸，而決裂交惡，[91]也是促成呂澂藉批判傳統中國佛教「本覺說」的致誤之由，來批判熊十力《新唯識論》思想錯誤的主要動機。因此，呂澂的禪學思想研究，是針對以熊十力《新唯識論》思想為批判對象的一種「斷根塞源」舉動，和胡適意在藉禪宗史料的辨假考證，以揭發佛教史中作偽的真相，[92]是大不相同的。

　　儘管如此，兩者——胡適和呂澂——的思想傳承與變遷問題，兩者的岐異點或相似點，都不能視為無關的各自呈現，而必須將兩者視為有互補或訂正作用的相關研究。因此，在本論文中，雖仍只交代至目前的階段為止，但今後在另篇論文中，將就其相關性的學術意義，

　　1962 年。（3）《呂澂佛學論著選集》，卷 5，《中國佛學源流略講》第 4 講「禪數學的重興」；第九講「南北禪學的流行」；「附錄——禪宗」。

90 歐陽竟無，〈唯識抉擇談〉，收在《歐陽大師遺集》（臺北：新文豐出版公司，1976），冊 2（共 4 冊），頁 1337-402。

91 此一經過，請參看拙文，〈呂澂與熊十力論學函稿平議〉，收在《中國佛教思想論集》，頁 6-322。

92 胡適的此一立場，在《胡適口述自傳》（臺北：傳記文學出版社，1981），第十章「研究神會和尚始末」的說明中，強烈地流露出來。見該書，頁 217-34。

作進一步的探討。

七、錢穆的回應

在交代過呂澂的禪學研究，與胡適禪學研究的若干關聯性後，接著要探討的錢穆前述禪學論文〈神會與壇經〉，以確定他和胡適的禪學研究之間，有多少相關性？

其實，兩者的相關性，可從錢穆本人在論文的前二段開場白中，看到非常清楚。他說：

> 胡適之先生《論學近著》第一集（按：全名為《胡適論學近著》第一集，1935 年 10 月，商務印書館出版，和戰前最後發表的禪學論文〈楞伽宗考〉，在同一年），有好幾篇關於考論中國初期禪宗史料的文章，根據敦煌寫卷，頗有發現。但亦多持論過偏處，尤其是關於神會和《壇經》一節，此在中國思想史上，極屬重要。胡先生書出以來，國內學人，對此尚少論及。病中無俚，偶事繙閱，聊獻所疑，以備商榷。
>
> 胡先生不僅認為《六祖壇經》的重要部份是神會作的，抑且認為《壇經》論的思想，亦即是神會的思想，胡謂神會乃「新禪學的建立者」。又說，「凡言禪皆本曹溪，其實皆本於荷澤。」這個斷案很大膽，可惜沒有證據。[93]

從此二段的開場白，可以看出錢穆所要質疑的胡適禪學研究問題，主要是針對神會與《壇經》的思想關聯性如何，做一證據上的覆勘工作。而在基本看法上，錢穆是認定胡適曾宣稱《壇經》的新禪學

---

[93] 此段引文，載張曼濤編，《六祖壇經研究論集》，頁 81。

思想，實源自神會的這一斷案，是缺乏證據的說法。

　　不過，在進一步究明錢穆所提出的反駁證據之前，有兩個相關性的問題，先在此說明：

　　其一，錢穆在開場白曾提到，「胡先生書出以來，國內學人，對此尚少論及」。此一「尚少」雖是存疑之詞，表示論及的人仍很少，可是在論文中，錢穆所質疑的問題和所檢討的史料疑點，其實有些在十一年前（1934），已由羅香林在其〈舊唐書僧神秀傳疏證〉裡的第五節「慧能事蹟及《壇經》作者問題」，作了詳細的交代。錢穆大概未見此文，所以如此說法。或者他雖已過目，但是，就論文上所見來說，仍未見提及。由於本篇是探究胡適禪學研究的回響，必須就實際存在的研究狀況，作一時間序列和問題歸屬的清楚說明，故在此將錢文的問題點出。

　　其二，此一神會與《壇經》的討論，錢穆在 1969 年 3 月，還因發表〈六祖壇經大義─慧能真修真悟的故事〉於《中央日報副刊》，而引起留日的楊鴻飛投書，以胡適的觀點反駁錢穆的看法，並造成戰後臺灣罕見的《壇經》討論熱潮。這在下一節時，將予探討。本節只將錢穆此時的看法如何，予以點出而已。

　　錢穆在文中質疑胡適或反駁的主要看法如下：

　　（1）由於胡適最先提出的「一個更無可疑的證據」，是將韋處厚的〈興福寺大義禪師碑銘〉（《全唐文》，卷 715）的「竟成《壇經》傳宗」，解為「《壇經》是神會門下的『習徒』所作（傳宗不知是否《顯宗記》？）」錢穆認為胡適誤解。他認為「韋文所謂《壇經》傳宗，猶云《壇經》嗣法」。所以「韋文之意，只謂習徒迷真，橘枳變體，而神會獨成《壇經》之傳宗，即謂其獨得《壇經》之真傳也」。

　　（2）胡適提出的第二條「鐵證」，是指《壇經》中的一段，關於慧能預言：死後二十餘年，會有人出來，定是非，立宗旨，傳其「正

法」的事。[94]他認為：此預言的死後間隔時間，和神會在開元二十二年在滑臺定宗旨的時間相近，所以可證明《壇經》是神會或神會一派所作的註。錢穆則認為「不是慧能生前之懸記，然亦可能是曹溪僧人所私屬」。『定說此為慧能生前預言，固屬怪誕，必謂是神會自炫，亦屬無據』。[95]

（3）胡適提的第三條「很明顯的證據」，是指：「《壇經》古本中，無有懷讓行思的事，而單獨提出神會得道，餘者不得」，所以《壇經》是「神會傑作」。[96]

錢穆則認為：「此說，更可商榷。」理由是：

> 《壇經》記慧能臨滅稱贊神會，安知非確有其事，若說此即神會偽造顯證，不僅太輕視了神會，抑且又輕視了慧能與法海。[97]

（4）錢穆最後又舉證說明《壇經》的有些思想，在慧能之前已出現，而慧能之優秀，亦為神秀所承認，所以「慧能到底是南宗開山，到底是新禪宗的創立者，神會到底不過是《壇經》傳宗，他不過到北方去放了一大炮，把南宗頓義在北方宣揚開來」。他接著批評說，胡適從敦煌古物，發現神會新史料，是有功績，但把神會的作用「太過渲染」了。[98]

---

[94] 見胡適，〈荷澤大師神會傳〉，《胡適文存》，集 4，卷 2，頁 248-49；又見《六祖壇經研究論集》，頁 32-33。以及《胡適禪學案》，頁 102-03。

[95] 錢穆，前引文，《六祖壇經研究論集》，頁 83。

[96] 胡適，前引文，《胡適文存》，集 4，卷 2，頁 280；《六祖壇經研究論集》，頁 66；《胡適禪學案》，頁 134。

[97] 錢穆，前引文，《六祖壇經研究論集》，頁 84。

[98] 錢穆，前引文，《六祖壇經研究論集》，頁 98。

八、錢穆解讀《壇經》方法的再檢討：與羅香林和印順的比較

　　但錢穆的以上各條駁論，是否確較胡適原斷案為優？倒也不盡然。因錢穆的解讀方式，主要是用「類比」的方法，例如列舉有某些古籍（不一定屬佛教典籍）裡，有某種看法，所以《壇經》中的語意，也應如何如何。但，一來舉例僅少數幾種，二來在語意的確定上，也未具備必然性。因此，雖可質疑胡適的看法，本身不一定能夠確立。即以錢穆之文和羅香林之文比較，也可看出錢穆的解讀方式，不盡理想。

　　例如錢穆所解讀韋庭厚在〈興福寺大義禪師碑銘〉的一段評述神會及其門徒的話。原文的現代標點句讀為：「洛者曰會，得總持之印，獨曜瑩珠。習徒迷真，橘枳變體，竟成《壇經》傳宗，優劣詳矣。」對此段的前半句，神會是被肯定和讚美的說法，錢、羅皆無疑義。但，後半句就岐義出現了。

　　羅香林的解讀原文如下：

> 而所謂「竟成《壇經》傳宗」者，覈其文義，又似為「習徒迷真，橘枳變體」之結果，苟習徒不迷真，不變體，即無《壇經》傳宗之「竟成」。「《壇經》傳宗」已為「變」，為「迷」，則韋氏心目中不變不迷者，其未作《壇經》，尋可知矣。[99]

　　錢穆的解讀原文如下：

> 今按韋文所謂《壇經》傳宗，猶云《壇經》嗣法。韓愈〈送

---

[99] 羅香林，〈光孝寺與六祖惠能〉，《禪宗史實考辨》，頁306-07。

王秀才序〉云：「孔子歿，獨孟軻氏之傳其宗。」即用此傳宗
兩字。明人周海門著《聖學宗傳》，宗傳猶傳宗也。今俗語云
猶傳宗接代，莊周之論墨徒，所謂「冀得為其後也」，此即傳
宗也。傳宗亦稱紹祖，元僧德異〈壇經序〉云：「受文紹祖，
開闢正宗。」韋文之意，只謂習徒迷真，橘柘變體，而神會獨
成《壇經》之傳宗，即謂其獨得《壇經》之真傳也。[100]

　　羅文和錢文的最大岐義，是關於「《壇經》傳宗」一語的解讀。
而這一句的解讀，正確與否，對判斷《壇經》與神會一系的關係，有
極大的左右因素。可是，從胡適本人開始，在解說上即不太清楚。

　　根據後來印順在〈神會與《壇經》—評胡適禪宗史的一個重要問
題〉一文所提示的，[101]胡適最初是用小註說：「傳宗不知是否〈顯宗
記〉？」但書出版後，將此小註的九個字塗掉了，另在原書（《神會
和尚遺集》），頁8眉批說：

　　　　祖宗傳記，似即韋處厚說的《壇經》傳宗之傳宗。亦即是
　　獨孤沛所說的〈師資血脈傳〉。適之。[102]

　　這樣，「傳宗」不是〈顯宗記〉，而有點像「祖宗傳記」了。後來，
胡適又用紅筆將原書「傳宗」旁邊的書名號畫掉。於是「竟成《壇經》
傳宗」的語意，依然不確定真正指涉為何？

　　在前述羅文的解讀，「竟成《壇經》傳宗」一語，因是順著「習
徒迷真，橘柘變體」的文脈通讀以下，所以雖是《壇經》傳宗，語意
上仍屬貶詞。這在理解上，是合乎語言結構的。可是羅文接著又倒讀

---

[100] 錢穆，前引文，《六祖壇經研究論集》，頁82。
[101] 按：此處印順的引文，在〈神會與《壇經》〉一文，前引書，頁112-13。
[102] 按：此處引文，在印順的〈神會與《壇經》〉一文，前引書，頁112-13。

文句，說神會不變不迷，故既無《壇經》傳宗之「竟成」，也未作《壇經》。雖是意在反駁胡適的說法，卻依然對「《壇經》傳宗」一語，含混其詞。不能說不是美中不足之處。

而相較於羅文的解讀，錢穆雖先確定「傳宗」即「嗣法」。但他將「《壇經》傳宗」視為褒詞，用以連接上句肯定和讚美神會的話。就文脈發展來看，是不符語意的陳述邏輯的。因為之前的文句是：「習徒迷真，橘枳變體，竟成——」所以照羅文的順讀方式，才較合理。因此，可以判定錢文的解讀，實際上是難以成立的，是不如羅文解讀的。

可是「竟成《壇經》傳宗」一語，有無較具證據力的解法呢？答案是有的。例如印順即據敦煌本的《壇經》內文，找到了下列三段話：[103]

> 若論宗旨，傳授《壇經》，以此為依約。若不《壇經》，即無稟受。須知法處、年月日、姓名、遞相付囑。無《壇經》稟承，非南宗弟子也。未得稟承者，雖說頓教法，未知根本，終不免諍。
> 大師言：十弟子！已後傳法，遞相教授一卷《壇經》，不失本宗。不稟承《壇經》，非我宗旨。如今得了，遞代流行，得遇《壇經》者，如見我親授。
> 大師言：今日已得，遞相傳授，須有依約，莫失宗旨。

所以，印順認為，「《壇經》傳宗」，是一種制度，是在傳法的時候，傳付一卷《壇經》。它代表南宗師弟授受之間，是否得本門教法的依據。在最初，神會門下是為了解決「袈裟」不在派下的難題，故

---

[103] 按：此處引文，在印順的〈神會與壇經〉一文，見前引書，頁112-13。

倡言以《壇經》傳宗為依約。可是，在韋處厚寫〈大義禪師碑銘〉時，
代表的是另一派馬祖道一門下的意見。他可以推崇對南宗有實際大貢
獻的神會本人，卻不能苟同神會門下注重形式傳法的制度，因此在銘
文內流露出批評的意見。[104]

　　無疑的，印順的論證方式和解讀的內容，較能還原到敦煌本的經
文記載，以及兼顧了韋處厚的銘文脈絡和相應的禪宗史發展狀況。不
過，這是戰後在臺灣才出現的學術見解，雖較細密、成熟和可靠，但
仍宜放在戰後來談。此處只是先借為說明「《壇經》傳宗」一語，應
如何解讀，才較正確罷了。

　　總之，錢穆的〈神會與《壇經》〉一文，代表迄第二次世界大戰
結束前，對胡適禪學研究的最後一次檢討。雖不盡理想，卻也說明了
胡適的禪學問題，縱使在戰爭期間，也依然激盪著某些中國學者像錢
穆之類的學術心靈。

　　從上述的分析來看，胡適在戰後來臺之前的禪學研究，可以發現
有下列情形：

　　一、胡適的初期禪宗史研究，頗受到日本禪學思想家忽滑谷快天
的影響。忽滑谷快天的影響，包括：　對中、印禪學發展脈絡的認識。
　對中、印禪法的認識。　對南宗禪，尤其神會革命家角色的認識。
使胡適在中國中古思想史的研究，形成以禪學為主軸的特殊學風。

　　二、在忽滑谷快天的著作影響之外，胡適更能進一步到歐洲去發
現新禪宗史料。其中在北宋禪方面，有《楞伽師資記》的重要發現。
在神會的資料方面，也發現重要的殘卷資料。胡適藉此發現，而躍居
國際禪宗史研究的先驅地位。

　　三、由於胡適對禪學研究的收穫，是配合著對忽滑谷快天禪學著
作的經驗吸收，以及自己在西歐發現禪宗新史料的努力，於是形成和

---

[104] 按：此處引文，在印順的〈神會與壇經〉一文，前引書，頁114。

一般中國佛教史學者，像湯用彤、陳寅恪等人差異極大的研究學風。加上胡適對神會的革命家角色，過於強調，遂使學界不是譏其「武斷」，即反駁其主張。因而使他有「被冷落」的感慨！

四、由於胡適的研究意見，貶損了出生在南方的慧能的重要性，導致南方學者，如羅香林、謝扶雅等，起而為慧能的地位辯護。地域性的反應，因此成了胡適禪學研究的新影響之一。

五、雖然禪學研究，日趨國際化，但整個中國的禪學研究狀況，迄抗戰前，依然是不很盛行。抗戰期中，也未改善。可以說，一直欲振乏力。事實上，胡適禪學研究的重大影響和研究熱潮，是出現在一九六〇年代以後的臺灣，對此，將於以下的研究分析再交代了。

五、戰後胡適與鈴木大拙對臺灣禪學界的衝擊

（一）戰後來臺之前胡適的禪宗史研究

根據日本學者柳田聖山的說法，1935 年，是胡適在戰後正式研究禪宗史的再出發之年，因「後來收編在《胡適手稿》第七集的〈宗密的神會略傳〉就是這年六月的執筆。」[105]這意味著神會的問題，再度成為他關心的課題。

可是在戰後到 1935 年之間，關於胡適的禪學研究，仍有一些值得一提。

胡適從 1935 年發表〈楞伽宗考〉之後，所中斷的禪宗史研究，直到 1946 年 6 月，出席夏威夷「第二屆東西哲學家會議」，與鈴木大拙討論禪學，才恢復了禪學問題的探討。

當時胡適所持的論點，是堅持「禪」的本質，並非不合邏輯，是帶有理性成份，是在我們智性之內所能瞭解的。理由是，「禪是中國

---

[105] 見柳田聖山，《胡適禪學案》（臺北：正中書局，1975），頁 22。

佛教運動的一部份，而中國佛教是中國思想史的一部份，只有把禪宗放在歷史的確當地位中，才能確當的了解。」[106]

於是胡適在論文中，對中國禪宗史作了一些回顧後，接著指出禪宗的方法可分為三段。第一階段，是所謂的「不說破」原則。第二階段，是由九世紀和十世紀的禪師們，發明了變化無窮的偏頗方法，來回答問題，以便落實第一階段的不說破原則。第三階段，則是「行腳」，以探討適合自己開悟的方法。[107]

鈴木大拙則在〈禪：答胡適博士〉這篇文章中，回答胡適對他在大會上發表〈佛教哲學中的理性與直觀〉的內容質疑。[108]

由於鈴木大拙的論述，並不反駁胡適在禪宗史的見解，他承認胡適在這方面所知甚多，但他批評胡適對禪的本質則為門外漢，並不理解。

如此一來，胡適在禪宗史料的發現和禪宗史的探討，便被此次辯論遺落了。可是，它們卻是胡適禪宗史研究的核心部份。所以胡適後來的禪宗史研究，依然是屬於歷史學的進路。

在另一方面，胡適在上述對禪思想本質的理解，其實有其根源，一是來自忽滑谷快天的著作，此在 1934 年於北平師範大學演講〈中國禪學的發展〉時，已明白交代過了。

另一個參考資料，是來自朱熹的論禪家方法，此一部份，雖然亦曾受到鈴木大拙的批評，但胡適並未氣餒，反而在 1952 年 7 月，完

---

[106] 胡適的文章為〈中國禪宗──其歷史與方法〉（Ch'an Buddhism in China, its History and Method）。此文現收在柳田聖山編，《胡適禪學案》，第 4 部，頁 668-89。而鈴木大拙所撰〈禪：答胡適博士〉，發發表於 1953 年 4 月號的《東西哲學》，卷 3 期 1，附有胡適論文全文。本文現在引用的段落，是孟祥森譯的《禪學隨筆》（臺北：志文出版社，1974），鈴木論文前，由編者所作的胡適原文提綱內容的一部份。

[107] 見孟祥森譯，《禪學隨筆》，頁 150-54。

[108] 見鈴木大拙，〈禪：答胡適博士〉，孟祥森譯，前引書，頁 188。

成了〈朱子論禪家的方法〉初稿（收在《胡適手稿》，集 9，卷 1，上冊，頁 43-83）。因此，可以確定，鈴木的〈禪：答胡適博士〉一文，對胡適的基本認知態度，可以說沒有重大的影響。

　　由於胡適在 1952 年之前的研究方向大致已確定，在 1953 年重新再出發之後，仍汲汲於搜集、校訂和探討與神會有關的新出史料。

　　所以，我們所不能忽略的，就是繼續追蹤胡適到臺灣後的一連串演講、著述和發表，使得他的禪學研究，逐漸在臺灣學界產生鉅大的影響。

（二）返臺就任中央研究院院長之後胡適對禪宗史的研究

　　胡適是 1958 年 4 月，離開滯留九年之久的美國，來到臺灣南港任「中央研究院」的院長職務。直到 1962 年 2 月 4 日去世為止，他的禪學研究是很勤勉的。例如到臺灣的當年十一月，他即撰成〈新校定的敦煌寫本神會和尚遺著兩種──校寫後記〉，發表在《歷史語言研究所集刊》第 29 本，內有胡適新考訂了神會的逝世是在 762 年 5 月 13 日，享年 93 歲，而生年是在 670 年，即唐高宗咸亨元年。[109]同時，胡適也在文中第四節，「總計三十多年來陸續出現的神會遺著」，其中屬於胡適發現的史料就佔一半，並且是首開風氣者。他還提到日本學者矢吹慶輝在 1930 年出版敦煌寫本圖版 104 幅，書名叫《鳴沙

---

[109] 按：胡適生前考訂的神會生年，在西元 670 年，逝世是在西元 762 年，故年齡是九十三歲。但大陸的溫玉成，在 1984 年第 2 號的《世界宗教研究》上，發表論文〈記新出土的荷澤大師神會塔銘〉（頁 78-79），提到唐代寶應寺遺址出土神會的塔銘原石──〈大唐東部荷澤寺故第七祖國師大德於龍門寶應寺龍崗腹建身塔銘并序〉，其中提到神會去世的日期，和胡適原先所懷疑的圭峰宗密的記載，完全相合。按宗密在《圓覺經大疏抄》的神會傳，是說他死於乾元元年（758）五月十三日，享年七十五歲。因此，胡適的新考定，仍被推翻。冉雲華教授撰〈宗密傳法世系的再檢討〉，發表於 1987 年第 1 期的《中華佛學學報》，頁 43-58，對此問題有精闢的探討。此文後來又收在《宗密》（臺北：東大圖書公司，1988），作為〈附錄〉，頁 287-303。

餘韻》（東京：岩波書店），但因未讀胡適的《神會和尚遺集》，所以
目錄裡未標出卷名〈頓悟般若無生頌〉。

　　要到兩年後（1932），出版《鳴沙餘韻解說》（東京：岩波書店）
時，才標出卷名，並引胡適的短跋。[110]可以清楚地看出他一擔任院長
後，即開始總結他三十多年研究禪宗史的業績，並為自己的發現，作
一學術史的定位。

　　而由於〈新校定的敦煌寫本神會和尚遺著兩種—校寫後記〉的發
表，立刻引起日本京都大學人文科學研究所的入矢義高注意，寫信報
告他在 1957 年發現了原題《南陽和尚問答雜徵義》的第三本《神會
語錄》，原編輯人叫劉澄。

　　兩人互相通信的結果，胡適在 1960 年三月，撰出〈神會語錄的
三個本子的比勘〉一文，作為當時任職於院內「歷史語言研究所」的
甲骨文專家董作賓的 65 歲生日禮物。胡適在此文中的結論，再度總
結他研究神會三十年來的意見說：

　　　　這個「南陽和尚」是一個了不起的人。在三十年前，我曾
　　這樣介紹他：「南宗的急先鋒，北宗的毀滅者，新禪學的建立
　　者，《壇經》的作者，——這是我們的神會。」在三十年後，
　　我認識神會比較更清楚了，我還承認他是一個了不起的人：「中
　　國佛教史上最成功的革命者，印度禪的毀滅者，中國禪的建立

---

[110] 有關矢吹慶輝的說法，見其所編的《鳴沙餘韻》（東京：岩波書店，1933），他
　　在〈自序〉中，清楚地交代收集資料和成書的經過。不過，此書最初，是矢吹
　　慶輝在 1930 年出版的。當時只有圖版 104 幅，而沒有解說。1932 年，他撰寫
　　「解說」的部份，分上下兩卷，在 1933 年刊行。以後一再翻印，銷路甚佳。
　　胡適在寫〈新校定的敦煌寫本神會和尚遺著 2 種〉時（1958 年 11 月），已見到
　　《鳴沙餘韻》的第 78 版。不過，根據胡適的說法，矢吹氏最初並不知此卷為
　　何人所作，是後來讀了胡適的說明，才在「解說」中稍作介紹。但胡適仍指出
　　他疏忽致誤之處。見柳田聖山編，《胡適禪學案》，頁 324-29。

者，袈裟傳法的偽史的製造者，西天二十八祖偽史的最早製造
者，《六祖壇經》的最早原料的作者，用假造歷史來做革命而
有最大成功者，——這是我們的神會。[111]

由此可以看得出胡適的基本觀點，只有更加堅持和更詳細補充，
而未作任何修改。

1960 年 3 月，胡適又完成了〈神會和尚的五更轉曲了〉一文，這
是幾篇和入矢義高討論的筆記式短文組成的，也是作為向董作賓祝壽
之用。[112]隔月（1960 年 4 月）又補了一篇〈校寫《五更轉》後記〉，
連同之前的文章，構成論文〈神會和尚語錄的第三個敦煌寫本——《南
陽和尚問答雜徵義：劉澄集》〉，載於《歷史語言研究所集刊外編》，
第四本。[113]

1961 年 8 月，胡適撰成〈跋斐休的唐故圭峰定慧禪師傳法碑〉初
稿，是距他逝世之前半年的事。但此文生前未發展，直到 1962 年 12
月，也就是逝世十個月之後，才由黃彰健加上胡適生前手訂定的「後
記及改寫未完稿」，以〈胡適先生遺稿〉的名義，登在《歷史語言研
究所集刊》，第三十四本。[114]此一文的重點，是批評宗密的傳法世系
依榜神會，有「偽造」的嫌疑。此一論斷，後來曾引起旅加佛教學者
冉雲華的二次質疑。[115]

---

[111] 見柳田聖山，《胡適禪學案》，頁 354-55。

[112] 見柳田聖山，前引書，頁 359。

[113] 此文收在柳田聖山，前引書，331-94。

[114] 見胡適，〈跋斐休的唐故圭峰定慧禪師傳法碑〉，1962 年 12 月，以「遺稿」的
形式，發表在《歷史語言所究集刊》，第 34 本，頁 1-27；《胡適禪學案》也收
入此文，在頁 395-421。

[115] 按：冉然雲華的第 1 次質疑是在 1973 年在荷蘭《通報》發表〈宗密對禪學之
解析〉（Tsung-Mi, his Analysis of Ch'an Buddhism），在註 22 的說明中，質疑胡
適的說法。此文後來由《道安法師七十歲紀念論文集》（臺北：獅子吼月刊社，
1975）收入，為中譯本，頁 109-31。批評胡適的部份，在頁 126-27。第 2 次質

　　除了以上這些公開發表的學術論文之外，胡適實際上勤於翻閱各種藏經資料，並且錄下了許多值得參考的禪宗史料：從胡適過世後所出版的《胡適手稿》第七、八、九集的篇目和內容來看，共計數十篇之多，真是洋洋大觀。假如仔細比對閱讀，即瞭解其中的佛教資料，時間可概括從**東漢**到**晚明**。[116]

　　除禪宗資料外，連藏經版本、各種關於「閻羅王」的傳說和史料等等，都包括在內。他和入矢義高、柳田聖山的討論信件，也一併編入。因此，我們可以判斷禪宗史的研究，雖仍是他著力最多的部份，但關於佛教文化史的資料也用心在搜集，證明他的晚年時期，在整個研究構思上，是有意為《中國思想史》的下卷得以早日完成而在努力預備著。[117]

　　另一方面，隨著《胡適手稿》的相繼出版，[118]以及柳田聖山《胡適禪學案》的編成問世（1975 年出版），胡適的禪學影響力，也逐漸散發出來，構成了極堪注意的臺灣佛教學術現象。不過，此一過程仍有一段醞釀期。

疑，即 1987 年發表的〈宗密傳去世系的再檢討〉。

[116] 東漢是指《胡適手稿》，集 8（臺北：胡適紀念館，1970）的卷上，上冊，〈從「牟子理惑論」推論佛教初入中國的史跡〉一文，頁 1-12。晚明是指《胡適手稿》，集 8 卷 2 中冊，〈沈德符《野獲篇》2 七記明朝的「僧家考課」〉，頁 246-47；以及同書卷三下冊，〈《紫柏老人集》13〉，頁 567-70。

[117] 胡適在 1950 年底，即自己生日（十二月十七日）那天，曾作了如下的「生日決議案」：「……無論如何，應在有生之日還清一生中所欠的債務。……我的第一筆債是《中國哲學史》，上卷出版於民國八年，出版後一個月，我的大兒子出世，屈指算來已經三十三年之久，現在我要將未完的下卷寫完，改為《中國思想史》。（下略）」可見他的後來學術工作，是有著這樣的強烈使命感。見《胡適言論集》乙編，頁 89-90。轉引沈衛威，《一代學人胡適傳》（臺北：風雲時代出版公司，1990），頁 345-46。

[118] 按：《胡適手稿》的第 1 集是在 1966 年出版。至於本文所主要參考的，關於禪宗史料和研究的第 7, 8, 9 集，則是在 1970 年同一年出版的。

（三）胡適的禪學新論在戰後臺灣造成的巨大衝擊與激烈回應

因為如就胡適的禪學在臺灣激起的反應來看，最早的時間，應是在 1953 年元月於「臺灣省立師範學院」（即今國立臺灣師範大學）演講〈禪宗史的一個新看法〉那一次。

這是為紀念民初著名教育家蔡元培八十四歲誕辰（1867-1940）的一場演講，[119]在內容上和 1934 年在「北平師範大學」所講的那場〈中國禪學的發展〉，有極大的雷同性。

而其中關於新史料的發現部份，胡適也曾在稍早（1952 年 12 月）於臺灣大學講演〈治學方法〉中提過了。

胡適當時還未任「中央研究院」的院長，但他早有盛譽，故雖僅來臺作短期停留，仍深受學界和社會大眾的歡迎，而演講後，講稿即刊載於《中央日報》。

當時在北投辦佛教《人生》雜誌的東初法師（1907-1977），從報上讀到講稿，即於《人生》，卷 5 期 2（1953 年 2 月出版），以筆名「般若」，發表了一篇〈評胡適博士「禪宗史的一個新看法」〉。

他認為「胡適的新看法根本是錯誤的」，他的主要反對理由是：胡適不能憑《六祖壇經》的「宋本較唐本加了三千多字」，就說「慧能傳法恐怕也是千古的疑案」。又說：「要是否認了六祖的傳法，即等於推毀了整個禪宗史的生命，也就否認了整個以禪為中心的唐代文化。所以我（東初）說胡適的新看法根本是錯誤的。」[120]

東初法師是 1939 年後，自大陸來臺的第一代著名僧侶，擅長佛教史，[121]但此文把胡適的講詞化約為《壇經》字數比較後的錯誤看法，

---

119 此演講題目的左邊隔 1 行小字，即有時間、地點和演講目的的簡短說明。見《胡適演講集》，上冊（臺北：胡適紀念館，1970），頁 150-1171。柳田聖山，《胡適禪學案》亦收有此文，載頁 522-43。

120 以上見該期《人生》雜誌，頁 2。

121 釋東初的佛教史著作如下：(1)《中日佛教交通史》（臺北：東初出版社，1970

所以對澄清史料正誤的作用不大。然而，東初本人，自此文之後，還先後發表多篇批評胡適禪學觀點的文章，[122]且時間延續到 1969 年以後。可以說是佛教界戰後在臺灣，長期激烈反胡適禪宗史研究的先驅和代表性人物。

六、胡適的反佛教心態及其對虛雲禪師的連番質疑

可是胡適在心態上是反佛教的，他曾在《胡適口述自傳》（英文原稿在 1957 年，由唐德剛開始錄音：中文稿，1979 年由唐德剛譯出，臺北：傳記文學出版出版），對唐德剛表示：「佛教在全中國〔自東漢到北宋〕千年的傳播，對中國的國民生活是有害無益，而且為害至深且鉅」。

由於他把佛教東傳，視為中國文化史上的大不幸，所以他雖研究禪宗有若干貢獻，卻仍堅持一個立場：「那就是禪宗佛教裡百分之九十，甚或百分之九十五，都是一團胡說、偽造、詐騙、矯飾和裝腔作勢。」而「神會自己就是個大騙子和作偽專家。」因此，他縱使「有些或多或少的橫蠻理論」，但對所持嚴厲批評禪宗的態度，是「義無反顧的」。[123]——這是胡適來臺灣任「中央研究院」院長之前，在美

初版）。（2）《中印佛教交通史》（臺北：東初出版社，1968 初版）。（3）《中國佛教近代史》，上下兩冊（臺北：東初出版社，1974 初版）。以上三種是主要的佛教史著作，但以近代學院的學術標準衡之，這些著作較接近編著或譯寫，並且水準不一，可商榷之處甚多。

[122] 釋東初在 1953 年和 1969 年兩度批評胡適的禪學文章，收在《東初老人全集之四》（臺北：東初出版社，1985 年初版），共有下列文章：（a）〈胡適博士談佛學〉，頁 130-35。〈與朱鏡宙居士論佛法〉，頁 269-76。（b）〈論禪學之真義——兼論胡適博士「禪宗史的一個新看法」〉，頁 441-48。（c）〈再論禪學之真義〉，頁 449-68。（d）〈關於六祖壇經真偽問題〉，頁 469-78。

[123] 見唐德剛譯註，《胡適口述自傳》（臺北：傳記文學雜誌社，1981 年初版），頁 256-57。

國發表的《自傳》內容之一。[124]赤裸裸地流露出他對禪宗史虛假作風的反應！

　　既然研究者的心態是負面的，則研究結論也容易流於「破壞性」的層面居多（胡適在《口述自傳》中坦言如此）。其必將激起佛教界護教熱忱者的反駁，當不難瞭解。

　　可是，這終究是立足於史料和方法學的研究結論，要想說服或反駁胡適成功，也要基於同樣的條件才行，否則對胡適的研究是不可能造成改變作用的。例如胡適曾三次質疑岑學呂編的《虛雲和尚年譜》的正確性，就是如此。[125]

　　岑學呂編的《虛雲和尚年譜》初版，是「虛雲和尚法彙編印辦事處」於 1953 年春天在香港出版的。由於流通快速，當年秋天即照原書印行第二版。因此，初版和二版的內容是一樣的。有更改的是第三版，但這已是遭到胡適在美國提出質疑後，由「香港佛學書局」於 1957 年出的新版本。而「臺灣印經處」是從「第三版」翻印流通的，時間在 1958 年 9 月。[126]

　　胡適是在 1955 年至 56 年左右，從美國的紐約寫信給住在加拿大的詹勵吾，指出《虛雲和尚年譜》有一些不可信之處。因初版的《年

---

[124] 按唐德剛在「《胡適口述自傳》編譯說明」第 3 點提到：「胡氏口述的英文稿，按當初計劃，只是胡適英語口述自傳全稿的『前篇』或『卷上』；」因此，胡適個人晚年的治學態度，迄 1957 年為止，是強烈排佛教偽史料的。1957 年以後，亦無大改變。本文以下即有所討論。

[125] 胡適質疑的時間和次數的資料，可參考如下來源：①第 1 次約在「民國四十四、五年之間」，胡適寫信給住加拿大的詹勵吾，指出初版（1953）的《虛雲和尚年譜》，關於其父蕭玉堂的為官記錄，查無記載，可能不可靠。此一資料，是胡適在 1959 年 12 月 5 日的《中央日報》上說的。②1959 年 12 月 9 日，胡適應雷震之邀，在《自由中國》雜誌，發表〈虛雲和尚年譜討論〉，載卷 20 期 12，頁 372-73，是第 2 次質疑。③胡適的〈三勘虛雲和尚年譜〉，是《臺灣風物》，卷 10 期 1（1960 年 3 月），頁 22-23。

[126] 此出版時間和版本，參考胡適，〈虛雲和尚年譜討論〉，前引書，頁 371。

譜》中，曾提到虛雲的父親在福建任官的記錄，如：

> 「父玉堂……。道光初年，父以舉人出身，官福建。戊戌
> 己亥間，任永春州知府。」（原書，頁1）
> 「翌年，父擢泉州府知府。」（同上）
> 「道光二十四年，甲辰，五歲，予父調任彰州知府。」（原
> 書，頁3）
> 「道光二十七年，丁未，八歲，予父調任福寧府知府。」
> （原書，頁2）
> 「道光三十年，庚戌，十一歲，父復回任泉州府。」
> （同上）
> 「咸豐五年，乙卯，十六歲，父任廈門關二年，調回泉州
> 府任。」（原書，頁5）[127]

胡適根據上述資料，前往「美國國會圖書館」查證所藏的福建省
相關方志，是否有蕭玉堂其人的任官資料。當時館中所藏的新修府志
中，可以找到虛雲提到他父親做過知府的三府之中的兩府資料，其中
清楚地記載從道光二十年到咸豐五年的知府姓名、履歷、在任年歲，
可是絕無知府蕭玉堂的記載。詹勵吾接到信後，鈔寄給香港的岑學
呂，後來在出「第三版」時，即附有虛雲本人的親筆信，承認：「其
中不無誤記之處」。[128]

但是，1959年12月初，胡適在臺任「中央研究院」院長已一年
多，又接到張齡和蔡克棟的兩封信，都是討論虛雲的父親蕭玉堂是否
在福建做過三府的「知府」或僅是「佐治」的問題。其中張齡在信上

---

[127] 岑學呂編，《虛雲和尚年譜》。
[128] 虛雲此封親筆函影印，直到1987年，臺北的佛教出版社，發行《虛雲老和尚
年譜法彙增訂本》，仍附在目錄之前。

質疑胡適說：一、臺灣印經處的 1958 年 9 月初版，「是照原版一字不易翻印的」。胡適的意見是根據何處出版的《年譜》而來？二、胡適說據此可以推論虛雲活了一百二十歲是不可信的，但他反問：「父親沒有做過知府和兒子年歲的多少有什麼連帶的關係？何以由前者即可以推斷後者的不確？這是根據什麼邏輯？」[129]

胡適接到信後，認為既然《虛雲和尚年譜》的記載，是信徒的信仰依據，「是人生最神聖的問題」，所以他致函給當時《中央日報》的社長胡健中，三日後（1959 年 12 月 5 日），全函刊登在該報上。[130]在信中，胡適的回答重點有二：

一、他根據的是初版；而張、蔡兩人隨信寄給胡適的臺灣版《虛雲和尚年譜》，其實是修改後的「第三版」，故資料有異。

二、《虛雲和尚年譜》是根據虛雲本人的口述資料而編的，是唯一的線索，如其中關於父親的任官時間、職務都不實，《年譜》的虛雲年齡，當然令人也跟著起疑了。

這就是胡適治學的典型作風，他要求的是可以查證的歷史事實，是比較不易作假的。因此他以「拿證據來」的方式，要求《虛雲和尚年譜》的編者和口述者，對社會作一明白的交代。至於虛雲的禪修經驗，他則未過問。於是虛雲這位民國以來最著名的禪師，在胡適眼中，只成了問題史料的提供者。佛教徒關心的禪修經驗，對胡適而言，是要擺在客觀證據之後的。

這種情形，無異是 1949 年 6 月，在夏威夷和鈴木大拙論禪方式的翻版。也是他在《胡適口述自傳》中，所坦承的對禪宗史料作假持一貫嚴厲批判立場的延續。因之，他和以信仰取向為主的佛教界人士，會形成意見對立的緊張性，就不足為奇了。

---

[129] 參考 1959 年 12 月 5 日，胡適發表在《中央日報》上的信文資料。
[130] 參考 1959 年 12 月 5 日，胡適發表在《中央日報》上的信文資料。

可是，胡適的信，既公開刊登《中央日報》，他又以「中央研究院院長的學術領導人在臺灣出現，學術的問題，就成了公眾注意的問題。例如當時的內政部長田炯錦，即將內政部擁有的《永春縣志》借胡適參考。[131]但該志卷 12「職官志」裡，未載湘鄉蕭玉堂的姓名。

於是胡適將此《永春縣志》的查證情形，連同登在《中央日報》的那封信，以〈虛雲和尚年譜討論〉為篇名，應《自由中國》雜誌的雷震的要求，發表在該刊的，卷 21 期 12。[132]可以說，此一問題也喚起知識界的注意。

當時任職「臺灣省文獻委員會」的陳漢光，接著又提供胡適另一版本《福建通志》的資料。胡適借出查證後，寫了〈三勘虛雲和尚年譜〉，刊登在《臺灣風物》，卷 10 期 1（1960 年元月出版）。

胡適在文中指出，根據清同治七年（1966）修的《福建通志·職官》的記載，都未發現虛雲的父親之名。同時泉州府的「同知」在康熙二十五年（1686）後就移駐廈門了。「泉州二守」的孩子，決不會生在「泉州府署」。這就證明《年譜》各版所載「予誕生於泉州府署」，並非事實。[133]總之，胡適對證據的考察興趣，是不曾衰減的！

七、胡適禪宗史研究的教內同情者：圓明（楊鴻飛）與印順

另一方面，必須注意的，是胡適的這種處處講證據的治學方式，在佛教界同樣擁有一些同道。他們不一定完全贊同胡適對佛教的批判，但是不排斥以客觀態度來理解佛教的歷史或教義。而其中堅決遵循胡適禪宗史研究路線的是楊鴻飛。他在 1969 年 5 月，投稿《中央

---

[131] 見胡適，〈虛雲和尚年譜討論〉，前引書，頁 373。
[132] 見胡適，〈虛雲和尚年譜討論〉，前引書，頁 373。
[133] 胡適，〈三勘虛和尚年譜〉，前引書，頁 23。

日報》，質疑錢穆在演講中對胡適主張《六祖壇經》非惠能所作的批判，[134]因而引起臺灣地區戰後罕見的關於《六祖壇經》作者究竟是誰？神會或惠能的熱烈筆戰。

　　但在檢討此一和胡適禪宗史研究有關的熱烈筆戰之前，應先理解楊鴻飛其人的思想背景。他原本是 1949 年後，因中共統治大陸，才到臺灣的出家僧侶，法號圓明，是來臺僧侶的才學之士。

　　他後來到日本留學，才還俗並恢復本名。但在還俗之前，他已曾因質疑傳統佛教的治學方式，而在佛教界掀起批判他的大風波。他的質疑立場，可自《覺生》，期 41 他所發表的〈獻給真正的佛教同胞們〉一文中看出。[135]例如他在文中大膽地宣稱：

> 我們過去都被前人所欺騙，以為現存的大小乘一切經典，皆是釋尊或釋尊的報法身金口所直宣。因而對經典中明明與事實，人情，正理相違背，講不通的地方，也都千方百計，……把它圓謊似的圓起來。……其中不知增進了多少世俗的傳說，神話，他教、私人的教權意識，非理攻擊他人等言論在內？反使正當教義，弄得神怪百出，偽話連篇，……尤其近代科學知識發達以來，自更多牴觸。……佛為大哲學之一，但並未言盡天下後世所有哲學。佛以耆那教婆羅門教為背景，產生自己哲學系統，與後人依佛教。產生法華、華嚴哲學系統，並無兩樣。」[136]

---

[134] 見張曼濤主編，《六祖壇經研究論集》（臺北：大乘文化出版社，1976），收在「現代佛教學術叢刊」，第 1 冊，頁 195-204。

[135] 參考釋東初，〈以佛法立場談佛法〉，收在《東初老人全集之 4──佛法真義》，頁 155。

[136] 圓明（楊鴻飛），〈獻給真正的佛教同胞〉，轉引釋東初，〈以佛法立場談佛法〉，前引書，頁 156-57。

　　他在文章中論「合時」的一段，更鼓勵佛教徒「不要為聖教量權威所迷，拾前人的牙慧」。[137]

　　圓明的這些話，是受近代佛教文獻學和歷史學研究風尚的影響，在講求宗教客觀性的同時，還帶有強烈批判傳統佛教的意味在內，難怪教內長老東初罵他是「天下第一號狂夫怪物」，「洪水猛獸又來了」。[138]東初甚至呼籲佛教界共同對付圓明，並做到下列四點：

1. 不要以佛法當人情，要一致起來撲滅這種洪水猛獸的邪見！
2. 一致請求中國佛教會宣佈圓明為佛教的判徒，是摧毀正法的魔子！
3. 一致要求佛教正信的刊物，拒絕刊載圓明的邪見言論！
4. 人人要勸請同道親友們不要看圓明的文章，其功德勝於造七級浮圖！[139]

　　其實從上述教界兩派相對立的治學心態，可以窺見客觀求知的風氣，逐漸在保守的佛學界中出現。當時代表這一治學方向的典型人物，恰好是後來以《中國禪宗史》（臺北：正聞出版社，1971）一書，獲得日本大正大學博士學位的印順法師；而印順法師會撰寫《中國禪宗史》，卻是由楊鴻飛（圓明）和胡適激發的禪學辯論，所導致的。[140]因此，胡適的治學方式，實際上衝擊著處於變革中的臺灣佛學界。這一點學術史的內在關聯性，是在展開討論前，必須先有所理解的。而印順的部份稍後會提到。

---

[137] 轉引釋東初，〈以佛法立場談佛法〉，前引書，頁 164。

[138] 釋東初，〈以佛法立場談佛法〉，前引書，頁 165。

[139] 釋東初，〈以佛法立場談佛法〉，前引書，頁 166。

[140] 見印順，《中國禪宗史・序》其中有 1 段提到：「前年（按：即 1969 年）《中央日報》有《壇經》為神會所造，或代表慧能的諍辯，才引起我對禪史的注意」，頁 3。

八、1969 年在臺灣展開的禪宗研究大辯論

　　1969 年在臺灣展開的那場禪學大辯論，主要的文章，都被張曼濤收在《六祖壇經研究論集》，列為由他主編的「現代佛教學術叢刊」一百冊中的第一冊。而張曼濤本人也是參與辯論的一員。[141]他在首冊的〈本集編輯旨意〉中，曾作了相當清楚的說明。尤其在前二段對於胡適的研究業績和影響，極為客觀而深入，茲照錄如下：

> 　　《六祖壇經》在我國現代學術界曾引起一陣激烈評論的熱潮，評論的理由是：「《壇經》的作者究竟是誰？」為什麼學術界對《壇經》會發生這麼大的興趣，原因是《壇經》不僅關係到中國思想史上一個轉換期的重要關鍵，同時也是佛教對現代思想界一個最具影響力的活水源頭。它代表了中國佛教一種特殊本質的所在，也表現了中國文化，或者說中國民族性中的一份奇特的生命智慧。像這樣一本重要的經典，當有人說，它的作者並不是一向所傳說的六祖惠能，那當然就要引起學術界與佛教界的軒然大波了。這便是近四十年來不斷繼續發生熱烈討論的由來，我們為保存此一代學術公案的真相，並為促進今後佛教各方面的研究，乃特彙集有關論述，暫成一輯。列為本叢刊之第一冊。
>
> 　　（2）胡適先生是此一公案的始作俑者，雖然他的意見，並不為大多數的佛教有識之士所接受，但由於他的找出問題，卻無意中幫助佛教的研究，向前推展了一步，並且也因是引起了學術界對《壇經》廣泛的注意，設非胡先生的一再強調，則

---

141 張曼濤的文章有 2 篇登在《中央日報》的副刊上，一篇是〈關於六祖壇經之偈〉；一篇是〈惠能與壇經〉。其中後一篇，已收入《六祖壇經研究論集》，頁 245-51。他用筆名澹思發表。

今天學術界恐怕對《壇經》尚未如此重視，故從推廣《壇經》
予社會人士的認識而言，我們仍認胡適先生的探討厥為首功，
故本集之編，為示來龍去脈及其重要性起見，乃將胡先生有關
《壇經》之論述，列為各篇之首。[142]

從張曼濤的說明，可以看出 1969 年的《六祖壇經》辯論，正反
雙方，都是接著胡適研究的問題點而展開的。這一先驅性的地位，是
無人可以取代的！但這場辯論的展開，已在胡適逝世後的第七年了。
張曼濤的編輯說明，則更在胡適死後的第十四年。所以雙方諍辯的情
形，胡適本人是一無所知的。這只能任由他自己的作品來說話或答。

九、錢穆與楊鴻飛的連番交手

就引發辯論的導火線來看，是錢穆首先挑起的，他是在當年的三
月，應邀在臺灣的「善導寺」作一場演講，[143]題目是〈六祖壇經大義
—惠能真修真悟的故事〉，[144]內容是肯定惠能在禪學的偉大革新貢
獻，強調能擺脫前代的義學負擔，自悟本心，且有十六年的實修經驗，
所以是實際可靠的偉大禪學思想家，可以和南宋的朱熹相提並論。[145]

---

[142] 見《六祖壇經研究論集》，〈本集編輯旨意〉，頁 1-2。

[143] 善導寺原為日本寺院，創建於 1925 年。戰後由臺北市政府接管。1948 年 12
月，由國大代表李子寬和孫立人夫人張清揚女士取得管理權，自此成為臺北市
佛教的重要道場。1949 年後，主要是來臺高僧相繼入主本寺，卻因教權與利益
不容易擺平，導致寺內管理風波不斷。幸好都會區地理的優越性，容易招徠信
徒，故其重要性能長期維持。近年來，因社會變遷快，本土化增強，各地發展
差距縮小，加上佛教組織多元化，善導寺的影響力，已有日趨式微之勢。錢穆
在 1959 年 3 月，應邀到寺中演講時，善導寺仍在優勢階段，故活動很能引起
社會注目。

[144] 此講稿全文，已收在張曼濤主編，《六祖壇經研究論集》，頁 183-93。

[145] 錢穆，〈六祖壇經大義——惠能真修真悟的故事〉，張曼濤主編，前引書，頁

　　錢穆的這場演講，並未直接提到胡適或他的神會研究結論，但錢
穆長期以來，即質疑胡適否定《壇經》作者為惠能的看法，[146]所以在
演講中他極力肯定惠能和《壇經》的關係，其實就隱含批評胡適論點
的作用在內。

　　不過，最先對錢穆講詞內容提出質疑的，並非楊鴻飛，而是王禮
卿和澹思（張曼濤筆名）在《中央日報》投書，對錢穆所作的〈六祖
偈〉解法和引用文句，提出異議。[147]錢穆獲悉後，去信解釋講詞中「心
中無一物」，係疏忽所致，應為「本來無一物」才對；至於其內的惠
能思想解釋，他認為「與本講旨，渺不相關也」。[148]所以王、澹兩人
的質疑，並不構成和錢穆本人進一步的諍辯。

　　又因此問題，和胡適的研究，無太大關連，此處可以不再討論。
要注意的，是接王、澹兩人之後，楊鴻飛對錢穆講詞提出的質疑，因
為那是就胡適的研究角度所延伸的問題。

　　楊鴻飛在〈關於六祖壇經〉一文，[149]對錢穆的質疑，主要有下列
意見：

　　一、他認為錢穆在講詞中，所推崇的「惠能」，並非歷史上真正
惠能的原貌，而是經過後世所謂「南禪」人格化的惠能。換句話說，
《壇經》中的「惠能」，是神會在滑臺大雲寺及洛陽荷澤寺定南宗的

　　　184-85。
[146] 可參考錢穆，〈神會與壇經〉一文，原載《東方雜誌》，卷 41 號 14（1945 年 7
　　　月，重慶出版）。現已收在《六祖壇經研究論集》，頁 81-108。
[147] 王禮卿的〈六祖之偈〉一文，收在《六祖壇經研究論集》，頁 193。澹思（張曼
　　　濤）的部份，他的文章有 2 篇登在《中央日報》的副刊上，一篇是〈關於六祖
　　　壇經之偈〉；一篇是〈惠能與壇經〉。其中後一篇，已收入《六祖壇經研究論集》，
　　　頁 245-51。他是用筆名澹思發表。
[148] 據錢穆在〈關於六祖之偈〉的回信中，提到他演講後，寺中悟一法師曾提醒他，
　　　六祖原偈似是「本來」兩字，他雖隨口應了，實則未改講詞記錄，所以出錯。
　　　見《六祖壇經研究論集》，頁 194。
[149] 載《六祖壇經研究論集》，頁 195-204。

宗旨之後，假托出來的權威，是被編造過或塑造過的。

　　二、他反對錢穆所說的，惠能提高僧眾地位和擴大僧眾數量。他
認為，就「提高僧眾」言，應歸之「南禪或南禪者」。至於「僧眾之
數量」，則「南禪者」亦不曾「擴大」。而這一點，正是神會力改印度
舊習的貢獻。

　　三、他反對錢穆說，禪宗頓悟心法，是因惠能一字不識，才能自
本心中悟出的。事實上依教奉行，契理忘言，才是真相。

　　四、認為《禪經》的作者和新禪學的建立者，是如胡適所說的為
神會。他知道日本鈴木大拙在《禪思想史研究第二》第五篇曾討論《六
祖壇經》，而不以胡適的看法為然；[150]羅香林在〈壇經之筆受者問題〉
一文，亦反駁胡適的看法。[151]

　　但他認為基本上還是胡適的看法較正確。接著，他又作了一些補
充：（a）神會的著作和語錄，從未提及《壇經》，而《壇經》中十之八
九，神會的語錄或著作中都可發現。（b）神會之前，並無嚴格的祖師
崇拜，六祖以上的祖師單傳世系和袈裟為證之說，皆源自神會。（c）
獨孤及在「南禪」正盛時，仍為文稱：「能公退而老曹溪，其嗣無聞
焉。」可見惠能南返後並無大作為。[152]

　　錢穆在《中央日報》讀到楊鴻飛的質疑後，也為文〈略述有關六
祖壇經之真偽問題〉，[153]在《中央日報》上答辯。錢穆認為楊鴻飛專
據胡適之前說，認定《壇經》是神會自由捏造，但他十分反對胡適的
此一創說。

---

[150] 鈴木大拙的《禪思想研究第2》，我手頭無書，不能核覆楊鴻飛的看法。但鈴木
　　不以胡適的看法為然，早已在 1953 年 4 月的〈禪：答胡適博士〉一文中，明
　　白表示過了。

[151] 羅香林，〈壇經之筆受者問題〉，原載《無盡燈》，期 6（1960 年 9 月）。後來收
　　在《六祖壇經研究論集》，頁 269-76。

[152] 見《六祖壇經研究論集》，頁 198-202。

[153] 見《六祖壇經研究論集》，頁 205-13。

　　他並提到自己曾撰長文〈神會與壇經〉，質疑過胡說。後來又撰〈讀六祖壇經〉的短文，[154]就版本問題辨明實際上竄入《壇經》的資料，宗寶更多於神會或神會之徒。接著，他又提出下列補充意見：

　　一、胡適對《壇經》的考據，忽略了對其中思想本身的創造性，有合情合理的認識。因此考據的結果，變成不近情理的觀點。

　　二、胡適過去所舉的幾條證據，他分析後都不能成立。這是胡適對思想無深刻體會，因此雖喜考據，其實包含太多主觀意見。

　　三、依胡適的考據結果，很難重建新的合理的中國禪宗思想史，從而將其思想價值也降低了。[155]

　　楊鴻飛對錢穆之文，再以〈「壇經之真偽問題」讀後〉，[156]商榷錢穆的上述觀點，他說：

　　1.錢穆的精誠衛道心過重，是信仰重於研究的衛道。別人以學者態度作研究，力求發掘真相，何嘗不是一種可以接受的衛道方式。

　　2.錢穆以「近情近理」來批評考據，其實「近情近理」可能是一種表面的認知，離真相有距離。

　　3.神會是《壇經》的作者，一樣可以凸顯其思想的偉大性。神會所以在《壇經》中以惠能作主角，只是如「挾天子以臨諸侯」。實際上其中思想，都是神會語錄或著作中現有的東西，創造自無困難。

　　錢穆原本在前文發表時，已聲明如無新看法，將不再參與討論。但讀到楊鴻飛的再質疑，他只好再發表一篇〈再論關於壇經真偽問題〉，為自己的立場答辯：[157]

　　（甲）錢穆認為過於重視考據，過於忽視思想，是當時學界的一種偏陷。而他是尊重思想家和思想境界的。

---

[154] 見《六祖壇經研究論集》，頁 155-63。

[155] 見《六祖壇經研究論集》，頁 208-13。

[156] 楊鴻飛此文，收在《六祖壇經研究論集》，頁 215-24。

[157] 錢穆此文，收在《六祖壇經研究論集》，225-33。

（乙）《神會語錄》有許多部份和《壇經》相同，正如緒山、龍溪思想多與陽明相同，不能因此即認定後者思想是前者所造。

（丙）就外在證據言，後世禪宗流行，是南方勝過北方，且重視《壇經》而忽略《神會語錄》，可見《壇經》的思想和《神會語錄》終究有別。

（丁）他認為楊鴻飛所倡言神會以立知見、立言說，來證明神會之能立。恰好相反，此種知見、言說，違反南禪教法，正是《壇經》所戒，也是無相在指斥神會的地方。[158]

楊鴻飛自不甘示弱，亦撰文〈「再論壇經問題」讀後〉，[159]以反駁錢穆的看法。他的論點如下：

（一）錢穆批評考據是偏陷，但學術要進步，須有原則性的公是公非，若帶主觀感情，即失去此是非原則了。

（二）錢穆所說的師徒著作有雷同處，決不能認為前者錄用後者。實際上並不適合《壇經》與神會之間的狀況。因惠能南返，據獨孤及的說法，並無大弘宗風之事。而神會在滑臺和荷澤定南方宗旨時，若有《壇經》，即不須捏造傳衣為信的故事。即就《神會語錄》引用的經典來看，各種經籍名稱一一列出，何以不列其內容幾十同八九的《壇經》呢？再說，《壇經》已有西天二十八祖，神會如何忘了這一家譜，反而以〈禪經序〉來敷衍呢？何況惠能未到北方，卻在《壇經》提到北宗的說法，並加以批評，豈非無的放矢？今查同時及稍後的禪宗史料，也一概未提惠能曾說了《壇經》。如《壇經》內容屬實，其他各派亦有《壇經》傳承，如何在韋處厚撰文時，仍只神會門下尚作傳承的依據？同時弘忍所傳乃是《伽楞經》呢？凡此種種，皆證明《壇經》是神會或其門下一派所作。

---

[158] 見《六祖壇經研究論集》，頁 228-29。
[159] 見《六祖壇經研究論集》，頁 235-44。

（三）錢穆認為《壇經》流傳後世，神會自己的《語錄》卻被埋沒，是兩者思想有別，故後人對之態度有不同。其實是因神會既編《壇經》，自然須得掩沒自己的作品。並非思想有不同所致。

（四）錢穆所指神會立知見、立言說，是反《壇經》立場一事，實是誤讀古書。因這是後人竄入，以批評神會。錢穆也瞭解此點。實際上，神會的「立知見、立言說」，是指「如來知見」、「佛知見」、「空寂之知見」、「無住無相之知見」、「無念之無見」、「般若之知見」，和頓教解脫禪完全相應，是不能以「知解宗徒」批評他的。

（五）錢穆指無相批評神會，其實是斷章取義，把意義弄反了。因無相提到神會的說法內容，如上點所述，並無批評之意。[160]

對於楊鴻飛的第三次反駁，錢穆未再回應，兩人的辯論即告終結。但，楊、錢辯論甫告結束，對此辯論中所持觀點，再提出檢討的文章，仍相繼出現。彼等有何評論意見呢？是值得再作探討的。

十、澹思（張曼濤）在錢、楊交手後的批評及其謬誤

澹思在兩人辯論告一段落時，投稿《中央日報》，發表〈惠能與壇經〉一文。[161]在開頭部份，曾就雙方的辯論，作如下的觀感評論：

> 關於《壇經》的真偽問題，《中副》已刊載了楊鴻飛和錢穆先生往返討論數篇文字，楊先生順胡適博士的考據路子，錢先生則順思想的解釋法，而辯駁此一真偽問題。究竟誰屬《壇經》的真正作者，按理，辯論到此，應該有一較清楚的眉目了，讓讀者們應該可以從二氏的辯論中，可以獲得一較客觀的印

---

160 見《六祖壇經研究論集》，頁 240-42。
161 見《六祖壇經研究論集》，頁 245-51。

象，或代下判斷了。可是細細分析一下兩位辯論的文字，結果
印象還是模糊的，也好像公說公有理，婆說婆有理，兩者都有
其道理似的。而在氣勢上，又似乎楊先生順胡適的路子，特別
有力。錢先生只憑著《壇經》本身的內容和惠能的生平對看，
堅持其解釋，應屬惠能所作無疑。此從現代人處處講「拿證據
來」看，似乎要比胡適博士這個路子的說法，力弱多了。這樣
的辯論下去，恐怕終難解決《壇經》的真偽問題。[162]

　　澹思此一評論，實際上點出了兩個難題，其一，辯論的結果，仍
無法確定何者較正確？其二，錢穆為史學專家，但只憑《壇經》和惠
能生平對看，仍無強有力證明《壇經》是惠能所作。可見胡適的「考
據」也不是那麼不堪一擊的！

　　然而，學界要如何解決上述的難題呢？

　　從後來的發展看，是印順法師的系統研究，大致解決此一難題。
但，澹思在同文中的一些建議意見，也值得重視。他的意見有四點：

　　一、禪宗和禪宗歷史應該可以分開看作兩回事，不可混為一談。

　　二、楊鴻飛順胡適的路子，否定《壇經》係惠能的思想後，進一
步連惠能的影響力也否定了。但他批評惠能的求法過程，仍是取材《壇
經》；何以在取材時就相信，在批評時就懷疑其真實性呢？可見楊鴻
飛在資料引證時，並不客觀，原則也不夠分明。

　　三、楊鴻飛引獨孤及的話，說：「能公退而老曹溪，其嗣無聞焉。」
可是弘忍何以列他為十一大弟子之一呢？如無過人之處，何以文中稱
他為「能公」呢？

　　四、《全唐文》，卷17，唐中宗有一篇詔文，是請惠能上京的，詔
文中提到：「朕請安、秀二師，宮中供養，萬機之暇，每究一乘。二

---

[162] 澹思，前引書，頁245。

師並推讓云，南方有能禪師，密受忍大師衣法，可就彼問。今遣內侍
薛簡，馳詔迎請，願師慈念，速赴上京。」如此一詔文是假，則胡適
的許多理論都可以站得住，否則胡適的立論就大多站不住腳了，因為
詔文裡提到的惠能，和胡適的看法正好相反。[163]

　　澹思的這四條意見中，以第四條他指出有詔請惠能的新史料最重
要。但，這條史料並非他的新發現，這是日本學者宇井伯壽在《禪宗
史研究》裡提到的。[164]澹思不知道胡適在覆柳田聖山的長函裡，已經
批評過宇井引的這條詔文，是偽造的；因為此詔是出於宋代以後修的
《六祖壇經》，若比勘〈曹溪大師別傳〉裡的「高宗」神龍元年正月
十五日召慧能的詔書，就知道此時「高宗」已死了二十二年了。這是
比宇井引的那條史料更早的版本，卻正可說明是偽造的史料。

　　所以胡適相當不滿宇井的引證方式。[165]從而也可以反駁澹思在同
文中提到的一些「推想」。澹思那段文字是這樣的：

　　　…就《壇經》問題的本身說，似乎也不須再多作討論，因
　　為中日學者對這問題的探討文字，已不下數十萬言。在中國有
　　過錢穆先生的〈神會與壇經〉，羅香林先生的〈壇經之筆受者
　　問題〉。在日本則有宇井伯壽先生的〈壇經考〉、〈荷澤宗的盛
　　衰〉，鈴木大拙先生的〈關於六祖壇經──慧能及慧能禪〉、山
　　崎宏先生的〈荷澤神會禪師考〉。此外，還有關口真大、柳田
　　聖山、入矢義高諸氏都曾討論這個問題。在這些文字中，除了
　　錢先生的〈神會與壇經〉，[166]大多我都看過，日本的學者們對

---

[163] 澹思，前引書，頁 250-51。
[164] 見宇井伯壽，《禪宗史研究》（東京：岩波書店，1939），頁 196 和頁 200。
[165] 見胡適，〈與柳田聖山論禪宗史綱領的信〉，收在《胡適手稿》，集 7，卷上，上
　　冊，頁 29-71。批評宇井的部份，在頁 32-34。《胡適禪學案》，批評的部份，在
　　頁 618-20。
[166] 錢穆的這篇文章，是根據錢穆在〈略述有關六祖壇經之真偽問題〉一文的提示，

這個問題，大都花了很大的工夫，不是單憑己見或想像而立論
的。他們既重視考據，也重視思想，決不疏忽那一邊。而在這
些專家的學者中，幾乎有一個共同一致的看法，那就是不完全
附和胡適先生的意見，他們決不想像《壇經》完全出於神會之
手。他們祇認為敦煌本的《壇經》，必經過神會或神會一系的
人的改竄，改竄當然不是作者，或《壇經》的原型。且據宇井
伯壽的看法，《壇經》除了神會一系的敦煌本外，必還有其他
的本子。（他的〈壇經考〉，主要的是根據惠昕本，和大乘寺本
與敦煌本對勘立論。）同時，他又認為即使以敦煌本為最古本，
為各本的所依，也不能就以敦煌本可以直接認識惠能。這使得
他的意見，無形中代表了肯定惠能存在地位的正統。我不知道
胡適先生在世時有沒有看過他這篇文字，（也不知道他是否能
看懂日文？）就胡先生後來發表有關神會和尚的遺著，沒有直
接答覆日本學者們的相反意見看，可能他是未曾看過或未注意
到的。雖然在民國五十七年十二月中央研究院重刊的《神會和
尚遺集》208 頁後面附載的單頁上，胡先生題了宇井氏的《禪
宗史研究・五、荷澤宗之盛衰》，山崎宏的〈荷澤神會考〉幾
行字，但推想，他只是作為備忘，並未找來好好細讀一番，否
則何以不見胡先生提出反駁呢？要不然就是胡先生已經接受
了日本學者的若干意見，而不欲再作申辯。[167]

　　澹思的這一段說明和後面的推測，頗值得商榷。茲說明如下：
　　一、澹思說他將日本學界關於《壇經》問題的討論文章，幾已讀
遍。可是，在楊鴻飛和錢穆的辯論後，他並未提出什麼有力的看法，

才從《東方雜誌》中找出的。錢穆並曾去函張曼濤，表示此文已重加修訂。參
考《六祖壇經研究論集》，頁 108, 205。
[167] 澹思的此段文字，見《六祖壇經研究論集》，頁 246-48。

來反駁胡適。反而在第四點建議中，引了一條宇井伯壽用過的假史料，正好是胡適本人親自批評過的。[168]（158）由此證明，他是白讀了那些文章。

　　二、猜測胡適是否能讀日文，完全不必要，也是輕率的意見。首先，在澹思提到日本禪宗研究的學者，像鈴木大拙對惠能的看法，常在英文著作出現，而胡適早已和他交手過了。[169]至於入矢、柳田兩人，則屬和胡適論學的同道，胡適豈有不知他們的看法？此參看《胡適手稿》，集 7 上和集 8 下的通信即知。至於宇井伯壽在《禪宗史研究》第五章論荷澤宗的盛衰，胡適在覆柳田聖山的長文中，特別標出第196 頁和第 200 頁，然後不客氣地說：「也都是信口妄語，全無歷史根據！」[170]

　　三、胡適一直沒有採納日本學者的研究意見，因他還在找更多的證據。例如在 1959 年 5 月 30 日寫給入矢義高的信，即提到「晚唐入唐的日本諸大師將來的目標」，「除了神會的諸原件（包括《壇經》）之外，幾乎沒有別一位禪學大師的文件」，所以他「更覺得神會的歷史重要性」，[171]並還託入矢義高在日本發動界大索日本京都各寺院珍

---

[168] 見胡適，〈與柳田聖山論禪宗史綱領的信〉，收在《胡適手稿》，集 7，卷上，上冊，頁 29-71。批評宇井的部份，在頁 32-34。《胡適禪學案》，批評的部份，在頁 618-20。

[169] 胡適的文章為〈中國禪宗——其歷史與方法〉（Ch'an Buddhism in China, its History and Method）。此文現收在柳田聖山編，《胡適禪學案》，第 4 部，頁 668-89。而鈴木大拙所撰〈禪：答胡適博士〉，發發表於 1953 年 4 月號的《東西哲學》，卷 3 期 1，附有胡適論文全文。本文現在引用的段落，是孟祥森譯的《禪學隨筆》（臺北：志文出版社，1974），鈴木論文前，由編者所作的胡適原文提綱內容的一部份。

[170] 見胡適，〈與柳田聖山論禪宗史綱領的信〉，收在《胡適手稿》，集 7，卷上，上冊，頁 29-71。批評宇井的部份，在頁 32-34。《胡適禪學案》，批評的部份，在頁 618-20。

[171] 見《胡適手稿》，集 8，卷 3 下冊，頁 443。

藏的古本資料。[172]胡適的此一企圖是否成功？那是那一回事，但他未如澹思所推測，是接受了日本學者的若干意見，而不欲再申辯，則是極明白了。

　　假如說，張曼濤以「澹思」發表上述看法時，《胡適手稿》的資料尚未出版，[173]但編「現代佛教學術叢刊」的《六祖壇集研究論集》時（1976 年 10 月），則應過目了。可見他的意見，是不足為據的。

　　不過，張曼濤的說明，已牽涉到日本學者的研究成果問題，後來的學者無法不加以正視。例如印順的研究，就是由此一立場展開的！

十一、胡適禪宗史研究大辯論後的新結晶

　　印順在《中國禪宗史》（臺北：正聞出版社，1971）的〈序〉中提到：「依八、九世紀的禪門文獻，從事禪史的研究，中國與日本學者，都已有了不少的貢獻。」「前年《中央日報》有《壇經》為神會所造，或代表慧能的諍辯。才引起我對禪史的注意。讀了胡適的《神會和尚遺集》，及《胡適文存》、《胡適手稿》中有關禪宗史的部份。日本學者的作品，僅見到宇井伯壽的《中國禪宗史研究》三卷；關口真大的《達摩大師之研究》、《達摩論之研究》、《中國禪學思想史》；柳田聖山的《中國初期禪宗史書之研究》：對新資料的搜集，處理，對我的研究，幫助很大！」[174]在同書第六章〈壇經之成立及其演變〉的第一節〈壇經的主體部份〉，印順除略提胡適、宇井伯壽、關口真大和柳田聖山的看法之外，又作了如下的聲明：

---

[172] 同前引書，頁 444。

[173] 按《胡適手稿》，集 8，載胡適和入矢義高的往來書信，是在 1970 年 6 月出版的。而張曼濤（澹思）的文章，是在前一年（1969）六月發表於《中央日報》的。

[174] 印順，《中國禪宗史・序》，頁 4。

《壇經》到底是否慧能所說，法海所集記？還是神會（及
門下）所造，或部份是牛頭六祖所說呢？我不想逐一批評，而
願直率地表示自己研究的結論。[175]

從以上的二段引述資料裡，可以發現印順的《中國禪宗史》，是
因 1969 年，《中央日報》上那場《壇經》作者是誰的辯論，所引起的。
換句話說，那場因胡適禪學研究論點所激起的諍辯，並未在錢、楊休
兵之後，即告終結，反而構成了印順做更大規模研究的導火線。

但是，印順的〈序〉言和第六章第一節的那段聲明，又顯示了下
列的兩項事實：

一、印順的研究，不但參考了胡適的相關著作，連張曼濤（澹思）
在文中提到的那些日本學者的相關著作，也大部份搜集過目，並坦承
對自己的研究，幫助甚大。雖然他提到關口真大的著作時，弄錯了二
部書的書名，即將《達摩之研究》，誤為《達摩論之研究》，將《禪宗
思想史》，誤為《中國禪學思想史》，但基本上，他較之錢穆或羅香林
等中國學者，更能善加利用日本學界的研究成果。

因此，就此點來說，印順的禪宗史研究，雖然是批駁胡適的，[176]
卻能在資料上和研究方向上，跟國際學者同步或交流。所以他是過去
的中國學者中，除胡適之外，相當難得的新潮禪宗史研究學者。

二、由於印順宣稱：他不對各家的看法，一一提出批評，而直率

---

[175] 印順，前引書，頁 237-38。

[176] 印順在《中國禪宗史》的第五、六、七章裡，主要在澄清惠能、《壇經》和神
會的三角關係，究竟歷史真相如何。此探討，除了澄清一向被誤解或模糊的關
鍵點之外，較之過去的任何中國學者，更能將觸角伸張，解析和論證，也更細
密和更嚴謹。雖然如此，書中反駁胡適的意圖，還是很明顯的。此從印順在《中
國禪宗史》完成之後，又撰〈神會與壇經──評胡適禪宗史的一個重要問題〉，
載《南洋佛教》，期 23、26-28（1971 年 3 月，6-8 月），可以看出來。此長文，
張曼濤收在《六祖壇經研究論集》，頁 109-42。

地提出自己的研究意見。這在現代學術研究的方法上，是可商榷的。可能出現的弊端如下：（a）是否本身的研究，都屬前人未見的創見呢？假若不是，即有重複、沿襲的可能。（b）學術經驗，基本上是累積和銜接的，不交代他人對同一主題的看法和努力，即等於否定前人的努力。

　　例如在柳田聖山的《初期禪宗史書之研究》，不但在書中詳注日本學界資料的出處，連對中國學界有貢獻見解者，亦詳加摘引和交代：胡適的資料，固然引註相當多；[177]羅香林在〈舊唐書僧神秀傳疏證〉一文的看法，亦明白在書中交代。[178]反之，印順除胡適的資料和看法之外，未提中國其他學者的任何研究意見。因此可說是一種方法學的缺失。[179]

　　我如此批評，絕無忽視他個人敏銳的分析力，以及對史料的高度組織力；我也了解他並非現代學院訓練出身的研究者。但在學術史的探討立場，指出他的方法學缺失的一面，是有必要的。否則即違反了治學的基本原則，無法就事論事了。

　　印順在《中國禪宗史》一書中的主要研究著點，是想重新埋解「有關達摩到會昌年間」，「從印度禪到中華禪的演化歷程」。[180]他在書中第三章敘述「牛頭宗的興起」，指出「牛頭禪」的老莊化，是「曹溪禪」從印度禪逐漸衍變為中國禪的關鍵。[181]這個意見，是和胡適的視

---

[177] 柳田聖山，《初期禪宗史書□研究》（京都：禪文化研究所，1967），《索引——文獻》，頁46。

[178] 見柳田聖山，前引書，頁116-17。

[179] 聖嚴法師在〈中國禪宗史〉一文中，首先就此方法學的缺失，提出坦率的批評。原文載《華學月刊》，期13（1973年1月）。後來收入聖嚴法師的《從東洋到西洋文集》（臺北：中國佛教文化館，1979），頁425-38。批評的地方，在頁437-38。

[180] 印順，《中國禪宗史·序》，頁4。

[181] 印順，《中國禪宗史》，頁85-128。

神會為轉變的關鍵，為相對立的看法。關於這一點，雖然柳田聖山、宇井伯壽、關口真大，都在書中討論過一些。[182]關口真大的著墨尤其多。但關口真大、吉岡義豐和福井康順三人，在〈日本大正大學博士論文審查報告書〉中，[183]仍稱讚此章為「本論文之中發揮得最惹人注目也最具特色」。[184]

同報告中，對於《壇經》和惠能的研究評價，有如下的二段話：

（a）「為了表明曹溪慧能所確立的禪宗狀況，先把慧能的行歷詳予考證，更將後來發達成為中國禪宗基本思想——《壇經》，試行精密的考察。但是，關於惠能行歷方面的檢討，比之上來各章，則多有承認舊有傳燈說的傾向；對於被稱為慧能所撰的《金剛般若解義》二卷的存在未予留意。惟就《壇經》而言，對看作神會所作之說與是牛頭宗第六祖撰述之說，試行反駁，另一方面指出了《壇經》之中的『原始主體部份』與附篇所加部份，並加以區別，此一論列，提示了獨特的方法。」

（b）「論者就敦煌本古《壇經》之中對神會門下『壇經傳』及『南方宗旨』的補充部份加以判別，推定『壇經』主體部份的一種方法，如『慧能云』和『六祖云』，『我』和『吾』等用語的異同等應該綿密的注意，其考察的方法確實微密。」[185]

以上的評價，可以說除「考究新資料」的部份，尚待加強外，對作者印順的立論嚴謹而周密的優點，作了相當肯定的稱許。〈審查報

---

[182] 聖嚴在〈中國禪宗史〉，前引書，頁428，最先指出這點。但他未提到宇井伯壽也探討牛頭宗。其實宇井才是開山者。見氏著《禪宗史研究》（，1939），頁91-134。

[183] 此報告文，由關世謙中譯，改名為《《中國禪宗史》要義〉，收在藍吉富編，《印順導師的思想學問》（臺北：正聞出版社，1985初版），頁333-40。

[184] 關世謙，《《中國禪宗史》要義〉，前引書，頁335。

[185] 關世謙，《《中國禪宗史》要義〉，前引書，頁338-39。

告書〉最後的結語是這樣的：

> 本論文對舊有的中國禪宗史將可以促成其根本而全面的
> 更新。於是，本論文的問世對於學術界貢獻了一部而卓越的精
> 心創作。[186]

　　這也是本世紀以來，唯一以禪宗史研究，獲頒日本博士學位和擁
有如此高評價的國人著作。可以說，由胡適發掘新史料和提出新問題
開始，經過了將近半個世紀，才有了如此卓越的研究成果。播種者胡
適和收穫者印順，都各自扮演了重要的角色。

十二、印順再次對胡適的禪宗史觀點進行評破

　　不過，印順在《中國禪宗史》一書完成後，又針對《壇經》和神
會的問題，再發表一篇考據更精詳的分析文章，叫〈神會與壇經——評
胡適禪宗史的一個重要問題〉，集中全力評破胡適的原有論點！
　　關於印順的這篇文章，有些觀點，在前一節的結束之前，已引用
過了。我們大體上，可以將全文的方法和立場說明如下：（a）此文之
作，是楊鴻飛引胡適的研究意見，以駁錢穆所引起的。（b）因胡適用
考據提出研究意見，如不同意他的看法，也同樣要用考據方法加以檢
證才行。（c）胡適雖然「筆下刻薄」、「結論不足取」，但「並不以胡適
論斷錯誤而輕視，覺得在禪宗史的某一環節上，胡適是有了良好的貢
獻」！（d）考證的結果，只發現胡適關於「《壇經》傳宗」的部份偽
造說法可以成立。但《壇經》的基本思想，是不同於神會的。所以胡
適將神會視為《壇經》的真正作者，是不能成立的。

---

[186] 關世謙，〈《中國禪宗史》要義〉，前引書，頁 340。

　　張曼濤對印順此文的評價甚高，除將其選入《六祖壇經研究論集》之外，並聲稱「此篇」是「最佳的批駁胡適先生對禪宗史的錯誤觀點」，因它「最有力而最有份量，不以衛教姿態表現」；而其他佛教界的文章，數量雖多，「但真有力而不涉及感情以學術立場就事論事者，則甚少」。基於這個理由，對於參與《中央日報》那場禪宗史辯論的其他文章，[187]此處即省略不談。

　　就胡適禪學問題的探討，到此應該暫告一段落了。其後雖也有其他的佛教學者，陸續撰寫如下列等（略目）的研究論文：

　　1.幻生，〈禪學隨筆讀後〉，收在《滄海文集》（臺北：正聞出版社，1991），頁 227-34。

　　2.幻生，〈關於《圓覺經》問題─讀《胡適禪學案》有感之一〉，收在《滄海文集》，頁 245-54。

　　3.幻生，〈宗密荷澤法統辨〉，收在《滄海文集》，頁 255-77。

　　4.楊曾文，〈敦博本壇經及其學術價值〉，收在《佛光山國際禪學會議實錄》（高雄：佛光出版社，1990），頁 157-58。

---

[187] 收在《六祖壇經研究論集》的文章，還有蔡念生的〈談六祖壇經真偽問題〉，華嚴關主的〈禪史禪學與參禪──結束討論禪宗史學的爭論〉，是參與《中央日報》討論的。未收入的文章，包括登在其他刊物的，數量相當多，茲列舉如下：

1。野禪，〈世談壇經真偽商榷〉，載《現代國家》，卷 54（1969 年 7 月）。

2。趙國偉，〈評胡適對禪學史學觀念的錯誤〉，載《海潮音》，卷 50 期 7（1969 年 7 月）。

3。趙亮杰，〈壇經真偽乎？抑作者真偽乎？〉，載《獅子吼》，卷 8 期 7（1969 年 7 月）。

4。詹勵吾，〈揭破神會和尚與六祖壇經所謂真偽的謎〉，載《慧炬月刊》，卷 73-74（1969 年 10、11 月）。

6。半痴，〈評胡適遺著禪宗史的一個新看法〉，載《學粹》，卷 12 期 2（1970 年 2 月）。

7。褚柏思，〈神會和尚與法寶壇經〉，載《海潮音》，卷 52 期 8（1971 年 8 月）。

8。楊君實，〈胡適與鈴木大拙（禪學研究）〉，載《新時代》，卷 10 期 12（1970 年 12 月）。

5.游祥洲，〈論印順法師對壇經之研究〉，收在《佛光山國際禪學會議實錄》，頁 190-205。

6.傅偉勳，〈壇經慧能頓悟禪教深層義蘊試探〉，收在《佛光山國際禪學會議實錄》，頁 206-25。

7.楊惠南，《惠能》（臺北：東大圖書公司，1993）。

但是，就解決胡適禪學研究的問題來說，上述著作的作用，仍不出本篇之前所探討的。即以楊曾文所提的《敦博本壇經》來說，[188]和原先《敦煌本壇經》在內容上是一致的，唯一的優點是錯字較少、文字較無脫落。但在研究的作用上，並不能有大突破的參考效果。所以不用再一一詳細介紹。[189]

十三、當代海峽兩岸相關研究的近況概述

（一）龔雋在〈胡適與近代型態禪學史研究的誕生〉一文中提到：「如果我們要追述現代學術史意義上的禪學史研究，則不能不說是胡適開創了這一新的**研究典範**。於是整個近代以來作為現代學術的禪學研究都不需從胡適的禪學研究說起、無論是新材料的發現、禪史新問題的提出、以及對於禪學史的方法論等方面，胡適都起到了開立風氣、樹創新規的『**示範**』作用。」[190]

但是戰後臺灣志文出版社的新潮文庫，雖有大量的鈴木大拙所出

---

[188] 楊曾文《敦煌新本六祖壇經》（上海：上海古籍出版社，1995）出版。

[189] 例如在楊曾文《敦煌新本六祖壇經》後，有有周紹良的《敦煌寫本壇經原本》（北京：文物出版社，1997）出版。鄧文寬、榮新江的《敦博本禪籍錄校》（南京：江蘇古籍出版社，1998）出版。李申、方廣錩的《敦煌壇經合校簡注》（太原：山西古籍出版社，1999）出版。但在研究的作用上，並不能有大突破的參考效果。

[190] 見龔雋，陳繼東，《中國禪學研究的入門》（上海：復旦大學出版社，2009），頁 7-8。

版英文版《禪學隨筆》的中譯本出版，也往往提及忽滑谷快天的早期
英文禪學著作《The Religion of The Samurai》的書名。可是也僅此而
已，並沒有後續的相關研究。

　　至於忽滑谷快天的大多數禪學著作，除了與胡適有關的《禪學思
想史》在海峽兩岸分別出現中譯本之外，可以說只在臺灣佛教學者討
論日治時期的臺灣佛教學者如林秋梧、林德林、李添春等時，會一併
討論其師忽滑谷快天的禪學思想。但僅限於出現在《南瀛佛教》或《中
道》上的部分文章而已，[191]此外並無任何進一步的涉及。[192]

　　忽滑谷快天的《禪學思想史》，當代的大陸版是由朱謙之中譯，
上海古籍出版社出版，此譯本未譯出原書的印度禪部份；在當代的臺
灣版是譯本，是譯者郭敏俊，公分五冊，由於 2003 年在臺北大千的
出版社出版。

　　不過，由於忽滑谷快天的早期英文禪學著作《The Religion of The
Samurai》，實際上是西方知識界，在了解新渡戶稻造的英文版《武士
道》之後、以及鈴木大拙所出版的英文版《禪學隨筆》各書之前，最
重要的禪學思想著作，並起其後也對鈴木大拙、忽滑谷快天其後的禪
學想史研究、乃至對胡適受忽滑谷快天其後的禪學想史研究的影響，
都被二位大陸學者的新著所忽略了：一是周裕鍇，《禪宗語言研究入

---

[191] 曾景來的翻譯，主要是登在臺灣佛教會館所出版的《中道》各期。忽滑谷快天
　　的原書出版資料為：《禪學批判論》附「大梵天王問佛決疑經に就て」1 冊，明
　　治 38 年東京鴻盟社（駒大 108-28）。

[192] 釋慧嚴雖有下列論文發表：（一）〈忽滑谷快天對臺灣禪學思想的影響〉，此文
　　先發表於《第六次儒佛會通論文集》（華梵大學、民國 91 年 7 月），後再作補
　　充發表於《人文關懷與社會發展、人文篇》（高雄復文圖書出版社、2003 年），
　　最後收於《臺灣佛教史論文集》（春暉出版社、2003 年 1 月）。（二）〈林秋梧（証
　　峰師）的佛學思想探源──〉，為華梵大學所舉辦的【第七屆儒佛會通暨文化
　　哲學】會議論文。其最新版，收在慧嚴法師，《臺灣與閩日佛教交流史》（高雄：
　　春暉出版社，2008），頁 549-578。但仍無涉及其與胡適有關的《禪學思想史》
　　之相關討論。

門》（上海：復旦大學出版社，2009）。二是龔雋、陳繼東，《中國禪
學研究入門》（上海：復旦大學出版社，2009）。我認為是不妥的。

（二）國內學者對於鈴木大拙的最新研究，可考參考林鎮國，〈禪
學在北美的發展與重估：以鈴木禪與京都禪為主要考察範圍〉[193]和蔡
昌雄的〈當代禪宗哲學詮釋體系的辯證發展──以「開悟經驗」的論
述為焦點〉一文。

特別是蔡昌雄的全文，其要旨是「在針對禪學詮釋體系的代表性
論述進行梳理，以初步釐清當代禪宗哲學辯證發展的思想線索。研究
焦點放在各詮釋體系對禪宗『開悟經驗』的不同論述上，以『開悟經
驗是否可能』的認識論問題，以及「開悟經驗以何種方式進行理解」
的方法論問題，來評析各個詮釋體系以及體系間辯證發展的關係。本
文闡述的當代禪宗哲學包括鈴木大拙禪學西傳迄今的發展，觀點則跨
越日美兩大學術圈。實際分析針對『鈴木禪學』、『京都禪學』、『批判
禪學』及『整合禪學』四個主要詮釋體系進行評論。」[194]但是，此一
論點，仍是有爭論的。[195]

（三）人陸人民大學佛教與宗教學理論研究所的張雪松博士，雖
於近年來在北京大學的權威刊物《哲學門》上撰寫專論，探討〈兩岸
佛學研究風格比較：以江燦騰與樓宇烈對胡適禪學研究評述為例〉，
並提到說：他是「選取江燦騰先生的《當代臺灣人間佛教思想家：以
印順導師為中心的薪火相傳研究論文集》（臺北：新文豐出版公司，
2001 年），與樓宇烈先生的《中國佛教與人文精神》（北京：宗教文化
出版社，2003 年），特別是兩位先生在他們這兩部論文集中對胡適禪

---

[193] 林鎮國，〈禪學在北美的發展與重估：以鈴木禪與京都禪為主要考察範圍〉，國
　　科會專案研究計畫成果，編號：892411H004019。pdf，頁 3-5。
[194] 蔡昌雄，〈當代禪宗哲學詮釋體系的辯證發展──以「開悟經驗」的論述為焦
　　點〉，《新世紀宗教研究》第六卷第三期（臺中縣：宗博出版社，2008。03），
　　頁 1-40。
[195] 相關批評，可見見龔雋，陳繼東，《中國禪學研究的入門》，頁 34-48。

學研究的評述,進行一番比較,闡釋兩岸佛教學者在佛學研究方法上的異同」。[196]

其後,龔雋和陳繼東合著的《中國禪學研究入門》一書,也受張雪松的此文論點之影響,同樣認為「樓宇列在《北京大學學報》1987年第三其上所發表的《胡適禪宗史研究評議》一文,該文在柳田著作的基礎上,進一步補充了胡適日記和在北大圖書館所藏胡適藏書中的題跋等資料,來說明他禪學研究的貢獻」。[197]

至於與我相關的部分,他則說「江燦騰也在柳田的基礎上,先後發表了《胡適禪學研究開展與爭辯─第一階段(1925-1935)的分析》與《戰後臺灣禪宗史研究的爭辯與開展──從胡適到印順導師》(見《中國禪學第二卷,北京:中華書局,2003》兩文,分別從日本禪學者忽滑谷快天對胡適的影響,或是的禪學思想研究在中國所引發的論辯(包括早期大陸以及 60 年代臺灣)等兩方面,補充了柳田禪學研究中所疏略掉的問題。」然後,他對樓宇列和我的相關研究,作出如下的論斷:「此外,和與佛學界仍然陸續有關於胡適禪學研究的評論性文章,但大抵不出上述所列著作品的範圍,故不一一舉列。」[198]

並且,根據張雪松本人的看法,他知所要撰述此一〈兩岸佛學研究風格比較:以江燦騰與樓宇烈對胡適禪學研究評述為例〉專文動機,是要說明:「(前略)樓先生和江先生,足以分別代表海峽兩岸一流的佛學研究者。(所以他)本文選擇這兩位先生進行比較,還在於兩人所表現出來的差異性,更能夠突出海峽兩岸佛學研究風氣的不

---

[196] 見張雪松,〈兩岸佛學研究風格比較:以江燦騰與樓宇烈對胡適禪學研究評述為例〉,《哲學門》,總 17 輯,第九卷第一期(北京:2008 年 9 月)。後全文收入《複印資料‧宗教》2009 年第 4 期。http://www.rendabbs.com/redirect.php?tid=2349&goto=lastpost
[197] 見龔雋,陳繼東,《中國禪學研究的入門》,頁 9。
[198] 見龔雋,陳繼東,《中國禪學研究的入門》,頁 9。

同。」[199]

　　又說他：「之所以突出兩位先生關於胡適禪學研究的述評來進行比較，一方面是由於他們二位均在這一領域發表了十分重要而且彼此不同的見解；另一方面，也是由於胡適禪學研究，在近代佛學研究的學術史上佔據了十分顯赫的位置，兩位先生各自獨立進行佛學研究，前後『不約而同』地選擇了這樣一個研究問題，就可見這個問題對兩岸佛學研究的重要性了。胡適的禪學研究在海內外產生了巨大的影響，至今仍是值得我們關注的學術史問題。」[200]

　　可見，大陸方面，已逐漸將我和北大哲學系的資深教授樓宇列兩者相提並論。所以，我才要在本章中，又結合大批新資料和增補長篇新註，再改以今題發表，以回應葛兆光對我的討論的質疑和疏失，並就教於張雪松博士和其他相關學者的對我的各項重要的商榷之處。

六、本章結語

　　我們以上經過了篇幅不算短的討論後，對胡適的禪學研究，大致可以歸納出幾點較明確的學術貢獻和一值得我們反思的相關學術批評問題：

　　1.胡適的禪學研究，是近代中國學人中，研究時間持續最久的。由於時間久，才能不斷地向學界傳遞訊息，影響面也相對增大。

　　2.胡適的禪學研究，是伴隨著新史料的發現。而且他將此史料發現的學術效應，迅速推廣到國際學術界。不但開拓了新的研究視野，

---

[199] 張雪松，〈兩岸佛學研究風格比較：以江燦騰與樓宇烈對胡適禪學研究評述為例〉《哲學門》第九卷第一期。後全文收入《複印資料・宗教》2009 年第 4 期。http://www.rendabbs.com/redirect.php?tid=2349&goto=lastpost

[200] 張雪松，〈兩岸佛學研究風格比較：以江燦騰與樓宇烈對胡適禪學研究評述為例〉《哲學門》第九卷第一期。後全文收入《複印資料・宗教》2009 年第 4 期。http://www.rendabbs.com/redirect.php?tid=2349&goto=lastpost

也使他在神會的研究問題與「楞伽宗」的確立問題上，據有先驅性的國際地位。這在中國學人中，是沒有第二人可相比的。因此，他在本書中，可**作為戰後現代性宗教學術研究典範的薪火相傳最佳例證**，應是**無可爭議**的。[201]

　　3.胡適的研究方法學，是以文獻的考據為主，用禪宗史的各種史料相對比，以揭穿其中隱含的「作偽」成份。所以他是用找證據的方式，大膽地向傳統的禪宗史料挑戰。因此他自己承認：「破壞面居多」。雖然如此，如果沒有此一來自胡適的嚴厲質疑，中國禪宗史的研究，可能沒有今天這樣的面貌和水平。他實際上促使中國禪宗史研究，產生了一個新的反省，是一種必要的刺激品。這大概屬於開風氣大師的主要功用吧！

　　4.胡適是善於發現問題和勇於提出質疑的。假使沒有這一特質，他的學術影響面，不會如此大和如此強。縱使他錯解了，或常被批評為「大膽」和「武斷」，可是批評者仍然在他的問題意識籠罩之下。換言之，胡適的論斷，不管正確與否，都使別人有文章可作.若無胡適的論斷在先，中國禪學研究，在中國學人間，將寂寞多矣！

　　5.雖然印順在證據的解讀上，超越胡適。但我們必須將印順視為後期的禪學研究者，是在胡適去世多年後，運用各種新史料和新研究意見，來提昇自己的研究水平。就這一點來說，他實受惠於胡適的先前貢獻。若非胡適發現新史料和提出新觀點，日本學界不會有如此多的回應和研究成果，同樣地也使印、冉失去了就此一主題發言的機會。因此，胡適的研究和印、冉之間，形成一種批判式薪傳作用。

　　6.胡適之後，中國學者之間，已罕有新禪宗史料的重要發現。《敦博本壇經》，雖有校勘上的功能，但它在國際學界大量的史料發現和

---

[201] 所以，冀儁在〈胡適與近代型態禪學史研究的誕生〉一文中也同樣提到：「如果我們要追述現代學術史意義上的禪學史研究，則不能不說是胡適開創了這一新的**研究典範**。」見冀儁，《中國禪學研究的入門》，頁 7-8。

豐富研究成果的對比之下，顯得發現時間稍晚，作用較小。因此，就國際禪學界來說，中國學界能發揮影響力的人，也就不多了。

　　7.印順可能是唯一的例外，但若無日本學者的既有史料整理，他也無從進行如《中國禪宗史》一書的深度研究。此種中日學界的大環境差異，令人思之，倍加感慨！

　　8.戰後在臺灣有一些不滿胡適批判論點的臺灣佛教僧侶和居士們，雖曾此互相串連和大量撰文反駁胡適的否定性觀點，其中某些態度激烈者，甚至以譏嘲和辱罵之語，加諸胡適身上或其歷來之作為。[202]

　　但是，侯坤宏教授則認為：胡適雖也研究佛學，但他在心裏上，其實是反佛的，不過，他生平曾一再強調做研究，一定要有證據才能說話，因此就其治學方法與嚴謹的心態來說，是很值得我們稱讚的。

　　可是，像這樣的科學理性治學觀點，在一些佛教界的人士看來，就等於是在對虛雲和尚這樣才、德兼備者的大不敬。換言之，胡適所提出的一切質疑，對於那些以信仰取向為認知重心的佛教界人士來說，就是意在「破壞佛教」，就是假借其所標榜的「考據」之名，來「作謗佛、謗法、謗僧勾當」，以及意圖「向青年散播反宗教思想毒素」。[203]

　　因此，侯坤宏教授評論兩者說，有些佛教界人士的批判像胡適等著名的世俗學者之相關論點，其實是站在「護法、護教」立場，而做出的激烈反駁和抗議行為，當然不能說彼等過激的行為或言論，都完全是「理性的抗議」表現。這是因為胡適是學者，佛教人士若要與他論辯，還是要從學術角色下手才行。

---

[202] 樂觀曾特編輯，《闢胡說集》（緬甸：緬華佛教僧伽會，民國 49 年 6 月），頁 1。
[203] 樂觀編輯，《闢胡說集》，頁 1。

　　他舉例說，就像胡適對《虛雲和尚年譜》提出質疑的這件大爭議，原是在正常學術規範裏可以被允許的理智行為，不論對或錯，都可以接受以同樣方式所形成的再批評或反質疑。[204]

---

[204] 以上參見江燦騰主編《戰後漢傳佛教史》（臺北：五南，2011）第七章〈捍衛自教立場？抑或維護信仰自由？（1949-2011）戰後臺灣佛教六十多年來「護法運動」相繼出現的再檢討〉中的詳細說明。

第十四章　當代印順的人間佛教思想爭辯與開展

一、前言

　　有關近 30 年來，在臺灣各地佛教道場盛行的「人間佛教」淨土思潮，不僅在當代臺灣各地、甚至在香港和大陸地區，都是不少佛教學者論述的熱門課題；而與此相關的教界人士和著名道場，也都紛紛各自標榜新創的詮釋術語和本身思想的源流與依據。

　　因此，當代「人間佛教」的思想潮流，是既廣泛流行又涵義分歧的當代新佛教意識形態之特有氾濫現象。這雖不是對新竹市佛教界所特別產生的影響，卻也無法例外，而不受其影響，例如釋寬謙比丘尼，就是當中最著名的實例之一，她不但一直弘揚印順導師的著作與思想，連福嚴佛學院的大改建時，也都由她一手包辦全部設計的。因此，我們絕對有必要針對此思潮與印順導師（1906-2005）的關係之間，進行必要的解說，才能知道整個事件發展的來龍去脈。

　　但是，人間佛教的思想潮流中的核心概念及其相應的社會實踐趨勢：佛陀的非超人化和佛教的入世關懷，其實是與戰前的近代化趨勢和社會主義思潮在東亞逐漸流行的各類實踐化表現，具有密切的關聯性。

　　因此，事實上，1936 年之前的大陸佛教界不少改革派人士和日治下的臺灣佛教知識菁英間，彼此都有多次的思想交流，雙方甚至都具

有高度的近代思想同質性內涵。[1]

可是，由於 1936 年後的東亞戰爭，逐漸促使各類思想朝向包裹民族主義外衣的法西斯化、亞洲統合論和唯物社會主義思想的三者之混合時潮發展。

唯一例外的是，當時還在大陸地區的傑出佛教思想家印順導師。由於他在戰時，曾對印度佛教滅亡史進行深刻的反思，而後又溯源性地引述原始佛教的相關佛經典據，並提出印度佛教思想流變的新詮釋體系，所以大量具有近代性反思性質的傳統經論新解論述，也逐漸流傳各地。而當 1949 年，國共內戰大局底定之後，他又先是逃離到香港；之後，從 1953 年起，再長期定居於臺灣新竹、臺北、臺中、嘉義等地，直到 2005 年過世於花蓮。因此之故，也帶來他最具典範性的新佛教思想的認知內涵和多元視野。

不過，人間佛教的思想潮流，之所以能在兩岸三地成為不少佛教學者論述的熱門課題，其實是根源於臺灣解嚴前後的特殊社會轉型期的新思維的產物，並且筆者和楊惠南兩人，是初期最重要的推廣者；其後，印順與太虛（1890-1947）的差別和新舊淨土思想的不同實踐路線之爭，就成為佛教界各自論述的主要源頭。

而其中，佛教兩性平權、生態關懷、國際急難救助和現代弘法，則是臺灣教界目前的主要成就。受此影響，大陸佛教界人士，也不甘示弱，紛紛提出趙樸初（1907-2000）與太虛的人間佛教思想論述。所以，目前此新（意識形態）的思潮，仍在兩岸三地，各自繼續分歧發展。

但是，為何會出現印順導師與當代淨土思想的大爭辯及其新開展？本章就是在解說此事情來龍去脈。又由於筆者本身，不但是作為

---

[1]　江燦騰，〈大正後期臺灣僧侶首次參與國際交流和兩岸佛教的互動及影響〉，《臺灣佛教史》（臺北：五南出版社，2009），頁 193-236。

研究當代臺灣佛教史的學者；在此同時，長期居住在新竹地區的筆者，又是實際介入歷史發展的相關「局內人」之一。所以，在親自現身說明之餘，也可能有當局者迷的認知盲點。因此，本章只是代表筆者的一家之言而已。

一代高僧印順創辦的福嚴佛學院在新竹市東郊

說明：筆者（右）在 2001 年，出版【當代臺灣人間佛教思想家】一書（臺北：新文豐），為印順導師祝壽。（右二）是釋性廣比丘尼，她接受我的建議，正式提倡人間佛教禪法，並出版專書，由筆者寫序。（左一）釋悟殷比丘尼，她開始按印順導師的觀點，出版部派佛教專書。（左二）釋昭慧比丘尼，她是受印順導師的戒律思想的啟發，出版關於佛教女性戒律學觀點的專書。這是當代關於印順導師的人間思想詮釋的高峰期，也是當代最具佛教思想影響力的大擴散期。而筆者的書，也在大陸被不少學者閱讀。日後，更因此，有大陸佛教學者張雪松博士，還將筆者和北大哲學系教授樓宇烈先生相提並論。所以，我們四人，當時都一起到臺中縣的太平市華雨精舍，與印順導師本人合影。

二、相關歷史溯源

（一）先從 1991 年 10 月 20 日印順導師與筆者在新竹的一次 對話說起

　　雖然在臺灣當代的佛教學術圈，並不缺乏學有專長的佛教學者。但是，在 2005 年之前，要像印順導師那樣，幾乎受到僧俗兩眾，一致推崇的佛教學者，並仰之為當代佛學最高權威者，可謂絕無僅有。

　　不過，論世俗名聲上，他比不上南部佛光山的釋星雲法師，甚至也比不上他門下的證嚴法師。但是，在真正的佛教學術研究圈裡，卻唯有印順導師一人，能具有一言九鼎的公信力。

　　也因為如此，在臺灣的佛學界居然出現一種有趣的現象，即：有不少佛教道場，經營會對外界表示，他（她）們奉印順導師為「導師」的；而印順導師的佛學見解，就是彼等修行的最高指導原則。換句話說，在當代臺灣的佛教學術界裡，掛印順導師的「招牌」，已經成了一種新的流行。

　　本來，佛法的流布，就是要深入廣大社會的，並非只是出家人自己關起門來說說而已。所以當年佛陀在菩提樹下，悟得無上的解脫道之後，隨之而來的，是遊走四方，傳播所悟正道；不拘對像，不論種性、貧富、賢愚，凡有所求法者，無不一一為其決疑和開示，務必使其蒙受法益而後已。

　　總計佛陀從 35 歲悟道到 80 歲入滅的 45 年間，弘法、利生，即是他行道的主要宗旨，也是他實踐佛法的主要方式。

　　從這個角度來看，印順導師，自 25 歲出家以來，就在佛法中薰習和成長；而自 26 歲撰寫〈扶擇三時教〉和〈共不共之研究〉於《現代僧伽》以來，也已經歷了近幾十個年頭的弘法生涯。

　　他的《妙雲集》和其他多種傑出的佛學著作，質精量多，幾乎涉

及到經、律、論三藏的每一層面，堪稱一套小型的「三藏」寶典，為傳統佛學和現代佛教思想，建立起一條寬坦的溝通橋梁。

對於這樣的佛教高僧，身為佛教徒或佛法的愛好者，能閱讀他的書、以研討他的思想為榮，毋寧是很值得稱許的。而筆者自 1971 年起，便因工作的關係，長期定居新竹縣竹北迄今，也常常讀他的相關書籍，並逐漸寫過不少有關他的著作。[2]

可是，一開始，還未認識印順導師本人。筆者是先認識住在新竹市南門街的一位翻譯日本佛學著作的東北籍人關世謙先生，之後才有機會認識印順導師本人。

那時關世謙先生還在新竹市議會擔任秘書，也常在佛教期刊上發表譯自日文佛學的文章發表。他和個子嬌小的妻子，是住在新竹市南門街的一棟老舊日式平房宿舍內。關世謙先生也是 1949 年大陸變局而來到臺灣新竹的，又是虔誠的佛教徒。所以對於大陸僧侶在當地的活動，他都熱心參與，熟知來龍去脈。

而筆者當時，一方面在新竹縣竹北鄉泰和路的臺灣飛利浦電子公司竹北廠的廠務部擔任機房操作員，負責氧氣製造，另一面又在臺灣大學歷史研究所碩士班就讀，專攻明代佛教史。

有一次，筆者曾從臺大圖書館複製日本佛教學者阿部肇一的《中國禪宗史》增訂版給關世謙先生翻譯，其後此譯本是由三民書局的東大出版社出版的。

因為這樣的關係，筆者常從竹北家中騎機車到關世謙先生的南門街宿舍。

當時，還是在臺灣政治解嚴的初期階段，但先前管制思想的環境已大為開放了。

當時，臺灣知識菁英的活躍表現，有《當代》、《中國論壇》、《思

2　江燦騰，《人間淨土的追尋》（臺北縣板橋市：稻鄉出版社，1989 年）。

與言》等刊物，可以暢所欲談。而筆者主要是在《當代》上發表。

　　其中，有一篇是筆者討論臺灣佛教高等教育的問題，並特別指名當代臺灣佛教界首席佛學權威印順導師本人，應在有生之年，針對新儒家大師牟宗三的《佛性與般若》中，所針對印順本人觀點的批評，有所回應。而不應留下未解的問題，讓像筆者等這些後輩學者來煩惱。[3]

　　沒想到，有一天，筆者去關先生家，關先生剛從新竹市東郊丘陵上的福嚴佛學院回來，他是去參加印順導師的生日慶祝會的。

　　但，他告訴筆者，來參加導師生日慶會的人很多，可是導師一個人坐在沙發椅上，手裡拿著《當代》雜誌，正認真讀筆者的文章。關先生對他說，他認識作者。結果，印順導師拿著《當代》雜誌給關先生看，嘴裡一直在抱怨著：你看看，你看看，還居然要我和牟宗三辯論！……

　　筆者頓時恍然大悟，任何學者都是重視自己的學術思想，在專業同行中的看法。所以，他對生日活動是否熱鬧，一點也不在乎。他在乎的是，筆者居然丟給他一個傷腦筋的學術課題！

　　後來，印順導師本人，也親筆給筆者一封信。所以，筆者知道，他是把我當知音的，因此，他對筆者特別客氣，態度也和對其他人不同。

　　記得他 92 歲那年，筆者到福嚴看他。因假日大門關閉，等通報後打開。筆者進去時，抬頭一看，當年 92 歲的他，居然在二樓的走廊上，一手扶著鐵欄杆，一手對筆者揮舞，表示歡迎，令筆者無比感動。也就是在這訪談中，他坦承，並不反對共產主義，認為那是人類的理想之一，所以無須反對。但，他反對用殘酷的手段來傳播共產

3　江燦騰，〈為臺灣佛教高等教育把脈〉，載《當代》第 37 期（臺北：1991。03），
　　頁 100-106。

主義。

　　不過，在 1991 年 10 月 20 日的一次聚會中，印順導師本人卻對我個人談起他的著作被濫引濫用的情形。他還感嘆早期來臺灣，有心教卻找不到程度好的學生來學習，以後又因身體弱，無法將內心所想的一一寫出。

　　因此他認為，他在臺灣佛學界的影響力一定很弱（※當時在場的，還有來自臺南妙心寺的傳道法師。我們都是來參加福嚴佛學院的改建落成典禮，才與印順導師碰上的）。

　　不過當時，筆者隨即對他表示：在臺灣，他的書已成為當代知識份子，要接觸佛教思想的最佳媒介，即連一些新儒家的年經學者，也多多少少讀過一些。因此他的佛學影響力，是無可置疑的。

　　然而，真正能對他思想做深刻掌握的，並不多。換句話說，當代的臺灣佛學水準，儘管有印順導師的著作可讀，由於理解不精確，很難評估提升多少。這樣的狀況，到底要怎樣扭轉，便值得探討了。

　　另一方面，筆者之所以要慎重其事地，重提這一段關於當代臺灣佛教界對印順導師的矛盾影響現象，其真正用意是，是想藉導出一個相關的論述主題。

　　亦即，我們可以由此發現，當代整個臺灣佛教界的學術水準，其實並不如想像中那樣高，而事實上這又是印順導師再臺灣已經經營了近幾十年的結果。可見他過去的努力，是何等地艱辛、何等地不易。

　　再換另一角度來說吧！我們都知道有一些佛學界的同道，相當同情 1953 年到 54 年之間，印順導師因《佛法概論》被檢舉為「為匪宣傳」的這件事。甚至有些學者（如楊惠南教授）還把此事，當作印順導師遭受保守派迫害的實例。同時，也批判包括慈航法師在內的教界領袖。

　　於是有個新的研究結論提出：認為臺灣戰後的佛教發展，所以在水準尚未大幅度地提昇，是由於印順導師受迫害，以致失去其領導性

的地位，連帶也喪失原可循印順導師思想發展的大好機會。總之，在
《佛法概論》這件事上，印順導師不但被當成受難的英雄，也使保守
派必須擔負了佛教發展落後的嚴重責任。

　　然而，我當時認為，如果我們繼續環繞著這件事打轉的話，可能
對整個順印導師的時代角色與地位，會判斷不清。

　　因為從事件的過程來看，印順導師並未被關，或被逮捕，甚至連
限制行動的禁令也未發出，僅是在處理上，有警總和黨部介入，且要
求對否些關於北拘盧洲的描寫作修改而已。

　　其後印順導師在經營道場和弘法活動上，一點也未遭到官方的干
涉。所以我們如果太過強調此事的迫害性質，則有可能會誤導判斷的
方向。做為一個現代佛教學者，在觀察此一事件的本質時，不能太感
情用事，應該用較深度的視野來分析才對。這是我在展開以下的說明
之前，首先要強調的一點。

　　其實我們可以從他在心智上的偉大創造，以及對人間苦難的關懷
這兩點，來評估他的人格特質以及他在佛教思想方面的卓越成就。

　　就第一點來說，筆者曾在一篇文章中，提到：「印順導師的最大
貢獻，是以此三系（性空唯名、虛妄唯識、真常唯心）的判教，消化
了日本近代佛教學者的研究成果，融會自己探討的資料，而以流利的
中文傳出清晰可讀的現代佛學作品。迄今為止，他的確代表了當代中
國佛學研究的最高峰，臺灣近 40 年來的佛學研究，抽去了印老的著
作，將非常貧乏，可見其份量超重量級的。」[4]

　　另外我在〈孤獨的佛教哲人〉一文中，也曾提到他說：「像這樣
的佛學專家（印老），卻是長年身體虛弱，不斷地和病魔抗爭，幾度
徘徊在死亡邊緣的。他的心力之強，心思之邃密，心智之清晰，實在

---

[4]　江燦騰，〈臺灣當代最偉大的佛教思想家印順盛正〉，《人間淨土的追尋》。頁
　　232-233。

令人驚嘆不已！」[5]

　　假如人類的偉大性，是指人類對內在脆弱性的強化與不斷地提昇，那麼像印順導師這一堅毅的創造性表現，實在是相當不易的。

　　況且，在這一心智的偉大創造背後，印順導師又具有關懷人間苦難的強烈取向。可以說，他對佛法解脫道本質的理解，是界定在對人間為主的強烈關懷上。由於這樣，他一方面極力探尋印度佛法的原始意義為何？一方面極力強調初期大乘是佛教真正解脫的精神所在。在這樣的佛教思想主張，其實又和印順導師的學佛歷程，以及當時國家社會的危難局是有關。

　　換言之，印順導師在作為出家人的角色上，他不只是隱逸式的探求佛法而已，他在內心深處，始終和時代的處境，有一密切的關聯性。因而，他的著作內容，其實是以佛教的社會關懷，作為對時代處境的一種回應。

　　我們在他的自傳之文《平凡的一生》和學術史回顧《遊心法海六十年》這一小冊子中，即可以看到他的長期治學，厥在尋求佛陀本懷，同時也可發現他對民族的尊嚴和時代的使命，抱持著一份強烈的關懷。例如他曾反對太虛弟子和日本佛教界過於親近。

　　他的理由是：「日本軍閥的野心是不會中止的，中日是遲早要一戰的。處於這個時代的中國佛教徒，應該愛護自己，不宜與特務化的日僧往來。」[6]這是他從 1935 年起，和太虛大師有一年多未交往的主要原因。

　　到了 1938 年冬天，中日戰爭已爆發，全國上下正努力對日抗戰，面對此一國族危難，他眼見廣大的佛教信眾，無以解國族之急和聖教之危，於是她深切反省佛教的過去與未來，想探明問題出在哪裡？而

5　江燦騰，〈孤獨的佛教哲人〉，《人間淨土的追尋》。頁 235。

6　江燦騰，〈當代臺灣人間思想的領航者〉，《當代臺灣人間佛教思想家》（臺北：新文豐出版社，2001 年）。頁 20。

當時新儒家的大師梁漱溟在四川縉雲山與他談到學佛的中止與時代環境的關涉時，更令他思考：「是否佛法有不善之處？」然後在《增一阿含經》中讀到「諸佛皆出人間，終不在天上成佛也」的句子，之道佛陀的本來教法，就是以人類為本的。他因能找到「人間佛教」的法源，內心為之欣喜、熱淚為之奪眶而出！[7]

　　從此以後，揭櫫佛教的人間關懷，即成為他的為學生主要方針。一度他甚至不惜為此一主張而和太虛大師有所諍辯。由於這是他親探佛教經藏的原義，而後才確立其堅決主張的。因此他敢於喊出：「我不屬於宗教徒裔，也不為民族情感所拘蔽。」[8]他並且提出他的治學理念說：「治佛教史，應理解過去的真實情況，記得過去的興衰教訓。佛法的信仰者，不應該珍惜過去的光榮，而對導致衰落的內在因素，懲前毖後嗎？焉能做為無關於自己的研究，而徒供庋藏參考呢！」[9]所以佛法的研究，對他而言，是具有時代的使命感的。

　　而他日後來臺灣，所寫的龐大著作，也都具有像這樣的關懷在內。因此要理解他的思想，即必須將他的思想放在時代的大架構中來理解。否則是掌握不到他的真正的思想特質的！

　　但是，他的研究，儘管文獻解讀精確、立論嚴謹、證據充分，可是由於他的同時也吸收了不少國外學者的研究成果，在詮釋上便和傳統佛教的佛教僧侶產生了很大的差異。例如他重視原始佛教，他的《佛法概論》一書，即是以原始佛教的經典為主要內容。

　　可是對傳統派的中國僧人而言，《佛法概論》其實是小乘的佛法；而流傳在中國的傳統佛法確是以大乘佛法為主。他們視大乘佛法為佛陀的成熟教誨，是原始佛教為不了義。如此一來，雙方在認知上產生了巨大的衝突。於是印順導師便遭到了長期的批評。

7　印順，《印度之佛教》（臺北：正聞出版社，1986，再版）。頁 1-3。
8　江燦騰，〈當代臺灣人間思想的領航者〉，《當代臺灣人間佛教思想家》。頁 20。
9　江燦騰，〈當代臺灣人間思想的領航者〉，《當代臺灣人間佛教思想家》。頁 20

他在《法海微波》（序）中有一對沉痛話，提到他的作品遭遇和失望的心情。他說：「（從）民國 20 年來，我寫下了第一篇《抉擇三時教》，一直到現在，紀錄的與寫作的，也不算少了，但傳統佛教界給予的反應，除極少數外，反對、不滿、厭惡、咒詛、都有口頭傳說中不斷流行，這實在使我失望！」[10]

這是他在 1987 年所寫的感嘆之辭，離他寫第一篇文意的時間，已經過了二分之一的世紀有餘。

他其實是很歡迎公開批評討論的，例如他曾因唯識新舊譯的問題和守培（1884-1995）筆戰，因三系判教的問題和默如（1905-1991）筆戰等，都是相當精采的。可是佛教界能有實力和他公開討論的，畢竟不多。

事實上，印順導師在臺灣所遭受的批判，除了他的《佛法概論》被指為「為匪宣傳」外，他的《淨土新論》被反對派大批放火焚燬，他獲頒日本大學的博士學位被圍剿為「有損清譽」。其中關於《佛法概論》事件，尤其令印順導師耿耿於懷。[11]他在《平凡的一生》中，詳細交代經過，並點出他來臺灣進駐善導寺，以及佔了赴日代表的名額，是整個事件的內在主因。[12]

但是，他似乎忽略了思想上的差異，才是根本原因所在。例如他提到「漫天風雨三部曲」，其一是圍剿圓明、其二是慈航為文批他、其三是反對派向政府檢舉，而其中一和二，即是思想上的差異所引起的。

並且在政府不追究《佛法概論》的思想問題之後，印順導師長期在臺灣的傳統派隔閡的，仍是思想的歧異，而非利益的爭奪。——為

---

[10] 印順，《法海微波》（臺北：正聞出版社，1987 年）。頁 2。

[11] 印順，《平凡的一生》（新竹縣竹北市：正聞出版社，1994 年初版，2005 年薪一版）。頁 79-85。

[12] 印順，《平凡的一生》。頁 75。

甚麼呢？

　　因為印順導師批評傳統佛教，從天臺宗到禪宗和淨土的思想，皆在批判之列。就天臺宗言，印順導師指出：智者大師的空、中、假三諦、非龍樹《中論》本義。在禪宗方面，他指出印度禪法，被「中國化」的過程，以及中國人禪宗人物重視修行、急於證悟，卻忽視三藏經教、和未能多關懷社會的缺失。

　　至於淨土思想，他則批判彌陀思想受太陽崇拜的影響，以及此一思想太偏於死後的關懷等。凡此種種，都是極富革命性的批評，因而引起反彈，毋寧是理所當然的。從臺灣佛教發展史來看，臺灣戰後的最大變遷，應是佛教人間化的提倡。

　　而在這一思潮之下，可以有各種不同的活動形態。其中以著作為主，並且強調原始佛教和初期大乘的佛法為核心思想的，即是印順導師的最大特色。至於像佛光山的「人間佛教」理念，則強調佛法的現代化、生活化，所謂「給人信心、給人希望、給人歡喜、給人服務」，因此佛法不分宗派的高下，一概予融通活用。在這一立場上，筆者曾在一篇論文中指出，釋星雲法師可說是：太虛佛教精神的追隨者；而印順導師則是：「批評地繼承」了太虛的佛教思想。[13]

　　亦即，在法源上，印順導師重視原始佛教和初期大乘，特別是以中觀思想為核心，不同於太虛的法界圓覺思想；然而，太虛的強烈社會關懷，則印順導師並不反對；所以他是「批評地繼承」，這也是他和釋星雲法師的最大不同點。

　　他和釋星雲法師也因此分別代表了臺灣戰後以來，兩大「人間佛教」的思想潮流。[14]但，這已是 20 世紀 90 年代初期的狀況了。在此之前，又是如何呢？

13　江燦騰，〈孤獨的佛教哲人〉，《人間淨土的追尋》。頁 235。
14　江燦騰，〈孤獨的佛教哲人〉，《人間淨土的追尋》。頁 235。

（二）追溯當代「人間佛教思潮」作為「學術議題」的開端

戰後初期，臺灣佛教界當時在思想詮釋上的激烈爭論，主要是關於大乘佛教的信仰來源，是否符合原始佛陀教義的問題。

這在一定程度上，是反映戰後 1949 年，自大陸逃難來臺灣的僧侶們，對於日本佛教學者所主張的「大乘非佛說」的不滿和質疑。所以其後，便曾發生過印順導師遭到指控，其佛教思著述中，有涉嫌沾上紅色「共黨思想」的思想危機。

因此，儘管印順本人在此之前，早已講過《淨土新論》的反傳統淨土思想的前衛觀點，但是當印順在其僥倖地，以道歉和修正部份觀點、並從原先所面臨的紅色思想的嚴重指控之中，脫困之後，便一再宣稱自己是主張「大乘（義理）是佛說」，因而除了其《淨土新論》一書，曾被其他佛教人士搜羅和遭焚毀之外，大致上並未被其先前的對立者繼續糾纏，或不斷地追擊批判。

反之，在逃難來臺的大陸僧侶中，有釋煮雲（1919-1986）以高雄縣的「鳳山蓮社」為中心，釋道源（1900-1988）以北臺灣為中心，以及山東籍的李炳南（1891-1986）以「臺中蓮社為中心、並宣稱是近代中國淨土宗大師釋印光（1862-1940）的忠實追隨者，於是在彼等大力宣揚下，中國佛教傳統佛教中所謂「稱名唸佛」的淨土法門信仰，以及連續七天不斷地誦唸佛號和繞著佛像而走的所謂「打佛七」的修持方式，很快地便擴散成為戰後臺灣地區佛教徒的主流信仰內涵和最風行的修持方法。

不過，此種淨土思想的首次遭到質疑，卻是遠自海外首次應邀來弘法的漢籍密教上師陳健民（1906-1987）所提出的。

1980 年 11 月 21 日起一連 5 天，陳健民上師假臺北市建國南路，慧炬雜誌社的淨廬地下室，主講「淨土五經會通」。講演綱目分 11 章，第 2 章的內容講是「罪福會通」，所以他批評傳統中國淨土古德所提

倡的「帶業往生」說法，是經文無載的錯誤觀點，他主張以「消業往生」代之。

由於涉及傳統信仰權威，引起佛教界的大風波，各種責難和商榷的文章紛紛出現。後來由天華出版公司收為《帶業往生與消業往生》一書，由祥雲法師（1917-1999）主編，列為天華瓔珞叢刊第 59 種。

但是，爭論的聲浪始終未能平息，所以其後由著名的臺灣佛教史家藍吉富在其進行現代佛學叢刊的主編計畫時，雖曾收有陳健民其餘著作的《曲肱齋叢書》出版，但對陳氏這方面的作品，仍心存猶豫，僅將論戰文章的部份，附在叢刊另冊處理。

所以，類似這樣的事件，背後涉及的思想層面都是相當複雜的，也意謂臺灣傳統佛教的信仰意識形態，在解嚴之前的仍是相當牢固和保守的。

可是，1986 年臺灣新一代的宗教學者以未註冊的方式成立「東方宗教討論會」，開始每月一次，進行嚴格的宗教學研討和當代佛教學新學術議題之倡導。次年期末年會召開。當時，由於道教學者李豐楙的特別建議，要當時仍就讀於臺大歷史研究的筆者，提出以印順導師的淨土思想為中心的相關論述，並邀請任教於臺大哲學系的楊惠南教授擔任筆者論文的評論者。當代臺灣學術界的精英多人，亦曾參與此一論題的討論。

所以此一新佛教學術議題，宛若被點燃的火藥庫，立刻爆炸開來，成為此後多年海峽兩岸佛教學者大量重估印順、太虛兩者的人生佛教與人間佛教之別的契機。

當然，1980 年代的臺灣，正處於退出聯合國和臺、美正式斷交（1978 年）之後的激烈轉型期，其後又爆發了嚴重的臺北市第十信用合作社「蔡辰洲弊案」的大醜聞，所以戰後蔣家在臺政權的第二代政治強人蔣經國（1910-1988）總統，便開始下重手進行遍及黨政軍的大規模政治整頓，此舉也導致在臺灣佛教界有重要影響力的南懷瑾居士

（1918-2012），為避嫌而選擇倉皇逃離臺灣轉到北美去另尋發展之途。

因此，在 1986 年時期的臺灣佛教界，正處於保守勢力逐漸衰退，而新一代佛教學者以佛教史家藍吉富為中心開始，從事對印順學的新解讀與新典範的確認。當代臺灣新銳學者筆者，就是直接受到藍氏此舉的重大影響，因而才有其後的一連串相關對於印順淨土思想的再詮釋或新檢討。[15]

三、筆者當時詮釋的新舊淨土思想衝突，其相關論點為何？

1987 年筆者在「東方宗教討論會」的年會中，提出首次〈當代臺灣淨土思想的新動向〉一文，並以罕見的學術熱情和肆無忌憚地態度，針對當時臺灣學、教界曾涉及此相關之議題者，展開了強烈批判性的反思，其中尤以「虛、印之別」，作為討論觀察印順導師人間佛教思想與中國傳統淨土思想爭辯的判別基準，最為特殊。

事實上，以印順和太虛的淨土思想差異，作為傳統與現代的淨土思想之別認知基準，並不十分精確，可是筆者的此一舉動，其實是企圖達到其所訴求的兩大目標：

---

[15] 禪林的著作有兩段話，可以說明當時臺灣佛教界新舊淨土思想轉型的狀況：「……此因傳統淨土信仰與已和臺灣民間大眾的老年心態相結合，亦即其在現實上已成為精神生活或習俗內涵的一種，故很難被視為具有對抗性的激進佛教思想，所以也無法成為批判社會現實問題的強大衝擊力量。」「直到 1986~1989 年間，恰逢臺灣正式宣告解除戒嚴前後期間，各種社會運動相繼湧現，使臺灣地區在解嚴前後對佛教組織的管理大為放鬆，因而伴隨這股潮流，也促使當代臺灣年輕一代的佛教學者開始反思重統淨土思想的嚴重缺陷問題。於是彼等有計畫地援引前輩佛教思想家──印順導師的人間佛教思想──作為論辯和再詮釋的根源性理論依據，並立刻在學術圈和佛教界，激起對此相關議題的熱烈討論，或互相激辯。」見禪林，《心淨與國土淨的辯證──印順導師與人間佛教思想大辯論》（臺北：南天書局，2006），頁 15。

　　一、是對李炳南居士所代表的傳統淨土思想的不滿。因筆者過去曾於臺中市，參與李炳南居士的一次戶外大型弘法演講。

　　但筆者當時頗不贊同當時李炳南以傳統淨土信仰的思維，在公開場合中強烈批評近代科學認知的偏頗和無效性，於是斷然視李氏為佛教頑固保守派的反智論代表，並決意此後一反李氏的淨土思想主張，另尋新典範取代之。

　　所以，筆者此次特地於其論文中，首次公開具體指名「李炳南居士」曾發動信眾燒毀印順導師的新淨土著作的不當之舉。筆者之文被批露之後，雖然有李氏的弟子，要求印順導師出面為文，代其否定，卻被印順本人委婉拒絕。[16]

　　於是新舊淨土思想之爭，自此之後，便由原先只在教界私下議論的宗教敏感話題，開始逐漸正式浮上檯面，不久便成為戰後臺灣佛教學術界的最勁爆的新課題。

　　二、筆者對於當時臺灣佛教界流行將印順導師的龐大複雜的佛教著作，或以其《妙雲集》的解讀為中心，或以「大乘三系：性空唯名、虛妄唯識、真常唯心」的新判教，來質疑其理論建構的有效性。

　　筆者認為此類的認知方式，是缺乏歷史關聯性的「信徒式」解讀。於是在其論文中，一反常態地將印順導師的所有著作，都視為是對時代苦難關懷的人間思想詮釋。

　　因此筆者主張：（a）印順的全部著作就是反中國傳統淨土思想的「人間佛教」論述體系之展現，（b）印順的思想出發點，就是對太虛所代表的以心性論為最高原則的傳統中國佛教思維的強烈質疑。（c）筆者在同文中也質疑印順的佛教思想，雖陳義極高，但嚴重缺乏對相關歷史情境的對應認知，所以是否有當代實踐性的可能？仍有待檢

16　見印順，《永光集》（新竹：正聞出版社，2004 年），頁 268-269。

驗。[17]

　　這的確是一個爆炸性的議題，所以其後的發展，都和這一論述的提出有關。

　　但是，禪林則認為：當年筆者之文的發表，之所以能發生極大的效應，其一、是其發表的地點相當特殊；其二、發表其文的刊物影響力極大。

　　在其一的說明中，禪林指出：此因當時筆者能率先將論題，訂為〈當代臺灣淨土思想的新動向〉，除有其對傳統淨土思想的發展所作之長期的反省與思考外，其最大因素，應與發表的地點有關。[18]

　　換言之，她認為當年筆者，是掌握得天獨厚的好因緣，出現於「東方宗教討論會」的年度會議上，所以才能對於他討論印順導師淨土思想，在當時的學、教界，起了如此巨大推波助瀾之作用。

　　事實上，禪林在「其二」的觀點中，她是同意並引用佛教史家王見川教授的意見，認為當年筆者的發表，之所以能發生極大的效應，就其後續的演變來看，不能忽略《當代》刊物在當時傳播之效應。

　　因此她認為，「這本刊物以人文思想為主，其內容格外備受重視，流傳至今仍不衰。所以江氏當年亦鎖定此份刊物，並將題目修改為〈臺灣當代淨土思想的新動向〉，於 1988 年 8 月 1 日投稿於《當代》雜誌第 28 期；隔二期，又有印順導師本人在同刊物（第 30 期），即以〈冰雪大地撒種的痴漢──「臺灣當代淨土思想的新動向」讀後〉作為對江文的回應。於此，我們足以窺見《當代》雜誌在學、界早已頗受一

---

[17] 見禪林，《心淨與國土淨的辯證──印順導師與人間佛教思想大辯論》，頁 23。

[18] 她認為，「江氏是因參加 1987 年 9 月「東方宗教研究所」會議，而撰文和公開發表此文。恰好此一地點，又正是當年學、教界彼此交流知識學術會議之重鎮，並且講評者正好又由楊惠南來評審，所以導致楊氏隔幾年亦將他對江氏觀察也發表在同刊物。」見禪林，《心淨與國土淨的辯證──印順導師與人間佛教思想大辯論》，頁 17。

些著名學者、專家留意，可見影響力之一斑。」[19]

　　但是，筆者的認知過程，則同樣反映出當時新一代佛教學者的現代治學經驗。因為筆者的正式接觸印順導師佛學思想，其實是在筆者就讀臺灣大學歷史研究所的第二年（1976）時，才有清楚的認識。

　　當時，筆者曾試圖將印順導師與太虛的思想作比，卻發現印順本人處處明白表示他的思想與太虛的思想有別，可是戰後來臺的印順追隨者，包括新一代的臺灣本地認同他思想的眾多僧侶，居然毫無警覺地，將印順的思想直接視為太虛思想的繼承者或將兩者的思想視為是同質性的內涵。

　　因此，筆者當時心中生起的第一個念頭，就是，「追隨他（按：印順導師）的學生和一些弟子，對印順導師的『人間佛教思想』，實際上並不理解」。[20]因而，這股強烈意識，從一開始，便引發筆者積極求證，並對修嚴法師等 1986 年所理解的「人生佛教是等同於人間佛教」觀點，萌生了質疑的大問號。

　　筆者並非一開始就了解印順與太虛的思想差異，他的認知轉變，其實是能接觸了當時的二大新的佛教知識來源：

　　其中之一，是印順導師的舊著《印度之佛教》一書，剛由佛教史家藍吉富於 1986 年設法重印出版，而筆者每月參與「東方宗教討論會」的地點，恰好就是由洪啟嵩、蔡榮婷等人所主持的「文殊佛教活

---

19 江燦騰，文中提到：「可見〈淨土新論〉的批評傳統西方淨土信仰，並未起革命性的改變。江燦騰認為〈淨土新論〉的批評傳西方淨土思想，……批評者（按：印順導師）在佛學精深認識，在義理上傑出貢獻，在傳統的熱忱，對佛陀本願的執著，以及所開示「人間佛教」之路，都令人有高山仰止之嘆！但是，對中國文化本質與因衍生的中國佛教思想體系，缺乏同情，……批評者的論斷不免有架空之感。」筆者，〈臺灣當代淨土思想的新動向〉，頁 212-213。

20 筆者，〈從「撕毀八敬法」到「人間佛教思想」的傳播溯源〉（《臺灣近代佛教的變革與反思：去殖民化與臺灣佛教主體性確立的新探索》（臺北：東大，2003年 10 月），頁 260。

動中心」，該處又剛好有此書的公開陳列和反販售，所以筆者才有機會根據此書的序言和全書內容體系，真正了解印順其人的全部思想詮釋和其對傳統中國佛教的強烈質疑心態。

其二是，筆者再於同年根據楊惠南於 1980 年撰述《當代學人談佛教》〈中國佛教的由興到衰及其未來的展望〉一文，確定楊氏與郭忠生訪談印順導師內容，就是在於清楚地表達了太虛人生與印順導師的人間佛教思想是不同的。[21]

所以筆者其實是經過以上的知識查證之後，才積極地在 1987 年發表了〈戰後臺灣淨土思想的爭辯與發展〉一文，並極力認為，臺灣淨土新的發展動向，絕非單純是一樁信仰輿論。

於是，其後的發展，就如禪林所指出的，「他（指筆者）在撰寫此文之餘，即就著印順導師爭議之作〈淨土新論〉作為主題，作大突破的改寫，如此一來，早年只是在學、教界長期默默存在或反抗淨土信仰紛歧的問題，便被江氏以學術論述的性質來比對其他人物，並將之明朗化，因而構成其後的一連串強烈的學、教界回應，且餘波盪漾，久久未息。」[22]

---

[21] 楊惠南教授在那一年，也出版他編寫的《當代學人談佛教》一書。而其中有一篇，題為〈中國佛教的由興至衰及其未來的展望〉，這是 1980 年郭忠生先生與楊惠南教授到臺中縣太平鄉的「華雨精舍」訪問印順導師，在訪談中，印順導師清楚談到他與太虛是不同的，並且特別指出不同之處，就是他的「人間佛教思想「與太虛的」人生佛教思想「有本質上的差異。當時筆者便得出一個結論，即印順導師的門徒不一定認識印順導師。見筆者，〈從「撕毀八敬法」到「人間佛教思想」的傳播溯源〉，頁 262。

[22] 禪林，《心淨與國土淨的辯證——印順導師與人間佛教思想大辯論》，頁 19。

四、筆者論文發表後的相關連鎖反應概述

（一）來自印順導師本人對筆者論述的即時回應

　　印順導師本人在 1988 年 10 月，於《當代》雜誌第 30 期上，發表〈冰雪大地撒種的痴漢：《臺灣當代淨土思想的新動向》讀後〉一文；[23]於《當代》雜誌的第 30 期上，也一併刊出李炳南居士在臺灣蓮社幾位主要追隨者，所聯合撰寫的否認燒書的聲明稿。[24]但是，當時筆者為保護最先提供奇內幕信息的，某位教內重要佛教學者，所以選擇沉默而未作回應。

　　至於印順的回應之文，在一開頭，先是謙稱：「江燦騰先生所作，是一篇有意義的文字。該文所說我的地方，似乎過分推崇，期望也就不免高了些，有關於佛教思想的史實，我想略作補充。」[25]

　　印順接著即解釋說，他的淨土思想最初，確曾受到太虛宣講《彌勒大成佛經》的影響，而他日後會特別留意彌勒淨土思想，其認知的發點也正是由原先太虛觀點而來的。不過，兩人的共同點也僅於此點而已。

　　因為兩者對大乘三系思想的認知，是大不相同的，太虛是以如來藏的真常唯心思想，作為其最高義理的判準依據，印順則是以性空唯名的龍樹中觀空義，作為作究竟的義理判準的最高原則。所以他過去即曾質疑過太虛所主張的「人生佛教」理念，是基於「方便而融攝密與淨的思想」而來。[26]因此，他認為，太虛是「深入中國佛學而天超越了舊傳統」。至於印順本身，則自認為，雖是秉承大虛所說的方針，

23　禪林，《心淨與國土淨的辯證——印順導師與人間佛教思想大辯論》，頁

24　禪林，《心淨與國土淨的辯證——印順導師與人間佛教思想大辯論》，頁

25　印順，〈冰雪大地種的痴漢：「臺灣當代淨土思想的新動向」讀後〉，收入《華雨集》，第 5 冊，印順導師將題目改為〈臺灣當代淨土思想的動向〉。頁 99。

26　釋印順，《華雨集》，第 5 冊，頁 100。

卻更為「著重印度佛教」，因為它「是一切佛教的根源」。

此外，印順導師也對筆者在結論中對他的質疑，表示完全的認同，所以他也於該文中坦承：「（筆者所指摘的）《淨土新論》高超理想…，卻不被臺灣佛教界廣為接受。顯然存在著理想與現實的差異。這句話（指筆者）說得非常正確！」[27]

只是，他在結尾處又無奈地自嘲說：「我（印順）只是默默的為佛法而研究，為佛法而寫作，……我想多少會引起些啟發與影響。不過，也許我是一位在冰雪撒種的痴漢。」[28]

而臺大哲學系的楊惠南教授，即是讀到印順的此一感嘆之後，開始有了強烈的認同和一連串的後續反應。

（二）來自楊惠南教授的回應與相關批評

楊惠南教授先是在應邀講評筆者所發表的〈臺灣當代淨土思想的新動向〉一文，但是當時覺得筆者對印順導師的部份批評，有失公允。因此他在 1988 年 12 月以〈臺灣佛教的「出世」性格派系紛爭〉一文，發表在《當代》雜誌上。

楊氏並特別於文中出，戰後在臺復會的「中國佛教會」本身，對於「出世性格」保有極為濃厚的觀念，三大派系中，像注重傳戒的白聖長老（1904-1989）等，即是屬於傾向傳統保守派系之一，所以其出世性格特濃，並且對於參與社會關懷意願不高。

楊氏當時即是用此一觀點，加以檢驗筆者批評人間淨土，遭受到建構困境原因所在。

楊惠南並曾感慨地於文中認為，筆者的原先論點，對於「腐敗現實」似乎太過妥協了。[29]於是楊氏接著指摘，戰後臺灣佛教思想的主

---

[27] 釋印順，《華雨集》，第 5 冊，頁 104。

[28] 釋印順，《華雨集》，第 5 冊，頁 104。

[29] 楊惠南，〈臺灣佛教的「出世」性格與派系紛爭〉，收在《當代佛教思想展望》

要問題，是來自由中國傳統佛教僧侶，如白聖之流所操控的中國佛教會，其過於保守的佛教觀念，由於長期得不到知識分子認可，久而久之，自然走向出世之道，則是在所難免。

楊氏還認為戰後保守派的佛教理念，可以歸納如下：

> 所謂與世無爭的出世「教派」，至少有下列幾個可能的意思：（一）厭棄本土而盛讚他方世界；（二）散漫而無作為的教徒組織；（三）社會政治、文化等事業甚少參與；（四）傳教方式的落伍。[30]

所以，楊氏其實是與筆者持不同的看法。因為筆者的批評對象，是針對李炳南居士所代表傳統淨土信仰，而楊氏所批評對象，卻是屬於禪宗系統的白聖長老與其所操控的「中國佛教會」。

因此，筆者的論述，是將李炳南居士的傳統思想，看成是印順新淨土思想的直接對立面。而楊氏則指責白聖之流，排斥了印順作為「中國佛教會」領導者的緣故，才導致臺灣佛教徒和組織，形成與社會脫節的濃厚「出世性格」。

因此，對於楊氏將中國佛教會的派系歸諸於「出世性格」的論點，筆者覺得此一觀點，在經過歷史學的實證檢視之後，頗與原來真相大有出入，並且他和楊氏的思想路數，也無任何交集之處。

所以，筆者選擇另撰寫〈處在臺灣佛教變遷點上的慈航法師〉和〈從大陸到臺灣：近代佛教社會運動的兩大先驅──張宗載與林秋梧〉兩篇長文，先後在《佛教文化》月刊和《當代》雜誌分期發表，以顯示出：戰後臺灣佛教的「出世性格」其實有更大歷史淵源在影響

一書（臺北：東大出版社，1991 年 9 月），頁 43。
[30] 楊惠南，〈臺灣佛教的「出世」性格與派系紛爭〉，《當代佛教思想展望》。頁 1。

著，並非如楊氏的批評觀點所質疑的情況那樣。

　　儘管如此，其後的發展是，筆者繼續增強其原先論述的「虛・印之別」觀點；而楊惠南教授則在其論文發表後，立刻形成教界的空前大風暴（當時教界甚至傳言，其後白聖的鬱鬱過世，與曾受楊氏此一嚴厲批評觀點的重創不無關係）。

　　當時，不但有來自釋昭慧比丘尼，在隔期的《當代》雜誌上，針鋒相對地公開嚴厲反駁楊氏的論點，[31]更有出身臺大哲學研究所的劉紹楨撰寫長篇批判性的論文，針對印順的佛教思想和楊惠南兩人詮釋的淨土主張，分別提出尖銳的質疑。

（三）來自筆者和劉紹楨兩者異議觀點的相關質疑

1.有關大乘三系思想的爭辯

　　筆者曾在 1989 年，再行補充〈從「人生佛教」到「人間佛教」：戰前虛、印兩師思想分歧之探索〉一文，商榷了印順導師對大乘三系的立場，並首先作出如下的評斷：「從表面上看，似乎兩者（按：太虛與印順導師大乘三系教義）的差異，並不像想像中那樣大，此因兩者當時雖然所依據的教義互有偏重，但對現實社會的苦難、國家的憂患處境，乃至佛教現代適應的問題，都有高度的關懷意識。可以說，對大乘菩薩的普渡精神，兩者皆能認同和有所發揮。」[32]

　　但是，筆者接著即指出，「對於教義印順導師以印度性空論為主，太虛則偏向在中國傳統佛教真常唯心，這是兩人所堅持立場」。[33]

---

[31] 釋昭慧，〈是治史還是說書？〉，《當代》第 32 期（臺北：1998 年 12 月），頁 145。

[32] 江燦騰，〈從「人生佛教」到「人間佛教」：戰前虛、印兩師思想分歧之探索〉，見《當代臺灣人間佛教思想家：以印順導師為中心的薪火相傳研究論文集》（臺北：新文豐，2001 年 3 月一版），頁 92。

[33] 江燦騰，〈從「人生佛教」到「人間佛教」：戰前虛、印兩師思想分歧之探索〉，

　　問題在於，當印順導師以性空學為參考路徑，提出另一種有別於傳統中國佛教的突破性的新觀念時，筆者也跟據文獻，同時指出，「太虛大師卻以「性空論者」要為「密教」的盛行，負最大的責任，來反駁！……因此太虛大師認為：新佛教體系，正要從傳統的中國佛教思想再出發！」[34]

　　所以，最後筆者在其總結論點，是指出：「（虛、印）兩人僅管在義理上，都能建立一貫體系，在思想上，卓然起家。但是，能否附諸普遍的實踐上呢？恐怕仍是一個待實證的問題。」[35]

　　此外，筆者在同文中，還認為印順導師所採用「性空思想」，雖然是以「人間佛教」的思想，作為其針對現實關懷的有力考量。但是，此一過於理性的宗教心態，「固然對治了傳統佛教中常有的重經懺體驗的成分和喜神秘神通的流弊現象，但是同樣也削弱了其中的宗教體驗成分」。[36]反之，太虛卻是根據其宗教體驗而建構其佛教思維的。

　　因此，筆者最後認為，印順與太虛之間的修行路線抉擇，是無法有最後是非定論的，只能靠各人依其當下的需要，去作見仁見智的必要抉擇了。

2.來自劉紹楨批評淨土三系思想會通的現世問題

　　對於此一問題，根據禪林研究後，認為劉紹楨在 1995 年時，曾

《當代臺灣人間佛教思想家：以印順導師為中心的薪火相傳研究論文集》。頁94。

[34] 江燦騰，〈從「人生佛教」到「人間佛教」：戰前虛、印兩師思想分歧之探索〉，《當代臺灣人間佛教思想家：以印順導師為中心的薪火相傳研究論文集》。頁94-95。

[35] 江燦騰，〈從「人生佛教」到「人間佛教」：戰前虛、印兩師思想分歧之探索〉《當代臺灣人間佛教思想家：以印順導師為中心的薪火相傳研究論文集》，頁97。

[36] 江燦騰，〈論太虛大師與印順導師對人間佛教詮釋各異的原因〉，《當代臺灣人間佛教思想家：以印順導師為中心的薪火相傳研究論文集》，頁106。

發表〈大乘三系與淨土三系之研究〉長文，並且，劉氏在其的研究
結論中，已曾經質疑印順導師生平所判定的大乘三系與淨土三系的正
確性。

因為劉氏當時在文中曾提到：「三系說典範的二大預設，（按：印
順導師）緣起自性空與人間佛教，不但在立論上，限於內在理路的構
思和偏頗，且不能依判準一致的原則用於本系。……依此預設所論斷
的印度佛教滅亡之因。」[37]接者劉氏又質疑說「三系中觀學派『緣起
自性空』說法，龍樹對於性空理論，雖以破一切法，可是空性立場預
設到最後，仍不出形而上的範圍，龍樹似乎已陷入循環論證的矛盾，
印順卻把自性空當作成第一義，誤判為了義。」[38]

然後，劉氏又以龍樹的《中論》中所說的，「是故一切法，無不
是空者」之言，[39]認為「顯然龍樹對空義本身論理，已有矛盾現象，
錯將空義，當成一切都不存在，破壞世間一切因果理則，印順導師對
於空義的理解，確是以龍樹空義作為基礎，不斷聲稱『「有空，才能
善巧建立一切」』。因此，他認為這雖是印順導師一直把空義，判為了
義說的理論根據之一，他卻不能同意。

到底不了義說不歸屬性空這一系，大乘三系其中二系：妄唯識
系、真常唯心系，前者印順導師把唯識系建立在不空假名，[40]而後者
的真常唯心，它認為這是空過來的，加以貶抑，從本質上認定他是破
壞空性緣起法，是不了義之說。[41]

其實，根據劉氏在 1991 年所撰寫的〈西中印空無觀研究〉一文，
早就質疑印順導師判析太過獨斷，他當時就提到：「印順未加論證以

---

[37] 劉紹楨，〈大乘三系與淨土三系之研究〉，《諦觀》，第 81 期（南投：1995 年 4
月）。頁 65。

[38] 劉紹楨，〈大乘三系與淨土三系之研究〉，《諦觀》，第 81 期。頁 18-19。

[39] 高楠順次郎，《大正藏》，第 30 冊，頁 32 中欄。

[40] 印順，《中觀今論》（臺北：正聞出版社，1992 年 4 月，修訂一版）。頁 190。

[41] 印順，《中觀今論》，頁 190-191。

形而上本體論和神秘實在論，來批判真常系，依拙文分析可知，是一種獨斷。」[42]

令人訝異的是，楊惠南和印順本人，都未針對劉氏的觀點提出反駁，反而是 11 在印順過世之後，才由昭慧比丘尼在《當代》雜誌上，公開反駁劉氏對印順思想觀點的質疑。[43]

劉紹楨也同樣認為，楊惠南先前所指出的是因為戰後「中國佛教會」的保守心態所導致的「出世性格」，並非只是以「住生西方」為主的單一化概念所能決定的。因此，他批評楊氏持論觀點，其實是「以機械因果論西方淨土出離心，乃中國佛教出世之因」，[44]所以，他不能同意楊氏的此一論點。

此外，劉紹楨也指摘說，印順導師所批判阿彌陀佛的論點，也只是將其直接連結到他力信仰的宗教之非自力性解脫上，因此這種定義，在劉氏看來「是何其狹隘」![45]對於此點，禪林的研究指出：

> 顯然劉氏無法忍受西方彌陀淨土被當成純他力信仰，這必將會激起他對想護教彌陀淨土之熱忱，於此當不難瞭解其背後之用心。[46]

---

[42] 劉紹楨，〈西中印空無觀研究〉《諦觀》，第 77 期（1994 年 4 月），頁 17。

[43] 釋昭慧第一次的反駁劉氏，應是在 1993 年，見其〈印順導師「大乘三系」學說引起知師資辯論〉，《諦觀》第 72 期（南投：1993 年 1 月）。第二次的反駁，見〈法義可以辯論但不疑有不實指控〉，《當代》第 216 期（臺北：2005 年 8 月號），頁 140-14。

[44] 劉紹楨，〈大乘三系說與淨土三系說之研究〉，《諦觀》，第 81 期，頁 60。

[45] 劉紹楨，〈大乘三系說與淨土三系說之研究〉，《諦觀》，第 81 期，頁 55。

[46] 禪林，《心淨與國土淨的辯證——印順導師與人間佛教思想大辯論》，頁 39。

（四）解嚴後印順與釋星雲兩大淨土思想路線的新主張和相關
　　詮釋擴展

　　1989 年時，臺灣地區由於已經是政治解嚴之後的第三年了，並且蔣氏在臺政權的第二代強人領導者蔣經國氏（1910-1988），也在其嚴重的糖尿病所引起的心臟疾病惡化後，導致提早死亡，而繼其位者正是當時當擔任副總統的臺籍人士李登輝，於是臺灣現代史上首次出現無強人統治的民主化時代。

　　當時反映戰後臺灣社會各種弊政的大型街頭群眾運動，也因之立刻如風起雲湧般的經常出現臺北市離總統府不遠的各街道上，所以當時不只官方在政治權力的運作，曾遭到民間各種不同政治立場的反對勢力之連番挑戰，連一向主控戰後臺灣佛教組織動態的中國佛教會，也因領導者白聖的早已過世和解嚴之後的所開放的同級新佛教大型組織的相繼出現，而陷於威權式微和指導無力的尷尬狀況。

　　正是在這樣的氛圍之下，1989 年當年，代表戰後臺灣人間佛教思想的兩大路線倡導者：印順和釋星雲，[47]分別提出其相關的著作和新觀點的詮釋，於是已經歷時三年多的關於印順人間佛教思想的爭辯問題，立刻在印順本人新著作的背書之下，成為代表其一生佛教著作的正式且唯一的思想標籤。

　　以此作為分水嶺，從此臺灣佛教界所爭論的淨土思想問題，已被化約成為贊成或反對兩者立場，以及印順和釋星雲兩者的人間佛教理念，何者更具有社會的實踐性問題。

　　筆者是首先將印順視為是對太虛思想的「批判性繼承」者，而認

---

[47] 星雲曾於 1989 年以「如何建設人間佛教」為議題，在 1990 年舉行一場國際性學術會議，表明他對人間佛教的看法，並以佛教現代化為主題，作為改善佛教的準繩，強調佛教「現代語言化」、「現代科技化」、「現代生活化」、「現代學校化」等四項。為走入時代，將佛法散播各角落，可見星雲有意將人間佛教引領到現代化。

為依釋星雲所走的佛教路線他應該算是太虛思想的「無批判繼承」者，並公開指出印順曾對釋星雲人間佛教思想中的融和顯密思想，有所貶抑的情形。[48]

可是，作為印順思想的忠實追隨者的邱敏捷博士，在其博士論文中，則一反筆者的並列方式，而是以印順的人間佛教思想為其判準的最後依據，一舉將包括佛光山、慈濟功德會和法鼓山等，當代臺灣各大佛教事業場的人間佛教思想，一概判定為屬於非了義的世俗化人間佛教思想。[49]

事實上，邱敏捷博士的上述論點，並非獨創的見解，而是延續其指導教授楊惠南，對慈濟功德會和法鼓山這兩大佛教事業道場的人間佛教思想之批判觀點而來（不過，由於兩者的的思想關聯及其衍生的與佛光山人間淨土思想的相關爭論，已曾本書在第八章第四節第三項解說過，此處就不再詳述）。

五、現代禪在家教團與印順佛教思想的長期衝突

現代禪是由李元松（1957-2003）於 1989 年春，率領其短期禪訓班的眾弟子，所創立的「佛教現代禪菩薩僧團」。由李元松擔任祖光傳法長老，撰寫各種〈傳法教材〉、制定「宗門規矩」、「道次第」、「血脈圖」、「發願文」，並以「本地風光」為現代禪的根本心法。

---

[48] 印順導師曾指出，臺灣推行人間佛教傾向，以目前：「現代的臺灣，「人生佛教」、「人間佛教」、「人乘佛教」，似乎漸漸興起，但適應時代方便多，契合佛法如實，本質還是「天佛一如」。「人間」、「人生」、「人乘」的宣揚者，不也有人提倡「顯密圓融」嗎？」釋印順，《契理契機之人間佛教》，頁65。

[49] 邱敏捷〈印順導師人間佛教思想：臺灣當今其他人間佛教之比較〉，此篇文章早期發表於《人間佛教薪火相傳：印順導師思想理論實踐學術研討會》，之後，作者又略事修改，已收入邱敏捷，《印順導師的佛教思想》一書（臺北：法界，2000 年 1 月），頁 133-160。

　　但是在 1993 年已合法登記的「全國財團法人現代禪文教基金會」，卻無法改善現代禪和出家眾持續存在的緊張狀態。

　　特別是當代佛學大師印順長老，正式在佛教刊物《獅子吼》第 11/12 期（1993 年 11 月）發表〈「我有明珠一顆」讀後〉長文，強力反批現代禪對其批評的各項論點。因為李元松在其書《我有明珠一顆》（1993。8）中提到：許多當代佛教徒之所以排斥禪徒或禪宗，是受印順批評傳統禪宗言論的影響所致。

　　印順導師則認為：他的過去對傳統禪宗的批評，可能「障礙」了現代禪的發展，而非「影響禪宗的式微」。而當時，最支持現代禪的著名佛教史學者藍吉富，也同樣反對李元松對印順「影響禪的式微」的批評。

　　藍吉富當時是認為，當代臺灣根本無正統禪宗的傳承，更何來有印順影響禪的式微之舉？在前述的雙方爭論在法義抉擇上的有所差別，其實只是爭論：社會性（發菩提心，慈悲心）是否必須與智慧性（如實智）並重或列為優先？

　　就大乘菩薩道的印度原意來看，當然印順的詮釋是正確的；但李元松和溫金柯則認為：對於宗教本質的根本認知，除非有「智慧性」如實智）作為必要條件，否則空有「社會性」也無法達成？所以「社會性」是被其排在第二順位的。

　　現代禪在堅持「智慧性」是大乘菩薩道的第一義，而「社會性」只是第二順位之後，再加上李元松以本人的實修經驗和體悟進行對此主張的背書，雖無法在當代臺灣佛教界獲得普遍的共鳴或認同，卻順利成為其內部修法的高度共識和強大凝聚力，並反映在其後長期潛修時，教團對外活動的相對封閉性和保守性，使其性格反而接近小乘佛教的修道態度。

　　1999 年 12 月「現代禪網站」的成立，雖然立刻變得非常熱門和功能多元、以及所儲資料也極微豐富，因此使現代禪的全貌，遠較過

去更為教界和社會大眾所理解，連大陸方面的點閱人口、相關佛教學者通信內容、現代禪因敏感且屢屢主動發動的反批其他支持印順者的文章，都迅速地被登載其上和也同樣迅速地激起強烈的反批判聲浪。

特別是支持印順長老論點的楊惠南教授，在國科會大型研究計畫的贊助之下，曾對「解嚴後臺灣佛教新興教派的研究」中，對現代創立者李元松、教理研究部主任溫金柯、已皈依教團的數位比丘尼和其他早期參與後來卻離開的重要幹部，作深刻詳細訪談之後，卻立刻又為文下重筆，批評現代禪的種種觀念，使現代禪深受大打擊和強烈反彈。[50]

可是，儘管現代禪費盡力氣，向各方學界或教界人士申明被扭曲或要求為其主持公道，並在 2000 年 8 月發表〈八二三宣言〉，宣稱：「今後」對於各方的批評或指教，不論對或錯，現代禪強烈希望「都不予回應！」將一心深入止觀和佛學研究，以便徹底脫「辯誣」之漩渦。

然而，溫金柯隔年卻出版其重要的反駁著作《繼承與批判印順人間佛教思想》一書。[51]另外佛教界的「如石法師」和大陸學者「恆毅博士」，也對其表示聲援，甚至展開對印順論點的全面批判。

如此一來，迅即遭來包括：李志夫、性廣尼、昭慧尼和林建德居士等多位重要學者，如排山倒海般地強烈反批判。其中尤以林建德的反擊，最有體系和為時最為持久。[52]

於是，現代禪李元松，一方面雖於 2002 年 4 月 26 日，透過招慧尼牽線，正式皈依印順長老門下；一方面也卸下宗長職務。

---

50 見楊惠南，〈人間佛的困局──從新雨社和現代禪為中心的一個考察〉《會議論文集》（桃園：弘誓 1999 年 10 月）。

51 溫金柯，《繼承與批判印順人間佛教思想》（臺北：現代禪出版社，2001）。

52 林建德的各篇論文，後來彙編成為《力挺佛陀在人間──諸說中第一》（臺南：中華佛教百顆文獻基金會，2003 年，2 月 2 版）。

可是，由於實際未曾真正放棄原先的論點，所以相關爭論也依然持續進行中。最後終於導致「現代禪網站」的完全閉（2003 年 9 月），並且教團的走向，也急轉直下。然而，原現代禪教理部的主任溫金柯本人，依然堅持其原有看法，迄今仍未改變。

六、性廣比丘尼與印順導師人間佛教禪法的闡揚

相對於前述的對立狀況，戰後臺灣首位女禪學思想家釋性廣比丘尼，在 21 世紀開始的階段，曾歷經解嚴之後的多年努力，但在其最仰慕的印順導師的人間佛教思想的影響之下，首度撰有《人間佛教禪法及其當代實踐》一書[53]，來提倡人間佛教禪法。

性廣比丘尼的此書內容和主要概念，因頗能注重禪修的思想正確性，和不忘處處關懷周遭環境及其與社會互動的悲憫心之培養。所以此書一出版，即普受教內識者的接受與稱頌，一時間流傳甚廣。[54]

性廣比丘尼也自書出版之後，不但經常應邀到其它他佛教道場，去開班傳授人間佛教禪法的正確修行次第，也曾應邀到部份臺灣的大專院校去講授她本人詮釋和首創的人間佛教禪法。

而她的新禪學體系，雖在核心觀念上，得力於印順的啟蒙和奠基，卻非僅止於原樣的轉述，而是經過重新詮釋和添補新知的，所以就此一創新的意義來講，是超越了當代所謂禪學思想的任何流派的。

---

[53] 釋性廣，《人間佛教禪法及其當代實踐》（臺北：法界出版社，2000 年）。

[54] 溫金柯曾撰文〈繼承與批判印順法師人間佛教思想：評性廣法師《人間佛教禪法及其當代實踐》〉，批評的重點是（1）性廣在書中將「信仰立場」與「學術立場」的混淆；（2）尋求他人背書的心態；（3）「照著講」與「接著講」；（4）美化師長而淺化經典；（5）草率評斷禪宗與密教。2. 現代禪與印順法師有共許和不共許之處。見溫金柯，《繼承與批判印順法師人間佛教思想》（臺北：現代禪，2001 年 8 月初版），頁 9-44。但，此一批評，對性廣尼毫無影響。

　　對於此一新佛教文化現象，我們若回顧整個東亞漢民族，近一千多年來，的佛教傳播史上，可以說皆屬男性禪學思想家的天下。換言之，在過去從無有一位佛教比丘尼，夠得上被稱為，所謂「人間禪法之禪學家」者。

　　因此，她的此一新禪學思想書的問世，可說具有臺灣本土佛教女性新禪學家出現的里程碑意義。

七、昭慧比丘尼與印順導師對佛教兩性平權運動的辯證發展

　　由於印順導師的刻意栽培，所以昭慧比丘尼，根據印順導師原先主張人間佛教的兩性平權思想，於 2001 年 3 月 31 日，在臺北南港中央研究院舉辦「人間佛教薪火相傳」的研討會時，曾公開宣讀〈廢除八敬法宣言〉，也實際結合僧俗兩眾，當場撕毀了「八敬法」的條文。

　　而此一漢傳佛教千年來前所未有的大膽革新舉動，當時除了立刻獲得臺灣社會各方輿論的普遍肯定之外，也使臺灣現代比丘尼呼籲佛教兩性平權的有力訴求，不但直接強烈衝擊著二度來訪的達賴喇嘛，使其不得不立刻回應（※儘管仍躲躲閃閃）此一具有普世人權價值的理性專業訴求。

　　其後，昭慧比丘尼的撕毀「八敬法」的條文此舉，連帶也衝擊到臺灣傳統的佛教界和亞洲其他地區的佛教界，並且儘管彼等的回應方式頗不一致，甚至連世界華僧內部的共識也遲遲未能達成，但臺灣佛教現代比丘尼的專業水準之高、及其能倡導亞洲佛教兩性平權新思維的睿智遠見，已堪稱為百年所僅見的世紀大手筆。

　　另一方面，當時臺灣傳統佛教界的部分比丘長老們，在面對此一新世紀的佛教兩性平權新思維時，不但無法根據本身的律學素養來為自己一心想堅持的舊思維辯護，反而要小手段到當時年紀已 96 歲高

齡的印順導師身上，然後以其回信中的一句「八敬法是佛制」的簡單論斷，公之於「中國佛教會」的刊物上，想藉以堵塞昭慧比丘尼所一再發出的滔滔雄辯和有力的訴求。

問題在於，當時印順導師那句「八敬法是佛制」的簡單論斷，正如他的另一名言「大乘是佛說」，原不能望文生義地只將其等同傳統的佛所說或佛所制來看。因此，有佛教學者筆者博士，曾將此意透過中華佛寺協會的林蓉芝秘書長，於 2001 年 7 月 23 日去電「華雨精舍」，向印順導師求證：其語意實際何指？

結果，印順導師明確地回答說：清德比丘尼在其《印順導師的律學思想》一書中所說的，較符合其本人的原意。可是，清德比丘尼研究「八敬法」的結論，與昭慧比丘尼所主張的，根本完全一致。

亦即，「八敬法」中，只有比丘尼應尊重比丘的這一精神，因各律見解一致，可以推定是佛制遺風；至於「八敬法」本身，其實是佛陀之後，部分法派所制定的，故各部派之間的見解並不一致。

由此看來，「中國佛教會」的刊物上所登的那句「八敬法是佛制」，其實是被一語兩解了。

但，也不難瞭解，印順導師其實已太老了，並且已無法精確詳說他的看法了，所以才會引來上述的誤解。因此不論他過去曾如何卓越？他如今都只能被當傳統的歷史人物來看待了。

再者，為了不徒托空言，所以由昭慧比丘尼和性廣比丘尼所聯合創立第五十二期（2001 年 8 月）佛教的《弘誓》雙月刊，便是以「告別傳統──迎接佛教兩性平權的新世紀」，作為專輯各文的主軸。

這意味著此一專輯的作者，不只敢於正面回應來自傳統派昧於時代潮流的無謂挑戰或淺薄的質疑，更能以專業的自信和理性的堅持，用大氣魄、大格局的新時代視野，來發揮其由智慧眼和菩提心所凝聚的大願力，以呼應兩性平權的普世價值和時代潮流，並帶領臺灣當代的佛教界，向改革的途徑勇往邁進。

其後，昭慧比丘尼更相繼出版多本佛教倫理學的專書，其中最前衛的，是《後設佛教倫理學》（臺北：法界出版社，2008）一書，其議題之新在亞洲堪稱第一。

八、結論

對於本章以上的解說，到到底可以有何結論提出呢？由於當代的一切思潮都在持續發展與不斷變化中，所以筆者想從 2005 年 6 月 9 日，應當時《中國時報·人間論壇》的報社編輯邀約所寫的一篇〈後印順時代的人間佛教〉專論談起。其全文內容，應該可以作為本章的最後結論。論述的內容如下：

> 當代海峽兩岸華人公認成就最高的，一代佛教思想家印順盛正，於 2005 年 6 月 4 日，上午圓寂，享壽百歲。
>
> 假如沒記錯的話，他應是繼民國虛雲禪師、唐代清涼澄觀之後，第三位在人間存活接近、或超過一世紀的漢傳佛教高僧。
>
> 難怪幾年前，天下文化的高希均教授和他的編輯群，在臺中華雨精舍與印順本人洽談傳記撰寫的授權時，看到身分證上的印順，居然是出生於清末慈禧太后還活著的年代，不禁驚叫起來。由潘煊撰寫的《印順導師傳》，在天下文化出版，並有數萬冊的巨大銷售量。
>
> 再者，經我多年的建議及其他有力人士的協助之下，去年正忙於競選連任的陳水扁總統，終於頒授「二等卿雲勳章」給印順。之後學界居然有人嘲笑說：「陳總統沒什麼文化，頒幾個獎章，也不會提昇什麼。」
>
> 我聽了之後，立即反駁：「此種頒獎，陳總統只是因他剛好是現任國家領導人，所以才由他來頒。要知道勳章是國家的

名器，若能授與應得者，即表示我們整體社會對得獎者的衷心感謝，這對社會是一種有意義的示範，也是臺灣社會的文化薪火，能代代相承之意！」

為何我要這樣說呢？我的理由是，假如我們把漢人來臺的移墾，作為歷史的開端，則在數百年來的臺灣社會文化史中，所出現的最有深度、成就最大、實踐最廣的思想家，我們大概可以舉出兩位，即：胡適和印順。

而兩者中，最和當代近十五年人間佛教思想有關的，就是以印順本人。所以，當代的人間佛教思想的領航者，就是印順盛正。

若再問：臺灣有無出現世界級的思想家？當然有，就是印順盛正。理由有二：首先，漢民族在全球的人口數居最多數，而在分布全球的華人中，若論佛教的思想影響力，而非論佛教事業的大小或信徒的多寡，則印順的思想影響是海峽兩岸最被肯定者；也是到對岸後，唯一能令中共最高佛教領導人趙樸初，甘心下跪頂禮的一代高僧。

其次，根據政大哲研所教授林鎮國轉述，哈佛大學詹密樓教授認為：在亞洲，像日本著名的世界級佛教學者，雖有不亞於印順或超過印順的佛學成就，但沒有一位能在思想的傳播層面或社會實踐面上，堪與印順相比。所以印順在華人的佛教信仰圈內，是獨樹一幟偉大思想家。

但，在肯定這些成就之後，是否有其他的副作用出現呢？有的，茲列舉數點如下：

一、由於「人間佛教」一詞，非屬專利品，所以包括兩岸的學者和許多經營大道場的僧侶，都樂於自行再定義，所以其泛濫程度，幾等於無原則和無檢別。所以像亂寫文章的學者，或什麼錢都敢要的大道場都紛紛出現了。這是最大的隱憂。

　　二、對岸過去一直是以中原天朝的心態，來看臺灣的邊陲和枝末的佛教信仰。如今在著名本土的慈濟新佛教事業之外，又有印順的人間佛教思想，在臺高度發展，頓然使其有由中心淪為邊陲之虞，所以目前對岸當局，對於印順的人間佛教思想是否要在大陸推廣？迄今仍在猶豫中。

　　三、臺灣社會近十五年來，太忙於政治的議題，導致忽略了政治和經濟以外的實質成就與發展。例如新的佛教在家教團的出現、真正有深度的新禪學思想或佛教倫理學的著作等，都仍未受到臺灣一般學界的注意。但，實際上，與臺灣人間佛教有關的數次大辯論，已出現於過去的數年間，連研究此大辯論的專書，都即將出版。可是，在佛教圈以外，卻少有人知。

　　像這種知識或文化在不同社群之間的傳播隔閡，也是臺灣社會超多元文化發展的一大隱憂，值得大家再來思考。

第十五章　關於佛牙舍利真偽之辯：
內幕、證據與方法學

　　在 2011 年 12 月底，當代臺灣佛教界中最轟動的佛教觀光娛樂文教園區的大事業體新聞熱點，當屬高雄佛光山寺籌建多年的「佛陀紀念館」，終於正式啟用和風光開幕了。

　　這對於不少喜歡佛教觀光娛樂者，當然是很好的新遊樂去處或堪稱當代最佳佛教文化觀光區壯麗景點的耀眼出現，至於持不同立場者，也可有其他的另類選擇。

　　但是，作為一個長期堅持學術理性原則的當代歷史家，我則是想藉此反思：類似這樣的「大佛文化」又再度熱烈出現於當代臺灣的這一片既狹小又壅擠的美麗國土上，是否必要？以及其在臺灣本土佛教文化與生態美學上的真正創新意義或其社會傳播的實質效用，又有哪些是值得我們應該加以重視的？這都是大家應該關心和必須細心再加思考的重要文化課題。

　　這對處在二十一世紀初期的臺灣社會大眾來說，基於宗教信仰的自由原則，我們每個人事實上都可以有不同的答案或選擇。只是在此，我個人並不準備採取類似先前我應大陸當代的權威媒體之一的《南方周末人物報》主編邀請時，曾一度公開嚴厲批判其過度上商業化和庸俗化的浮濫作風那樣，直接的就嚴詞評論有關「佛陀紀念館」隆重開幕後的種種可能問題，以及不久可能會面臨的幾種值得憂慮的狀況；而是重刊一篇我當年曾與一群臺灣學界的有志同道，公開強烈質疑佛光山迎假佛牙的全文：我們這些學者，所針對的，正是質疑

評佛光山的創辦者釋星雲比丘，當時他想藉著「迎佛牙」的大好契機，以作為他日後增建新「佛陀紀念館」的緣起，是不當的。其原因為何呢？

這是由於，我當時根據本身曾探索多年佛教史學知識的專業性判斷，已可明確地認為：釋星雲比丘所宣稱將要增建新的「佛陀紀念館」來供奉「佛牙舍利」的緣起，不應該是來自一顆根本就是「假佛牙」的取得；但釋星雲比丘當時卻硬要說，他所迎的那顆，其實是「真佛牙」，並要大家不要懷疑。

而我當時是斷然不能同意像他這種「反智論」的信仰至上主張。因此，當時雙方曾爆發了空前未有的「真假佛牙」大論戰。而我事後也在《當代》雜誌的第 130 期（1998 年 6 月 1 日），發表下列全文內容。

我迄今仍認為：這是有公是公非的佛教史爭論，不應沒有原則和隨意放棄堅持。但，我的主張，是否仍有論述不嚴謹之處？在此，我請本書讀者在讀完下述全文後，再自行判斷。屆時，應如何看待？將可了然於胸，而不必先有特定立場。

拉開質疑佛牙戰爭之幕

1998 年 4 月初，臺灣的各媒體紛紛刊載關於「佛牙舍利」真偽的討論，隨後政府官員應否參與迎佛牙的爭辯，也變成了輿論的焦點。而我是率先在《聯合報》上，公開質疑「佛牙舍利」真假的。

《聯合報》在 4 月 2 號第 19 版，登出關於「第三顆佛牙」的爭辯消息。消息的內容，是先轉述我對吳伯雄資政在 3 月 31 日於同報登出的（佛牙本非牙）那篇文章的質疑。吳資政依佛光山提供的資料，以及引用釋星雲的意見，認為西藏貢噶多傑仁波切提供的佛才是可信的，並且不認為應質疑佛牙的真假。他引述釋星雲比丘 3 月 28 日在

民間全民電視臺「頭家開講」的節目中，回答聽眾時說：「佛牙的真偽不是科學實驗，也不是歷史考證，而是宗教信仰的問題。」因此，他主張，如果疑惑佛牙是真、是假，應先問：自己的心是真、是假？

我是佛教史的學者，完全不能接受這種反智的看法。於是提出下列的各點：其一，佛牙是歷史佛陀的遺物，是真是假，有賴證據，不容藉口信仰，便可逃避證據檢驗。我接著舉出歷史和科學的例證各一，以為說明。現存佛骨舍利有科學和歷史證據者，一粒是百年前（1989年）在尼泊爾境內佛陀誕生地藍比尼園附近挖出的遺骨，也是早期佛教文獻提到八分之一交釋家族供養的部份。當年的發掘者將其捐給英國政府，其政府乃一分為三：一贈印度政府博物館、一存大英博物館、一由發掘者保存。此一歷史證據，是以生態的環境呈現，有直接性和完整性的優點。故學界公認此為人類共同遺產。可是，其中並無佛牙。

其二是另一作偽而被識破的例子。根據史學權威陳垣先生的詳細考證，一千多年來，在中國出現的佛牙，歷代皆有，來源不一，形色各異，為數在兩位數以上，而非一顆。明朝的大醫學家李時珍特在《本草綱目》卷51指出：「貌似熊，黃白色，其齒骨極堅，以刀斧椎鍛，鐵皆碎，落火亦不能燒，人得之詐充佛牙以誑俚俗。」可見以獸骨冒充佛牙，早有前科了。請問吳資政，如果迎的是獸骨，如何向國人交代？

「第三顆佛牙」歷史上，不存有任何記載，吳資政雖引《大涅槃經》後分卷下說：佛陀死後，火葬，全身粉碎，只四牙完整，被帝釋人取走一顆，故人間留有三顆。而目前，他所要迎的「第三顆佛牙」，就是由西藏喇嘛所保持和轉讓的。

但是，《大涅槃經》所載其實是神話，佛陀死後裝在金棺材內。然後在四城門的上空飛，最後火光中現出四顆佛牙…。帝釋天表示佛陀生前答應送他一顆，所以他取佛牙時，火光熄滅。之後，此故事發

展，就轉到別處去了。

　　問題在於歷史上明載佛陀留有各種遺骨、舍利，並非後來才出現的《大涅槃經》所記載的神話那樣。

　　至於西藏佛教的部份。近代以前，歷史文獻皆無「第三顆佛牙」任何記載。我問過的當今兩岸西藏學專家，皆一致同意：西藏佛教沒有佛牙崇拜的傳統，因此，「第三顆佛牙」是沒有任何歷史證據的。既然，真相是這樣，請問吳資政：你的反智論還能成立嗎？

　　其三，1955 年，臺灣自日本迎回三分之一的唐玄奘頭骨，當時舉國轟動，包括老蔣總統、蔣夫人、五院院長，都參與其事。在老蔣總統和佛教界的主導之下，決定假日月潭畔建寺塔供奉，視為國之大事，土地和經費，也有賴公家補助。結果呢？玄奘的學術中心，變成空中樓閣;寺塔空聳。日趨頹廢。當年的雄心壯志，信誓旦旦，如今成了泡影和笑話！

仁波切、信仰與論證

　　我的質疑，吳伯雄並未回應，而是由釋星雲比丘出面攬下來回答。可是釋星雲比丘的答覆，只是重覆先前的老調，說是「」第三顆佛牙有十二位仁波切聯名保證，而這十二位仁波切的保證所以有效，是他們德高望重。現代的學術，講究實證，我的舉證沒有推翻之前，道德和宗教經驗的保證，皆屬無效的。

　　而他所信賴的這 12 位仁波切，根據在西藏 30 多年的西藏學專家王堯教授稍後來臺表示：「不知他們從何處冒出來的。有名氣或實力的喇嘛，多少有所耳聞，可是這 12 位喇嘛，真的沒聽過。」釋星雲比丘相信這樣的貨色，卻懷疑我的學術能力和資格，還說若有證據證明第三顆佛牙為假，不妨提出供學術界鑑定。

　　和釋星雲比丘論戰時，有報社記者要我提供第三者，以供參考。

我推舉了研究佛教史的著名家藍吉富。結果，藍說了以下兩段，很模稜兩可的話：

一、歷史上是有佛牙存在，至於即將來臺的是否為真佛牙，尚難論斷。何況宗教信仰，本有所科學不能舉證之事。江燦騰的質疑應是出於推測；2。

二、佛牙真假可由考古鑑定和歷史線索證實，但信仰與學術研究是兩回事，歷史上確有佛牙存在，但是後來出現的佛牙是否為真，不知道，即將來臺的佛牙是否為真，也尚無足夠的資料可供論斷。

藍先生的話，肯定歷史上有佛牙存在，但沒指明是佛陀生前的牙齒還是死後的牙齒？說了等於沒說。

他在電話中，又回答我的求證說：並不清楚我原先的論點是什麼？所以照他所理解的來講。雖然如此，藍先生起碼承認了兩件事：

一、即將來臺的佛牙是否為真，尚無足夠資料可供論斷。

二、佛牙真假可由考古鑑定和歷史線索證實。這樣的講法，也等於推翻仁波切的保證效力，也贊同考古和歷史的證據性。藍先生的史家發言，以後也未大改變，可以不再提及。

本來，佛牙的真假，是可以爭論的，對與錯要看證據和邏輯的說服力，並非自己認為對就是對。釋星雲比丘本人原是老到的宗教師，平時很能應付這種場面的，不知為什麼？一聽到我質疑他迎的是假佛牙，先是要我再舉證據，後來居然發怒起來，對來訪媒體記者，一再提及「壞學者」、「壞心腸」，才會懷疑佛牙是假的。而我絲毫不為所動，繼續提出反駁證據。

媒體、科學與公案

原先，我的投書是寄給《中國時報》的專欄組戴文彪，戴先生承諾 4 月 1 日刊出。但，當晚八點多，戴先生表示：上級有壓力下來，

不能刊出，希望我諒解。我轉移到《聯合報》，《聯合報》立刻接下，並聯絡釋星雲比丘和藍吉富，於是才有 4 月 2 日第 19 版的第一次揭發。《中央社》記者謝震南，自動發稿給各報，卻被封殺不登。此舉，令我感到幕後黑手的可怕！

　　我決定再試一次，又寄出新作，投書給《中國時報》專欄組，戴文彪表示，此次沒問題，唐光華也同意。結果，當晚依然抽掉。戴再三表示歉意。我只說了一句：「《中時》的全盛時期，已過去了。」

　　事實上，《中時》拒登反佛牙的舉動，使它獲得 4 月 5 日的 32 版的「佛光衛視」的全版廣告，這是各報所無法比的！

　　我把投書另寄《自由時報》，題為〈佛牙舍利真偽之辯〉，於 4 月 6 日登出。我的反駁有幾個重點：

　　1.釋星雲表示：「第三顆佛牙」原藏印度那難陀寺，回教入侵，才流入西藏。但，回教入侵之前，唐玄奘留印 18 年，卻從未聽聞寺中有佛牙之事。義淨也是留印多年，所著《南海寄歸內法傳》，亦在回教入侵之前，同樣未提寺中有佛牙之事。可見釋星雲的講法，毫無歷史證據。

　　2.釋星雲比丘說有十二位仁波切為他保證。但，在近代以前，西藏史書全無記載，兩岸西藏學專家一致表示西藏沒有佛牙崇拜的傳統。我的這一看法，格魯派的僧侶，即達賴喇嘛的黃教系統，完全贊同。

　　3.佛牙不耐高溫，火化時，極易崩解。臺大牙科韓良俊教授，同日同版登出日本神奈川齒科大學由本勝教授所著《法醫齒科學》，證實牙齒加熱後，溫度達攝氏二百度即起變化，五百度即粉碎。因佛牙為火葬後的產物，不能長存迄今，是可以理解的。

　　4.我同時問過火葬場和有實際觀察火葬經驗的，答案都是一樣的，即高溫則無牙。因此，兩千五百多年的火化佛牙，是無法留存至今的。要做假，也是完全不可能的！因碳 14 放射線，可以檢驗出來。

　　5.火化後的佛牙是否存在？從早期的《阿含經》起，皆未提及，

也是可以清楚論斷的。但，釋星雲比丘和他的追隨者，卻根本忽略這些，證明外行人充內行的宗教師或學者，實不乏其人。

從四月初到 12 日，我不斷出現在各電視和廣播節目，發表我的看法，聽眾大多被我說服，佛教界的大老‧也紛紛來電表示支持，使我大獲鼓舞。

迎佛牙當天，在泰國被冷落，李總統沒出席，以及之前中國大陸佛教協會發表「不清楚第三顆佛牙的出處」的聲明。我可以斷定：假佛牙的效應，肯定是有的，釋星雲可說，已是滿臉豆花了。

釋星雲比丘，原本信心滿滿，從 2 月 28 日開始，他一方面在媒體上放話造勢，以吸引社會的注意一方面動員人力物力，準備迎接佛牙的相關事宜。

只是他萬萬沒料到，先是專研佛教史的我，會立刻質疑佛牙為假，按著中研院的瞿海源教授和宗教學者游謙，也在報上批評迎佛牙有政教不分的嫌疑。

隨後不同立場或自我辯護的言論紛紛出現，使得釋星雲和佛光山因迎佛牙而首次面臨開山 30 年來臺灣學界對其發出的最嚴厲的批判，尷尬極了。

雖然如此，迎佛牙的事，在 4 月 11 日仍照常舉行，臺視、華視、中視和 TVBS 等電視臺，也全程轉播，而關於佛牙的說明，各臺一致，都照佛光山釋依空比丘尼所寫的稿本唸。可見臺灣有些媒體記者缺乏反省能力，也缺乏應有的平衡報導和規範，相當值得反省，但釋星雲是不會忌諱這的，從四月中旬迎完佛牙到 5 月底，我發現佛牙的熱潮並未完全消退。

首先「佛光衛視」仍不斷報出參觀佛牙舍利的消息。其次，5 月初出版的《覺世》第 1383 期和《普門》第 224 期，都刊出〈恭迎佛牙舍利專輯〉，並且一面倒的選刊贊成和自辯的文章。而其中，反駁佛牙為假的文章，顯然是針對我的質疑而來，數量之多，出乎意料之外。

　　這當中有關於方法學的討論，也有關於史料證據的質疑，雖然沒有一篇能提出新證據或可駁倒我的論點，可是我的文章並未相對刊出，變成單方審判，完全不公平。

　　所以，針對此事，撰一完整的報導，在《當代》發表，並補充一些新材料，使此一公案的真相大白於天下，是完全有必要的。而本文上述內容，對持內證者的答覆，應該也足夠了。

　　最後，應該一提的是，在臺灣對佛光山迎第三顆佛牙第一個提出質疑的並不是我，而是《南海菩薩》雜誌的總編輯高仰崇先生。高仰崇先生在《南海菩薩》第 179 期（1998 年 4 月 1 日出刊，但我 3 月 30 日即收到）發表〈世間佛牙舍利有幾顆〉的長文。高仰崇先生文中先求證西藏學者，可謂慧眼獨具。惜因高仰崇先生不願投書報紙，我才接棒。高仰崇先生的前期貢獻，得在此記一筆。

第十六章　當代釋證嚴比丘尼建立「慈濟宗」的周邊問題──變革與開展的歷程觀察及其反思

一、序說

　　本章擬對當代臺灣最大的佛教慈善事業團體「慈濟功德會」（以下簡稱慈濟），於 2006 年 12 月 16 日，正式宣布成立「慈濟宗」的宗派建立原因、靜思宗脈思想及其周邊的問題，例如印順導師（1906-2005）的人間佛教思想與證嚴尼（1937-）所根據的核心經典《無量義經》的佛教思想，[1] 兩者之間的關聯性是否存在？以及她和法鼓山創辦人聖嚴法師（1913-2009）於 2005 年 10 月 21 日，在法鼓山落成大典之後，所正式宣布成立的「中華禪法鼓宗」，此兩者的宗脈與思想的異同問題，來進行探索。

　　又因事情的發展，有可能是和先前爆發的「「印順流」人間佛教思想」相關，所以，本章也擬從當代臺灣人間佛教思想的相互衝突、佛教事業發展的資源爭取和「去印順化」這三個角度，來分析「慈濟宗」的建立及其宗脈與思想的周邊問題。

---

[1]　2006 年 12 月 17 日宣佈成立的「慈濟宗」是以《法華經》三部的首部《無量義經》為核心根本經典。

二、2005-2006 年之間臺灣兩大佛教事業道場新出現的「法鼓宗」與「慈濟宗」之宗派性質異同問題

（一）問題的相關性及其發展歷程的說明

　　前言：2006 年 12 月 16-17 日時，總部在臺灣東部花蓮地區的著名「慈濟功德會」，正式宣佈「慈濟宗」的成立，而這已是當代臺灣佛教四大事業道場（慈濟、佛光山、法鼓山、中臺山）中，第二個（第一個是 2005 年 10 月 21 日，由聖嚴法師新創立「中華禪法鼓宗」）在近年來臺灣本土佛教界相繼宣佈成立的新「宗派」（※雖然在其實質內容上，根本與禪宗式的宗派無關，同時也非歷史上的任何宗派繼承或現代化的開展，而是完全嶄新的臺灣本土佛教新型態組織）。所以相當有新聞性，也頗能引發社會上一些關心者，想一探其背後究竟的強烈動機。

　　而正巧，我又是從事當代臺灣佛教史研究的文化工作者，所以當 2006 年 12 月 17 日，證嚴尼正式宣布「慈濟宗」成立時，我立刻便接到許多從各地打來的電話。彼等不斷地追問我，下列的一連串問題，並要我有所回應：

　　（A）「為何慈濟要成立新宗派？」（B）「它（慈濟）本身原已存在近四十年之久並已逐漸發展為一個著名全球和巨無霸型態的綜合性佛教文化慈善團體，又不是禪宗的傳承系統，為何要跟著聖嚴法師的後塵，宣佈成立什麼新的『慈濟宗』？」（C）「再說，連聖嚴法師的『中華禪法鼓宗』，也同樣無真正在禪學思想上的創新和突破之處，更何況慈濟的生活化通俗佛學詮釋，只是適用於指導『善德實踐』的行動準則而已，並非嚴格知識論定下的佛教思想詮釋，為何也要趕時髦跟著人家成立新的宗派？」

　　但因當時，我根本不了解其實際狀況，立刻就被此一突如其來的

一連串問題，完全「考倒了」，一時之間，竟不知從何答起？於是之後，我便不斷地透過對新資料的追索，和重新排比相關的佛教史事的發展狀況。因此，迄目前為止，我已能初步認為：證嚴尼於 2006 年 12 月 17 日，正式宣佈「慈濟宗」的新成立，應是和之前的兩件事，曾相繼發生有關；而其相關發展的先後順序如下：

　　1.一代佛學大師印順導師，雖已於 2005 年 6 月 4 日過世，但也同時開啟了當代臺灣佛教界某些異議者，進行其「去印順化」的契機。

　　2.聖嚴法師的「中華禪法鼓宗」，雖於 2005 年 10 月 21 日，才正式成立，卻隨即又加劇了當代臺灣各道場之間，對社會宗教資源之爭取和新策略之相繼採用。

　　3.而證嚴尼的「慈濟宗」2006 年 12 月 16-17 日宣佈成立，其實是可以視為對上述新狀況的「證嚴式回應」（相關說明詳後）。

＊

　　說明之一：上述「慈濟宗」的成立因緣，我之所以認為它和（1）印順導師於 2005 年 6 月 4 日過世，以及（2）聖嚴法師的「中華禪法鼓宗」2005 年 10 月 21 日成立，有最直接的關聯。或者反過來說，若無前述兩件事情的相繼發生，我認為根本不會、甚至於也無必要有「慈濟宗」的正式宣佈成立之舉。

　　但，為何我要如此推論呢？請先看以下的這兩張照片和說明：

照片說明之一：筆者（後排左二）曾於 1988 年 5 月，應邀前往花蓮靜思精舍訪問，並以「佛教史家」的立場，親自和證嚴尼對談關鍵的慈濟醫院成立因緣及其生平佛教思想的自學狀況和「慈濟功德會」的人間菩薩道之實踐方式。因而，在其後（1989 年 12 月），由筆者率先向教界和學界公開表示：「慈濟醫院成立因緣，與其剃度師印順導師的人間佛教思想之影響，無直接的關聯。連她的靜思精舍建築和流利動人的生活化佛教演說，也是自創一格的，並非印順導師佛教思想的直接產物。」

照片說明之二：證嚴尼曾因一攤血事件而崛起，也因此而被告，所以筆者（左一）和金恆煒、葉金川、釋昭慧等人聯合召開記者會，為其主持公道。

　　亦即，此事的遠因，必須回到從前，才能了解。根據《新雨》雜誌的編輯張慈田居士和他的助理陳慧娟女士，在 1989 年 12 月 13 日，到我在竹北市的宅寓，所作訪問的錄音稿，當中即有一段與此相關的對答內容，茲摘錄如下，

　　　　△（張慈田）問：

　　　　……您剛才好像還提到印順的「人間佛教」問題，何以您認為他的「實踐面」很小？

　　　　◇（江燦騰）答：

　　　　這個問題，我想了很久，我雖不敢斷定：將來一定如此；但目前看來，似乎是如此。為甚麼呢？我在這裡舉關於花蓮「慈濟醫院」的創立為例來說明。**大家知道證嚴法師是印順長老的高徒，「慈濟醫院」的創辦，很多人直覺以為：印順長老的影響一定很大**。並且在臺灣，提到佛教的社會服務，往往即以證嚴法師的佛教事業為典範。例如昭慧法師在《當代》罵楊惠

南，[2]即用「慈濟醫院」作為佛教有「光明面」的例子。

可是，從來沒有人問：為甚麼「慈濟醫院」是證嚴所創辦，而不是印順？原因何在？但，我卻曾聽（建築師）李政隆先生講過，印順後來捐很多錢贊助「慈濟醫院」；在德宣的《隨師行記》這本書裡，我們也可以看到證嚴經常向印順請安和報告醫院的事──這的確是事實。**但印順自己決不是一個會主動創辦醫院的人。**

並且，我在去年（1988）5 月間，曾訪問「靜思精舍」和「慈濟醫院」。在離開花蓮之前，**我以「佛教史家」的立場，向證嚴法師本人求證：創辦醫院是否受印順影響？她的答覆是「無關」。我請她解釋，她說：最初印順很反對，因怕醫院蓋不好，會連累很多人；但是她堅持蓋下去，終於成功。**

──其實，我們都知道：「慈濟功德會」和「慈濟醫院」的創辦，都和證嚴在花蓮的生活經驗有關。山地婦人的血跡和天主教修女的批判佛教，是直接的導火線。

──然而，**證嚴出家前的家庭背景：一個幹練的富家少女，有企業的理念和經驗，是她佛教事業成功的憑藉。連她在「精舍」的功能設計，和流利、動人的臺語佛學演說，也都自創造一格的，並非印順佛學著作的翻版。這說明了甚麼？證嚴法師的佛教事業，決不是印順佛教思想的直接產物。**

──他長期隱居臺中、嘉義、南投，主要成就是寫書。至於他的高徒，如演培、仁俊等，不論在學問上或在經營印順的臺灣道場方面，也有一代不如一代的情形，而沒有「青出於藍」！[3]……

2　釋昭慧，〈是治史還是說書？〉，《當代》第 32 期（1988/12），頁 145。
3　張慈田，〈佛學研究與修行〉，《善知識參訪記──張慈田訪問紀錄》（臺北：圓明出版社，1992），頁 258-259。

　　上述我所講的這一段談話，其後被張慈田居士於所著的《善知識參訪記：張慈田訪問紀錄》一書公佈後，[4]雖在當時如平地上，突然颳起一陣巨大的旋風，並直接衝擊了諸多印順導師思想的高度崇拜者，所以導致有部分的狂熱者，一時間，還不能接受或根本拒絕承認有這樣重大落差的事實出現。彼等便一度以非理性的方式（※亦即，彼等曾使用大量的侮辱性用語）對我作人身攻擊，並極力否認「印順導師，曾有「反對」證嚴法師蓋慈濟醫院」的事。

　　但歷史畢竟是歷史，所以證嚴尼和我個人，在當時和其後的有一段時間，雖仍必須不斷地面對那些狂熱者的羞辱和質疑，卻始終不改我們原先的看法迄今。

　　此所以，證嚴尼於 2008 年 1 月，在出版親撰的《真實之路——慈濟年輪與宗門》一書時，在其內容的〈第三部　掘井關福田——將生命轉化成慧命〉中，便有如下一段關鍵性的自我回顧和生動描述：

　　　　…三、四十年前的佛教，給人的印象來自兩方面：一是人死後誦經、做法會，或是年初祈平安、年尾謝平安，一般人總覺得佛教是屬於老人的宗教；另一種是法師升座講經，講的內容深奧難解，一般人不一定能吸收與運用在生活中，故而產生距離感。……

　　　　有人認為慈濟修福不修慧（按：據我所知，中臺禪寺和法鼓山這兩大事業道場，彼等通常在爭取同一佛教市場的龐大資源時，所作最有效的功能區隔策略，就是直接將慈濟的事業貶為：只是修福而不修慧的佛教慈善團體而已，所以是不能「了生死」的！而「慈濟宗」的成立背景，就是來自於上述的教內強大壓力所致），這是對慈濟了解的不夠透徹。……

4　張慈田，〈佛學研究與修行〉，《善知識參訪記——張慈田訪問紀錄》頁 258-259。

　　有一天，我和印順導師喝茶，師父說：「你要把身體故好，身體不好怎麼做慈濟？」

　　我說：「師父，我不擔心自己的身體，倒是擔心如何讓慈濟慧命永存。」

　　師父問我有什麼打算？我說：「要找一個方法，只要有人付出愛心，救人的工作就能持續不斷。」

　　師父看了我一下，說：「世間有這麼好的事嗎？」

　　我說：「應該有吧！」接著我又說：「師父假如蓋醫院呢？」

　　他有些驚訝地問：「你想蓋醫院？」

　　我說：「我是這樣想，因為醫院本來就是救人，假如把醫院蓋起來，我不在時，醫院仍然會繼續救人。」……[5]

　　書中師徒兩人，關於是否要蓋慈濟醫院的事，就談到這裡為止。其間，雖無明白點出當時印順導師反對她蓋慈濟醫院的話，她卻接著又借另一位陳教授之口，來表示其從支持到反對的理由，是由於「蓋醫院的負擔沉重」，怕證嚴尼的「身體沒辦法承擔，慧縮短壽命」。於是，那位陳教授最後並說：「現在很多人需要（證嚴尼）您，您要把身體照顧好。」[6]

　　但是，證嚴尼當時並不為所動。她宣稱已年近五十歲的她，還是決定該醫院。因為已有許多慈濟人願意支持她，所以她寧可犧牲只是假設性的能如佛陀一樣多活三十多年，反而是利用她──縱使會因此而縮短為──僅剩五年的生命，都會運用此善緣，把「慈濟醫院蓋成」。

　　在同書中，她還自比為像是一位設計水庫的工程師，而流入水庫之水，若要能長期地持續不斷流注，就要教育眾多的臺灣人──以彼

5　釋證嚴，《真實之路──慈濟年輪與宗門》（臺北：天下文化，2008），頁 23-24。
6　釋證嚴，《真實之路──慈濟年輪與宗門》，頁 24。

等的「良知良能」，作為挖掘活源頭的對象——因為在臺灣，雖人人心中有愛，卻不一定會全部顯現或完美的表達與付出。所以她在「慈濟醫院蓋成」之後，所要從事的永續志業，就是繼續開闢福田，挖掘活水源頭。

於是，其最後的結論，就是：

> 慈濟是社會大眾點滴愛心所成就，不論善款金額大小，我都銘感於心。「福田一方邀天下善士」是修福；「心蓮萬蕊造慈濟世界」是修慧。在人世間一畝畝福田，要由慈濟人去開拓，唯有親身耕耘，才有真正的收穫。我們的知會在人群中，不受外來的型態、聲音而動搖；雖有世間污濁，但還是有這麼多心地的農夫耕耘福田，世間就會有希望。[7]

＊

說明之二：可是，在此之前，於臺灣社會的知識圈內，仍有著名學者，不理解證嚴尼的此一立場和做法。茲舉著名的人類學家李亦園院士和社會學家蕭新煌博士的不同看法為例——

1.早在 1990 年 4 月 15 日出版的《亞洲周刊》上，就曾以證嚴法師為封面人物，封面標題赫然是：〈臺灣「聖人」創潮流〉、〈證嚴法師能醫治「暴發戶併發症」？〉，似乎在臺灣當前紛亂的社會狀況中，證嚴法師及其領導的慈濟事業，又可扮演新的挽救者的超人角色。

2.她在訪問中，也當仁不讓地表示了她的信心和解救之道，就是將臺灣原有潛在的中國道德文化，透過「慈濟」的宗教精神，把每個人潛藏的道德良知發揮出來。

7　釋證嚴，《真實之路——慈濟年輪與宗門》，頁 25-26。

3.但是，臺灣著名的人類學家李亦園院士對此，卻認為：證嚴法師的事業，仍不脫傳統佛教濟貧、建醫院、辦學校的模式和貢獻。因此，他質疑說：「辦好一間大學很容易，要改善整個社會風氣，這才困難。」（＊講於 1990/4/15《亞洲周刊》）

4.至於另一著名的臺灣社會學家蕭新煌博士，則以社會學所談「付出和取得」的角度，認為有錢人樂於捐款給「慈濟」，是隱含了「贖罪」的功利心理，在求賺錢後的「心安」。故他認為對慈濟，不必太過歌頌。（＊講於 1990/4/15《亞洲周刊》）

＊

於是，我特地在當時（1990 年 6 月 20 日）的《首都早報》上，以〈證嚴法師的菩提資糧〉為題，並作出如下的深入解說。我當時於文中的論述重點，可摘錄為下列的八點意見：

（1）「當代臺灣的社會，證嚴法師和她龐大的慈濟事業，已成了新的宗教傳奇。這樣的龐大社會力的凝聚，連高雄佛光山的釋星雲法師，都難以相比，可見證嚴法師宗教影響力之強。但是，證嚴法師的宗教影響力，又源自何處呢？」

「從許多報導她的資料裏，我們知道她早期修行的一些艱辛過程和靈異現象，也知道她如何為山地婦人的無錢就醫而發起慈濟功德會，甚至我們還知道她的皈依師是當代佛教思想家印順法師，以及她以靜思精舍的自營加工廠生活，拒絕信徒供養等，然而，這些似乎都只是部分的因素──假如單靠這些，則如何長期維繫慈濟廣大信眾的強烈向心力，大概不太可能。」

（2）「這當中證嚴法師如何技巧地啟發信眾對她的佛教理念產生認同，恐怕才是主要關鍵。」

「因雖然證嚴是著名的佛教大學者印順法師的女弟子，但是證嚴

法師的佛學知識，有多少是源自印順的傳授？恐怕是一個很大的疑問。證嚴法師絕非佛學知識淵博之人。她曾親口對我說，她是很單純的人，她的佛教理念，重在人間菩薩道的真正實踐，而非大經大論的探討。因而她的道場，並無高深佛學的講習。」

（3）「證嚴法師的宗教影響力，在今天，大概無人會否認的。可是她的菩提資糧，對廣大的慈濟會員，是否有提昇彼等的佛教知識或真正消除彼等煩惱呢？」

「據我所接觸的慈濟委員中，有不少只是出於對證嚴法師的敬仰，而非真能僅依她的演講內容，即可滿足對佛學的認識。亦即，像此類猶想希求更多佛教知識的人，他們必得另尋其他途徑了。」

「而一旦他們和其他傳統佛教道場接近，便會發現兩者在出世與入世方面，有極大的差別，而引生了新的疑惑。在這種情況下，要如何解決選擇的難題，便只好視各人的慧根和宗教需要而定了。」

（4）「至於證嚴法師本人，則對她的『菩提資糧』，可說是信心十足的。而仰慕她的人，也相信她的確法力無邊，可以解決臺灣當前的社會弊端。」

「此外，根據我的親聞，證嚴法師曾說她，不太願意讓女徒弟去臺灣一般傳統的佛學院讀書，理由是光學會一些佛學知識，卻未必肯純樸地在生活上實踐。」

「而靜思精舍的一塊黑板上，清楚地寫著『分秒必爭，步步踏實』八個字，說明證嚴對徒弟的要求，絕非悠閒的修道生活，而是忙碌卻穩重的工作實踐。」

「不過在靜思精舍稍作停留，即可發現這些女徒弟，大多流露著鄉土味的和藹與樸實，人人祥和親切，使精舍洋溢著一種家庭氣氛，讓外來的人，對她們無隔閡之感。換言之，在證嚴的徒眾教育中，她仍成功地培養出一群甘於為精舍事務奉獻，而不追尋大經大論的樸實尼眾類型。為什麼她能達到這一點呢？」

（5）「證嚴法師在教誨徒眾時，常強調『**以師志為己志，以師業為己業**』。因她在事業中，標榜著慈濟的四大志業：慈善、醫療、教育、文化。證嚴法師既以此為志業，徒眾自然也須當作志業。其中，慈善是貧苦救助，醫療是慈濟醫院的開辦，教育是辦慈濟護專，及將來準備辦的慈濟大學，而文化則是證嚴法師的理念詮釋。」

「證嚴法師說，她所理解的佛教，就是來自釋尊成佛行道的教誨，亦即憐憫與救濟苦難眾生的佛教事業，便是她學佛的真正動機和實踐慈濟之道。她要腳踏實地的帶領信眾和徒弟們，走出一條活菩薩、真濟世的實踐佛法之途。假如要她下地獄，她亦甘所願，因為可以領眾生離獄苦。」

「在這種理念下，她強調人間淨土的重要性，她鼓勵徒眾積極關懷社會，並效法《法華經》所說的為大事因緣而出世。因而傳統中國佛敵的禪、淨雙修的解脫之道，便在此轉為佛陀和地藏菩薩的典範學習。」

「根據此一佛教志業的理念詮釋，證嚴法師為徒眾講了《三十七道品講義》、《八大人覺經》、《慈濟叮嚀語》、《慈濟的訊息》、《法華經》等，密切結合生活經驗的佛教觀念。她的特色在於擺脫嚴格的文字訓話方式，以流利生動的臺語，靈活地掌握佛法精神，配合最近時事和許多慈濟委員所碰到的實例，條理清楚地表達出來。」

（6）「就技巧論，她堪稱臺灣當代最雄辯的臺語演說家之一。即是靠這一高超的演說技巧，或在花蓮精舍，或在全省各慈濟分會的集會上，她深深打動了徒眾的心靈。──她的講詞，則載於每期發行十二萬份以上的《慈濟月刊》、和發行八萬份以上的《慈濟道侶》周刊，每天又透過全省五個波段播出的廣播節目「慈濟世界」，以及大量的錄音帶和錄影帶等，傳播給慈濟會員或非會員。」

（7）「而證嚴的重視大眾傳播媒體，和善於運用傳播媒體，不但表現在慈濟擁有的傳播媒體上，也經常邀請有影響力的媒體前來訪問

報導。精舍每逢作慈濟介紹，通常都是透過錄影帶來解說，走道上掛滿了名人的訪問鏡頭，而佛殿上也使用了電動的顯示字幕。至於有關慈濟的重要文宣設計，她更是再三的審核，務必達到滿意為止。證明她對如何說服徒眾，是相當用心的。」

（8）「通常最典型的例子，是每逢星期六晚上，有遊覽車載各地的委員或會員來。這些人到後，除參觀精舍外，就是和「師父」見面，向「師父」頂禮，或請解心中迷津。此時她不論怎樣疲倦，仍得一一為彼等開示。而其實所問的問題，大多是錯誤的學佛觀念，或粗淺的學佛問題。雖然如此，對於她的開示，聽者多表示誠心接受，而無辯難的情形。她像有求必應的『現代觀世音』，為彼等解除煩惱。」

「然後，隔天星期日早晨，用過早餐，看過影片介紹，又靜聽證嚴法師的一場動人的臺語演講後，捐款的競賽就展開了。」[8]

——這當中，我唯一沒有提到的經典，是日本日蓮宗新教派「立正佼成會」庭野日敬首任會長，於 1963 年新譯《法華三部經》之一的《無量義經》和其釋文。

然而，這是直到 2007 年 2 月 27 日，證嚴尼在接受日本日蓮宗新教派「立正佼成會」所頒發、以首任會長庭野日敬為名的「第 24 屆庭野和平獎」之後，才於同年 5 月 5 日向來訪的庭野日敬之子，也是現任會長的庭野日鑛，承認，她在出家初期，的確曾請人從日本購回《新譯法華三部經》、並且就是庭野日敬會長於 1963 年出版的新譯名著，並深受其影響。[9]

但是，此一秘密，迄 2005 年 12 月為止，證嚴尼的出家女徒釋德傅（王昱璇），在慈濟大學宗教與文化研究所任教的最資深正統派「慈

8　江燦騰，〈證嚴法師的菩提資糧〉，《臺灣佛教文化的新動向》（臺北：東大圖書公司，1993），頁 91-102。

9　見鄭凱文，〈從證嚴法師對《無量義經》之詮釋探究其「人間菩薩」思想意涵〉，慈濟大學宗教與文化研究所碩士論文，頁 41-42。

濟學」詮釋者兼人類學家的盧蕙馨博士之親自指導下，雖能忠實地遵
循其思路，而撰成相關的碩士論文〈法之體現：以慈濟志工的身體經
驗為例〉，也詳述了許多其近距離的觀察現象。但是，其中並無一語，
涉及有關「慈濟宗」或庭野日敬對其早期影響之事。可見，「慈濟宗」
的隔年宣佈，是連核心的徒弟們，也不清楚或不敢事先透露的大秘密。

　　也因此，此事必須遲到 2007 年八月，才由同校、同研究所、同
指導教授和校外的黃國清博士，共同指導該所研究生鄭凱文，從事有
關證嚴尼「慈濟宗」與《無量義經》的思想淵源，以及有關「人間菩
薩」在慈濟事業中的思想意涵等，我們才得以知曉。[10]

　　儘管如此，我們只要觀察該校圖書館，雖購藏有在數量上，遠超
過國家圖書館所藏有的（※亦即，其實是全國第一多）庭野日敬的各
類日文本新譯的相關佛學著作，卻幾乎很少被該校的師生所閱覽和探
討，就知道，2006 年 12 月中旬才宣佈成立的「慈濟宗」，與其是否受
庭野日敬的新影響，並無太直接的關聯性。

　　而是庭野日敬雖早已曾對其（證嚴尼）佛學的啟蒙有深刻影響，
卻仍必須等其著名的剃度師兼親教師印順導師，於 2005 年 6 月 4 日
圓寂之後一年多，才宣佈自己成立新的「慈濟宗」，並再度高揚其與
《無量義經》思想之深刻和長久之密切淵源。

　　因此，就此期間所涉及的佛教倫理之適當性與否來說，證嚴尼上
述的審慎做法，應是考慮到此舉（即其著名的剃度師兼親教師印順導
師，已於 2005 年 6 月 4 日圓寂之後一年多，才宣佈自己成立新的「慈
濟宗」），當不至於有必須公開面臨所謂「背離」師門之責難的窘境；
同時還可趁此良機，正式迎戰另一大佛教事業道場的創辦人聖嚴法師
已於 2005 年 10 月 21 日先行宣佈成立「中華禪法鼓宗」的預期衝擊。

10　見鄭凱文，〈從證嚴法師對《無量義經》之詮釋探究其「人間菩薩」思想意涵〉，
　　慈濟大學宗教與文化研究所碩士論文，頁 41-42

所以她在隔年（2006）的 2006 年 12 月中旬，才會有宣佈成立「慈濟宗」之舉。

（二）「慈濟宗」與「法鼓宗」在宗派屬性上的異同問題分析：以人間佛教思想的衝突和佛教事業資源的爭奪為中心的探討

有關此一問題的探討，應從 2005 年先成立的「中華禪法鼓宗」來觀察，然後再將其和 2006 年時後成立的「慈濟宗」來對比。

事實上，聖嚴法師在 2005 年 10 月，宣佈成立「中華禪法鼓宗」時，便曾有如下相關說明：

（1）「歷經十六年的建設，法鼓山世界佛教教育園區主體建築即將於 2005 年 10 月 21 日落成啟用，系列活動以『大悲心起』為主題；開山大典活動著重在『禁語、持咒、灑淨、開光』，活動全程全區禁語，期以莊嚴肅穆的佛教儀式，開啟你我心中的寶山。」[11]

（2）對於以「大悲心起」作為整體活動之精神指標，**法鼓山表示：「法鼓山是一座觀音菩薩的道場，也是一座世界的佛教教育園區，希望透過教育來學習觀世音菩薩慈悲與智慧的精神，開啟每一個人心中的寶山，以達到淨化人心、淨化世界，「提昇人的品質，建設人間淨土」的目標。**[12]

（3）聖嚴法師也期許「所有參與法鼓山的人們，在感念菩薩的恩澤之餘，也要進一步做千手千眼觀音菩薩的化身，起大悲心，彼此

---

[11] www.ddm.org.tw/event/1021ddm/index.htm.

[12] 對於以「大悲心起」作為整體活動之精神指標，**法鼓山表示：「法鼓山是一座觀音菩薩的道場，也是一座世界的佛教教育園區，希望透過教育來學習觀世音菩薩慈悲與智慧的精神，開啟每一個人心中的寶山，以達到淨化人心、淨化世界，「提昇人的品質，建設人間淨土」的目標。** www.ddm.org.tw/event/1021ddm/index.htm。

相互關懷」。[13]

　　（4）關於「法鼓宗」成立的背景說明，根據法鼓山的官方網頁資料，如下所述：「<u>1989 年法鼓山創立</u>時，聖嚴法師揭櫫『提昇人的品質，建設人間淨土』的核心理念，為往後的建設與法務推展，建構了堅若磐石的基礎」，「**承繼曹洞與臨濟兩大禪宗法脈，聖嚴法師容攝各宗派，開創出符合現代人使用的漢傳禪法，<u>並於 2005 年正式揭櫫此『中華禪法鼓宗』之大纛</u>**，期望能超越隔閡，共同邁向『人間淨土』的目標。」[14]

　　（5）至於聖嚴法師本人對此成立的相關背景，在其〈承先啟後的中華禪法鼓宗〉的談話中，更曾詳細提到：「**<u>晚近因為有人批評漢傳佛教的缺失，是在於沒有修證及教學次第，甚至也不合印度阿、中觀等之法義，</u>於是便有人對於漢傳佛教失去研修的信心。**」「中國漢傳佛教的特色，就是完成於中唐，迄今依舊遍及全國的禪宗；而漢傳禪佛教的特色，其實就是釋迦牟尼佛化世的本懷。法鼓山的傳承即是漢傳禪佛教，因為是中華民族佛教的一個流派，所以稱為「中華禪」。」**「我從東初老人和靈源老和尚承接了曹洞和臨濟兩個宗派的法，其中曹洞宗默照禪本來已經斷絕，是我根據曹洞宗的著作，自行研究出默照禪的修法，然後自己去修、去體驗它，才復活了曹洞宗的默照禪。同時我也接觸到韓國、日本乃至越南的禪佛教，我把這些新見聞運用在中國傳統的禪法中，除了保持頓悟法門的特色，也在頓中開出次第的漸修法門，融合成一獨特而現代的禪風。因為是創新的，所以另立了『法鼓宗』。**」[15]

＊

---

[13]　www.ddm.org.tw/event/1021ddm/index.htm。

[14]　見 http://www.ddm.org.tw/event/master_shengyen/ddm.html.

[15]　見 http://www.shengyen.org.tw/big5/op16.htm。

可是，聖嚴法師在上述的談話中，雖曾明確提到：「晚近因為有人批評漢傳佛教的缺失，是在於沒有修證及教學次第，甚至也不合印度阿、中觀等之法義，**於是便有人對於漢傳佛教失去研修的信心。**」卻沒有直接點明，這是在此之前現代禪的創始人李元松的主張，以及其與印順導師長期爭辯的焦點。這是論述上，我們必須不能放過的外在問題點之一。

此外，印順導師的追隨者之一的釋性廣尼師，在身為佛教史家的我之建議下，以「人間佛教禪法」的提倡，正式開啟臺灣本土新禪學的現代化思想。

事實上，在此之前，聖嚴法師本人也曾特別邀請我，指導其門下，研究聖嚴法師本人的禪學思想（他認為我是他當代的少數知音）；但因其門下不願其師的禪學思想，被我定位為屬於應用性質的「社會禪」，所以改請李志夫教授指導。[16]我則轉而以原構想，指導佛教弘誓學院的院長釋性廣，教其改寫原以第一名畢業於玄奘大學宗教研究所的碩士論文，並建議其改以「人間佛教禪法及其宗教實踐」為書名，來吸收印順禪學思想的精華、並融合在自己禪修上的新體會，從而建構了其新時代的現代佛教禪學思想。因此，她堪稱為近四百年來臺灣女性禪學家的第一人。[17]所以，面對此一新的強勢競爭者，聖嚴也必須有所回應。而這也是在論述上，我們必須不能放過的外在問題點之二。

所以，聖嚴法師過世之前，寄給我的新禪學著作，就是《聖嚴法師教話頭禪》一書。此書於 2009 年 1 月，由法鼓文化出版，列入【智慧海 41】，並於同月 16 日題字贈給我。[18]可是，根據此書，我在即將

---

[16] 辜琮瑜，〈李志夫教授序〉，《聖嚴法師的禪學思想》（臺北：法鼓文化出版社，2002），頁 3-5。

[17] 釋性廣，《人間佛教禪法及其當代實踐》（臺北：法界出版社，2001），頁 9-15。

[18] 這是回報我不久前曾送他的新書——我寫的《聖域踏尋：近代漢傳佛教史的考

出版（2009/03/23）的《臺灣佛教史》一書中，便極慎重地增補了一段，對其新成立的「中華禪法鼓宗」，之如下的禪學定位：

> 聖嚴從小出家，經歷了戰亂、軍旅生涯、二度出家，如今已是名聞國際的一位大禪師，如此傳奇性的人生經立的確罕見。但是，身體一向不太健朗的聖嚴，在 2005 年雖正式宣佈自己的法鼓山是新命名的「中華禪法鼓宗」根本道場，卻在 2009 年 2 月 3 日下午四點多，以多種併發症病死於從臺大醫院返歸法鼓山途中。在其〈遺言〉中的第三條提到：凡是由她所創立即負責的道場，「均屬法鼓山的法脈」；第四條則說：「法鼓山宗本山方丈一職，不論由內部推舉，或從體系外敦聘大得比丘、比丘尼擔任，接位之時亦接法統，承繼並延續法鼓山的禪宗法脈，亦不得廢止法鼓山的理念和方向，是為永式。」可是，「中華禪法鼓宗」的理念和方向，就其禪學的精確內涵來看，其實是含混和不完整的，因此，他的繼承者究竟要如何對其繼承和再詮釋，也有待考驗。[19]

＊

假如以上，我對新成立數年（2005-2009）的「中華禪法鼓宗」的學術論斷，是可以成立的，那麼相對於其後一年多才成立的「慈濟宗」，其宗脈思想的傳承與論述，可以說，雙方只有在下三點上，是共同的，除外則完全不同。雙方共同的三點是：

察》（臺北蘆洲：搏揚文化出版社，2008）。我在此書封面人物中，以聖嚴列為其中的六位之一，此外我也是臺灣曾正式評論其留日博士論文的學者，相關論文也收入其中。所以他也以書回報。

[19] 見江燦騰，《臺灣佛教史》（臺北：五南出版社，2009），頁 412。

　　一、同樣以觀世音菩薩的「大悲心」，作為其宗教實踐的根本原則。

　　二、同樣從事現代型態的社會關懷與注重生態環境之改善。

　　三、同樣遭受來自印順導師追隨者的「人間佛教思想」之批判或貶抑。

　　因而，彼等在印順導師過世之後，選擇新的方向再度出發，乃成其應有的思維邏輯與行動對策（說明詳下節）。

三、「慈濟宗」與「法鼓宗」在「印順流」的「人間佛教思想」強烈衝擊下的相對反應——印順圓寂後的「去印順化」行動

　　說明：「去印順化」的行動，如上所述，原是「慈濟宗」和「法鼓宗」新成立的真正背景因素之一，但卻是在「慈濟宗」和「法鼓宗」彼此之間，以兩大佛教事業對手互相競爭的發展型態，而出現於不久之前的臺灣佛教歷史上。[20]

　　特別是慈濟功德會的會員，號稱達 400 餘萬人之多，卻有半數以上，是快數增加於 1990 年之後。這使臺灣其他各大道場的發展，相形之下便遜色許多。

＊

　　因此，底下我擬從順著當時這樣激烈競爭的環境趨勢，針對雙方所當時還須共同面對來自印順導師及其追隨者的「人間佛教思想」強

---

20 因為，像這種佛教團體彼此之間在發展生態上相互衝擊的宗教現象，其實早在臺灣政治解嚴後，由於佛教組織已可以多元化發展時，就正式啟動了。

力衝擊問題，來進行其變革歷程的觀察：

（1）解嚴以來，當代臺灣佛教界最具思想影響力的「人間佛教思想」，在其歷經從 1986 年到 1989 年的激烈辯論之後，於 1989 年時，已被當代臺灣佛教界所普遍肯定，並蔚為各大道場（除中臺禪寺之外），用來詮釋彼等本身佛教事業的立論思想根據，和彼等涉入社會關懷的行動指導原則。[21]

所以當代最多元和最歧異的「人間佛教思想」，便宛如一股混濁地滾滾洪流，開始橫溢於各道場的文宣或口語傳播上，其來勢之洶湧和強勁，甚至連大陸對岸的許多佛教學者，都深受衝擊和影響。而其中，尤以太虛的「人生佛教」和印順的「人間佛教」之別，構成了彼此溯源時的思想依據。

（2）但是，以印順的「人間佛教」思想作為批評標準的詮釋觀點，也被楊惠南教授和邱敏捷博士相繼提出和展開對與其相異者的強烈批判。

所以，包括慈濟在內所推展的「預約人間淨土」和聖嚴極力宣揚的所謂「心靈環保」之說，都一概被楊、邱兩人，貶抑為「不了義」的「世俗諦」佛教思想，連帶其所作所為，也是同樣屬於未能正本清源的「別度」思想。[22]

（3）這雖非當時的臺灣佛教界，所願普遍承認的合理批判，甚至於也一度曾激起如石法師、現代禪教理部主任溫金柯和佛光山釋慈容比丘尼等人的激烈反駁。[23]但從當時的發展趨勢來看，彼等所持的反批判聲浪，在印順導師尚健在的有生之年，顯然都被其既淵博又崇高的佛教大師聲望和其一批有力的追隨者，所淹蓋了。彼等在此一時

21　見釋禪林，《心淨與國土淨的辯證：印順導師與人間佛教大辯論》（臺北：南天書局，2006），頁 1-14。
22　見釋禪林，《心淨與國土淨的辯證：印順導師與人間佛教大辯論》，頁 71-80。。
23　見釋禪林，《心淨與國土淨的辯證：印順導師與人間佛教大辯論》，頁 86-145。

間內，便只能暫時屈鬱地，繼續等待適當的時機來臨，再進行全力反撲的行動。

　　（4）因此，自從印順導師在 2005 年 6 月 4 日過世之後，由於彼等過去所不易對抗的佛教思想巨人——印順導師——既已消失於人間，則彼等當時除了在寫悼念文之時，仍會礙於情面，而不得不對印順導師的佛學巨大成就，表示一點欽慕和讚佩之外，事實上，彼等在私底下，則是快速進行其「去印順化」的反向作為。

　　例如，聖嚴法師於宣佈成立「中華禪法鼓宗」的同時，在其法鼓山的道場內，一律只准許講說其著作內容或思想；以及自即日起，開始禁講「印順導師的人間思想」，已成為其徒眾們必須奉行的「共識」了。換言之，當時聖嚴法師「去印順化」的反向作為，其實是和其於 2005 年 10 月，正式宣佈成立「中華禪法鼓宗」之時間點，是密切關聯且相互辯證發展的。

　　（5）而佛光山的釋星雲法師，在作法上，是全力推廣其本身「釋星雲法師的人間佛教模式」到無以復加的氾濫程度，並與聖嚴法師一樣，也宣稱他自己是繼承異於印順思想的「太虛人生佛教思想」。

　　（6）至於曾被楊、邱兩人猛批、但仍長期尷尬地保持沉默的慈濟方面，則是在太虛和印順的思想之外，當其剃度師——印順導師於 2005 年 6 月 4 日過世後不久，便更加強調其早期所宗奉的《無量義經》思想之深刻影響和其長久相關之思想淵源的說明；其後她甚至於 2006 年 12 月，據此，而正式宣佈成立了「慈濟宗」。

　　（7）儘管在外表上，證嚴尼仍不忘提及印順生前對她的影響；[24]

---

[24] 她說：「我們要常常記住，記住人間導師是我的師父（印順法師），是你們（靜思精舍常住二眾）的師公，在這麼近的時代，相傳與叮嚀『淨心第一，利他為上』。心地要清淨，我們還要再處眾入群，這就是本來的道理。」（講於 2005 年 11 月 14 日靜思精舍）轉引自釋德傅，〈法之體現：以慈濟志工身體經驗為例〉，慈濟大學宗教與文化研究所碩士論文，2005。

又說她是印順導師第二代傳人,而眾多的「慈濟人」則是第三代傳人。[25]

不過,我們只要看下列這幾段話,就知道其經典思想詮釋的「主體性」何在了。例如她老早就提到:

> 有人說我是將佛法「革新」的人,也有人說將佛法「革命」,這些話,我覺得都太極端了。也許有許多研究佛教的學者並不同意我這句話。我的理論就將佛法「復古」。**佛陀在我的心目中不是神,也沒有什麼廣大神通,而是一個活生生的人;既是一個人,他的生活就和常人一樣**。(講於 1993 年 8 月 1 日靜思精舍)[26]

事實上,她此處所說的佛陀是非超人化的解脫者,和 1925 年在東京增上寺召開的第一屆「東亞佛教大會」的結論之一,完全一致。[27]因此,這裡的「復古」之說,從 20 世紀前期的佛教新潮流來看,完全可以找到和其主張類似的思想根源的。

此外,她也基於佛法在現代社會上應用的需要,所以她主張要

---

[25] 她提到:「我的師父上印下順導師,也這麼說:『佛法不離此時、此地、此人。』佛法到底多深?我們大家都很相信,我們的時間離得並不遠,若是要說過去諸佛菩薩、祖師大德,好像離我們很遠,而今我的師父,我們才三代這樣傳下來而已。在今年(2005)的六月間,他已經圓寂了,他的法身還是在我們的心目中,也就是所傳的法,還是在我們心裡。所以法脈相傳,我的師父的理念:佛法不離此時、此刻;此地,在我們現在這個世界、這個環境裡;此人,你、我、大家在現在。所以我會常說:時間、空間、人與人之間,這無不都是佛法,無不都是普遍的真如本性。」(講於 2005 年 11 月 13 日靜思精舍)轉引自釋德傅,〈法之體現:以慈濟志工身體經驗為例〉,慈濟大學宗教與文化研究所碩士論文,2005。

[26] 轉引自釋德傅,〈法之體現:以慈濟志工身體經驗為例〉,慈濟大學宗教與文化研究所碩士論文,2005。

[27] 見江燦騰,《臺灣佛教史》,頁 213。

跳開經文的難懂之處，以生活的日常性觀點，來重新靈活詮釋。[28]所以，她有一次便提到：

> 有誰教我呢？這都是我自己靜思密慮突破的道理。[29]

但是，這不能一概而論，因為她早期所接受的庭野日敬所新譯《法華三部經》，其新穎、現代化、理性化和生活化的明暢解說內容，事實上足可供其日後在應用《法華三部經》時，得心應手，無師自通。所以，日蓮宗立正佼成會的庭野日敬會長，即是其長期私淑的一位非常稱職的現代解經家。

而這是為何她會在 2007 年 2 月 27 日接受「立正佼成會」所頒發的「第 24 屆庭野和平獎」，並願意於同年 5 月 5 日向來訪的現任會長庭野日鑛，承認她在出家初期，曾請人從日本購回庭野日敬於 1963 年出版的名著《新譯法華三部經》，並深受其影響的真正原因。

四、附論：「慈濟宗」建立之前的臺灣戰後外在環境助緣

戰後臺灣佛教的發展，有四個指標性的佛教事業導場，即：佛光

---

[28] 例如她說：「不論哪一部經，過去的人探討經的註解都不曾一樣，何況我們在這個社會，**一定要跳開經文中的艱澀，提出來用在生活中**。」轉引自釋德傅，〈法之體現：以慈濟志工身體經驗為例〉，慈濟大學宗教與文化研究所碩士論文，2005。

[29] 此外，在說到她與印順的師徒關係時，她亦說道：「我皈依導師時，導師只給我六個字：『為佛教，為眾生』。數十年來，我謹遵師訓，然而師徒之間的緣，拉得很長，有時我去西部探望導師，儘管語言口音，不太能透徹了解，不過**導師給我的是人格教育，所以能心領神會，清楚自己該怎麼做而自我鞭策**。」（證嚴法師 2005：272）轉引自釋德傅，〈法之體現：以慈濟志工身體經驗為例〉，慈濟大學宗教與文化研究所碩士論文，2005。

山、慈濟、法鼓山、中臺山。其中只有慈濟是唯一從臺灣東部地區崛起的，然而，崛起之後的慈濟，其真正的大發展，卻是以大臺北地區為核心，並且愈到後期，愈是如此。所以有必要來觀察戰後此一外在環境的助緣，是如何逐漸促成日後慈濟事業的開展，乃至於有 2006年 12 月時，「慈濟宗」的正式宣布成立？

（一）臺灣奇蹟，造就慈濟王國

慈濟功德會慈善事業的創辦，時間在 1960 年代中期，但其實際崛起的時間則甚晚，並且與臺灣在 1970 年代末，外交環境的丕變及經濟快速起飛，有著非常密切的關係。再加上當時臺灣社會，對東部原住民的原罪感，進而激發慈濟聲望的急遽膨脹，締造臺灣空前龐大的慈善事業。

因在 1971 年以前，臺灣社會基本上還是相當貧窮，而慈濟功德會在 1960 年代中期即已出現，但當時即使在花東地區活動了將近 15年，它會員的成長一直非常緩慢。反之在此之前，卻是基督教和天主教在臺灣發展的黃金時代。因為當時的教會，在臺灣是一個資源豐富的宗教，包括提供麵粉、奶粉及醫療等極具民生價值的物品，神職人員既有學問，又有拯救世人的道德使命，教勢的發展可說如日中天，吸引了大批的臺灣知識份子加入傳播福音的行列。

然而，隨著臺灣於 1971 年退出聯合國，繼而於 1979 年與美國斷交，從前在經濟上和人員上積極支援在臺各教會的外國機構及資源，便逐漸退出臺灣，或把人力和資源移轉到比臺灣更需要的中國大陸。所以一度在臺迅速擴張的基督教聲勢，便開始走下坡，但也因此促使臺灣的教會走向自力更生的道路上。

（二）四大因素輔助，慈濟成長神速

當證嚴尼於 1979 年前後向臺灣社會發出在花蓮蓋醫院的呼籲

時，正巧基督和天主教會的資源已開始萎縮，無力再在東部蓋新的醫院；非但如此，教會醫院在此時，也無法免除與其他醫院相類似的陋規，其中尤以開刀之前必需先繳保證金的規定最受外界詬病。

而證嚴尼在目睹一位山地婦女因繳不起保證金而被醫院拒收，因此血流滿地的慘狀，方才立下「蓋醫院助人」的大心願，從號召社會善心人士捐錢蓋醫院開始，一步步搭建起慈濟功德會，一呼萬應的慈善事業。

由此可見，證嚴尼事業的快速成長因素之一，即她在東臺灣建醫院的呼籲，就當時的時代背景而言，是非常具有神聖性的。因為這時的東部原住民，就好比被政府遺忘掉的一群，當地的醫療資源極端缺乏，生活異常困苦，故而原住民的問題，便成為當時臺灣社會有良知者的原罪。

這也便是後來臺灣女權運動，一開始即從關懷原住民雛妓問題著手的原因。所以，要怎樣關懷東部原住民，在當時是一項相當能夠打動臺灣社會人心的議題。

（三）蓋一座不必繳保證金的醫院

證嚴尼希望蓋一座不需繳交保證金就能醫病的醫院，在別人有難之際及時伸出援手，這是一種佛教普渡精神的具體表現。因此在這段期間的佛教雜誌，都一致贊同支援證嚴尼的呼籲，在社會上也獲得極大的回響。

事實上，全臺灣教會的牧師、神父、修女等神職人員，他們過去對臺灣醫療方面的頁獻是任何佛教界人士或團體都無法與之比擬的。可是證嚴尼發願的時機，正值基督教聲勢處於退潮時期，教會的力量伸展不開來，蓋一家在東部的佛教醫院，已經沒有面臨教會醫院競爭的威脅；同時在臺大醫學院的全力支援下，為慈濟醫院的成功奠下了極佳的基礎。

此外，到了 1981 年之後，臺灣已出現了一批靠炒作土地而發財的大暴發戶。這些人為求贖回良心，便把具有濟貧扶弱特色的慈濟醫院當作一個著力點，樂於出錢、出力來幫助東部的居民，使濟貧扶弱的傳統民間道德力量再度擡頭，蓋一家醫院來照顧東部的民眾，此刻變成大家都樂意的事。由於這些主、客觀條件的成熟，證嚴尼的心願，很順利地便得到實現。

（四）小手冊大功效　證嚴尼聲望家喻戶曉

不過，出乎大家意料之外的是，慈濟功德會在蓋好醫院之後，它的聲勢立刻扶搖直上，會員的增加非常神速，的確令人始料所未及，但這首先還須歸功於一位名叫陳慧劍的居士，由他所寫成的《證嚴尼和他的慈濟世界》這本小書冊，隨著慈濟醫院仁心仁術的濟世表現，把證嚴尼的個人魅力散播到全臺各地，使臺灣樂善好施的道德傳統，再度從社會上的各個角落蘇醒了過來。

據瞭解，這本書一經出版便流通了 30 多萬冊，威力的確驚人，書冊把證嚴尼描述得儼如現代的活觀音，如此既滿足了人們對傳奇性人物的仰慕心理，又樹立了證嚴尼在宗教上的權威，讓許多真正熱心公益的人找到了追隨的物件。

1.帳目絕對清楚，臺大醫院共襄盛舉

另外，證嚴尼擁有一項在當時佛教界比較缺乏的優點，那就是在錢財方面絕對公私分明。在那個時代，一般道場的帳目通常都是黑盒子，勸募而來的善款往往會不知去向，因而社會上對少數住持在道德或操守上所產生的質疑，都會不分青紅皂白地怪罪整個佛教界。

可是證嚴尼的作法，明顯地有所不同，例如她連靜思精舍的產權，都是由自己家人替她買下的，一切自食其力，絕不虧欠信徒分文，也沒有錢被師父私下用掉的懷疑。而一旦牽涉到錢財的用途，證嚴尼

都會完全交由董事會來共同決定。因此，證嚴尼很快地就成了佛教界崇高道德的典範。

　　再就經營手法來說，證嚴尼為要取信於社會，她把慈濟醫院的所有權和經營權分開，把經營權委託給在臺灣最具公信力的學術機構，也就是每年聯考都是最高分的臺大醫學院。慈濟醫院的院長、醫師等重要幹部，最初都是從臺大聘請過來的，這等於是兩個機構的共生結合，使慈濟醫院就好像是臺大在花蓮的分院。這項十分巧妙的安排，讓慈濟醫院在東部輕易地建立起醫療權威的地位，同時也使證嚴尼由此而贏得了世俗社會的權威。

2.媒體資源豐富，慈濟效應所向披靡

　　慈濟功德會能有今日的成功，其實還得感謝證嚴尼的弟弟王端正，這位原出身自媒體記者的人物，非常瞭解掌握媒體關係的重要性，他不斷利用各種管道讓媒體替慈濟造勢，包括買廣播時段、電視時段，慈濟又擁有自己的刊物，可說是目前掌握臺灣媒體資源最豐富的團體之一，而它在媒體宣傳上的投資，恐怕也是最多的。所以，慈濟只要在政治上不犯錯誤，不要讓國民黨感覺到它有支援反對黨的傾向，那麼它就不會像佛光山一樣，三不五時地總要遇上政治麻煩。

　　多年來，政府對慈濟功德會的褒獎幾乎持續不斷，國際上的表彰也接二連三，再加上媒體的推波助瀾，「慈濟效應」在短短幾年內便深深地撼動了臺灣的社會民心，使佛教與慈善事業緊緊地相扣在一起。

　　依此說來，證嚴尼發迹的時代背景，是在臺灣社會處於轉型期之際，時機上正是外在環境逐漸對佛教發展有利的時刻，她經過十多年的長期摸索，終於發現到能夠扣緊時代心弦的社會議題，一俟她在「後山」發出照顧弱者的人道呼籲，就打中當時社會心理的弱點，因為大多數的人對東部原住民都有一種原罪感，所以社會上的回應極為

熱烈。

　　然後，證嚴尼在經營慈濟功德會的策略上，把宗教性和非宗教性的慈善事業作區隔，讓事業體由臺灣的主流菁英來籌辦和管理，非常正確地規畫了事業發展的方向，再倚靠造神運動及自食其力的優勢，在媒體的充分配合下，很迅速地便征服了臺灣社會，威力之大所向披靡，影響力還漸漸擴散到全球的地域。

（三）臺灣本土新典範的形成：證嚴尼「慈濟賑災團」的救援模式

　　證嚴尼是臺灣籍的尼師，長期關懷臺灣本土，一直是她佛教事業的重點。她不像出身大陸叢林的釋星雲法師，有濃厚的「大陸情結；對她而言，「慈濟功德會」的四大志業，只是在關懷臺灣本土社會之餘，進一步對臺灣以外的全人類提供救助與關懷而已！

　　因此，在 1991 年以前，雖然有許多臺灣著名的法師或宗教團體，紛紛前往大陸朝拜或交流，但證嚴尼則從未踏上大陸本土一步。直到1991 年 7 月中，中國大陸遭遇半世紀以來最嚴重的水災，死傷幾近二萬人之多，災區遍及數省，民眾受困或無家可歸者，更數以百萬計。

　　在這種情況下，臺灣的宗教團體，都本著「人溺己溺」的精神，號召信徒和社會大眾，捐款或藥品、衣物和糧食，以協助彼岸的同胞。

　　以佛光山釋星雲法師為例，雖然中共當局對他協助「民運人士」猶存芥蒂，但他前後仍透過紅十字會及其他管道，捐款達五十萬美金之多。

　　其他的宗教團體，如一貫道等，也捐了大批的款項。可以說，救人第一，而沒有計較是否有信仰上的差別。

　　但，證嚴尼的作法，則較之其他宗教人士或團體，在手法上要細膩得多。她本人仍未踏上大陸一步，但她和「慈濟功德會」的一群主要幹部，經過仔細協商後，決定成立「大陸賑災評估小組」，以「佛

教慈濟慈善基金會」的名義，前往大陸。這也是中共在 1991 年 5 月中旬，宣佈停發出家人的「臺胞證」以後，首度有臺灣方面的宗教團體，正式申請進入大陸，成員包括：慈濟志業總管理中心副總執行長王端正、慈濟醫院院長曾文賓、臺大醫學院公共衛生系教授陳光和、慈濟榮譽董事張來鴻、慈濟委員李憶慧、以及慈濟醫院社會部工作人員張月昭等，可說是一支很專業性的隊伍。

　　此一小組在 1991 年 8 月中旬，抵達北京。交涉的對象，是設於中共「民政部」內的「中國抗災賑災協會」。由於該「協會」的李姓副秘書長，是由「民政部救災司」的司長兼任的，因此，慈濟的「評估小組」實際是和中共官方打交道。而慈濟又是來自「佛教」的慈善團體，雙方要如何打交道呢？

　　本來，依據臺灣方面「紅十字總會」的秘書長陳長文的看法，如果要避免大量由臺灣各界捐出的款項和救濟物品，被經手的中共官員中飽，最好是悉數透過「紅十字總會」來處理，並可指定用途；而該會保證會按照指定用途，有效地及時送達大陸的十八個省分災區。的確，當時臺灣的各界捐款和救濟物品，也透過此一管道來進行。唯獨「慈濟功德會」突破性地另尋交涉途徑，那麼可能出現怎樣的狀況呢？

　　其實慈濟的「大陸賑災評估小組」，在臺灣籌組時，已擬定行動的方針：計畫從經濟支援、物質援助及醫療防疫著手；而原則上，將盡量利用大陸當地的人力，再配合臺灣方面能提供的經濟支援，以便全力投入救災的工作。證嚴尼解釋說：「『慈濟功德會』決定將賑災物品，直接送到大陸災區的災民手中，是有雙重意義：（一）將臺灣捐款人的愛心涓滴不漏地送達大陸災民；（二）更深的意義則為啟發大陸同胞的愛心。」顯然地，證嚴尼有更深一層的打算，並非只是單純的作慈善救助而已！

　　而王端正代表「評估小組」，在「中國抗災賑災協會」作簡報時，更具體、周詳地提出慈濟的賑災構想：

　　A.一個目的：賑濟受災地區同胞，讓他們能渡過難關熬過秋冬。

　　B.二項原則：（一）直接原則。（二）重點原則。

　　C.三種不為：（一）不談政治。（二）不搞宣傳。（三）不刻意傳教。

　　D.四種物質：提供（一）醫藥。（二）食品。（三）衣物。（四）。
金錢。

　　E.五個希望：（一）雙方合作。（二）人力支援。（三）交通運輸協
助。（四）資料提供。（五）工具配合。

　　由於慈濟的「評估小組」已表示將會避開宗教和政治的問題，剩
下來的，只是如何將錢和東西送出去而已，中共方面豈有拒絕之理？

　　但中共方面仍然要求慈濟，能比照聯合國的方式：將所有的物質
折合現金，交由五、「中國抗災賑災協會」統籌使用，為災民蓋房子。

　　因當時，光是安徽一省，就有三百萬戶安置。至於各災區的醫療
隊，及災民的吃、穿等物質，不但有國內外的大批救濟品，中共本身
也有能力調度和設法維持。然而，這和慈濟的原先構想，可謂大有距
離。於是雙方再盡力協商。

　　最後原則上，決定維持慈濟的原構想；可是慈濟也同意考慮中共
所提，為安徽省災民蓋房子的問題。

　　結果，慈濟的「評估小組」，將實地勘察資料帶回臺灣後，決定
先在安徽的全椒縣為災民蓋十四個「慈濟村」，可安頓九四五戶，並
希望在農曆新年前可以搬入居住。另外，為全椒縣的老人，也蓋了九
所「敬老院」，以及在江蘇省興化縣為災民蓋了五六八戶房子。而這
些房子不但附有完善的衛生設備，甚至向當地政府爭取到土地所有
權，連同房子的所有權證書，一併交給分配到的災民住戶，於是中國
佛教史上前所未有的「慈濟村」，就這樣出現在對宗教一向敵意甚深
的中共統治區內。

　　在房子和土地之外，慈濟的工作人，在元旦後，還派人去災戶家
裏，發放棉被、棉襖、種子和化學肥料，「敬老院」的無依老人，也

發給人民幣六十元的大紅包。難怪災民要感激的說:「又有衣服、又有被子、又有錢、又有化肥、又有種子!有了衛生衣,還有棉襖褲,一切的生活所需都被你們包了,我們永遠忘不了臺灣!」

而慈濟的工作人員,只在發放大紅包時,要那些老人唸一聲:「阿彌陀佛!」以表示是屬於「佛教」的關懷。這樣的輕微「犯規」,也不致引來中共的干涉。可以說,雙方皆大歡喜。

從以上的經過描述,我們可以發現慈濟的作法,是非常有計畫,並且也的確收到了原先的預期效果。雖然對數以百萬計的災民來說,慈濟只照顧了其中的某些幸運者,但在宣傳效果上,卻是難以衡量的。所以上述「慈濟模式」的突破性作法,堪稱是臺灣本土新典範的形成。

而這也是為何近年來慈濟能正式被大陸國務院核准,成為唯一可以在大陸合法立案和公開活動的臺灣佛教慈善團體的真正原因。

五、結論

雖然證嚴尼認為《無量義經》中有一段:「靜寂清澄,志玄虛漠,守之不動,億百千劫」十六字經文,是慈濟近四十年來,特有的臺灣本土佛教實踐哲學之核心指導思想。所以每次談到《無量義經》時,她就滿心歡喜!尤其上述的十六字經文,每天都在她腦海中浮現!並一再宣稱:慈濟近四十年來的巨大成就,就是依照這十六字的指導原則所形成。[30]

在本文中,我雖不直接挑戰這樣的說法,是否以偏概全?而是改從其周邊問題的探討,來呈現其宗教實踐哲學的獨特性和最大有效性。

---

[30] 釋證嚴,《真實之路──慈濟年輪與宗門》,頁 52-56。

　　但在另一方面，本文也分別從外在大環境變化的諸多良好助緣，以及其在進行宗教慈善實踐時，能事先精心規劃和設定有效、或深具可行性的目標達成點、及其最終達成的巨大成效等方面，來說明其行動的合理性和有效性。而認為這就是理性化的現代管理模式，結合佛教簡易實踐哲學靈活指導、和運用的臺灣本土佛教新典範之最著名實例。

　　因而，本文事實上是，透過對「慈濟宗成立背景的溯源性回顧和針對證嚴尼自早期以來其獨特的臺灣本土佛教實踐哲學與其師印順導師人間佛教思想的根本差異及其所衍生的互相衝突狀況，來說明當代臺灣人間佛教思想的相互衝突、各大佛教事業團體發展的資源爭取（如慈濟與法鼓山之間）和「去印順化」新趨勢的反向發展，才是2006新的「慈濟宗」之所以會建立的真正原因。

　　亦即，我認為2006年12月，「慈濟宗」的新成立，應和之前的兩件事相繼發生：（1）印順導師於2005年6月4日過世，以及（2）聖嚴法師的「中華禪法鼓宗」2005年10月21日成立，有最直接的關聯。

　　或者反過來說，若無前述兩件事情的相繼發生，我認為根本不會、甚至於也無必要有「慈濟宗」的正式宣佈成立之舉。

第十七章　南懷瑾與林清玄的蓋棺論定

前言

　　本章是本書正文的最後一章。而我之所以在這裡，將這兩位不一樣性質的佛教著名人物南懷瑾與林清玄，擺在一起透視與加以蓋棺論定，是有其理由的：

　　一、他們都曾是在臺灣社會有極大的名氣，並擁有龐大的追隨者。

　　二、他們都是臺灣佛教界的知名人物，並各有特殊表現：前者南懷瑾（1918-2012），是綜合型的一代大師；至於後者林清玄（1953-2019），則是當代臺灣最多產又著名的佛教散文作家。

　　三、他們雖都過世不久，但仍屬相當的臺灣社會人物的心靈代表性，很值得我們重新對其蓋棺論定。

　　於是而有本章合體的敘述出現。

一、南懷瑾：一個精明的現實主義者

　　作為一個享譽已久的「精明的現實主義者」：南懷瑾，在當代海峽兩岸的華人社會中，是極為傳奇和名氣響亮的宗師級佛教文化人物，長期以來，在兩岸有很多政商名流，都以能拜在「南（懷瑾）老師」的門下為榮。

　　連十一年前，在臺灣，因「巴紐建交醜聞案」而搞得下臺前的民進黨執政當局灰頭土臉的外交大掮客金紀玖其人，之所以能長期遊走在臺灣藍（國民黨）綠（民進黨）政商界的豐沛人脈之間，所靠的，

其實也只是「南老師的弟子」這塊重要的敲門磚而已。

　　因金紀玖時常在臺灣各種重要的社交的場合，把他作為「南懷瑾弟子」的這一殊榮身分，不時掛在嘴上，並藉以攀緣上，像李登輝主政時期的國民黨「大掌櫃」劉泰英[1]。因為劉泰英本人，據說也曾拜在南氏門下，成為弟子之一，兩人既屬系出同門，交情自然大不相同。

　　並且，根據當時國民黨雲林縣選出的立法委員張碩文，對金紀玖的長期觀察，認為：「因為他（金紀玖）是南懷瑾的門生，所以說，對面相啦、手相，他有提出他的一些看法。」[2]可見，在臺灣這位新生代的政治人物眼中，南懷瑾的門下，如金紀玖其人，之所以能善於察言觀色，其實就是得力於南懷瑾本人，所精通相人術的傳授，才能如此的與眾不同。

（一）當代讓人好奇、難解的南懷瑾？——從蔣經國總統時期的倉皇出奔北美到李登輝總統時期的涉入「兩岸密使」交流

　　但，更令人訝異的是，曾在一九八五年七月，因害怕蔣經國對他的猜忌、或整肅而倉皇出奔北美的南懷瑾[3]，居然在蔣經國死後的李登輝當權時期，透過同屬李登輝的親信兼南懷瑾的弟子蘇志誠和鄭淑敏兩人，於一九九一年在香港促成兩岸「密使」的聚會。因而，其後，

1　見謝古菁，〈金紀玖、劉泰英熟識　曾同重建災校〉報導，曾提到：「10億元外交醜聞案，重要關係人之一金紀玖，外傳和國民黨大掌櫃劉泰英關係匪淺，原來，九二一大地震後，苗栗卓蘭2所國小受損嚴重，當時劉泰英擔任國民黨投管會主委，認養震災學校後，委由金紀玖的力甲營造公司興建，校方剪綵典禮上，兩人還曾經合影留念。」http://www.tvbs.com.tw/news/news_list.asp?no=yehmin20080506120840

2　見張嘉玲，〈外交醜聞／金紀玖建中同學胡定吾、焦仁和〉http://news.pchome.com.tw/politics/tvbs/20080506/index-12100710493405339001.html

3　見王興國，《臺灣佛教著名居士傳》（臺中：太平慈光寺，2007），頁454。

此事的部分內幕，被當時新黨的立法委員郁慕明，在立法院透過質詢加以披露時[4]，立刻便震驚了當時臺灣的朝野各界人士。

因當時大家最大納悶的，也最好奇的，其實是：南懷瑾這號人物，到底他和大陸方面的高層，有何特殊關係？否則為何他能如此神通廣大地促成兩岸的「密使」聚會？並且又是透過他昔日在臺的弟子們來進行？

儘管如此，此事迄今雖已隔二十年之久了，相關的新聞也陸陸續續提到了不少當時的內情或過程[5]，但因當時參與密會的雙方當事人，

4　2000/07/11《聯合晚報》的記者郭淑敏報導，曾提到：「（民國）八十三年新黨立委郁慕明在立院揭露蘇志誠擔任密使事件時，蘇志誠的密使工作還在進行式，蘇說，郁慕明的資料來自於中共高層情報，當時中共內鬥，部分人士想破壞江澤民，不想讓江在兩岸關係進展上有歷史地位。」同報導中，也提到：「…九二年（民國八十一年）參與密談的許鳴真以探親名義秘訪臺灣，會見了李登輝總統。蘇志誠說，許鳴真來臺後，與李登輝談得非常好，『許鳴真還來了好幾次，都由我來接待』。蘇志誠透露，後來大陸方面主動提醒他，『南懷瑾太複雜，不要被他利用了。』」http://residence.educities.edu.tw/gramsci/News24.htm

5　2008/04/12 的《今日新聞》，在〈兩岸密使列傳誰牽線？謎樣人物南懷瑾〉的新聞報導中，則提到：「90 年代的密使任務，到底是誰居中牽線？綜合各方說法，是大陸官方請來當代國學大師南懷瑾居中牽線，南懷瑾一直是個謎樣人物，憑著一身的國學素養，他在兩岸三地的政商名流間行走自如。…2000 年 7 月 23 日，南懷瑾弟子吳瓊恩說：『楊尚昆身邊的親近，叫做賈斯德嘛，就他們兩位負責（兩岸），當楊負責的時候，他到香港跟南老、跟蘇志誠，蘇志誠後來接觸，資訊當然是層層往上，最後簽到江澤民看了。…』」而同日，在《今日新聞》的政治新聞〈兩岸密使列傳蘇志誠為李江傳話　提前告知對岸終止戡亂〉中，更提到如下的訊息：「…在 1990 年代初期，前總統李登輝派出了密使蘇志誠穿梭兩岸，建立了和中共領導人江澤民的傳話窗口，當時還提前告知了臺灣將終止動員戡亂、以及李登輝要訪美的消息。這起密使內幕在 2000 年時，照片被公諸於世，才爆發開來。…幾次的密使任務，尤其以 1994 年 4 月這趟，直接打通了李登輝和江澤民傳話的窗口，北京當局幾經來回磋商，終於決定由蘇志誠從臺灣前進澳門，再持假簽證進入珠海，與時任中共辦公廳主任曾慶紅會面。為了安全起見，李登輝還要求持美國護照的鄭淑敏先行探路。…不過，原本保密到家的兩岸密使，終究在 2000 年由當時負責牽線的南懷瑾弟子魏承思公佈了蘇志誠密會的照片，而蘇志誠等人也接受監察院的調查。」雖然報導如此，但因當事人對真正的內情仍未完整公開，所以真相如何？可以認定至

都堅決不肯完全吐實之下，所以當時的真相如何？迄今仍是一團迷霧。因此，對於像南懷瑾這樣迷樣人物，我們要如何對其有所了解呢？以下我試著從現代臺灣佛教史的角度，來加以觀察和綜合評述。

（二）從在大陸地區颳起的「南懷瑾熱」旋風到多面人角色的爭議問題

首先，我們可以發現到，當代在大陸地區出現的「南懷瑾熱」，其實是源於南氏自一九八七年起，結束其多年的旅美生涯，移居香港，再利用蔣介石的繼承人蔣經國，在其執政的後期，所實施的政治解嚴、和兩岸因之而逐漸恢復交流的早期有利時機，以香港為大陸境外最近據點之便，積極展開其對大陸學界、政界、乃至工商界的廣泛人脈的建構拉攏和多邊資源的鉅額投入。因而能立刻，在當時的大陸各界，造成極為聳動和快速高度被接納的顯著傳播效果，使其在大陸學界，以上海復旦大學為中心，被「火紅」的關注程度，堪稱當代罕有其比。

可是，在南氏此一快速成功的背面，我們也可以清楚地觀察到：相較之南懷瑾其人，於當時在大陸之所作所為，事實上，在當時，在境外的華人中，並無有任何一位學者、文化人、或哪一位宗教師，敢於像他（南氏）那樣宣稱：從一九八九年起，就要在他的故鄉浙江省，與中國政府合作，共同出資修建從金華到溫州的鐵路，全長二五一公里，有隧道六十六座長思時三一公里，橋樑一二五座一四公里，造價一億七千萬美元，而他個人願意投資八十％，其餘二十％由中國政府投資。並且，自一九九一年起，此投資陸續進行。…

因此，我們可以合理的料想，在當時大陸地區正處於急需外界投入大筆資金的改革開放前期，各界在面對南氏以如此空前的大手筆祭

今，仍依然是一團謎。http://tw.news.yahoo.com/article/url/d/a/080412/17/x5qi.html

出上述金光閃閃的鉅額敲門磚之後，豈有不立刻引起轟動和被大陸地區廣為傳播或高度肯定的道理？

更何況，在此同時，他又進一步成立了所謂的「光華教育文化基金會」，親自擔任董事長，並藉此展開其對，大陸地區數十所重要大學的，所謂文化研究經費之獎勵和補助。因而，使原有多方面著作的南氏本人，立刻就成為自己此舉的最大受益人。

因為，他過去所撰寫的各種著作，此時立刻大量在大陸，被出版和被討論，特別是以上海復旦大學為中心，更迅速激起一股「南懷瑾熱」，並朝各處擴散。

然而，隨著這股「南懷瑾熱」在大陸學界和社會快速擴散的同時，我們也可以發現：同樣在上海復旦大學校內，也有部分學者如朱維錚教授，以及另一位知名學者張中行先生，公開撰文，開始對南氏的著作嚴謹度或對傳統經典自由詮釋的方式，展開強烈的質疑和學術貶抑。

因此，當時南懷瑾的所作所為，在兩岸一般學界、或宗教界人士的認知中，其實是相當分歧的。例如雖然有些人，把他高高地捧為：「一代國學大師」、「著名佛教居士」、「易學大師」、「密宗上師」、「當代道家」、「現代隱士」等[6]；但同時也有一些學者，將其低低地貶為：喜借交際名人炒作身價的「江湖騙子」，而他的一些刻意的作為，也

---

[6] 2007 年 07 月 18 日，劉放在《廣州日報》的一篇報導〈"隱士"南懷瑾："國學大師"還是"江湖騙子"？〉中有一段話，即是如此提到南懷瑾：「…其實，早在五十餘年前，南懷瑾就已經聲名鵲起。1976 年，根據南懷瑾演講輯錄的《論語別裁》在臺灣出版，受到狂熱追捧，到 1988 年時已再版高達 18 次之多。1990年，復旦大學出版社將《論語別裁》等南懷瑾著作引進大陸，同樣掀起『南懷瑾熱』。時至今日，『南懷瑾』這個名字已經堪稱『名播遐邇』，譽之者尊稱其為『國學大師』、『一代宗師』、『大居士』，但圍繞著他和他的作品的爭議也從來沒有停止過，毀之者直斥其不過是一個『江湖騙子』、『篡改三教混淆古今』。」http://art.people.com.cn/BIG5/41389/6002720.html

被批評為，只不過是一種「江湖騙術」而已。[7]

　　不過，曾經編輯《南懷瑾全集》的魏承思，對於這些來自各方歧異的批評或稱謂，他並不同意，因他個人認為：「南懷瑾一生行跡奇特，常情莫測」，因而他說各界對南氏的「這些稱謂似是而非，因為每一種說法都只涉及了懷師學問人生的一個側面，而猶未識其詳」[8]。

如何定位南懷瑾？一個精明的現實主義者！

　　可是，就我個人來說，我認為「一個精明的現實主義者」，才是對南氏其人最好或恰如其分的稱謂。因為，我們須知，作為一個「精明的現實主義者」南懷瑾，曾在他的漫長人生中（1918-2008），有長達三十六年（1949-1985）之久，是在臺灣度過的。

　　而這三十六年當中，又都是臺灣地區在政治上正於處於「戒嚴時期」（1949-1987），也是蔣氏父子兩代強勢主宰臺灣政局的時期。所以要觀察南氏其人生平的所思和所為，以及要為其作較正確的歷史定位，事實上是可以透過此段他個人多變的人生際遇和學思活動來理解。

　　至於撰寫此一評述之文的我，作為一位現代臺灣佛教史的學者，其實是在一九四九年出生的，所以南懷瑾在臺活動期間，有三十六年（1949-1985）之久，是和我的生命史相重疊的。

7　上海復旦大學教授朱維錚，則認為南懷瑾被稱為「國學大師」之名「是言過其實」，因為「南懷瑾的名字在廣泛傳播中，常常和各界名人聯繫在一起，這一點也為不少人所詬病，被認為是借名人炒作自己的『江湖騙子』。南懷瑾曾經的閉關修行、晚間打坐修行，甚至他每天不吃早餐，中餐和晚餐一小碗稀飯的飲食習慣，都被不少人質疑為是將自己刻意打扮成『奇人異士』的一種『江湖騙術』。」http://big5.huaxia.com/wh/whrw/2007/00648464.html。

8　這段話是魏承思在編輯《南懷瑾全集》的〈前言〉中所提到的。http://www.tangben.com/WYmanbi/2002/nanpreface.htm

　　因此我生平，雖沒有和南懷瑾本人，有過人何交情，但由於我個人也喜歡廣博閱讀儒釋道三教的諸多典籍，也的確下功夫讀過，南氏在臺出版的部分佛學，或道家的相關著作，並曾在自己的著作中，正式介紹過南氏其人的事蹟和批評過南氏的禪學見解[9]。因而，基於這樣的時代背景和學術觀察，以下我試圖對南氏其人提出幾點個人的評論意見，以就教於當代兩岸各界的高明之士，看看是否有當：

　　一、從整體上來看，南氏可說是具有傳統漢文化通識學養的綜合性文化人，而不是宗教性強烈的宗教家。因此，他其實是及類似明初姚廣孝（道衍）和劉基（伯溫）兩者混合的現代版奇人。

　　所以，他論學上雖折衷三教，認為儒家像飯店、佛教像百貨公司、道家像藥房，三者皆有其功能和必要，但儒家還是與日常生活最息息相關，不可一日或缺。因而他日後最暢銷，也最具個人自由詮釋特色的《論語別裁》一書，也最能反映出他的生平志向和所學的豐富人生歷練。

　　二、相較於同時期在臺灣有重大影響的李炳南和印順兩者，李炳南因任職孔家後代孔德成的秘書，所在詮釋《論語》時，態度嚴謹而保守，因而讀者甚少，影響極微；反之，南懷瑾則在宣稱可以全體和有機的通讀《論語》一書的自信之下，採取所謂「以經解經」的自由詮釋方式，結合現代人的合理性生活思考，使《論語》的內涵和思維，魔術般地變成兼具現代性及趣味性的實用生活之書，因而大受現代讀者的歡迎，影響極大。[10]可是，不嚴謹的「過度詮釋」，也所在多有，所以大陸學者對此部分的強烈批評，也是其來有自，而非無的放矢。

9　見江燦騰，《當代臺灣佛教》（臺北：南天書局，2002，二版一刷），頁65；頁162-163。

10　參考張崑將，〈正統與異端：南懷瑾與李炳南的《論語》詮釋之比較〉，收入行俊傑主編《東亞論語學：中國篇》（臺北：臺灣大學出版中心，2009），頁553-559。

　　至於，在南氏所自負的佛學和禪學方面，相較於印順的精深和通透，南氏的相關著作內容，不但思維極為傳統而且學術性不高，卻極為目空一切。然而，根據我的實際觀察，南氏生平號稱早年在大陸時期，曾多處參訪川藏地區的顯密僧侶，以及自稱曾多年閉關和曾閱完大藏全藏[11]，但他對重要的中觀系經論及三論宗典籍，其實是相當陌生的。而其所出版的《楞伽大義今釋》[12]、《楞嚴大義今釋》[13]等書，雖有名氣，也只是用心性論的思維加上其自認的修行經驗，擇要式地用白話翻譯而已。論其見識，尚不及明代禪僧對同類經典的注釋水平；對近代國際學界相關研究的現況，更是陌生至極。可以說，他根本不配在此領域，享有現代學術的發言權。

　　至於，他最引為自負的禪學部分，由於我曾從學界友人處[14]借得南氏收藏的日本著名禪學家忽滑谷快天的《禪學思想史》一書[15]，所以我有理由判斷，在禪史料和禪學史的認知上，南氏應曾獲益於忽滑谷快天的《禪學思想史》。而具體的證據就是，因忽滑谷氏的《禪學思想史》一書，未曾涉及日後敦煌文獻的禪學資料[16]，所以南氏同樣也對此一領域陌生，故他也無從就此問題和國際學界對話。

　　事實上，在臺曾威權一時的南氏禪學，並未有出色的後繼者出現，如今也幾乎煙消雲散，不再具有任何重要的影響力！

　　三、另一方面，因南懷瑾個人生平雖求知欲甚強，而政治意識形態卻相對薄弱，所以他絕非任何現代意義下的黨工或政客；當然他也絕非對現代不公社會持嚴厲批判態度的社會運動者。所以他其實是一

11　見王興國，《臺灣佛教著名居士傳》，頁447。

12　南懷瑾，《楞伽大義今釋》（臺北：老古文化出版社，2002）。

13　南懷瑾，《楞嚴大義今釋》（臺北：老古文化出版社，1996）。

14　蔣義斌教授。

15　忽滑谷快天，《禪學思想史》（東經：玄黃社，1925），分上下兩卷出版。

16　見江燦騰，〈胡適禪學思想的爭辯與發展——第一階段（1925-1935）的分析〉，《中國近代佛教思想的諍辯與發展》（臺北：南天書局，1998），頁503-542。

位「精明的現實主義者」，因此遇到任何身分的變化或職業的遷移，都不會令他為難和不易適應。

四、而他對傳統三教文化的熱愛和深刻體悟，以及對各種實用雜學的學習，則具有常人罕有的好胃口和特強的消化能力。

五、最後，南氏生平雖一向精明老到，有時也可能撞牆。例如，南懷瑾一九四九年到臺灣後，曾集資在臺灣北部的基隆開「義利行」船運公司，買了三條機帆船，航行於琉球和舟山之間運貨販賣。這本來是一個大有前途的商業經營，可是後來國民黨的軍隊從舟山撤退時，就徵用了他賴以為生的三條機帆船，使他血本無歸[17]。他的第一次發財夢，自然隨之幻滅！

至於他在一九八五年間，之所以倉皇地逃離正處於生平事業鼎盛時期的臺灣，是因為他有四年之久的時間，是在臺灣自己的臺北道場[18]開設黨政軍和社會各界名流的特別講習班[19]，講授的課程又是像《陰符經》、《戰國策》、《史紀》等屬於傳統謀略、數術之類的歷史知識[20]，這無異於地下國師之流的指導行徑，所以當然會引起以特務出身的蔣經國之猜忌。[21]

更何況，當時臺灣正面臨臺美斷交後的重大變局，而蔣氏愛將王昇系的過度弄權和一九八五年爆發嚴重的「蔡辰洲十信弊案」，都促使蔣經國決心瓦解和清算相關的首腦人物。所以當時重要涉案關係人

---

[17] 參考王興國，《臺灣佛教著名居士傳》，頁448。原出處為，練性乾，《我讀南懷瑾》（上海：復旦大學出版社，1999），頁51-53。

[18] 此處所指的就是南氏於1980年將其「大乘學社」新址，所更名的「十方叢林書院」。見王興國，《臺灣佛教著名居士傳》，頁454。

[19] 當時南氏曾撰一對聯：「白屋讓王侯，座上千杯多名士；黃金如糞土，席前百輩屬英雄。」轉引自王興國，《臺灣佛教著名居士傳》，頁454。

[20] 見王興國，《臺灣佛教著名居士傳》，頁454。

[21] 南氏曾在初到美國時，寫了一首詩：「不是乘風歸去也，只緣避迹出鄉邦。江山故國情無限，始信尼山輪楚狂。」轉引自王興國，《臺灣佛教著名居士傳》，頁455。

的南氏，當然非及時逃離臺灣不可。不過，南氏和弟子只在美國滯留至一九八七年年底，就再轉到香港。此次他開始積極地尋求和大陸當局的聯繫和多方示好。而這時他對追隨者，也提出一個既響亮又靈活（特別是政治正確）的新投資口號：「共產注義的理想，社會主義的福利，資本主義的經營，中華文明的精神！」[22]

我們由以上所引的這一段既響亮又靈活（特別是政治正確）的新投資口號，就可以清楚無比的看出，南氏其人生平，作為一個「精明的現實主義者」之處世哲學，和其所以能自在地縱橫於兩岸複雜政商關係的過人圓滑之處。

二、林清玄：一位通俗暢銷卻無特別思想或見解的現代佛教散文製造機

林清玄基本上只是個通俗佛教書籍的暢銷作家，沒有甚麼特別的思想或見解，從佛教文學的藝術上來看也不是上乘作品。原先通俗佛教文學作品在整個佛教傳播史上一直有很大的讀者群，影響面也的確很大。

可是，除了流行文化的意義之外，林清玄的作品既不能作為新佛教散文的類型代表，也缺乏知性和思想性的深度內涵，所以他的書其實是泡著糖水的、缺乏創造性的通俗讀物罷了。

而他所以能長期暢銷，是因他在從事佛教散文寫作之前，已長期在主流媒體工作，也寫了一些散文作品，已有一定的知名度，所以在他改寫佛教散文時較容易為原先的讀者群所接納。

這點是和他同類型的王靜蓉、林新居等後起者所不及的。除此之

22　參考王興國，《臺灣著名居士傳》（臺中：太平慈光寺，2007），頁 448。原出處為，練性乾，《我讀南懷瑾》（上海：復旦大學出版社，1999），頁 51-53。

外，他的書每一出版，廣告很大，也經常籍名流造勢來炒熱行情，完全是現代流行商品的行銷手法，因此他的書有較大的銷路是可以理解的。

但是在臺灣此類流行作品即使數量多，也很快就過時，經不起時間的檢驗。因讀者不能耐煩一再重讀缺乏高度創意和不具備深度內涵的東西，所以必須一再的換口味、追求新鮮感。

也因為這樣，林清玄不斷地出新書，來滿足讀者的口味。可是就作品的實質內涵而言，其實只是量的增加而已，因他的後期作品雖多，就藝術的內涵和表現來說，甚至還比不上他早期的作品（就佛教散文而言）。

附錄　批判研究與深耕直探：
回憶我的佛教史治學歷程

　　1946-11-3 生，桃園大溪人。臺灣大學歷史研究所文學博士，臺北城市科技大學創校首位榮譽教授，現任該校通識教育中心退休兼任教授。學術專長：臺灣佛教文化史、中國近代佛教思想史、東亞近代佛教史等。相關著作：已有十多本，如《現代臺灣佛教史新論》（高雄：淨心文教基金會，1994 年）、《臺灣佛教百年史之研究（1895-1995）》（臺北：南天書局，1997 年）、《臺灣當代佛教》（臺北：南天書局，2000 年）、《日據時期臺灣佛教文化發展史》（臺北：南天書局，2001 年）、《當代臺灣人間佛教思想家：以印順導師為中心的薪火相傳研究論文集》（臺北：新文豐出版公司，2001 年）、《臺灣近代佛教的變革與反思》（臺北：東大圖書公司，2003 年）、《新視野下的臺灣近現代佛教史》（北京：中國社會科學出版社，2006 年）、《聖域踏尋：近代漢傳佛教史的考察》（臺北：博揚文化事業有限公司，2009 年）、《臺灣佛教史》（臺北：五南圖書出版股份有限公司，2009 年），以及《戰後臺灣漢傳佛教史——從雙源匯流到逆中心互動傳播的開展歷程》等。學術榮譽：（1）中央研究院歷史語言研究所傅斯年紀念獎的八次得主。（2）第一屆宗教學術金典獎得主。（3）第二屆臺灣文獻傑出工作獎的得主。（4）2000 年獲選斐陶斐榮譽學會會員。電子郵寄地址：chiang1946@gmail.com

1.

　　我如今已七十三歲了，一些和我同輩、並曾長期與我論學的生平知友，也已逝去大半了。雖然人生之路，無法逆轉，只有追懷歷歷往事，似可不受此限制，我還是難以清楚的記住不少本該記住的我長期以來的各種治學與論述的重要細節。

　　但是，我可以肯定無疑的確信：我生平從未作夢過，我有一天會進臺大讀歷史研究所，以撰寫臺灣近代佛教史的長篇論文，獲得臺大歷史所的文學博士了。

　　由於從小家貧，我才只讀完初一，就突然被迫挫學，並從此展開我長達十八年之久的，外出謀生之旅，其間備嚐艱辛，忍辱鬱志，惶惑無從。如此一來，導致我的初、高中的學業，只得靠工作之餘，孤獨且強毅的不斷激勵自己持續自修各門中學課程，並先後通同等學力的考試，才勉強取得及格證書的。所以，我沒有一般正常學校教育中的各種考試經驗，或來自具有各科專長的教師之有效指導。

　　當然，我也因此，根本不會有任何一所中學母校可資記憶、更不可有與同校或同班同學一起在課堂內，互相學習及互相聯誼的珍貴機會。唯一的好處，就是學習專靠自己摸索，因而讀書可充分自由，思考不受任何既有教材的嚴格規範，完全可以隨心所欲，海闊天空，並且時時洋溢著無比的堅毅、活潑與自信。

　　所以，除了大學之後的正式學歷，我唯一曾讀畢業過的學校，就是桃園縣大溪國民小學了。

2.

　　在前述我的青少年時期，曾獨自摸索各種學問的過程中，真正促使我的認知視野出現巨大轉變，是在一九六二年。我清楚無地的記

著：這一年由於胡適猝然在臺北逝世，而以李敖、葉青、鄭學稼、胡秋原、徐復觀等人為中心的「中西文化論戰」，則由於牽涉誹謗訴訟，被臺灣報紙大量報導。此一社會大新聞報導，居然很奇妙地促使我這從鄉下到臺北辛苦謀生的──失學者，一個原本根本不識「中西文化論戰」為何物的──無知青年，透過每天努力閱讀新聞，和不斷地找人詢問，於是不知不覺中，我從此就被此一問題意識所激發，因而在我的當時的心靈中，一扇通往「五四」文化之門，便為之開啟了。而日後我主要的知識學習重點及其相關的思想起步，可以說都萌芽於此時。

　　特別是，幾年後，因入伍服空軍義務役三年，我又於一九六六年底，在臺中水湳機場的人事室，遇到了當時官拜「空軍少校」的王俊嶺少校。

　　說來有點不可思議，我當時和王少校的共同話題，其實是由一位我先前曾約略提過的，不論在當時以及在當代，都是很著名的臺大歷史研究生─李敖的筆墨官司談起的。

　　當年的李敖，以他的文章熱情和淵博的知識，的確讓社會上無數的人傾倒。特別是他在《文星雜誌》撰寫，並掀起激烈筆戰的系列文章，令我初次對中西文化的問題，有了極大的興趣和思考。

　　由於涉及許多「五四運動」以來的成名學者，而我卻毫無所知，於是透過王少校之口，我知道了梁漱溟、熊十力、湯用彤和方東美等學者的名字和著作的名稱，並趁著假日，到臺北市的書店，購買他們的著作。

　　其中，梁漱溟的《東西文化及其哲學》、熊十力的《佛家名相釋要》和湯用彤的《漢魏兩晉南北朝佛教史》，以及錢穆的《國史大綱》，便是我接觸中國傳統文化和佛教史的啟蒙課本。王少校雖曾向我介紹了一些它們的背景，但閱讀它們和理解，則靠我自己摸索。於是，我日後才能寫出多篇相當有創意的民國佛教思想爭辯史的相關論文。

　　所以，我的治佛教史，並無任何的師承可言，直到今日，依然如此。可是，若非當年這位王俊嶺少校，曾提供了一些相關的背景知識，則可以斷定：我少有可能接觸或深入地閱讀它們！這一因緣至關重要，它影響了我日後的整個治學方向。

　　不只如此，我所寫的二戰後的臺灣佛教發展史，最重要的論文之一，就是選擇他出家後曾長期擔任的第二任住持的臺南湛然寺與東北籍的慧峰法師，作為瞭解 1949 年之後，新一波從大陸各省湧至臺灣地區長駐與發展的中國近代佛教僧侶及其組織的主要抽樣觀察線索。

　　此外，在當時，他還勸我去聽大名鼎鼎的李炳南居士講《金剛經》，地點就在水湳機場附近，一個大稻埕上。當時的聽眾，老少都有，人們就站在圍在四周，聽他坐著講。雖然李居士名氣甚大，王少校提及時，深懷敬意。但我並不欣賞，只聽到一半，當他開始攻擊科學如何、如何時，我就離去。次日，並對王少校表示了我的失望。從此我就踏上自己漫長的自修佛學路途。

　　更重要是，日後我在當代臺灣學術界，首先撰文探討中國近代淨土思想新動向的重要影響力論文，就是思考以印順導師的新淨土思想，去取代李炳南所代表的傳統守舊的淨土思想。

3.

　　而我在此時，另有一個意外的認知發展。就是我在當時能以合法掩護非法，讀到當時官方嚴厲管制的馬克思與毛澤東的部分相關著作。

　　日後繼續發展，因而最終使我成為一位典型歷史唯物論思維的中國近代佛教史學研究者與治臺灣佛教史居於研究前緣的主要學者。當中的相關過程與真相是這樣的：

　　在二十世紀六十年代的臺灣社會，任何與《共產主義》或《馬列

主義》有關的《紅色》書籍，都是出版品中的最大違禁品，不能接觸，不能閱讀，更不能談論，否則憲警單位一定將你逮捕收押，相關出版品一律沒收銷毀。我因曾在公路局養路處當工友五年之久，當然知道這一切敏感的政治禁忌所在。

可是，當時我看了李敖與鄭學稼在《文星》上筆戰內容之後，我首次知道鄭學稼的著作與任卓宣（葉青）的著作，都是官方樣板的反共著作。所以我立刻到重慶南路上的書店，去買這類書籍，以瞭解到底是怎樣一回事。所以，我藉此外衣掩護就可以合法的大量記住作者所引述的馬列主義或共產主義的經典名句。此外，我還意外讀到鄭學稼有五冊一套的《日本史》著作，我很狂熱地讀起來。

不過，在進大學之前，由於我始終無法讀到黑格爾的著作，只有他的學生費爾巴哈的《宗教本質演講錄》一書，成為我最愛的讀物；而我也逐漸發現這本書的內容，簡直是我自己寫的一樣，與我所長期思考的，居然太類似了。因此，這也決定了我日後的宗教學術研究方向。

4.

我還另有一種實質學歷上的重大收穫與轉變，也是出現在 1966 年秋季後。因當時，我也曾在軍中，參加隨營舉辦的簡易型中學教育，讀幾個月後，我就參加考試及格，取得一張初中畢業的同等學力證書。而有此證書之後，等到我從空軍的三年義務役退伍，雖一直在工廠作事，但我在三十一歲那年，我又報名教育廳辦的高中自修學力鑒定考試及格，再於同年考入師範大學歷史學系夜間部。由於五年在學期間，我的學業成績始終保持全班第一。於是，我決心放棄到中小學教書，而於 1975 年，考入臺灣大學歷史研究所攻讀。

5.

　　一九八四年，我因打破臺灣師範大學歷史系夜間部，二十幾年來的空前紀錄，考入了李敖先生曾讀過的臺大歷史研究所，既感興奮，又覺茫然。我於是前往請教當時以治荷蘭明清時期臺灣史聞名的曹永和教授，想聽取他對我未來走向的學術建議。

　　對此很有經驗的曹永和教授，在和我作了一次深度的懇談後，即根據：（一）他的個人經驗、（二）現有的國際學界研究環境、（三）我個人所述的既有學術專長、以及（四）他年輕時的一段想作而迄今未作治學之夢：受方豪教授影響，想研究明清之際的東亞佛教交流史（之一），甚至想出家（之二）──等綜合評估後，當場建議我在臺大就讀期間，可以從明清之際的東亞佛教交流史作為切入點。

　　他認為，如此一來，可使我原先的最強項──即對「佛教史」具有透視力和有豐富解讀經驗──都能因此，而整個移植到此一階段的研究和寫作來。

　　當時，我聽了曹永和教授的此一建議，立即返家後，經仔細思考，即決定接受此一建議，並迅速展開以自修古典日本語文，來代替學習古荷蘭語的補強工具計畫。同時，也盡其所能地展開對國際學界既有研究成果的搜集和資料閱的讀。

　　而後，在兩位著名學者：臺灣的張聖嚴博士和日本九州大學的荒木見悟教授的精闢著作中，領受到治此一領域佛教思想史的要訣和相關知識。兩者中，尤以荒木見悟教授對我的思考衝擊最大，並長期影響迄今。

　　但，上述兩者，都不擅長有關明清社會經濟史的知識，而我進臺大歷史研究所之後，立即發現：當時最強的教學陣容，就是徐泓教授和劉翠溶教授所教的明清社會經濟史課程。所以，我在所中當主力課程來專攻的，就是明清社會經濟史課程，並且收穫很大。於是，很順

理成章，我還想將其運用到明清之際佛教交流史的研究上。

　　然而，欲將明清之際佛教交流史與明清社會經濟史課程的相結合，其實相當困難，在當時，也乏合適的指導師資。所以，只好將治學目標，逐漸設法，轉為有關明清之際大陸區佛教社會與明清社會經濟史相結合的嘗試。但，有關標準論文要如何撰寫的方法學問題，一度很困擾我。因此要想真正突破，而能有高水準的表現，是相當困難的。所以此處我必須特別提到曾教過我「研究實習」課的孫同勛教授。

　　孫教授是當時中央研究院美國研究所的所長，是當時教研究歷史方法學方面的權威。由於我在上我的課時，一而再，再而三地發問，使他對我有極深刻的印象。所以他對我論述指正特別詳盡，使我豁然開竅，知道何為標準論文。這對於我的寫作有極大的幫助。因為從此以後，我在論文及著述的分量上，就有極快速的成長了。

　　因而，我在一九八九年十一月，便出版了生平的第一本著作《人間淨土的追尋──中國近世佛教思想研究》。自問世以後，此書即相當受到好評。

　　以後，每年我都有新書出版。而我個人研究經驗的累積，也逐漸在這些著作中反映出來。

6.

　　1988 年春，我撰寫我在臺大歷史所的晚明佛教史研究的畢業論文。如今，你若問我的整個構想又是如何形成的呢？我的答案簡單明瞭，就是來自胡適的震撼性批評與「世俗化」的詮釋角度之擇取。

　　此因 1928 年春天，以研究中國唐禪宗史聞名於世的胡適博士，在佛教的聖地之一的廬山旅遊時，曾大為慨歎起晚明的佛教改革事業：

　　…莊嚴偉大的寺廟已僅存破屋草庵了；深山勝地的名剎，已變作上海租界馬路上的『下院』了；憨山（1546-1623），蓮池（1535-1615）的中興事業也只是空費了一番手足，終不能挽回已成的敗局…。中古宗教是過去的了。[1]

　　胡適博士的這段批評，正是我日後撰寫學位論文的導火線之一。我藉其對昔盛今衰之嘲諷，重新來思考：（一）此一批評所引發的明代新佛教史的課題，若在今日的佛教史研究者眼裡，他將如何重新審視三百多年前活躍在晚明時期的佛教現象？（二）或者，到底在今昔之變的歷史現象中，能否有一較清晰的詮釋視角來掌握？

　　於是，在回顧晚近中國佛教史的研究中，就可以發現：以日本佛教學者為首的著作，如阿部肇一的《中國禪宗史之研究——政治社會史的考察》[2]和牧田諦亮的《民眾與佛教》[3]等，都已將視野，朝向社會廣大民眾階層如何接納佛教的實態研究。

　　而晚明的佛教信仰形態，在中國近世儒學思想高漲的環境中，如何調整與適應的問題，不只是佛教僧侶的巨大時代挑戰，也是民眾和儒家官僚，在生活中，或政策上，實際要面對的一個問題。

　　誠如牧田諦亮所言：「中國二千年佛教史發展，考慮推動中國佛教史的因素，假如無法確實瞭解其僅由極少數的僧侶在指導，而實際靠幾近無數的庶民大眾以其信仰之力護持佛教的這一事實，真正的中

---

[1]　見胡適：〈廬山遊記〉，收在《胡適文存》第 3 集，卷 2〔臺北：遠東圖書公司，1952 年〕，頁 149-50。

[2]　阿部肇一：《中國禪宗史之研究》〔東京：研文出版社，1986 年，增訂版〕。

[3]　此書收在中村元、笠原一男、金岡秀友合編的《亞洲佛教史‧中國編II》〔東京：佼成出版社，1976 年〕。臺灣的天華出版社已中譯，收在《中國佛教發展史》〔上〕〔臺北：天華出版社，1984 年〕，第 2 編《中國民俗的佛教》，頁 385-591。

國佛教史是無從成立的。[4]

　　總之，相對於出家僧侶，庶民佛教信仰，已逐漸獲得佛教學者的重視。

　　但是，這樣的研究，除了資料上的取捨外，其實已涉及「世俗化」的問題。而「世俗化」的轉劇，正是晚明佛教的主要課題。

　　不過，我迄今仍認為，在探討晚明的叢林問題時，要舉實例的話，最好還是透過當時的佛教社會活動家，如憨山德清的佛教事業來追蹤。此即我的學位論文，以他的改革個案，來分析的主因。因他的佛教生涯，涉及到甚多政治、經濟、外教[5]、禪法自修、叢林改革和三教融合的問題等，是一理想的探討線索。故選定他，可使問題單純化。

　　但，在另一方面，為了補充德清以外的改革類型和問題點，也有必要同時處理相關的佛教史料或其他明代人物類型，以作為對照，方可比較出其中的差異性。

　　這種情況，正如近代語言學家所說的，語言學家只懂一種語言，是類同不懂語言，故進行比較，也近代宗教學研究上最悠久的傳統之一。而其中，我的學位論文，所用的問題提示重要佛教文獻，就是出自一本明末禪僧湛然圓澄所撰的《慨古錄》之批評，以作為指引我的學位論文的問題點之用。所以我的碩士學位大獲成功，在國內外的佛學圈內，藉此博得一定學術成就的聲望。

　　所以我又繼續攻讀博士學位，同樣成績優異。

7.

　　到 2000 年夏天，我決定選擇在臺大的博士論文主題，是探討日

4　見牧田諦亮：〈謝肇淛之佛觀〉中國佛教史研究之一提言〉收在《東洋學術研究》，卷 14，第 5 號〔東京：東洋哲學研究所，1975 年〕，頁 213。

5　按德清的生涯中，「外教」是指羅教、道教和儒家。

本殖民統治下的新佛教運動。這由於我新發現，當是一位有「臺灣佛教馬丁路德」[6]之稱的佛教改革家林德林（1890-1951）是我介紹有關他的新佛教事業及其所遭遇的困境。

　　因他雖出身貧寒，卻是一個臺灣佛教史上少見的才華洋溢的非凡人物，不但飽讀書詩，能說能寫，並能注重圖書設備和廣納各種新知，以作為自我精進和弘法教化之用。他一生的佛教事業，主要是奉行日本曹洞宗著名的禪學思想家忽滑谷快天所提倡的「正信佛教」新禪學思想。

　　此一新佛教的信仰內涵，其特徵是強調神佛分離，奉釋迦佛為本尊，破除鬼神迷信，致力於宏揚日本曹洞宗祖師道元的正眼禪風，並以觀音大悲的普渡精神從事向社會弘法的救渡工作。而在日治大正後期（1922）所新建的「臺中佛教會館」，就是他推展此一新佛教運動的根據地。

　　因此，他在初期，即頗獲當時臺中都會區中產階級士紳的歡迎及熱烈贊助，使他的新佛教事業能多元發展，快速擴張。

　　但，也因為這樣，他的佛教事業立刻招來當地保守的儒生團體之側目和嫉妒，導致後來雙方多年的激烈對立，平添不少的發展阻礙。

　　再加上，他的個性又剛毅過人，勇於突破傳統，例如他以出家僧侶之身，卻敢於仿效日僧在弘法的道場內公開舉行本身的結婚典禮，雖遭到保守派僧侶的責難和儒生社群的強烈圍剿，仍不屈服。由此可以看出他敢於走在時代前端的膽識和決心。

6　此一稱呼，最早出自李添春，〈寺廟をたづねて〉，載《臺灣時報》1934 年 11月，頁 62-64。另一被稱為「中國佛教的馬丁路德」的臺灣佛教僧侶，是戰後高雄佛光山的開創者釋星雲。見陸鏗，〈中國人在西方世界的驕傲——西來寺〉，收在《星雲大師與人生佛教》（香港：新亞洲出版社，1990 年），頁 119。但，陸鏗其實是誤比了。因馬丁路德的宗教改革，主要特徵之一，就是僧侶可結婚，而馬丁路德本人也的確從獨身的神父娶妻成為有家的牧師，可是星雲依然維持僧侶獨身的佛教制度，顯然與馬丁路德有異。

　　只是如此一來，也使他成了當時爭議性最大的新派僧侶，並導致原有會館信徒的大量流失。

　　特別是，戰後由於日本退出臺灣，又有大批逃難的大陸僧侶來臺，使得臺灣佛教再度面臨另一次重大的變革，即必須「去日本化」改用「大陸佛教制度」。因而他也開始遭到來臺大陸僧侶的批判。並且，在他於 1951 年過世以後，他的妻子和兒女也被迫遷離「臺中佛教會館」，然後全家改信基督教。所以，這又是臺灣佛教史上的爭論性課題之一，值得對其進一步瞭解。

　　可是，我從日本官方統治的殖民地的宗教政策角度來看，我認為其中最大的特徵，是希望改變臺灣傳統民間宗教信仰中的濃厚巫術化和過度功利主義化傾向。因 1915 年，臺灣南部曾發生大規模利用「宗教迷信」進行抗日暴動。

　　這一事實，說明臺灣民眾雖然已經在日本高壓統治下，仍然未完全對日本統治當局馴服和信賴，遇有委屈或不平，仍隨時有被野心家利用「宗教迷信」來煽動並蘊釀大小規模民眾暴動的可能。為了避免再度發生類似的事件，所以才要進行改造運動。

　　另一方面，純從宗教信仰的內涵以及社會功能來看，臺灣傳統的宗教信仰，不論佛教還是民間宗教，都以儀式崇拜和靈驗信仰居絕大部份，缺少知識性和自主性，於是形成多神信仰和充滿巫術性格的功有限利主義傾向。

　　這當然和移民的新環境極其艱苦又不安全有關，但移民本來的家鄉信仰就具有上述這些特徵才是主要的。如此一來現代化的建設要進行時，和傳統宗教有關的意識形態或價值觀便會產生懷疑和反抗。例如清末要在臺灣北部進行採礦和築鐵路時，都遭到民眾因怕破壞風水而有所反抗的情形。

　　日本統治臺灣以後，由於瞭解民族間存在著巨大的習俗差異，如果為求快速認同而採取強烈的手段，雖可收一時的效果，卻可能萌生

更大的不滿和造成更強烈的反抗，所以在初期儘量探取不干涉的手段。可是從統治的立場來看，對日本文化和國家的認同，是一定要解決的問題，否則臺灣的民眾是不會效忠和臣服的。

所以在殖民治臺的後半期，亦即從第一次世界大戰到第二次世界大戰結束這段期間，臺灣總督府便著手處理同化的問題，並且由慢而快，在最後 10 年遂行所謂」皇民化運動」，將改造的問題推到極端和全面的地步。這當然是反人性的，所以在戰後便被廢止了。

不過，日治時期臺灣佛教的改造運動，並不只涉及到殖民地統治技巧的層面而已，純就宗教的層面來看，如果要讓宗教現代化，一定要提升知識的水準和增強理性的成份，否則傳統宗教是無法成為現代社會的精神指導者的。

解除魔咒和增強人的自主性，其實是現代社會普遍性的要求，並不只是存在於殖民地統治地區，也因此縱使沒有日本統治當局在臺的推動，臺灣社會的精英知識份子仍然會自行推動的。

問題在於當時的佛教現代化，在亞洲地區最早最佳的國家，正是臺灣殖民地的新統治者日本，所以關於臺灣傳統佛教的改革運動在當時是有其必然性的。我們如果問：為什麼日本的佛教會領先亞洲其他國家？這是因為日本的佛教一直是統治精英和文化精英所領導和所贊助者的。

在德川幕府時期佛教僧侶甚至成了統治機器的一部份。明治維新以後，政權統一僧侶的政治權力被收回，神道地位被抬高在各宗教之上，神佛分離，初期一度實施「廢佛毀釋聯合」政策，使日本佛教受到空前的打擊。但是，日本佛教的精英，一方面發動輿論據理力爭，要求信仰自由平等，一方面向政府輸誠，除了捐款之外，還派僧侶隨軍出征。

在此同時，佛教各宗紛紛進行自我改造，不但辦理各級學校教育僧尼，提升彼等的知識份子水準，並且派遣優秀的留學僧，到西方高

等學府接受現代專業的佛教學術訓練，學成之後，在知識層面上，不但領先亞洲各國，甚至可以在佛學研究上和西方世界的學者一爭長短。於是，不但開創了明治時代的新佛教，也開始向亞洲輸出，成為現代化佛教發展的先驅和指導者。

因此日本的地理位置，雖是處在亞洲的極東北部，近代以前，一直是大陸文化的接受者，日本佛教的各宗都是先由大陸和朝鮮傳入而後再自行發展的。但在明治維新之後，開始快速脫胎換骨，領先亞洲各國。這無疑是空前的大逆轉。

可是，若非日本變成強國，先後戰勝滿清和俄羅斯，日本佛教勢力不會如此快影響朝鮮、大陸和臺灣。由於日本佛教的向亞洲輸出，是伴隨帝國主義的侵略而來，因此是具有宗教傳播和政治任務的雙重性格的。佔領區或殖民地的親善和教化，便是日本佛教僧侶必須去進行的任務。

如此一來，日本佛教僧侶所傳播的就不只限於現代化的佛教經驗，還要教導當地民眾認同日本或成為日本人。

問題是，佛教的經驗可以在不同民族間互相傳播，並不代表連帶可以溝通和彌平與日本文化或其他文化之間的差異。這就構成全面改造時的重大障礙。

雖然如此，如果純就日本時期臺灣佛教的改造經驗來看，則是以現代的禪學觀念和現代的淨土思潮來進行佛教改造，的確有其時代意義的。這一改造的特徵是，釋尊的非超人化、淨土的社會化人間化、神佛分離和內涵提升。

如此一來，佛教走上知識化、社會化、人間化、自主化，便成必然的結果。所以說，反對民間宗教的巫術化和功利主義化，是改造運動的最大特徵，就是這個意思。

特別是 1916 這年，由於臺灣總督府落成，官方在臺北市舉辦首次博覽會，其間一度造成佛教徒和基督教徒因各自設攤演講並互相攻

擊和批評，並藉此意外地促成了臺灣佛教界的大團結和大覺醒大覺醒，於是在演講會之後，進一步形成新組織和新的教育機構，跨出了改造的第一步。

　　然後，隨著第一次世界大戰的結束，民族自決和社會主義的思潮衝擊全球，臺灣本土的知識份子精英也順應潮流，糾合同志，發動輿論，奔走南北，號召群眾，灌輸新思潮，力爭島民的政治權益和文化的自主性。

　　此時，在臺灣總督府主管宗教的官僚丸井圭治郎，便在此新潮流新趨勢之下，串聯全島的臺灣佛教精英組成」南瀛佛教會」，展開新佛教觀念的講習公司和體質的改造。由於初期參與講習的學員程度參差不齊，效果不佳，幾次以後，便改採「精英主義」政策。

　　所謂「精英主義」，就是要求參與講習的人，必須具備一定的知識基礎，這樣才有能力吸收較高水準的講習會內涵，這樣才不會僅停留在信仰面，並且有能力在講習之後將講習內容再傳播出去。這樣一來，參與的學員彼此水準相近，講習的效果顯著，等於所有快速培養了一批新的師資，可以在短期間內即發揮倍增的影響力。

　　不過，佛教的義理非常繁複深奧，加上當時流行的現代思潮具有社會主義的關懷和文化的批判性，所以講習會的「精英主義」雖然方向正確，但是真正要達到扎實及專業的水準，單靠聯合講習會的短期講習是不夠的。

　　真正的精英，還是要經過正規的學校訓練，特別是經過佛教中學林和佛教大學的正規教育，才能夠達到應有的水準。所以日治後期出現的精英，像曾景來、李添春、林秋梧、高執德等，都是在日本的駒澤大學畢業的。

　　這些精英因為都受過日本的高等佛教教育，可以掌握臺灣佛教和日本佛教二者的差異，既對現代化的日本佛教有所瞭解，也知道臺灣老百姓的信仰層次，加上原本來自臺灣民間，所以可以回頭來批判或

改造臺灣的本土佛教。

例如林秋梧原先就是「臺灣文化協會」的會員，出家後，又到日本去讀書，所以他具有濃厚的社會主義傾向，又受忽滑谷快天禪師的影響，所以他強烈批評禪淨雙修，反對西方極樂世界，排斥普渡，強調兩性平等；譯介朝鮮禪師知訥的《真心直說》，還受到朝鮮和日本方面學界的重視。曾景來則是介紹阿含的佛陀，將原始佛教的新貌首次傳入臺灣。高執德是最優秀的學者，他有系統地詮釋佛教與社會的關係，並批判出家主義和朱子的排佛思想。林德林則主張神佛分離，提倡正信佛教。

當時的佛教思想，都強調人性化，強調「此岸」、「人間」的淨土，高舉理性之光，反對迷信。這是社會主義思潮衝擊傳統佛教思想的結果。「人間佛教」的根本動力，不論大陸或臺灣都是一樣的來自西方社會主義思想影響的結果。連太虛和印順的「人間佛教」思想也不例外。

只是，不幸這個運動，在殖民統治後期，被在大陸爆發的中日全面戰爭所扭曲了。

其實，這佛教改革運動，本來是充滿理想、以理性和知識作後盾的宗教改革運動，和當時的各種社會文化啟蒙運動是相呼應的聯合。日本的佛教典範，誠然指標性的作用很大，但並不是全然的照抄，而是有臺灣佛教本身的主體性和自主性的。

但是，中日在大陸爆發的全面戰爭，導致日本軍方的介入和強力干預，為了戰爭的需要，一切社會力和物質都被全面動員了。這時推行的是所謂「皇民化運動」，一切加速向日本看齊，做日本天皇的順民：為他效忠！為他奉獻！

臺灣佛教的改造運動，便成由日本佛教全面接管，並以日本佛教為典範，澈底的加以改造。如此一來，主體性和自主性便完全喪失了。宗教純粹變成軍方的工具。寺廟的所有僧侶，都被迫接受動員的訓

練，都要參與動員、奉公和喊口號。

　　信仰本來是民眾的習俗和個人的精神寄託，雖然可以要求提升信仰內涵，但不能流於軍國主義義的意識形態的灌輸，否則就是信仰迫害，也是違反人性的。

　　結果，在戰爭期間快速日本化的臺灣佛教，因為蒙有軍國主義義和皇民化的色彩，在戰後，日本退出臺灣時，便重新面臨被改造的下場──由日本化的佛教變回大陸形態的佛教面貌。

8.

　　戰後由國民政府在 1949 年大舉遷臺，並長期實施戒嚴，進行威權統治，並對具日本色彩的佛教文化極力加以壓制。特別是從 1952 年起，從大仙寺一連串傳戒開始。可是，我認為這種壓制，最終還是失敗的。

　　我知道我如今做這樣的歷史論定，將有人會表示不同的意見。

　　其實，那些認為「傳戒是成功」的人，理由都相近，才會如此認為。──亦即彼等皆認為：因有大仙寺的傳大陸戒，所以日本式的和尚結婚，才告消失。僧尼的清淨，是靠這一傳戒的措施才維持下來的。──對於相信這一點而出家的人，受戒神聖是心理最大的安慰，也是賴以支撐出家生涯的心理基礎。

　　所以，他們會肯定傳戒是成功的，其背後真正的心理原因也是可以理解的。

　　可是，我若對照西方宗教中的馬丁路德改革，大獲決定性成功的歷史經驗呈現，可以證明：神聖的維持，和是否必須禁欲無關。而原先佛教基督教化，就是臺灣戰前佛教精英的共識──這一路線是對是錯，就信仰自由來看，也是任由各人決定的。並且，也不代表人格的缺失和操守的蕩然無存──

　　但，在戒嚴體制下，代表性不足的在臺「中國佛教會」卻利用全國性佛教組織被凍結的這一特殊背景，借助黨、政、軍、警的力量，完全掌握了臺灣佛教的組織和傳戒的大權，要求凡屬佛教寺院必須加入為會員，而傳戒或辦理出國手續，皆要先獲得「中國佛教會」的同意，否則便是非法。

　　如此一來，由白聖長老主導的保守勢力，借著這樣的特殊背景和特權，長期掌控了臺灣戰後佛教發展的意識形態及其周邊的宗教利益，並成功地排斥本土佛教精英，建立起以「大陸逃難僧」為核心的領導階層，而出家神聖、傳戒為先的傳統觀念，便成了戰後臺灣佛教界的主流意識形態。於是所有，「傳戒成功」、「重建大陸佛教」的自我肯定或自我評價，便成了教界的流行語。但，真的歷史發展是這樣嗎？

　　我們如今可以進行如下的反駁：

　　首先，這個傳戒儀軌，聯合是援用明清時代在江蘇寶華山所編輯和流傳的作品，觀念保守，嚴重和時代的情境脫節。

　　並且，由於傳戒者本身，對傳統戒律缺乏深入研究，無法清楚和深入的對新戒子講解，於是宛如新兵集訓的規矩操練和教界上下封建權威的社交模式，便成了傳戒的重點。

　　而對新戒子來說，在受戒期間，每天背戒條、忍受操練和最後的在光頭上「點香疤」即成了領取結訓證書──「戒牒」之前的絕對任務。

　　等到「戒牒」在手，以後就是自己當家了。至於戒條懂了沒有？和現代的社會脫節怎麼辦？那就只好再請教前輩，或者就靠自己的巧思來解決了。

　　像這樣的傳戒方式，無疑和新兵訓練的效果差不多，都是最基本的要求，離成熟的境界甚遠。要求新兵結訓就調派前線去作戰，人們必將以為不妥。

可是新戒結訓受了「三壇大戒」之後，就可當家了，雖非戒規本意，卻是教界常見的現象。如果出了問題，試問：傳戒者的責任在哪裡？

另外，傳戒者本身就曾做出違反戒律的事，如一些身有殘疾、超齡、不足齡、精神異常者，也被允許受戒。為甚麼可以這樣？說穿了，就是有利可圖，信徒就是彼等捕獲的「宗教之羊」，因此傳戒和皈依一樣，最後都可衍生出巨大的經濟利益，可以有錢蓋大寺院，成為派系領導者，或躍升為教界名流之一。

由於有這樣的弊端存在，精通佛教戒律的印順老長，早在大仙寺傳戒時期，就為文指出：傳戒的精義，不在像新兵一樣集訓 30 天或 50 天，重要的是對佛教戒律接受的程度、以及之後對這個理想的繼續堅持。

傳戒其實就像黨員入黨宣誓，或像學生入學儀式一樣，重要的是後續的部份。但，戰後的傳戒者大多未把握此一精神，所以熱衷傳戒的結果，是表面成功，私底下問題一大堆。

傳統戒律和時代脫節，是教界人人知道的。但是，戒嚴時期的佛教會，長期藉傳戒所灌輸和藉組織控制的保守傳統觀念，已成為佛教徒腦中牢固的意識形態，因此會強烈地制約佛教界的任何形式變革。

可是，保守的意識形態，只是公開的這一面，另一面卻是各行其是。由於具有既能保持形象——因堅持傳統等於表明本身的安份和神聖——又不妨礙私下可靈活運用的這種雙面性，所以也不太需要去強烈反對，於是傳統戒律就在這種雙面性的狀況，被維持了下來。

等到解嚴之後，組織可以多元化、傳戒恢復自由舉辦，各人便開始各吹自己的調。

現代臺灣佛教的蓬勃發展，是奠基於臺灣的工商業發達，奠基於大眾傳播工具的發達及其無遠弗屆的強大影響力。臺灣的社會在戰後由於偏安，致力於工商業的發展，所以民生日見富裕，生活品質也日

益提高。傳統的農村地緣關係，被流動的原子化的人際關係所取代。

　　都市化的結果，人的疏離感增強，而故鄉的地域性信仰，每年的活動次數有限，且離居住地太遠，無法滿足日常生活的需求。於是新的娛樂需求和新的宗教市場，便逐漸形成了。

　　而臺灣佛教的蓬勃發展是肇始於 1961 年代中期，就是利用了這一黃金時機，趁勢崛起的。基本上，就是結合觀光、娛樂和舞臺的效果，將佛教加以通俗化的現代包裝，然後以企業化的經營模式來管理，再利各種促銷手法向宗教顧客推銷。所以新的佛教人口，便隨著大眾傳播的影響而出現了。

　　1971 年，臺灣退出聯合國，許多友邦也跟著和臺灣斷交。到 1978 年的美臺斷交，更是達到高峰。斷交是外交上的挫折，但同時也導致外國教會在臺影響力大降，而所出現的空缺，正好由佛教來遞補。等到解嚴後，佛教組織開始多元化，更加有利於教勢的發展。

9.

　　對於上述的發展大趨勢，我在探討當代臺灣佛教史與佛教新觀念史，有兩大重要學術新詮釋的提出。一是人間佛教的新思維問題，一是逆中心的互動傳播模式。

　　由於有關人間佛教的新思維問題，我已在本書的第十章，已解說過，此處省略不提。

　　至於有關逆中心的互動傳播模式這一新概念的提出問題，則是我是在編著《戰後臺灣漢傳佛教史：從雙源匯流到逆中心互動傳播的開展歷程》（臺北：五南，2011）一書所提出的。

　　回顧當時，我因編寫全書將近五十五萬字的相關圖文內容中，主要就是針對二戰後在臺灣本土佛教文化與社會關懷的發展及其實踐中，具有重要歷史意義的開展或在地轉型的相關歷程，提出最新綜合

性研究成果的專業報告。

　　所以在此書中，將所謂「中華漢傳佛教」，當成是對「中國漢傳佛教」一詞的當代新界定。我認為這是具有超主權爭論作用的中性學術用語，也是基於當代兩岸政治局勢發展現實的相應真實治學理念之表現。

　　因而，我在此書中所要從事新詮釋建構的「在地轉型史觀」之思維邏輯出發點，和貫穿全書的相關論述主軸線，就是由此新界定的中性學術用語來導引的。

　　換言之，我在書中所採取的詮釋史觀，就是以戰後臺灣本土「中華漢傳佛教」為探討的主要對象，盡全力說明它在 1949 年的「雙源匯流」之下，逐漸朝向「在地轉型」與「多元創新」的高度發展新貌、及其所呈現出來的各種出色的社會表現為例，來論述其中主要是和現代佛教區域性社會文化變革、及其思想特色的相關問題。

　　但是，何謂「雙源匯流」呢？

　　此一「雙源匯流」的詮釋觀念，其實是參考楊儒賓教授的 2010 年國科會「百年人文傳承大展計畫」的〈摘要〉說明原始說明，其要點可摘錄如下：

　　一、在臺灣紀念「中華民國」百年，有極特殊的歷史背景。在一九四五年以前，臺灣在法理上不稱「中華民國」，它與中華民國是平行的發展線。

　　一九四九年以後，臺灣屬於「中華民國」，但做為原來「中華民國」地理主體的中國大陸卻另立政權，從國際的政治觀點看，「中國」這個概念分裂了，「中華民國」與國際政治認定的「中國」也是平行發展的兩條線，「中華民國」的實質內涵反而與『臺灣』高度重迭。百年的「中華民國」具有複雜曲折的內涵，其領土、人民、國際承認各方面都歷經急遽的變遷。這種複雜的結構是中國境內其他地區罕見的，這也是「中華民國—臺灣」最特殊的構造。

　　「中華民國—臺灣」的複雜內涵在百年人文學術的傳承上，反應得更加凸顯，臺灣的學術異於其他華人地區者，在於此島嶼的學術源頭不是單元的，它明顯的具有中、日兩國的源頭。

　　二、做為滿清帝國最早進入現代化的一個省，這個島嶼的成員基本上是由漢人與少數原住民組成的，其原始的學術表現不可能不奠立在以漢文化為主軸的基盤上展開；但身為最早被編入日本帝國的這塊殖民地，其殖民母國乃是近現代歐美地區外最早也是最成功仿效現代學術體制的國家，所以臺灣的現代性學術機制也不可能不受到日本強烈的塑構。

　　一八九五年臺灣被併入日本後，臺灣被迫參加了日本的現代化行程，這種殖民地現代化的規模極大，其變遷是結構性的，學術的現代化是其中極重要的一環。論及人文學科的現代化，一九二八年成立的臺北帝國大學是個指標性的事件，在此之前，帝國日本在語言調查、人種調查、風俗習慣調查方面雖已投進不少人力物力，但直到爭議中的臺北帝國大學成立後，整個現代學術的機制才有明顯的座標作用。

　　三、到了一九四九年，隨著史無前例的大移民蜂擁而至，也隨著史無前例的大量文化學術機構渡海而來，學術生態丕變，臺灣學界不可能不重新接上一九四九年之前中國大陸的學術傳承。

　　四、而中國大陸的人文學術研究在十九世紀至二十世紀之交建構現代的學術機制時，通常也會參考日本的經驗，至少在草創時期，我們明顯的看到現代日本學制的影響。中國在十九世紀末後有股「以日本為師」的風潮，它給現代中國人文學術的傳承烙下極深的印痕。

　　然而，現代日本在打造現代性的國家、國民、學術時，它所憑藉的思想資源往往來自於傳來的中國文化，比如朱子學提供的概念系統，即以曲折的方式進入了現代學術術語之林。臺灣處在中、日兩大政治勢力交鋒的前緣，它的歷史命運很明顯的深深烙上中、日兩國文化的影響，但臺灣人文學界的兩個源頭卻遠比字面所示的要複雜。

　　五、雙源頭的概念之複雜遠不僅在源頭處的「中、日」兩詞語的
文化內涵互文指涉，更在於一九四九年之後的「中華民國─臺灣」的
人文學術發展迥異於以往的階段。

＊

　　但是，除了上述「雙源匯流」之外，由於當代兩岸的佛教交流，
已極為頻繁的互動，所以在本書中，我也首次採用了「逆中心互動傳
播」新詮釋概念，模擬於當代臺商的大舉相繼西進，大展其源自「臺
灣經驗」的經營長才，並不斷締造出驚人的業績成就。

　　因此，戰後臺灣本土「漢傳佛教」的相關論述史學詮釋的辯證開
展，已從原先「邊陲佛教」的長期被動接受狀況，到當代已以逐漸反
轉過來，並明顯地已出現所謂「逆中心互動傳播」之兩岸新交流模式。

＊

　　根據張崑將教授曾對我書中此一論點，又進一步解讀如下（見該
書的導讀之文，載該書內容之前）：

　　一、江燦騰教授在其書中，所謂的「雙源匯流」，係以一九四九
年為關鍵分割點，前此系指明清時代由大陸傳入臺灣後，已逐漸在地
化的「中華漢傳佛教」源流，我們可稱此為「前源流」或「舊源流」；
而在一九四九年，隨著國民黨軍隊大舉跨海逃難到臺灣發展的「中華
漢傳佛教」的一股大陸源流，我們可稱為「新源流」或「後源流」。

　　如果用海洋波浪的比喻來說，「前源流」有如風和日麗的浪波，「後
源流」則有如狂風暴雨的」海嘯」。

　　以上兩股新舊源流在一九四九年後相互匯流和不斷辯證發展，逐
漸構成戰後迄今臺灣本土「中華漢傳佛教」的新主體，而這個經過在

地化轉型的「新中華漢傳佛教」，正逐漸以其邊陲的「逆中心互動傳播」之方式，注入與影響大陸中心的漢傳佛教之性格。由此，我們可從「邊陲」與「中心」的關係互動來進一步思考這個「逆中心互動傳播」所要呈現的新意義。

　　二、臺灣在日本殖民時代以前，向來都屬於地理與文化的邊陲，向來不從「中心」的角度思考，反而比較擅長從「邊陲」的角度來看中心。但是這個所謂的」邊陲」至少在近現代的東亞歷史經驗中，有兩個時代是讓「邊陲」有機會成為很有特色的「邊陲」而不再只是「邊陲」而已。

　　此即是日本殖民臺灣時以臺灣作為南進基地，從而使臺灣成為東亞環地帶的「中心」地理位置；同時，臺灣在 1949 年國民黨軍民撤退到臺灣之際，挾著各省菁英與文化，在同一時期來到臺灣，頓時讓臺灣一度從「邊陲」而成為「中心」，特別是在中國大陸歷經文革之際，臺灣儼然就是文化中國的代表者。

　　三、那麼，為何不說「回心」或「回轉」或「互為主體性」而說「逆中心」呢？此書作者似有強調「主體」的「逆反性」，在這個「逆反性」中，一方面除有「回心」的作用，另方面更有在「回心」的過程中展現自己強烈的「主體性」。職是之故，此書提出所謂的「逆中心互動傳播」的詮釋方法論，指的是作為邊陲的臺灣，在近現代百年的獨特歷史發展中，已經迥異於「原中心」，同時也借著回反原中心的「過程」中展現自己的逆向性，可謂既向心卻又離心，既近鄉又情怯，展現其複雜的主體性。

　　四、而這樣的「逆中心」當然有其歷史氛圍與背景，正如作者在其書第三章指出：**1949 年的「難民潮總體規模之龐大和彼等在其後所造成的實質整體影響之深遠，縱使將明鄭三代在臺經營與清代二百多年間漢人多次相繼東渡來臺的總人口合計，也未必能夠與之相比。」**

　　這股龐大的難民潮是注入臺灣文化作為「逆中心互動傳播」的最

大波動的起源，由此，我們看到第三章「戰後臺灣本土新漢傳佛教的在地轉型與多元創新開展」，就能瞭解到漢傳佛教在臺灣解嚴前後的」發展過程」中，從被打壓到組織茁壯，迄今的四大道場相繼崛起與多元發展現象的形成，使漢傳佛教在臺灣有了」新義」，更展現其多元創新的意義。

五、因此，作者在此書所提的「逆中心的互動傳播」詮釋概念，觸發我們從「邊陲」思考「中心」的詮釋意義，至少有幾項特質：其一，就是因為地處邊陲，所以習慣從「邊陲」看「中心」，往往可以得到「中心」史觀所不易觀察到的視野或論點。其二，從「邊陲」與「中心」的關係思考中，促發我們聯想到「誰不是中心」或「誰不是邊緣」的問題，呈現「既邊陲又中心」的特質。

例如北京相對於中國各省是「中心」，但北京相對於世界權力中心的紐約，則又屬「邊陲」，因此「邊陲」與「中心」的關係是在雙向互動的過程中而被定位的。

＊

因此，在那本著作的最後，我特別提到如下兩點鮮明意見：

一、我之所以撰述此書的最大用意，正如先前所見，就是提出具有當代典範性的佛教實例和說明其中各項燦然佛教文化結晶的指標性作用。

二、因而，我對此書撰述全文內容的應時出現，可以說，既是對前輩僧尼們早年生涯事業偉大成就的多方禮贊、或高度崇敬，同時也是對其歷史作用的無情批判與深刻反思。

哲學宗教類　PA0105　Viewpoint41

當代臺灣心靈的透視
——從雙源匯流到逆中心互動傳播

作　　者 / 江燦騰
責任編輯 / 鄭伊庭、林昕平
圖文排版 / 楊家齊
封面設計 / 蔡瑋筠

發 行 人 / 宋政坤
法律顧問 / 毛國樑　律師
出版發行 / 秀威資訊科技股份有限公司
　　　　　114 台北市內湖區瑞光路 76 巷 65 號 1 樓
　　　　　電話：+886-2-2796-3638　傳真：+886-2-2796-1377
　　　　　http://www.showwe.com.tw
劃撥帳號 / 19563868　戶名：秀威資訊科技股份有限公司
　　　　　讀者服務信箱：service@showwe.com.tw
展售門市 / 國家書店（松江門市）
　　　　　104 台北市中山區松江路 209 號 1 樓
　　　　　電話：+886-2-2518-0207　傳真：+886-2-2518-0778
網路訂購 / 秀威網路書店：https://store.showwe.tw
　　　　　國家網路書店：https://www.govbooks.com.tw

2019 年 5 月　BOD 一版
定價：520 元
版權所有　翻印必究
本書如有缺頁、破損或裝訂錯誤，請寄回更換

國家圖書館出版品預行編目

當代臺灣心靈的透視：從雙源匯流到逆中心互動
傳播 / 江燦騰著. -- 一版. -- 臺北市：秀威資
訊科技, 2019.05
　　面；　公分. -- (宗教哲學類)
BOD 版
ISBN 978-986-326-688-4(平裝)

1.佛教史　2.宗教哲學　3.臺灣

228.33　　　　　　　　　　　108006931

讀者回函卡

感謝您購買本書，為提升服務品質，請填妥以下資料，將讀者回函卡直接寄回或傳真本公司，收到您的寶貴意見後，我們會收藏記錄及檢討，謝謝！
如您需要了解本公司最新出版書目、購書優惠或企劃活動，歡迎您上網查詢或下載相關資料：http:// www.showwe.com.tw

您購買的書名：＿＿＿＿＿＿＿＿＿＿＿＿＿＿＿＿＿＿＿＿＿＿＿＿

出生日期：＿＿＿＿＿年＿＿＿＿＿月＿＿＿＿＿日

學歷：□高中 (含) 以下　　□大專　　□研究所 (含) 以上

職業：□製造業　□金融業　□資訊業　□軍警　□傳播業　□自由業
　　　□服務業　□公務員　□教職　　□學生　□家管　　□其它＿＿＿＿

購書地點：□網路書店　□實體書店　□書展　□郵購　□贈閱　□其他

您從何得知本書的消息？

　□網路書店　□實體書店　□網路搜尋　□電子報　□書訊　□雜誌

　□傳播媒體　□親友推薦　□網站推薦　□部落格　□其他＿＿＿＿＿＿

您對本書的評價：（請填代號　1.非常滿意　2.滿意　3.尚可　4.再改進）

　封面設計＿＿＿　版面編排＿＿＿　內容＿＿＿　文／譯筆＿＿＿　價格＿＿＿

讀完書後您覺得：

　□很有收穫　□有收穫　□收穫不多　□沒收穫

對我們的建議：＿＿＿＿＿＿＿＿＿＿＿＿＿＿＿＿＿＿＿＿＿＿＿＿

＿＿＿＿＿＿＿＿＿＿＿＿＿＿＿＿＿＿＿＿＿＿＿＿＿＿＿＿＿＿＿＿＿

＿＿＿＿＿＿＿＿＿＿＿＿＿＿＿＿＿＿＿＿＿＿＿＿＿＿＿＿＿＿＿＿＿

＿＿＿＿＿＿＿＿＿＿＿＿＿＿＿＿＿＿＿＿＿＿＿＿＿＿＿＿＿＿＿＿＿

11466
台北市內湖區瑞光路 76 巷 65 號 1 樓

秀威資訊科技股份有限公司 　　　收

BOD 數位出版事業部

⋯⋯⋯⋯⋯⋯⋯⋯⋯⋯⋯⋯⋯⋯⋯⋯⋯⋯⋯⋯⋯⋯⋯⋯⋯⋯⋯⋯

（請沿線對折寄回，謝謝！）

姓　　名：＿＿＿＿＿＿＿＿＿　年齡：＿＿＿＿＿　性別：□女　□男

郵遞區號：□□□□□

地　　址：＿＿＿＿＿＿＿＿＿＿＿＿＿＿＿＿＿＿＿＿＿＿＿＿＿

聯絡電話：(日) ＿＿＿＿＿＿＿＿＿＿＿　(夜) ＿＿＿＿＿＿＿＿＿＿＿

E-mail：＿＿＿＿＿＿＿＿＿＿＿＿＿＿＿＿＿＿＿＿＿＿＿＿＿